WILHELM PREUSS

Untersuchungen zum erlaubten Risiko im Strafrecht

Strafrechtliche Abhandlungen · Neue Folge

Herausgegeben von Dr. Eberhard Schmidhäuser
ord. Professor der Rechte an der Universität Hamburg
in Zusammenarbeit mit den Strafrechtslehrern der deutschen Universitäten

Band 19

Untersuchungen zum erlaubten Risiko im Strafrecht

Von

Dr. Wilhelm Preuß

DUNCKER & HUMBLOT / BERLIN

Zur Aufnahme in die Reihe empfohlen
von Prof. Dr. Hans-Heinrich Jescheck, Freiburg

Gedruckt 1974 bei Bartholdy & Klein, Berlin 65
Printed in Germany
ISBN 3 428 03206 3

Vorwort

Diese Arbeit ist von der Rechtswissenschaftlichen Fakultät der Albert-Ludwigs-Universität Freiburg i. Br. als Dissertation angenommen worden. Literatur und Rechtsprechung konnten, soweit sie nach Juni 1973 veröffentlicht wurden, nur noch teilweise in den Fußnoten berücksichtigt werden.

Für die Anregung des Themas und die vielfältige Unterstützung, die meine Arbeit erfahren hat, danke ich ganz besonders Herrn Professor Dr. Hans-Heinrich Jescheck.

Wilhelm Preuß

Inhaltsverzeichnis

ERSTES KAPITEL

Problem, Inhaltsbestimmung und dogmengeschichtliche Entwicklung des Gedankens vom erlaubten Risiko

ZWEITES KAPITEL

Die dogmatische Einordnung des erlaubten Risikos

1. Abschnitt

Das erlaubte Risiko als Problem des Handlungsbegriffes

2. Abschnitt

Das erlaubte Risiko bei den fahrlässigen Erfolgsdelikten

3. Abschnitt

Das erlaubte Risiko bei den vorsätzlichen Erfolgsdelikten

Abkürzungsverzeichnis

a. A.	anderer Ansicht
AcP	Archiv für die civilistische Praxis
a. F.	alte Fassung
AktG	Aktiengesetz
Anm.	Anmerkung
AT	Allgemeiner Teil
Aufl.	Auflage
BayObLG	Bayerisches Oberstes Landesgericht
Bd.	Band
BGB	Bürgerliches Gesetzbuch
BGBl. I	Bundesgesetzblatt Teil I
BGH	Bundesgerichtshof
BGHSt	Entscheidungen des Bundesgerichtshofs in Strafsachen
BGHZ	Entscheidungen des Bundesgerichtshofs in Zivilsachen
BSeuchG	Gesetz zur Verhütung und Bekämpfung übertragbarer Krankheiten beim Menschen (Bundes-Seuchengesetz)
BSHG	Bundessozialhilfegesetz
BT	Besonderer Teil
BVfG	Bundesverfassungsgericht
DAR	Deutsches Autorecht
DB	Der Betrieb
ders.	derselbe
DJ	Deutsche Justiz
DJT	Deutscher Juristentag
DRiZ	Deutsche Richterzeitung
E	Entwurf
ebd.	ebenda
f., ff.	folgende
FamRZ	Ehe und Familie im privaten und öffentlichen Recht, später: Zeitschrift für das gesamte Familienrecht
FG	Festgabe
FS	Festschrift
Fußn.	Fußnote
GA	Archiv für Strafrecht und Strafprozeß, später: Goltdammers Archiv für Strafrecht
GenG	Gesetz, betreffend die Erwerbs- und Wirtschaftsgenossenschaften
GeschlKrG	Gesetz zur Bekämpfung der Geschlechtskrankheiten
GmbHG	Gesetz, betreffend die Gesellschaften mit beschränkter Haftung

GS	Der Gerichtssaal
h. M.	herrschende Meinung
JArbSchG	Gesetz zum Schutz der arbeitenden Jugend
JR	Juristische Rundschau
Jur. Bl.	Juristische Blätter
JuS	Juristische Schulung
JW	Juristische Wochenschrift
JZ	Juristenzeitung
KG	Kammergericht
LG	Landgericht
LK	Leipziger Kommentar
MDR	Monatsschrift für deutsches Recht
MonKrimPsych	Monatsschrift für Kriminalpsychologie und Strafrechtsreform, später: Monatsschrift für Kriminalbiologie und Strafrechtsreform, später: Monatsschrift für Kriminologie und Strafrechtsreform
NJ	Neue Justiz
NJW	Neue Juristische Wochenschrift
ÖJZ	Österreichische Juristenzeitung
ÖZ	Österreichische Zeitschrift für Strafrecht
OGHSt	Entscheidungen des Obersten Gerichtshofs für die Britische Zone in Strafsachen
OLG	Oberlandesgericht
PolG B-W	Polizeigesetz Baden-Württemberg
Recht	Das Recht
RG	Reichsgericht
RGBl. I	Reichsgesetzblatt Teil I
RG Rechtspr	Rechtsprechung des deutschen Reichsgerichts in Strafsachen
RGSt	Entscheidungen des Reichsgerichts in Strafsachen
RGZ	Entscheidungen des Reichsgerichts in Zivilsachen
S.	Seite
StGB	Strafgesetzbuch
StPO	Strafprozeßordnung
StVO	Straßenverkehrsordnung
VDA	Vergleichende Darstellung des deutschen und ausländischen Strafrechts, Allgemeiner Teil
VersR	Versicherungsrecht
vgl.	vergleiche
VRS	Verkehrsrechts-Sammlung
z. B.	zum Beispiel
ZfRVgl.	Zeitschrift für Rechtsvergleichung
ZfVerkR	Zeitschrift für Verkehrsrecht
Ziff.	Ziffer
ZStR	Schweizerische Zeitschrift für Strafrecht
ZStW	Zeitschrift für die gesamte Strafrechtswissenschaft

Erstes Kapitel

Problem, Inhaltsbestimmung und dogmengeschichtliche Entwicklung des Gedankens vom erlaubten Risiko

I. Das Problem des erlaubten Risikos

Nur wenige dogmatische Einzelprobleme im Strafrecht haben in der juristischen Literatur derartige Beachtung gefunden wie das „erlaubte Risiko“, obwohl die soweit ersichtlich erste grundsätzliche Darstellung *v. Bars*[1] gerade 100 Jahre alt ist. Wenn auch der Begriff selbst bei ihm noch nicht in Erscheinung tritt, so bezieht er doch erstmals u. a. jene Fälle als spezifisch dogmatisches Problem in die Lehre vom Kausalzusammenhang ein, die später ständig als Hauptbeispiele des „erlaubten Risikos“ herangezogen werden. „Es gibt ... gewisse gefährliche, aber für das Leben notwendige Gewerbebetriebe, bei denen man statistisch wahrnehmen könnte, daß im Laufe einer Reihe von Jahren aller Wahrscheinlichkeit nach eine Anzahl Menschen, und zwar nicht nur solche, die freiwillig sich beim Betriebe beteiligen, das Leben verlieren .... Ist, wer eine solche Anstalt anlegt (z. B. eine große Gasanstalt, eine Eisenbahn), Urheber der Verletzungen, welche durch irgendeinen Unfall daraus hervorgehen[2]?“

Sicher nicht zufällig erfolgte dieser für die Lehre vom erlaubten Risiko erste wichtige Schritt gerade in der 2. Hälfte des 19. Jahrhunderts. Die damals einsetzende Industrialisierung hatte zur Folge, daß immer mehr in Bergwerken, Fabriken etc. beschäftigte Arbeiter immer größeren Gefahren für Leib und Leben ausgesetzt wurden. In der amtlichen Sammlung der Entscheidungen des Reichsgerichts finden sich z. B. aus den Jahren 1883, 1886 und 1888 Urteile, die sich mit fahrlässiger Tötung oder Körperverletzung beim Betrieb industrieller Anlagen befassen. In allen Fällen waren Arbeiter verletzt bzw. getötet worden, weil teilweise aus Rentabilitätserwägungen Schutzvorrichtungen an einem Sägewerk[3] bzw. einer Anlage zur Herstellung von Portlandzement[4] bzw. an einer Kalkofenanlage[5] fehlten[6]. Derartige

---

[1] *v. Bar*, Die Lehre vom Causalzusammenhang, 1871.
[2] *v. Bar*, ebd., S. 14.
[3] RGSt 10, 6.
[4] RGSt 16, 290.
[5] RGSt 18, 74.
[6] Vgl. auch RGSt 3, 208 und 28, 272.

Risiken führten das Problem in diesem Lebensbereich klar vor Augen. Die besondere Bedeutung gerade dieser Fälle zeigt sich auch heute wieder in der Diskussion um die Lehre vom erlaubten Risiko in den Ostblockländern[7], die sich weitgehend nur mit dem sog. Wirtschafts- und Entwicklungsrisiko befaßt und im Strafgesetzbuch der DDR von 1966 wohl zur ersten besonderen allerdings auf Delikte gegen die „Volkswirtschaft" beschränkten gesetzlichen Regelung überhaupt geführt hat. Als weitere Fallgruppe wird ebenfalls bereits bei *v. Bar* die nach den Regeln der Kunst durchgeführte lebensgefährliche Operation mit tödlichem Ausgang erwähnt[8]. Außerdem führten auch die verkehrstechnischen Entwicklungen für mehr und mehr Menschen zu immer größeren Risiken. Hatte sich das RG in einer Anzahl von Entscheidungen[9] bereits mit den von Pferdefuhrwerken ausgehenden Gefahren und Verletzungen befassen müssen, so mußten diese Fälle des erlaubten Risikos mit der Einführung des motorisierten Straßenverkehrs und mit der Zunahme der Eisenbahnen zwangsläufig an Umfang und Bedeutung gewinnen. Für die Zukunft dürfte sich diese Entwicklung eher noch beschleunigen. Man denke etwa an die Beschädigung oder Zerstörung von Atomkraftwerken durch mehr oder weniger ungewöhnliche Kausalverläufe mit unübersehbaren Folgen. So ist z. B. nicht auszuschließen, daß ein Flugzeug in ein derartiges Kraftwerk abstürzt. Die immer riskanter werdenden ärztlichen Operationen einschließlich der Herztransplantationen, die für heutige Begriffe einen Höhepunkt an Risiko darstellen, sowie vor allem die mit ständig steigender Dichte der Kraftfahrzeuge im Straßenverkehr und die mit dem Luftverkehr verbundenen Gefahrsteigerungen zeigen in aller Deutlichkeit das Tempo dieser Entwicklung an.

Dennoch sind die Fälle des erlaubten Risikos nicht erst mit den technischen Fortschritten der Neuzeit entstanden[10]. Seit der Mensch auf die Jagd geht[11], Werkzeuge herstellt, besteht das Problem der Strafbarkeit oder Straflosigkeit an sich gebilligter, notwendig gefährlicher Handlungen, aus denen unerwünschte Erfolge erwachsen.

---

[7] z. B. *Grinberg*, Probleme des Produktionsrisikos im Strafrecht 1965; in russischer Sprache 1963; *Seidel*, Risiko in Produktion und Forschung 1968; *Viski*, „Rechtswidrigkeit bei Gefährdungsdelikten" in Acta Juridica Academiae Scientarum Hungaricae, Band 10, S. 291 und die bei *Seidel* angegebenen weiteren Autoren.

[8] Causalzusammenhang, S. 14.

[9] RG Rechtspr 2, 594; 4, 39; 4, 54; 5, 415; 6, 14; 8, 21; 9, 63; 9, 460; vgl. auch RGSt 20, 54 für eine Pferdeeisenbahn und RGSt 23, 413.

[10] *H. Mayer*, Kurzlehrbuch 1967, S. 91.

[11] *Klee*, GA Bd. 62, S. 394 (396 f.), zeigt z. B., daß sich in den Jahren 1792 bis 1812 die meisten Fälle fahrlässiger Tötung in Preußen durch Überfahren und unvorsichtiges Umgehen mit Gewehren namentlich bei der Jagd ereigneten.

Der Schwerpunkt lag und liegt im Bereich der fahrlässigen Delikte[12]. Aber auch bei vorsätzlichen Taten wurde das erlaubte Risiko schon früh erörtert. Bereits *v. Bar*[13] hat die entsprechenden Fälle bei den Vorsatzdelikten ebenfalls mit Hilfe seiner juristischen Kausalitätstheorie zu lösen versucht.

Trotz der großen Faszination, die gerade von den erwähnten Beispielsgruppen allgemein ausging — hingewiesen sei etwa auf den viel zitierten Satz *Bindings*, „daß das geschriebene Recht für dies grandiose Gebiet des Rechtslebens fast jeder Satzung entbehrt"[14] —, und der daraus folgenden intensiven Bearbeitung dieses Problemkreises bereits zu Beginn dieses Jahrhunderts ist es nicht gelungen, auch nur eine grundsätzliche Einigung darüber zu erzielen, ob das erlaubte Risiko überhaupt ein dogmatisches Rechtsinstitut mit eigenständiger Bedeutung ist. Das wissenschaftliche Interesse hat daher bis heute nicht nachgelassen, sondern zu immer neuen Veröffentlichungen geführt[15]. Über den von *Welzel* entwickelten Gedanken der Sozialadäquanz ist die Lehre vom erlaubten Risiko sogar Gegenstand ideologischer Polemik geworden. So versteht *Seidel Welzels* Lehre als „Generalexkulpation des kapitalistisch produzierenden Unternehmers" für „Verbrechen" aus „Profitgier, maßlosem Konkurrenzkampf, Verachtung des menschlichen Lebens"; dem Unternehmer sei erlaubt, was ihm nütze[16]. Auch darauf soll im weiteren kurz eingegangen werden[17].

Die Vielzahl von Beispielen und die damit verbundenen schwierigen Entscheidungen im Einzelfall zeigen, daß die Beschäftigung allein mit der dogmatischen Seite dieses Problems, wie sie in der strafrechtlichen Literatur vorherrscht, die gesamte Problematik nicht erschöpfen kann. Einerseits liegt eine sehr wichtige Aufgabe in der Herausarbeitung einzelner Leitsätze für die Entscheidung von Einzelfällen, zum anderen ist auch der gesellschaftliche Hintergrund, aus dem Wertvorstellungen und Entscheidungen von Wertkollisionen erwachsen, sowie dieser Vorgang selbst für das vorliegende Problem sehr wichtig. Ersteres läßt sich aber im Rahmen einer wissenschaftlichen Arbeit kaum

---

[12] *Jescheck*, Lehrbuch, S. 299, 447; *Schönke/Schröder*, vor § 51 Anm. 49.
[13] Causalzusammenhang, S. 15.
[14] Normen IV, S. 436.
[15] Vgl. vor allem die in letzter Zeit erschienenen Monographien von *Rehberg*, Zur Lehre vom „Erlaubten Risiko", 1962; *Kienapfel*, Das erlaubte Risiko im Strafrecht, 1966; *Meckel*, Die strafrechtliche Haftung für riskante Verhaltensweisen, 1968 und *Roeder*, Die Einhaltung des sozialadäquaten Risikos, 1969, ganz abgesehen von den Stellungnahmen in Lehrbüchern (*Jescheck*, Lehrbuch, S. 297 ff.; *Maurach*, Strafrecht AT, S. 543 ff.; *Schmidhäuser*, Lehrbuch, S. 235 ff.; *Welzel*, Strafrecht, S. 132 ff.; *Mezger/Blei*, Kurzlehrbuch AT, S. 216, 218; *Baumann*, S. 306 ff.) und Monographien über andere dogmatische Fragen.
[16] Risiko, S. 116 (vgl. auch S. 92 ff.).
[17] Vgl. unten III, 3.

bewältigen. Diese Aufgabe muß daher notwendigerweise weitgehend der Praxis vorbehalten bleiben. So bemühen sich die Gerichte durch Leitsätze der nicht zu übersehenden Flut von Einzelfällen einigermaßen Herr zu werden. Für Letzteres wäre sicher eine eigene Untersuchung notwendig. Die vorliegende Arbeit hat zum Ziel, zur Lösung der dogmatischen Probleme beizutragen, wobei vor allem auch auf die in neuerer Zeit erschienenen Arbeiten von *Rehberg, Roeder, Kienapfel* und *Meckel* eingegangen werden soll.

Einerseits als „großer Rechtsgedanke“[18] gepriesen, andererseits als entbehrliche Formel[19] abgetan, bedarf die Frage nach der grundsätzlichen dogmatischen Notwendigkeit und Bedeutung einer Lehre vom erlaubten Risiko weiterer Untersuchungen. So nimmt die Zahl der Gegner eines dogmatisch selbständigen Instituts des erlaubten Risikos in letzter Zeit eher zu[20], und selbst unter den Befürwortern dieser Lehre — mag das erlaubte Risiko als Strukturprinzip oder als selbständiges dogmatisches Institut verstanden werden — besteht keine Einigkeit darüber, wie dieser Gedanke dogmatisch einzuordnen ist. Kein Verbrechensmerkmal i. w. S. bleibt von ihm verschont. Kausalität[21], Fahrlässigkeit[22], Vorsatz[23], Tatbestand[24], Rechtfertigungsgründe[25], Schuld[26], Schuldausschließungsgründe[27] und sogar der Handlungsbegriff[28], um nur die wichtigsten zu nennen, werden zur Bewältigung der Problematik herangezogen. Wie diese Aufzählung zeigt, könnte an Hand des erlaubten Risikos der größte Teil der allgemeinen Lehren des Strafrechts dargestellt werden. Es ist daher unvermeidlich, daß in dieser Arbeit zu grundsätzlichen dogmatischen Fragen Stellung genommen werden muß. Indessen kann es nicht Aufgabe der vorliegenden Untersuchung sein, die verschiedenen Verbrechenssysteme in toto zu erörtern oder auch nur vollständig darzustellen. Selbst die notwendige Auseinandersetzung mit einzelnen dogmatischen Grundsatzfragen muß auf wichtige Argumente beschränkt werden, wenn die Arbeit nicht in der Diskussion dieser Fragen, wie z. B. „im Dschungel der modernen

---

[18] *Binding*, Normen IV, S. 436; *R. Merkel*, S. 63.

[19] *Geppert*, ZStW 83, 995; *Kienapfel*, Erlaubtes Risiko, S. 28 f.

[20] *Kienapfel*, Erlaubtes Risiko, S. 28 f.; *Rehberg*, S. 239; *Roeder*, Sozialadäquates Risiko, S. 40 für Vorsatzdelikte; andererseits *Jescheck*, Lehrbuch, S. 299, 447.

[21] *v. Bar*, Causalzusammenhang, S. 4 ff.

[22] Für viele *Jescheck*, Lehrbuch, S. 447.

[23] *Mezger/Blei*, Kurzlehrbuch AT, S. 188; *Welzel*, Strafrecht, S. 66.

[24] *Klug*, FS für *Eb. Schmidt*, S. 254, 260; *Welzel*, Strafrecht, S. 131 ff.

[25] *Baumann*, S. 249 f.; *Jescheck*, Lehrbuch, S. 299, 447.

[26] *v. Hippel*, Strafrecht II, S. 361 f.

[27] *Roeder*, Sozialadäquates Risiko, S. 94.

[28] *Engisch*, FS f. *Kohlrausch*, S. 161; *Arthur Kaufmann*, FS f. *H. Mayer*, S. 79 (116); *Kienapfel*, Erlaubtes Risiko, S. 22 ff.; *Eb. Schmidt*, FS f. *Engisch*, S. 348 ff.

Tatbestandslehre"[29] ersticken soll, ohne zu spezifischen Problemen gerade der Lehre vom erlaubten Risiko vorzudringen. Außerdem ergibt sich hieraus der Zwang zu einer Beschränkung auf wichtige Probleme des erlaubten Risikos selbst, so daß nicht jeder Überlegung, die z. B. aus einem bestimmten Verbrechenssystem gefolgert wird, nachgegangen werden kann.

Der Vielfalt dogmatischer Lösungen entspricht die Verwendung unterschiedlichster Bezeichnungen, denen allein das Merkmal Risiko bzw. Gefahr gemeinsam ist. Neben dem „erlaubten Risiko"[30] wird z. B. auch vom „maßvollen"[31], „sachgemäß gelaufenen"[32], „sozialadäquaten"[33], „gebotenen"[34], „unverbotenen"[35], „gerechtfertigten"[36], „tolerierten"[37], „gestatteten"[38], „sozial*in*adäquaten"[39] Risiko gesprochen[40]. Abgesehen davon, daß einige Formulierungen mehr auf eine Lösung im Bereich der Rechtswidrigkeit hindeuten, läßt sich daraus dogmatisch nichts herleiten. Im folgenden soll der Ausdruck „erlaubtes Risiko", da er am meisten verbreitet ist, beibehalten werden, obwohl der Begriff „Risiko" mehr vom Erfolg her als Gefahrzustand und nicht im Sinne der gefährlichen Handlung, worauf es hier eigentlich ankommt, aufgefaßt werden kann[41]. Dadurch sollen auch nicht von vornherein Lösungen im Rahmen der Schuld bereits ausgeschlossen sein.

II. Inhaltsbestimmung und generelle Grenzen der dogmatischen Anwendung des Gedankens vom erlaubten Risiko

1. Die in der Literatur erwähnten Beispiele

Weder die unterschiedliche dogmatische Einordnung noch die zahlreichen hierfür verwendeten Bezeichnungen geben eine Hilfe zur

---

29 *Schaffstein*, ZStW 72, 369.

30 z. B. *Engisch*, Vorsatz und Fahrlässigkeit, S. 286, 344; *Jescheck*, Lehrbuch, S. 299, 447; *Welzel*, Strafrecht, S. 320; OLG Hamburg, NJW 1969, 336 (337); *Hirsch*, ZStW 74, 78 (99).

31 z. B. *Binding*, Normen IV, S. 432 ff.; *H. Mayer*, Kurzlehrbuch 1967, S. 91; *Welzel*, Strafrecht, S. 132.

32 LK *(Nagler)*, 6. Aufl., 1. Band, S. 367.

33 *Baumann*, S. 251; *Roeder*, Sozialadäquates Risiko, S. 28 ff.; *Welzel*, Strafrecht, S. 132, 562.

34 *Klug*, FS f. *Eb. Schmidt*, S. 249 (260 f.).

35 *Hirsch*, ZStW 74, 78 (99); *Viski*, S. 275 (291, Fußn. 25).

36 *Seidel*, Risiko, S. 186.

37 *Lotheissen*, ZfVerkR 1970, S. 5.

38 *Frank*, Kommentar, S. 195; vgl. auch *Oehler*, FS f. *Eb. Schmidt*, S. 232 (233).

39 *Hirsch*, ZStW 74, 78 (95).

40 Vgl. auch *Zipf*, ZStW 82, 633 (636), der zwischen sozialadäquatem und rechtskonformem Verhalten differenziert und *Klug*, FS f. *Eb. Schmidt*, *S.* 249 (260 ff.).

41 *Oehler*, FS f. *Eb. Schmidt*, S. 232 (233), spricht daher auch von erlaubter und statthafter „Gefahrsetzung".

sicheren Bestimmung der Fälle, die zum Problem des erlaubten Risikos gehören. Es erscheint daher sinnvoll, die in der Literatur erwähnten Beispiele auf ihren strukturellen „gemeinsamen Nenner" hin zu untersuchen. Aber auch dieser Ansatz ist mit erheblichen Schwierigkeiten verbunden, da wiederum keine Einigkeit darüber besteht, welcher Fall noch zum erlaubten Risiko gerechnet werden soll. Nur soviel ist bisher deutlich geworden, daß es sich um Fallgestaltungen handelt, bei denen durch an sich tolerierte gefährliche Handlungen Erfolge eintreten, die sozial mißbilligt werden, so daß der Erfolgseintritt als Verwirklichung eines Teils eines Straftatbestands gegeben ist. Daher kommen zunächst allein Erfolgsdelikte im weiteren Sinne, also einschließlich der konkreten Gefährdungsdelikte[1], in Frage. Auf eine allgemeine Erörterung dieser Gefährdungsdelikte soll aber im Interesse der Klarheit weitgehend verzichtet werden, zumal sich daraus keine Besonderheiten für die Lehre vom erlaubten Risiko ergeben[2]. Auch die Unterlassungsdelikte werden hier aus entsprechenden Erwägungen ausgeklammert, obwohl bei diesen ebenfalls Fälle des erlaubten Risikos denkbar sind[3].

Versucht man zur weiteren Begriffsbestimmung die in der Literatur erwähnten Fälle in diesem Rahmen nach strukturellen Kriterien abzugrenzen oder zu ordnen, so läßt sich über eine erste Gruppe von Fällen, zu denen die bereits erwähnten wohl als klassisch zu bezeichnenden Beispiele *v. Bars* zu rechnen sind, leicht Einigkeit erzielen.

a) Erlaubtes Risiko wegen des mit der Handlung verbundenen überwiegenden sozialen Nutzens (Fallgruppe 1)

Bergwerke, Steinbrüche, Fabriken, Eisenbahn- und Flugzeugverkehr[4] dienen, wenn auch nicht ausschließlich, so doch weitgehend, dem Interesse der Gemeinschaft, so daß derjenige, der solche Unternehmen trotz der damit verbundenen Gefahren betreibt, nicht bei jedem Erfolgseintritt z. B. wegen Körperverletzung oder Tötung eines Arbeiters oder der Flugzeugbesatzung strafbar sein soll. Dem Interesse der Gemeinschaft dient ebenso die Anstellung von Personen für andere gefährliche

---

[1] Zu den abstrakten Gefährdungsdelikten vgl. unten 2.

[2] Dazu *Rehberg*, S. 88.

[3] So z. B. muß der Vater nicht verhindern, daß sein 18-jähriger Sohn nach längerer Übung im Radfahren in den Schulferien eine größere Radtour unternimmt und dabei tödlich verunglückt. — Vgl. auch BGHSt 19, 152 (154).

[4] Aus der umfangreichen Literatur zu diesen Fällen seien hier erwähnt: *v. Bar*, Causalzusammenhang, S. 14; *Binding*, Normen IV, S. 440; *Graf zu Dohna*, ZStW 32, 323 (327); *Exner*, Fahrlässigkeit, S. 194; *Köhler*, S. 141; *Miricka*, S. 148; *Noll*, ZStW 77, 1 (31); *Hirsch*, ZStW 74, 78 (93 f.); *Roeder*, Sozialadäquates Risiko, S. 29 f.; *Welzel*, Fahrlässigkeit, S. 24.

Berufe[5], wie etwa im Bereich der Krankenpflege, bei Feuerwehr und Polizei und auch für militärische Aufgaben, um nur einige deutliche Beispiele zu nennen[6]. Die von solchen gefährlichen Unternehmen oder Berufsausübungen ausgehenden Gefahren für Dritte, etwa für Flugzeugpassagiere, gehören ebenfalls hierher, auch solche, die im Rahmen der Ausbildung z. B. von Lehrlingen für verantwortungsvolle Berufe[7] auftreten. Ähnliches gilt für wissenschaftliche Versuche[8]. Die Erprobung neuer Heilmittel ist mit Gefahren verbunden, die bis zu einem bestimmten Grad im Interesse der Gemeinschaft hingenommen werden müssen, selbst wenn dadurch ein mißbilligter Erfolg eintritt.

Diese Beispielgruppen lassen sich beliebig ergänzen. Aber nicht in allen Fällen ist der soziale Nutzen für eine unbestimmte Vielzahl von Personen oder die Allgemeinheit entscheidend. So kann gerade das sozial anerkannte Interesse des Gefährdeten selbst die Handlung billigenswert erscheinen lassen, etwa wenn ein Arzt einen Patienten durch eine lebensgefährliche Operation von einer noch gefährlicheren Erkrankung zu retten versucht und ihm dies mißlingt[9]. Im Bereich der Medizin lassen sich auch eine Reihe wenig erörterter gänzlich anderer Beispiele aufzeigen. So stellt sich für einen Psychiater ständig erneut die Frage, wo die Grenzen des noch erlaubten Risikos verlaufen, wenn es z. B. darum geht, einen psychisch Kranken oder einen Süchtigen aus einer geschlossenen Anstalt zu entlassen, aber nicht sicher ausgeschlossen werden kann, daß er andere oder sich selbst töten oder verletzen könnte. Muß die Gemeinschaft im Interesse einer möglichen Heilung oder auch nur Linderung derartiger Krankheiten nicht ein bestimmtes erhöhtes Risiko akzeptieren?

In den gleichen Zusammenhang gehören auch Risikogeschäfte im Rahmen der Untreue des § 266 StGB[10].

Es kann sich aber auch um ein sozial anerkanntes Interesse des Täters handeln. So dient die Übernahme der von einem Kraftfahrzeug im Straßenverkehr ausgehenden Gefahren nicht immer der Gemeinschaft. Fährt jemand zu seinem Vergnügen völlig nutzlos spazieren, so geschieht dies hauptsächlich in seinem eigenen Interesse, das aber sozial billigenswert erscheint. In vielen Fällen lassen sich sozialer Nutzen und billigenswertes Einzelinteresse im Hinblick auf das erlaubte

---

5 *Schönke/Schröder*, vor § 51 Anm. 49.

6 Die Grenzen des erlaubten Risikos beim Betrieb von Düsenjägern bei der Bundeswehr sind in der letzten Zeit besonders problematisch geworden.

7 *Engisch*, Konkretisierung, S. 287; *Binding*, Normen IV, S. 444; *Wimmer*, ZStW 70, 196 (215).

8 *Exner*, Fahrlässigkeit, S. 194, 202; *Sauer*, S. 138; *Seidel*, Risiko, S. 22; *Wimmer*, ZStW 70, 196 (215).

9 *Exner*, ebd., S. 194; *Seidel*, ebd., S. 23.

10 z. B. *Dreher*, § 266 Anm. 2 D; *Schönke/Schröder*, § 266 Anm. 45.

Risiko gar nicht differenzieren. Eine Betätigung bei Sport und Spiel, mit der fast immer Gefahren verbunden sind, dient sowohl der Gesundheit des Handelnden als auch der des Verletzten und mittelbar der Gemeinschaft. Versteht man den sozialen Nutzen als sozial billigenswerte Interessen einzelner und der Gemeinschaft, so erübrigt sich eine genauere Differenzierung.

Eine so oder ähnlich verstandene soziale Billigung haben dann auch die meisten Autoren (vor allem vor dem 2. Weltkrieg) als Merkmal in die Begriffsbestimmung des erlaubten Risikos aufgenommen. Der „berechtigte Zweck“[11], der „überwiegende Wert für die Allgemeinheit“[12] werden zum Kriterium des erlaubten Risikos. *Binding* machte das maßvolle Risiko von der Unentbehrlichkeit für den Handelnden selbst, für bestimmte Kreise der Gesellschaft oder für die Rechtsordnung und den Staat abhängig[13]. Wie die erwähnten Beispiele bereits zeigen, kann der soziale Nutzen sowohl in der Erhaltung eines Wertes, wie etwa bei der lebensgefährlichen Operation, als auch im Gewinn neuer Werte liegen, wie z. B. bei der Forschung[14]. Auch *Rehberg* konnte sich in seiner Arbeit aus dem Jahre 1962 noch darauf beschränken, einen Fall des erlaubten Risikos nur dann anzunehmen, „wenn die betreffende Handlung nach Subjekt, Ziel und Mitteln einem im Hinblick auf seinen sozialen Nutzen durch die Rechtsordnung gestatteten Tätigkeitskomplex angehört“[15]. Diese Formulierung enthält außerdem einen weiteren wichtigen Gesichtspunkt für die Beurteilung dieser Fälle des erlaubten Risikos. Der soziale Nutzen muß nicht ganz konkret für jede einzelne Handlung feststellbar sein, es kommt vielmehr darauf an, ob ein Tätigkeitskomplex, dem die betreffende Handlung angehört, sozial nützlich ist[16]. Gerade diese Generalisierung innerhalb der Bewertung der Handlung kennzeichnet diese Fallgruppe.

Inzwischen werden darüber hinaus auch weitere Fallgruppen zum Problemkreis des erlaubten Risikos gerechnet.

b) Erlaubtes Risiko bei unvorhersehbarer Kausalität (Fallgruppe 2)

Weder in jenem ebenso berühmten wie lebensfremden Lehrbuchbeispiel, in dem ein Neffe seinem Erbonkel eine Eisenbahnfahrt in der

---

[11] *H. Mayer*, Strafrecht 1936, S. 199.

[12] *H. Mayer*, Kurzlehrbuch 1967, S. 92.

[13] Normen IV, S. 440 f.

[14] In der DDR wird gelegentlich zwischen einem „Abwehr-“ und einem „Vorwärtsrisiko“ unterschieden. Vgl. *Buchholz/Kusicka*, Recht u. Staat 1968, S. 1236; auch *Seidel*, NJ 1967, S. 187.

[15] Erlaubtes Risiko, S. 51, 232; *Schmidhäuser*, Lehrbuch, S. 235; ebenso erörtert *Roeder*, Sozialadäquates Risiko, S. 28 ff., nur diese Fallgruppe als sozialadäquates Risiko. Vgl. auch *Volz*, S. 100.

[16] Vgl. in diesem Zusammenhang auch die Lehre *Maurachs* (Strafrecht AT, S. 4, 548 f.) vom erlaubten Gesamtbetrieb und der verbotenen Verletzungshandlung.

Hoffnung vorschlägt, daß dieser bei einem Unglück sterben möge[17], noch in dem ähnlichen Fall, in dem ein Mann einen Tollkirschenbaum mit dem Willen pflanzt, ein Kind möge in Unkenntnis der Gefährlichkeit davon essen und daran sterben, kann ohne weiteres davon gesprochen werden, daß die jeweilige Handlung „unentbehrlich im Rechtssinne"[18] oder sozial nützlich ist. Dennoch werden auch diese Fälle im Rahmen des erlaubten Risikos erörtert[19]. Bereits *v. Bar* hatte ähnliche Fallgestaltungen zusammen mit den schon erwähnten durch seine Kausallehre zu lösen versucht. „Wenn jemand ordnungsgemäß auf seinem Herd Feuer anzündet und dabei denkt, es möchte doch ein plötzlicher Windstoß einen Funken auf des Nachbars Dach führen und dasselbe entzünden, so wird, wenn dies letzte Ereignis nun wirklich eintritt, er jenes Wunsches wegen nicht Urheber einer Brandstiftung sein[20]." Diese und entsprechende Fälle können fahrlässig und vorsätzlich begangen werden, auch wenn sie meist nur als vorsätzliche gebildet werden.

Durch die Einbeziehung einer solchen Fallgruppe in den Problemkreis des erlaubten Risikos wird nun aber der darin enthaltene Gefahrbegriff entscheidend erweitert. Während die Fälle der Fallgruppe 1 stets eine bestimmte, wenn auch nicht zu große Nähe des Erfolgseintritts zur Voraussetzung haben, ist der Gefahrbegriff hier auf Fälle geringster Wahrscheinlichkeit, sobald nur äquivalente Kausalität möglich erscheint, ausgedehnt[21].

c) Erlaubtes Risiko bei riskanten Rettungshandlungen, deren größere Rettungschance gegenüber anderen Maßnahmen nicht sicher erkennbar ist (Fallgruppe 3)

Über die bereits erwähnten Fälle der Fallgruppe 1, die durch ein überwiegendes soziales Interesse — sei es auch des Gefährdeten selbst — gekennzeichnet sind, hinaus nimmt *Jescheck* Fälle des erlaubten Risikos auch dann an, wenn nicht sicher ist, ob die Handlung das einzige bzw. das am wenigsten gefährliche Mittel zur Rettung ist. Wird ein Kind von einem wütenden Hund angegriffen, so soll der Förster, der einen

---

17 *Engisch*, FS f. *Kohlrausch*, S. 141 (161, 168 f.); *Hirsch*, ZStW 74, 78 (100); *Krauss*, ZStW 76, 19 (46); *Lange*, ZStW 63, 471; *Maurach*, Strafrecht AT, S. 204; *H. Mayer*, Strafrecht 1936, S. 212; *Welzel*, ZStW 58, 491 (517); *Zipf*, ZStW 82, 633 (634).

18 *Binding*, Normen IV, S. 440.

19 *Burgstaller*, ÖJZ 1970, 384; *Kienapfel*, Erlaubtes Risiko, S. 22 ff.; *Merkel*, S. 121.

20 Causalzusammenhang, S. 15.

21 Zu diesem Gefahrbegriff: *Henckel*, Der Gefahrbegriff im Strafrecht, S. 30; *Schmidhäuser*, Lehrbuch, S. 171; *Schröder*, ZStW 81, S. 1 (8 f.); *Volz*, S. 8; *Welzel*, Strafrecht, S. 47 und unten 3.

für das Kind gefährlichen Schuß auf den Hund abgibt, unter dem Gesichtspunkt des erlaubten Risikos auch dann straflos bleiben, wenn „möglicherweise noch Zeit gewesen wäre, dem Kind auf andere Weise zu Hilfe zu kommen“[22]. Hierin liegt eine gewisse Parallele zu der Auffassung, die auch die Wahrnehmung berechtigter Interessen in § 193 StGB deshalb als Fall des erlaubten Risikos auffaßt, weil auch dort das berechtigte Interesse nicht für den Täter erkennbar überwiegen müsse[23].

d) Erlaubtes Risiko bei Einwilligung in Gefahr und Handlung (Fallgruppe 4)

Immer mehr wird auch in Fällen der Einwilligung[24] bzw. der „Gefahrübernahme“[25] vom erlaubten Risiko gesprochen. So werden Verletzungen bei Sport und Spiel durch diesen Gedanken als gerechtfertigt angesehen. Die dogmatische Konstruktion einer Einwilligung in Gefahr oder Täterhandlung dient *Baumann* aber gerade auch dazu, eine eigenständige dogmatische Bedeutung der Lehre vom erlaubten Risiko so weit als möglich zu leugnen[26]. Einerseits kann der Gedanke der Einwilligung — wie etwa beim Sport — auch mit einem überwiegenden sozialen Nutzen als Grundlage des erlaubten Risikos zusammentreffen, andererseits erfährt das erlaubte Risiko durch die Einbeziehung der Einwilligung eine entscheidende Ausdehnung dadurch, daß mit deren Hilfe, sei es als Rechtfertigungsgrund oder als Element der Sorgfaltspflichtverletzung auch ein „sozial*in*adäquates Risiko“[27] als rechtmäßig angesehen werden kann. Schickt der Chef einer Schmugglerbande ein Boot mit Waren und Besatzung los, und wird einer der Männer beim Überschreiten der Grenze von Zöllnern erschossen, so kann dieses Verhalten nicht, wie etwa beim Unternehmer, als durch sozial billigenswerte Interessen gerechtfertigt erscheinen. Diesen und ähnliche Fälle löst *Hirsch*[27] daher mit Hilfe der Einwilligung, die im Rahmen der Sorgfaltspflicht geprüft werden soll. Auch die Einwilligung eines Mitfahrers in eine Alkoholfahrt wird manchmal ausdrücklich als Fall des erlaubten Risikos für den Tatbestand des § 315 c StGB[28] bezeichnet.

---

22 Lehrbuch, S. 299.

23 Ebd., S. 300.

24 *Baumann*, S. 306 f.; *Schönke/Schröder*, § 59 Anm. 167; vgl. auch *Welzel*, der im Stichwortverzeichnis seines Lehrbuchs (S. 97) unter erlaubtem Risiko auf die Einwilligung in die Gefahr verweist, sowie *H. Mayer*, Strafrecht AT 1953, S. 187 f.

25 *Zipf*, Einwilligung, S. 81; vgl. auch LK (*Nagler*), 6. Aufl., 1. Band, S. 367 f.

26 *Baumann*, ebd.; ähnlich auch *Schönke/Schröder*, ebd.

27 *Hirsch*, ZStW 74, 78 (92).

28 OLG Hamburg, NJW 1969, 336 (337).

Wie schon bei der Erörterung der Verletzungen beim Sport deutlich wurde, sind die gebildeten Fallgruppen nicht klar abzugrenzen. Nahezu alle können sich in ihren Grundgedanken überschneiden. So handelt z. B. der Erbonkel, der in Unkenntnis der Gefahren zu einer Fahrt mit der Eisenbahn veranlaßt wird, ebenso freiwillig, wie in gewisser Hinsicht der Patient, der sich einer lebensgefährlichen Operation unterzieht. Beide haben gegen die Handlung des Dritten nichts einzuwenden und begeben sich freiwillig in deren Bereich. Auch Verletzungen im Bergwerk sind mehr oder weniger vorhersehbar, wovon die soziale Billigung der Handlung wegen überwiegender sozialer Interessen abhängen kann.

2. Die unterschiedliche Bewertung von riskanter Handlung und eingetretenem Erfolg

Bei der Erörterung der erwähnten Fallgruppen wurde erneut deutlich, daß sich die besondere Problematik der Lehre vom erlaubten Risiko aus der unterschiedlichen Bewertung der gefährlichen Handlung einerseits und des eingetretenen Erfolgs andererseits ergibt. Daher gehören diejenigen Fälle nicht hierher, in denen sowohl die Handlung als auch der Erfolg direkt gebilligt sind, was bei vielen Erfolgsdelikten wie z. B. bei § 240 StGB und vor allem bei einigen klassischen Rechtfertigungsgründen wie Notwehr und Einwilligung in den Erfolg zumeist der Fall ist[29]. Von erlaubtem Risiko kann aus demselben Grund auch dann nicht gesprochen werden, wenn Handlung und eingetretener Erfolg nicht unterschiedlich bewertet werden können, weil sie unmittelbar miteinander verknüpft sind. Das bedeutet umgekehrt für die Bewertung der Handlung im erlaubten Risiko, daß der Erfolg nicht sicher bzw. die Nähe des Erfolgseintritts, die Gefahr, nicht zu groß sein darf[30]. Entsprechendes gilt für Tätigkeitsdelikte wie § 123 StGB, bei denen die Beeinträchtigung des Rechtsgutsobjekts in der Handlung selbst liegt. Diese Delikte lassen eine unterschiedliche Bewertung von Handlung und Erfolg ebensowenig zu wie die abstrakten Gefährdungsdelikte, deren Erfolg, die Wahrscheinlichkeit einer konkreten Gefährdung, nicht besonderes Tatbestandsmerkmal ist[31]. Ob ein Erfolg in concreto eintreten konnte, ist für diese Delikte grundsätzlich unerheblich, da die Wertung des Gesetzgebers, den Erfolg typisiert mit der Handlung zu verknüpfen, verfehlt sein kann[32]. Selbst wenn man aber in derartigen

---

[29] Bei der Notwehr nimmt die Rechtsordnung grundsätzlich keine Rücksicht auf den drohenden Erfolgsunwert (*Münzberg,* S. 330 Fußn. 658 a).

[30] *Grinberg,* Produktionsrisiko, S. 89 ff.

[31] *Volz,* S. 103 ff., verwendet den Gedanken des erlaubten Risikos auch für abstrakte Gefährdungsdelikte. In ähnlichem Sinne anscheinend auch *Schmidhäuser,* Lehrbuch, S. 237 oben.

[32] *Volz,* S. 103 ff. (114).

Fällen den Tatbestand verneint[33], werden Handlung und Erfolg zusammen bewertet, und der typische Wertungszwiespalt, der der Lehre vom erlaubten Risiko zugrundeliegt, fehlt.

Der Gedanke des erlaubten Risikos wird außerdem zwar bei Erfolgsdelikten, aber dort auch dann erörtert, wenn die Handlung gefährlich ist und deshalb mißbilligt wird, aber mangels Erfolgseintritts unter einen Erfolgstatbestand nicht subsumiert werden kann[34]. Auch in diesen Fällen ist aber eine unterschiedliche Bewertung von Handlung und Erfolg nicht möglich.

Hinter den Bemühungen, die erwähnten Fälle in den Problemkreis des erlaubten Risikos miteinzubeziehen, läßt sich deutlich die Tendenz erkennen, erlaubtes Risiko stets dann anzunehmen, wenn es um die Straflosigkeit gefährlichen Verhaltens überhaupt geht[35]. Es ist jedoch dogmatisch wenig sinnvoll, jede straflose gefährliche Handlung mit dem Gedanken des erlaubten Risikos erfassen zu wollen, da sonst strafloses Verhalten damit gleichzusetzen wäre[36]. Dogmatische Strukturen kann der Begriff des erlaubten Risikos daher überhaupt nur gewinnen, wenn man ihn entsprechend seiner dogmengeschichtlichen Ausgangspunkte[37] auf Erfolgsdelikte in den oben angegebenen Grenzen beschränkt.

Dabei sind nicht nur Erfolgsdelikte wie §§ 212, 222, 223, 230, 303 etc. StGB gemeint, vielmehr genügt jeder Straftatbestand, der zu seiner Verwirklichung einen von der Tathandlung unabhängigen Erfolg im weitesten Sinne verlangt. Erlaubtes Risiko könnte z. B. auch bei der Beleidigung in Frage kommen, wenn die ehrenrührige Behauptung schriftlich aufgestellt wird, so daß neben der Handlung selbst für die Gefährdung des Geltungsanspruchs des Verletzten noch der Zugang der Erklärung vom Tatbestand vorausgesetzt wird[38].

Die angeführten Beispielsgruppen machen weiterhin deutlich, daß die jeweilige riskante Handlung mit Hilfe verschiedener Erwägungen als gebilligt angesehen wird. Neben der Einwilligung, den überwiegenden sozialen Interessen, sei es z. B. in Gestalt des sozialadäquaten oder „rechtskonformen"[39] Verhaltens, wird etwa im Fall der Wahrnehmung

---

[33] Vgl. z. B. *Jescheck*, Lehrbuch, S. 198 f.; *Krümpelmann*, S. 92; *Cramer*, Vollrauschtatbestand, S. 55 ff.; *Schmidhäuser*, Lehrbuch, S. 180.

[34] *Kienapfel*, Erlaubtes Risiko, S. 14.

[35] *Rehberg*, S. 230; *Ulsenheimer*, Pflichtwidrigkeit und Erfolg, S. 134; vgl. auch die Formulierung von *Welzel* zu § 193 StGB (Strafrecht, S. 320).

[36] *Kienapfel*, Erlaubtes Risiko, S. 15; vgl. auch *Armin Kaufmann*, ZfRVgl. 1964, 41 (50).

[37] Vgl. unten III.

[38] *Jescheck*, Lehrbuch, S. 196, versteht daher die Beleidigung als Erfolgsdelikt i. w. S.; ebenso *Maurach*, Strafrecht BT, S. 136.

[39] Vgl. zu diesem Begriff *Zipf*, ZStW 82, 633 (637 ff.).

berechtigter Interessen des § 193 StGB eine Billigung der Handlung auch ohne Hilfe der anderen erwähnten Gesichtspunkte angenommen[40]. Darüber hinaus ist die Bedeutung abstrakter Gefährdungsverbote und sonstiger genereller Verhaltensregeln für das „Erlaubte" des Risikos sehr unklar. Da sich daher der Inhalt des „Erlaubten" nicht allgemein näher begrenzen läßt, kann der Begriff des erlaubten Risikos nur wie folgt bestimmt werden:

Der Täter bleibt straflos, wenn bei einem Erfolgsdelikt zwar die nicht sicher den Erfolg verursachende, gefährliche Handlung nicht mißbilligt wird, wohl aber der dadurch eintretende Erfolg.

Es hat sich gezeigt, daß eine brauchbare Definition des erlaubten Risikos als dogmatisches Institut — etwa als Rechtfertigungs- oder Schuldausschließungsgrund — hier nicht gegeben werden kann. Das erlaubte Risiko läßt sich zunächst nur generell beschreiben und an Hand struktureller Kriterien eingrenzen. Wenn im folgenden vom erlaubten Risiko die Rede ist, so ist damit mangels näherer Begrenzung stets die oben gefundene Inhaltsbestimmung gemeint.

3. Der Gefahrbegriff des erlaubten Risikos

Bevor auf die dogmengeschichtliche Entwicklung und die dogmatische Einordnung des erlaubten Risikos im einzelnen eingegangen werden kann, bedarf zunächst noch der im erlaubten Risiko enthaltene Gefahrbegriff einer Erläuterung. Da es um die Gefährlichkeit der Handlung für bestimmte Rechtsgutsobjekte geht, kann diese nur ex tunc für den Zeitpunkt der Handlungsvornahme und nur auf Grund der in dieser Situation einem vergleichbaren Dritten bekannten Tatsachen beurteilt werden. Es handelt sich also um einen objektiv personalen Gefahrbegriff[41]. Würde man den Beurteilungsmaßstab auf alle im Zeitpunkt der Handlung vorhandenen, wenn auch nicht erkennbaren Tatsachen erweitern[42], so wäre die erlaubte Handlung weitgehend von dem erst später eintretenden Erfolg her bestimmt. Das ist aber unabhängig von der Einordnung des Problems des erlaubten Risikos im Bereich der Rechtswidrigkeit oder der Schuld für das Anliegen jeder Lehre vom erlaubten Risiko nicht sinnvoll, da gerade Handlungen, die bei objektiver Beurteilung der Situation des Täters möglicherweise zu einem

---

[40] Vgl. z. B. *Jescheck*, Lehrbuch, S. 300.

[41] *Mezger/Blei*, Kurzlehrbuch AT, S. 150. Zu einem entsprechenden objektiv personalen Ausgangspunkt vgl. auch *Schröder*, ZStW 81, 1 (11). — Versteht man bereits den mit der Vornahme der Handlung gegebenen Gefahrenzustand als Erfolgsunwert (*Nowakowski*, Jur. Bl. 1972, S. 19 [26]), so handelt es sich insoweit um den anschließend zu erörternden Gefahrbegriff.

[42] So z. B. *Schröder*, ZStW 81, 7 (13 f.), der dort allerdings die Gefahr als Erfolg zu bestimmen sucht.

Erfolg führen können, in diesem Zeitpunkt erlaubt sein sollen. Mit Hilfe des erwähnten personalen Gefahrbegriffs ist auch zu bestimmen, ob die Nähe des Erfolgseintritts für das erlaubte Risiko — wie erwähnt — nicht zu groß ist. Dem entspricht es, wenn *Welzel* wie schon *Stratenwerth* den im Straßenverkehrsrecht anerkannten Vertrauensgrundsatz als Beispiel des erlaubten Risikos auch auf Sachverhalte der Arbeitsteilung anwendet[43], wie z. B. im Fall einer Operation, bei der ein Arzt dem Patienten die von der Schwester vorbereitete falsche Spritze gibt, weil der Arzt diese nicht mehr überprüfen kann, und der Patient infolgedessen stirbt. Gerade diesen Fall will aber *Schmidhäuser*[44] aus dem Problemkreis des erlaubten Risikos ausklammern, weil „das Bevorstehen eines Schadens objektiv schon feststeht und es auf künftiges Verhalten anderer gar nicht mehr ankommt". Es ist zwar richtig, daß der Erfolgseintritt bei Vornahme der Handlung durch den Arzt objektiv ziemlich sicher feststeht, übersehen wird dabei aber, daß das erlaubte „Risiko" ein notwendig personaler, weil zunächst auf die Handlung bezogener Begriff ist, wenn man nicht von vornherein das „Erlaubte" vom eingetretenen Erfolg her interpretieren will. Das wird auch von den Vertretern einer objektiven Unrechtslehre praktisch nicht angenommen, da sie — wie auch *Schmidhäuser* in diesem Fall — die Straflosigkeit der riskanten Handlung durch den Ausschluß der Schuld erreichen, was wiederum auf einen personalen Gefahrbegriff hinausläuft. *Schmidhäuser* verwendet also für das erlaubte Risiko in dem hier angenommenen Umfang im Grunde einen gemischten Gefahrbegriff, der teilweise objektiv personal und teilweise rein objektiv bestimmt wird. In dem erwähnten Beispiel ist unabhängig von einer Schuld- oder Unrechtslösung allein problematisch, ob in der Beurteilungsgrundlage des Gefahrbegriffs auch bereits wirksame objektiv personal nicht erkennbare oder nur künftig möglicherweise hinzutretende Ursachen zu berücksichtigen sind. Die Spritze ist schon vor der Handlung des Arztes mit dem falschen Mittel gefüllt. Sind für einen personalen Gefahrbegriff grundsätzlich auch Tatsachen zu berücksichtigen, die zur Zeit der Handlungsvornahme bereits eingetreten sind, sich aber erst danach kausal auswirken können, so ist kein triftiger Grund erkennbar, weshalb bereits eingetretene kausale Auswirkungen, die einem Dritten in der Situation des Täters nicht bekannt sind, deren Eintritt aber möglich sein kann, aus dem Wahrscheinlichkeitsurteil zu eliminieren sind. Ob es dabei auch auf ein Sonderwissen der Täter ankommt, kann hier dahinstehen. Ist die bereits eingetretene Wirkung einer Ursache objektiv nicht erkennbar, so ist die objektive Möglichkeit dieser Wirkung im gesamten Wahrscheinlichkeitsurteil zu berücksichti-

[43] *Stratenwerth*, FS f. *Eb. Schmidt*, S. 397; *Welzel*, Strafrecht, S. 133.
[44] Lehrbuch, S. 239.

gen, und es kommt nicht darauf an, ob der Täter diese Wirkung tatsächlich kennt. Das spielt vielmehr erst bei der Bewertung der objektiv gefährlichen Handlung als gebilligt oder nicht gebilligt eine Rolle. Daher ist entgegen *Schmidhäuser* infolge der personal gesehen geringen Wahrscheinlichkeit, daß die Spritzen verwechselt worden sind und daher der Tod eintreten kann, die von der Handlung des Arztes ausgehende personal verstandene Gefahr nicht so groß, daß derartige Fälle aus dem Begriff des erlaubten Risikos ausgeklammert werden müßten[45].

Aus den erwähnten Beispielsgruppen wird weiterhin deutlich, daß eine Unterscheidung nach Gefahrengraden als Grenze des Begriffs erlaubtes Risiko nicht sinnvoll ist, da gerade für die Fallgruppe 2 geringste Wahrscheinlichkeit genügt.

4. Das Problem des „Rechtswidrigkeitszusammenhangs“ im Rahmen des erlaubten Risikos

Auch das vielfach erörterte Problem des sog. Rechtswidrigkeitszusammenhangs[46] wird gelegentlich in enger Verbindung zum erlaubten Risiko gesehen. Damit sind Fallgestaltungen gemeint, in denen der Täter zwar einer abstrakten, nicht auf das konkrete Rechtsgutsobjekt bezogenen Sorgfaltspflicht zuwiderhandelt, der dann eintretende Erfolg mit hoher Wahrscheinlichkeit aber auch eingetreten wäre, wenn der Täter sich in diesem Sinne pflichtgemäß verhalten hätte. *Engisch* und *Roxin*[47] untersuchen dabei, ob eine Erhöhung der Gefahr im Verhältnis der im gegebenen Fall erlaubt riskanten Handlung zur tatsächlich vorgenommenen eingetreten ist. Nach überwiegender Auffassung in der Literatur[48] ist das Verhalten des Täters in diesen Fällen stets pflichtwidrig und daher der Handlungsunwert zu bejahen, wobei offenbleiben soll, ob es sich um ein Problem der Schuld oder der Rechtswidrigkeit handelt. Danach ist der Rechtswidrigkeitszusammenhang wegen des stets zu bejahenden Handlungsunwerts kein Problem des erlaubten Risikos im hier begrenzten Sinn. Der Begriff ließe sich jedoch auch auf derartige Fälle ausdehnen.

---

[45] Hinter dieser Unterscheidung *Schmidhäusers* verbirgt sich ein Kompromiß einer objektiven Unrechtslehre, die das erlaubte Risiko als Rechtfertigungsgrund grundsätzlich nicht leugnen, aber den personalen Aspekt des erlaubten Risikos auch nicht einheitlich realisieren kann und diesen teilweise, sobald zu viele subjektive Elemente auftauchen, wieder in die Schuld verweist. Würde *Schmidhäuser*, wie z. B. *Roeder*, Sozialadäquates Risiko, S. 94, auch das von ihm als Rechtfertigungsgrund angesehene erlaubte Risiko in der Schuld prüfen, so bestünden kaum Bedenken gegen die Einbeziehung auch der hier erörterten Fälle in diesen Begriff.

[46] z. B. *Binavince*, S. 211 ff.; *Jescheck*, Lehrbuch, S. 442 f.; *Roxin*, ZStW 74, 411; *Schönke/Schröder*, vor § 59 Anm. 159 a ff.; *Ulsenheimer*, Pflichtwidrigkeit und Erfolg; *Welzel*, Strafrecht, S. 136.

[47] *Engisch*, Kausalität, S. 66 f.; *Roxin*, ZStW 74, 411 (432).

[48] Vgl. den Überblick bei *Binavince*, S. 211 f.

Sieht man sogar wie *Binavince*[49] die Verletzung einer Sorgfaltspflicht in diesen Fällen nicht als stets gegeben an, so ist diese erst konkret zu bestimmen, wobei dem Können als Grenze der Pflicht eine große Bedeutung zukommt. Nur wenn man „die gedankliche Befolgung der logischen Denkregeln" verneint, hat der Täter nach *Binavince*[50] fahrlässig gehandelt. In den übrigen Fällen würde trotz eingetretenen Erfolgs der Handlungsunwert fehlen, so daß insoweit von erlaubtem Risiko gesprochen werden könnte.

Dieser Problemkreis gehört daher zwar in den hier zu erörternden Zusammenhang, er soll jedoch wegen der besonderen Problematik aus der vorliegenden Untersuchung ausgeklammert werden.

5. Die Grenzen der dogmatischen Notwendigkeit einer Anwendung des Gedankens vom erlaubten Risiko

Ziel jeder Lehre vom erlaubten Risiko ist die Straflosigkeit des Täters. Ein Problem kann daher nur dort auftreten, wo es um die Bestimmung der Grenzen der Strafbarkeit geht. Auch in solchen Fällen von erlaubtem Risiko zu sprechen, in denen bereits nach dem gesetzlichen Straftatbestand zwar der eintretende Erfolg, nicht aber bestimmte Handlungen klar strafrechtlich mißbilligt werden, wie z. B. bei der fahrlässigen Sachbeschädigung, ist ebensowenig sinnvoll, wie in dem anderen Fall, daß zwar die riskante Handlung und der eingetretene Erfolg unterschiedlich mißbilligt, jedoch von einem gesetzlichen Strafbestand deutlich erfaßt werden. Der Gedanke des erlaubten Risikos kann nur dort eine Rolle spielen, wo der Gesetzgeber bewußt Lücken gelassen hat, wie z. B. bei den Fahrlässigkeitsdelikten und der Einwilligung i. w. S., oder wenn es sich um eine einengende Auslegung — wie sie z. B. für § 266 StGB behauptet wird[51] — oder gar Einschränkung gegen den gesetzlichen Wortlaut handelt, oder wenn der Gesichtspunkt des erlaubten Risikos in einer speziellen gesetzlichen Regelung besonders verwirklicht ist, was z. B. bei der Wahrnehmung berechtigter Interessen im Rahmen des § 193 StGB in der Literatur angenommen wird[52].

III. Dogmengeschichtliche Entwicklung des erlaubten Risikos

Zum besseren Verständnis der dogmatischen Probleme des erlaubten Risikos, die im Rahmen dieser Arbeit erörtert werden sollen, er-

---

49 Ebd., S. 220 f.
50 Ebd., S. 211.
51 *Dreher*, § 266 Anm. 2 D; *Schönke/Schröder*, § 266 Anm. 45.
52 *Jescheck*, Lehrbuch, S. 300; *Welzel*, Strafrecht, 10. Aufl., S. 301 f.; 11. Aufl., S. 320.

scheint ein dogmengeschichtlicher Überblick notwendig. Wegen der unterschiedlichen Lösungsvorschläge soll dabei die Entwicklung bei den Fahrlässigkeitsdelikten von der bei den Vorsatzdelikten getrennt dargestellt werden.

1. Das erlaubte Risiko beim fahrlässigen Erfolgsdelikt

a) Die Entwicklung bis zum Ende des 2. Weltkrieges

Als im ausgehenden 18. und im beginnenden 19. Jahrhundert die Lehre von der culpa erneut als wichtiges Problem der Strafrechtswissenschaft erkannt und von *Feuerbach, Stübel, Erdmann, Kleinschrod, v. Almendingen, Klein* u. a.[1] entsprechend ausführlich behandelt wurde, war vor allem die Frage nach dem Strafgrund der fahrlässigen Tat umstritten. Alle Theorien, soweit sie nicht die Strafbarkeit überhaupt ablehnten, enthielten aber die Verknüpfung von Fahrlässigkeit und Gefahr vorwiegend in Gestalt der Vorhersehbarkeit und sonstiger Grenzen des menschlichen Könnens[2], mit deren Hilfe die Fahrlässigkeit vom Zufall abgegrenzt wurde[3].

Gefahrbegriff bzw. Vorhersehbarkeit konnten aber nur durch eine mehr oder weniger große Wahrscheinlichkeit generell bestimmt und begrenzt werden. Es gab jedoch schon immer Fälle wie z. B. jenen von *Klee*[4] wiedergegebenen Sachverhalt, in dem der Sohn auf der Jagd den Vater erschossen hat, weil er ihn mit einem verfolgten Wildschwein verwechselte hatte. Das Neumärkische Kriminalkollegium hat in einem Gutachten vom 15. 8. 1796 in diesem Fall die Fahrlässigkeit verneint, weil der Sohn einer Tierspur gefolgt war, und sich der Vater zudem in knieender Stellung befand. Die „nicht ganz außer dem Überlegungskreise des Täters liegende“[5] Möglichkeit, der Schatten könne der Vater

---

[1] Zur Entwicklung *Binding,* Normen IV, S. 199 ff.; *Exner,* Fahrlässigkeit, S. 12 ff.
Zur Lehre von der culpa als Willensfehler: *Feuerbach,* Bibl. f. peinl. Rechtsw. u. Gesetzesk., Band II (1802), S. 193 ff.; *Grolmann,* Grundsätze der Criminalwissenschaft (1825), S. 39 ff.; als Verstandsfehler: vor allem *Harscher v. Almendingen,* Untersuchung über das kulpose Verbrechen (1804), S. 239.

[2] So etwa *Feuerbach,* Lehrbuch, S. 63: „Ein Verbrechen zieht ... wegen Fahrlässigkeit keine Strafe nach sich: 1.) Wenn die Handlung oder Unterlassung mit dem gesetzwidrigen Erfolg in so entferntem oder ungewöhnlichem Zusammenhang stand, daß derselbe nicht erwartet werden konnte, 2.) wenn dasjenige, was zur Abwendung der Gefahr hätte geschehen müssen, eine den Menschen nicht gewöhnliche Einsicht oder Kraftanwendung erfordert haben würde. Was außerhalb jener Grenze liegt, gehört dem Zufall (casus).“

[3] Vgl. auch Preuß. ALR § 28 II, 20 und § 6 I, 3: „Mittelbare Folgen, welche nicht vorausgesehen werden konnten, werden für zufällig gehalten.“

[4] *Klee,* GA Bd. 62, S. 394 ff. (445).

[5] Zitiert bei *Klee,* ebd., S. 445.

sein, sei praktisch nur Zufall. Da die Möglichkeit eines tödlichen Unfalls durch eine Schußwaffe bei der Jagd gerade in dieser beinahe typischen Weise durchaus im Bereich der Wahrscheinlichkeit und damit auch innerhalb der erforderlichen Vorhersehbarkeit lag, ist die Verneinung dieses Merkmals als Fahrlässigkeit in Wirklichkeit nicht die Begründung des Freispruchs. Vielmehr wurde der Gedanke, der generell den Beispielen der Fallgruppe 1 zugrunde liegt, daß die Jagd eine Tätigkeit erhöhter Gefährlichkeit ist, und wegen ihres sozialen Nutzens (sei es zur Ernährung oder als Sport) die hinzunehmenden Gefahren größer sind, in die Vorhersehbarkeit wesensfremd und unausgesprochen hineingepreßt und nun auch noch deren genereller Maßstab fallweise unterschiedlich angewandt. Diese dogmatische Unklarheit war solange erträglich, als die straflosen gefährlichen Handlungen noch nicht mit größerer Wahrscheinlichkeit zu einem Erfolg führten und derartige Fälle nicht zahlreicher wurden, was aber mit der Industrialisierung und dem zunehmenden Straßenverkehr eintrat. Man konnte statistisch feststellen, daß etwa beim Bau jedes Tunnels eine bestimmte Anzahl von Arbeitern ums Leben kam. Der alleinige Gesichtspunkt der Vorhersehbarkeit wurde immer fragwürdiger. Deshalb ist die industrielle Entwicklung sicher ein entscheidender Anstoß für die besondere Erörterung der Fallgruppe 1 des erlaubten Risikos, jener Fälle überwiegender sozial gebilligter Interessen, geworden[6].

Noch auf dem Boden der Imputationslehre[7], die hauptsächlich am Verbrechensmerkmal der Zurechnung[8] bzw. der Verantwortlichkeit[9] orientiert war, hat dann *v. Bar* soweit ersichtlich erstmals auch die dogmatischen Schwierigkeiten derartiger Fälle ausdrücklich erörtert und versucht, die Fallgruppen 1 und 2 unter einem gemeinsamen dogmatischen Gesichtspunkt einzuordnen. Er sah die Lösung in der Kausalität, bei der zwischen Bedingung und Ursache unterschieden wurde und die neben die Zurechnungsfähigkeit und die culpa bzw. den dolus trat[10]. Zunächst verneinte *v. Bar* die Kausalität, wenn das Handeln „der Regel des Lebens entsprechend"[11] war, später ging er von der „natürlichen Kausalität" aus und begrenzte diese durch eine „Kausalität im juristischen Sinne"[12], so daß nur gehaftet werden sollte „für einen beachtlichen Verlauf", einen solchen, „der als leicht möglicher sich einer

[6] *Rehberg*, S. 21; *Seidel*, Risiko, S. 118.
[7] Zur generellen Entwicklung der Verbrechensdogmatik: *Jescheck*, Lehrbuch, S. 153 ff.; *Welzel*, JuS 1966, 421 (423 f.).
[8] *Thyren*, S. 1.
[9] *Thyren*, S. 134, 184; *v. Bar*, Causalzusammenhang, S. 13.
[10] *Thyren*, S. 134; vgl. auch die Gliederung bei *v. Bar*, Gesetz und Schuld II.
[11] Causalzusammenhang, S. 13.
[12] Gesetz und Schuld II, S. 198.

vernünftigen Betrachtung nicht entzieht"[13]. Die eigentliche Fahrlässigkeit als Schuld sollte daneben aus dem „Spiegelbild dieser Kausalität in der Seele des Individuums"[14] bestehen. Wesentlich auch im Anschluß an diese Ausführungen *v. Bars* kam eine breite Diskussion über Kausalität, Rechtswidrigkeit und Schuld in Gang[15].

Auch *v. Kries* knüpfte ausdrücklich an dessen Überlegungen an[16] und entwickelte zunächst für die erfolgsqualifizierten Delikte jene Adäquanztheorie[17], die gegenüber vielen anderen Begrenzungen der naturwissenschaftlichen Kausalität in der strafrechtlichen Literatur mehr und mehr Anhänger fand[18].

Aber bereits 1894 wies *Thyren*, ein skandinavischer Strafrechtswissenschaftler, klar darauf hin, daß sich die Adäquanztheorie entscheidend von der Lehre *v. Bars* dadurch unterscheide, daß diese neben den Fällen unvorhersehbarer Kausalität (Fallgruppe 2), die die Adäquanztheorie auch erfassen könne, in der Lage sei, „gleichsam einen irrationalen Rest" neben der natürlichen Kausalität und der Voraussehbarkeit, nämlich jene Fälle besonderer Gefahren mit überwiegendem sozialen Nutzen (Fallgruppe 1), aus der Verantwortlichkeit i. S. der Imputationslehre auszunehmen[19]. Die dazu verwendbare „Regel des Lebens" sei zu bestimmen, „ob nach den dem Handelnden bekannten Voraussetzungen die Möglichkeit der Wirkung eine im Verhältnis zu dem durch die Handlung repräsentierten Interesse zu grosse war"[20]. Im Gegensatz zu *v. Bar* wird hier bereits deutlicher die in einer solchen Kausalitätsbestimmung enthaltene normative Abwägung erkennbar. Das dürfte dann wohl auch der Grund gewesen sein, weshalb *Thyren* das Problem nicht mehr der Kausalität, sondern wieder der Vorhersehbarkeit zuordnet[21].

---

13 Ebd., S. 201.

14 Ebd., S. 198, 448.

15 Vgl. z. B. *Torp*, ZStW 23, 87, Fußn. 5.

16 Vierteljahresschrift für wiss. Philosophie 12, S. 222 (240).

17 Ebd., S. 222 ff., 287 ff., 393 ff.

18 z. B. *v. Hippel*, Strafrecht II, S. 143 ff.; *Engisch*, Kausalität, S. 41 ff.; *Traeger*, S. 159 ff. Heute verwenden die Adäquanztheorie als Haftungsbegrenzung für Vorsatzdelikte: *Jescheck*, Lehrbuch, S. 213, *Welzel*, Strafrecht, S. 73; allgemein: *Maurach*, Strafrecht AT, S. 203 ff. Daneben wurde eine Reihe sog. individualisierender Kausaltheorien entwickelt, mit deren Hilfe die Verantwortlichkeit für bestimmte Erfolge ebenfalls ausgeschlossen werden sollte. Vgl. die Übersicht bei *Jescheck* (Lehrbuch, S. 215) und *Maurach* (Strafrecht AT, S. 202 f.).

19 *Thyren*, S. 134 f., 137; *M. L. Müller*, S. 35 Fußn. 2. Auch *Maurach*, Strafrecht AT, S. 205 f., betont, daß das erlaubte Risiko von der Adäquanztheorie allein nicht erfaßt werde.

20 *Thyren*, S. 135.

21 S. 135. Die Kausalität sei streng von der Vorhersehbarkeit zu trennen (S. 148).

Nachdem auch bereits *Hälschner*[22] Fälle des erlaubten Risikos mit der Pflicht in Verbindung gebracht hatte, und so die Lösung der oben erwähnten Fallgruppen im Rahmen der Fahrlässigkeit gesehen wurde, war es nur noch ein klärender Schritt, das erlaubte Risiko nach der Entwicklung der klassischen Verbrechenslehre durch *v. Liszt*[23] und *Beling*[24] mit der Fahrlässigkeit in die Schuld einzuordnen. Damit wurde der im Sinne der heutigen Verbrechenslehre mehr dem Tatbestand und der Rechtswidrigkeit zuneigende Ansatz *v. Bars* zunächst verlassen. Jedoch gelang es in der Folgezeit kaum, die Fälle der Fallgruppe 1 und 2 in der Schuld befriedigend zu lösen.

Bereits 1903 bestimmte *v. Hippel* die Schuldform der Fahrlässigkeit als „pflichtwidrige Unvorsichtigkeit", die nach einem in Anlehnung an § 276 BGB objektiven und einem subjektiven Maßstab zu bestimmen sei[25]. Fahrlässigkeit sollte nicht gegeben sein, wenn „das Risiko schädlicher Folgen als objektiv nach den Regeln des Verkehrs erlaubt erscheint" oder „wenigstens *diesem Täter* ein Vorwurf nicht gemacht werden kann"[26]. Obwohl *v. Hippel* für die Fälle überwiegender sozial gebilligter Interessen (Fallgruppe 1) diese Lösung später noch deutlicher aufrecht erhielt[27] und die „Unvorsichtigkeit" grundsätzlich und allgemein bei „verkehrsmäßigen Gefahren"[28] verneinte, finden sich bei ihm aber auch Ansatzmöglichkeiten zur Lösung des gleichen Problems im Bereich der Rechtswidrigkeit. So spricht er ausdrücklich vom „erlaubten" Risiko, läßt die Zahl der Rechtfertigungsgründe offen[29] und löst vor allem die Fälle der mangelnden Vorhersehbarkeit (Fallgruppe 2) mit Hilfe der Adäquanztheorie[30].

Zu denjenigen Autoren, die zwischen einer Lösung der Fälle des erlaubten Risikos der Fallgruppe 1 im Rahmen der Rechtswidrigkeit oder der Schuld schwankten, muß wohl auch *Binding* gerechnet werden[31], der das Problem nach *v. Bar* als erster wieder ausführlich und scharf herausgearbeitet hat. Er widmet dem „maßvollen Risiko" zur

---

22 Das gemeine deutsche Strafrecht I, S. 137 f.
23 Lehrbuch, 2. A., S. 94 f.
24 Grundzüge, 2. A., S. 29.
25 VDA III, S. 373 (567 f.).
26 Ebd., S. 568, Fußn. 3.
27 *v. Hippel*, Strafrecht II, S. 361: „... verkehrsmäßige Gefahr begründet niemals Fahrlässigkeit"; Fußn. 2: „denn sie ließe sich nur durch das gerade im öffentlichen Interesse unmögliche Verbot der betreffenden Tätigkeit ausschalten".
28 Ebd., S. 361, Fußn. 6.
29 VDA III, S. 373 (568, Fußn. 3); Strafrecht II, 193.
30 Strafrecht II, S. 143 ff.
31 Auch *H. Mayer*, Strafrecht AT 1953, S. 187, Fußn. 4; *Rehberg*, S. 24, und *Roeder*, Sozialadäquates Risiko, S. 66, Fußn. 4, halten die Ausführungen *Bindings* nicht für eindeutig. Vgl. andererseits *Maurach*, Strafrecht AT, S. 546, der *Binding* als Vertreter der Lehre von Unrechtsausschluß ansieht.

Abgrenzung vom fahrlässigen Delikt ein ganzes Kapitel[32]. Die Annahme von Gewohnheitsrecht und die Verwendung des Gedankens vom normalen Verhalten lehnt er ab[33] und bestimmt das statthafte Risiko der „Grundhandlung“[34] „nach Entbehrlichkeit und Unentbehrlichkeit, also Vermeidbarkeit und Unvermeidbarkeit der mit dem Risiko belasteten Handlung in den Augen des Rechts — verbunden mit der Proportionalität des Risikos mit dem Rechtswert der unentbehrlichen Handlung“[35]. Das Risiko rechtfertigt sich jedoch nur in den Grenzen der Erforderlichkeit[36]. Offen bleibt nun aber, ob das so bestimmte maßvolle Risiko eine Grenze der Fahrlässigkeitsschuld oder ein Ausschluß der Rechtswidrigkeit sein soll. Während zum einen die Rechtsordnung dem Täter in diesen Fällen „persönlich keinen Vorwurf machen“ könne[37], wenn der Erfolg eintrete, gibt *Binding* andererseits in Erwiderung auf Angriffe von Rudolf *Merkel* diesem dahin recht, daß maßvolles Risiko ein Ausschluß der Rechtswidrigkeit sei und verweist auf *Graf zu Dohna,* der dasselbe mehrfach betont habe[38]. Anlaß für diese unterschiedlichen Äußerungen dürfte die Unsicherheit über die Bedeutung des Erfolges gewesen sein. Während *Binding* bei den Ausführungen zu einer Lösung im Rahmen der Rechtswidrigkeit „schädigende Erfolge durch erlaubte Handlungen mit Gefahr-Risiko“ „als unvermeidliche unglückliche Zufälle“ ansieht, „deren Eintritt die Handlung wahrlich nicht zur rechtswidrigen stempelt“[39], also die Lehre vom casus, die bereits oben[40] angedeutet wurde, für die Rechtswidrigkeit verwendet, findet sich bei den mehr zur Lösung im Rahmen der Schuld neigenden Überlegungen der Satz: „... so hat hier zweifellos eine Verletzung von Rechtsgütern stattgefunden, und keiner solchen steht die Rechtsordnung gleichgültig gegenüber“[41]. Der Zufall wird dann auch als Gegensatz zur schuldhaften Handlung aufgefaßt[42]. Diese zweifache Sicht des Zufalls deutet nun aber zugleich an, daß der erwähnte Widerspruch für *Bindings* Lehre vom Unrecht nicht entscheidend ist.

Beschränkt auf das vom Zivilrecht getrennte Deliktsunrecht, das als Normwidrigkeit Verletzung des Rechts auf Botmäßigkeit sei[43], wird

---

32 Normen IV, S. 432 ff.; vgl. auch Normen I, S. 247 f.
33 Normen IV, S. 439.
34 Schuld, S. 140, Fußn. 2.
35 Normen IV, S. 440.
36 Ebd., S. 442.
37 Ebd., S. 446.
38 Ebd., S. 432, Fußn. 1.
39 Normen II, 1, S. 247 f.
40 Vgl. oben III, 1, a.
41 Normen IV, S. 445.
42 Ebd., S. 449, Fußn. 2.
43 *Binding,* Normen I, S. 243 ff., 291 ff. Vgl. dazu auch *Lampe,* Das personale Unrecht, S. 26 ff.

Schuld und Unrecht dergestalt miteinander verbunden, daß es „nur verschuldetes, kein unverschuldetes Unrecht" geben soll[44]. Eine Tötung infolge einer Handlung mit „proportionalem Risiko" sei daher „schuldlos unverbotene Tötung"[45]. Durch diese besondere Unrechtslehre wird das in der Folgezeit so wichtige Problem der Unrechts- oder Schuldlösung bei *Binding* nur erkennbar. Die Notwendigkeit, es zu lösen, bestand für ihn nicht zwingend. Zu berücksichtigen ist weiterhin, daß ein Teil der Fälle vor allem der Fallgruppe 2 von *Binding* durch die sog. Übergewichtstheorie[46] in der Kausalität gelöst werden würde. Folgt man diesem besonderen Aspekt der Unrechtslehre *Bindings* nicht, so wird das Problem sofort deutlich.

Frank, der Rechtswidrigkeit und Schuld schärfer trennt[47], erörtert die Fälle des „gestatteten Risikos" wegen „überwiegenden sozialen Nutzens" ebenfalls wie schon *v. Hippel* bei der Fahrlässigkeitsschuld im Rahmen der „vernachlässigten Vorsicht"[48]. Er kommt aber nicht umhin festzustellen, daß zahlreiche Handlungen von der Rechtsordnung „erlaubt" seien und z. B. beim Betrieb einer Eisenbahn die „Rechtmäßigkeit"[48] dort aufhöre, wo die gebotene Vorsicht verletzt werde. Einige Fälle der Fallgruppe 2 werden von ihm ebenfalls durch eine besondere Kausalitätslehre, nämlich über den Gedanken des „Regreßverbots"[49] gelöst, für den Rest geschieht dies über den Gesichtspunkt der Vorhersehbarkeit[50] im Rahmen der Schuld.

In die Reihe derjenigen[51], die eine Lösung des Problems überwiegend in der Fahrlässigkeitsschuld sehen, gehört auch *Mezger*. Nach ihm ist grundsätzlich durch die Verkehrssitte ein „gewisses Risiko gestattet"[52]. Unter Heranziehung der Definition der Fahrlässigkeit in § 276 BGB soll ein „Verschulden (Fahrlässigkeit)" dabei nur dann vorliegen, „wenn die gebotene Aufmerksamkeit außer acht gelassen wird"[53]. Schon in diesen Ausführungen zeigt sich, daß auch *Mezger* nicht vermeiden kann, Elemente der Rechtmäßigkeit zur Lösung heranzuziehen. Das straflose Risiko sei „gestattet", nicht etwa nur schuldlos. Noch deutlicher wird dies aber, wenn er an anderer Stelle ausführt, daß die soziale Adäquanz im Sinne *Welzels* „vielfach den Charakter eines allgemeinen Unrechts-

[44] Normen I, S. 243 f., 299.
[45] Normen IV, S. 448.
[46] Normen I, S. 115 ff.; vgl. auch Normen II, 1, S. 472 ff.
[47] *Frank*, Kommentar, S. 136 ff.
[48] *Frank*, Kommentar, S. 195.
[49] *Frank*, Kommentar, S. 14 ff.
[50] *Frank*, Kommentar, S. 194, 197.
[51] Auch Ausführungen bei *v. Liszt/Schmidt*, S. 279 und Fußn. 14, deuten auf eine Lösung im Rahmen der Schuld. (Vgl. aber auch S. 216 f.). Diese Auffassung vertritt auch *Lobe*, S. 115 ff.
[52] Lehrbuch, S. 358; Kurzlehrbuch AT, 9. Aufl., S. 192.
[53] Allerdings werden dabei auch subjektive Umstände in der Person des Täters berücksichtigt (*Mezger*, ebd.).

ausschließungsgrundes" habe[54]. Die Fälle mangelnder Vorhersehbarkeit werden entweder durch die Haftungsbegrenzung der Relevanztheorie[55] oder durch die objektive und subjektive Elemente enthaltende Vorhersehbarkeit in der Fahrlässigkeitschuld[56] gelöst. Die Gründe für die Zurückhaltung gegenüber einer Lösung im Bereich des Unrechts werden bei ihm besonders klar. Sie erklären sich aus seiner Rechtswidrigkeitslehre. Versteht man das Unrecht als „Widerspruch gegen das Recht als Bewertungsnorm", als Veränderung eines rechtlich gebilligten bzw. Herbeiführung eines rechtlich mißbilligten Zustands[57], so kommt man über den in den Fällen des erlaubten Risikos eingetretenen Erfolg als Unrechtselement nicht hinweg, wenn man ihn von der Rechtsordnung her ganz ins Auge faßt, es sei denn durch einen Rechtfertigungsgrund als Eingriffsbefugnis.

Die Rechtsprechung des Reichsgerichts hatte ähnlich wie die Literatur mit der dogmatischen Lösung der Fälle mangelnder Vorhersehbarkeit des Kausalverlaufs (Fallgruppe 2) wenig Schwierigkeiten, da sie dies Merkmal stets in der Schuld geprüft hat[58]. Die Lösung der klassischen Fälle des erlaubten Risikos (Fallgruppe 1) war erheblich problematischer. So ließ sich auch in den Entscheidungen des Reichsgerichts der soziale Nutzen nur unzureichend in der Vorhersehbarkeit unterbringen, wie etwa in der bereits erwähnten Entscheidung aus dem Jahre 1886, deren Sachverhalt deutliche Züge jener Epoche der Industrialisierung des 19. Jahrhunderts trägt[59]. Der Leiter einer Portlandzementfabrik wurde wegen vorhersehbarer und daher fahrlässiger Tötung verurteilt, weil drei Arbeiter in die „Regenkanäle der Trockenöfen" gestürzt waren, deren in Aussicht genommene Sicherheitsvorkehrungen (Brücken) nicht angebracht worden waren, da wegen dieser kostspieligen Maßnahmen die Rentabilität des Trockenofens gefährdet worden wäre. Wenn in dieser Entscheidung trotz der alleinigen Anwendung des Gesichtspunkts der Vorhersehbarkeit dennoch im Ergebnis richtig entschieden wurde, so ist das nicht auf eine dogmatisch befriedigende Berücksichtigung des erlaubten Risikos zurückzuführen. Später wurde dann die Verletzung der objektiven und subjektiven Sorgfaltspflicht im Rahmen der Fahrlässigkeitsschuld[60] herausgestellt. Auffällig ist, daß sich das Reichsgericht in Strafsachen[61] soweit ersichtlich trotz vielfältiger Literatur überhaupt nicht mit der Frage der Bedeutung dieser Fälle des erlaub-

---

[54] Kurzlehrbuch AT, 9. Aufl., S. 132; vgl. auch LK, 8. Aufl., 1. Band, S. 343.
[55] Lehrbuch, S. 122, 124; Kurzlehrbuch AT, 7. Aufl., S. 307, 9. Aufl., S. 71.
[56] Lehrbuch, S. 349.
[57] *Mezger*, GS 89, 207 (245 f.).
[58] z. B. schon RGSt 6, 249.
[59] RGSt 16, 291 f.
[60] RGSt 30, 25 (27 f.); 57, 172 (173).
[61] Vgl. andererseits zum Zivilrecht z. B. RGZ 72, 303 (307 f.).

ten Risikos für den Bereich der Rechtswidrigkeit befaßt, sondern ganz eindeutig nur eine Schuldlösung vertreten hat[62].

Es lassen sich aber schon im 19. Jahrhundert Autoren nachweisen, die zwar zum Teil noch formal eine Lösung in der Schuld, jedoch materiell stärker oder sogar ausschließlich Überlegungen zum Unrecht bei der Lösung der klassischen Fälle des erlaubten Risikos (Fallgruppe 1) heranzogen.

Noch unscharf erörtert *Löffler* bei der von ihm als Schuldform verstandenen Wissentlichkeit[63] derartige Fälle. Er begründet die Straflosigkeit aber materiell mit staatlicher Gestattung nach Güterabwägung. „Wer ein Bergwerk betreibt, wissend, daß der Betrieb trotz aller aufgebotener Vorsicht Tötungen im Gefolge haben kann, begeht kein Verbrechen[64].“ Verschwindend geringe Wahrscheinlichkeiten eines Erfolgseintritts könnten auch ohne besondere Gestattung vernachlässigt werden[65].

Erheblich deutlicher für eine Lösung der Sache nach im Rahmen des Unrechts sprechen dann die Ausführungen von Rudolf *Merkel* zum Zivilrecht[66]. Er geht davon aus, daß mit dem Betrieb von Eisenbahnen, Pulver- und Gasfabriken durch keine Sorgfalt zu vermeidende Gefährdungen verbunden seien. „Wenn die Rechtsordnung angesichts dieser Kollision den Betrieb trotz seines gefährlichen Charakters gestattet, so geschieht dies, weil diese Unternehmen neben dem pekuniären Interesse des Unternehmers zugleich solche Interessen vertreten und fördern, welche vom sozialen Standpunkt aus ... so bedeutend erscheinen, daß sie jenes Interesse Einzelner an ihrer Integrität überwiegen[67].“ Aber auch *Merkel* stellt das Prinzip des überwiegenden Interesses zwar allgemein auf, wendet es in den hier zu erörternden Fällen jedoch nur bei staatlicher oder polizeilicher Gestattung an[68] und ordnet das Problem

---

[62] Vgl. als weiteres Beispiel auch die Entscheidung RGSt 33, 346, in der die Schuld der Angeklagten verneint wurde, weil sie eine an sich notwendige Abstützung einer Kanalwand, die dann einbrach und einen Arbeiter verletzte, nicht vorgenommen hatten, da sonst der Fuhrverkehr hätte eingestellt werden müssen. Das war ihnen aber polizeilich verboten worden. Entgegen der Vorinstanz war das RG der Auffassung, daß die Kanalarbeiten deshalb nicht etwa überhaupt hätten unterbleiben müssen, da es sich um die „notwendige Errichtung einer Nutzwasserleitung“ handelte.

[63] Schuldformen, Band I, S. 5 f.

[64] Ebd., S. 7 f.

[65] Ebd., S. 7 f., Fußn. 4.

[66] Auf die Stellungnahmen zum erlaubten Risiko im Zivilrecht kann im Rahmen der vorliegenden Arbeit nur gelegentlich eingegangen werden, da einerseits die Problematik im Zivilrecht etwas anders zu betrachten ist (vgl. z. B. § 1004 BGB) und andererseits der Rahmen dieser Untersuchung gesprengt werden würde.

[67] Die Kollision rechtmäßiger Interessen und die Schadensersatzpflicht bei rechtmäßigen Handlungen, S. 59.

[68] Ebd., S. 59 f.; vgl. auch *Liepmann*, S. 178.

formal in die Schuld ein. Vorsichtige Erweiterungen sollen über Analogie und generelle Gesetzesbestimmungen dort vorgenommen werden, wo die konkreten Gesetzesvorschriften nicht erschöpfend seien[69]. Dann kann aber „weder in dem Betrieb als solchem, wegen seiner Gefährlichkeit, eine schuldhafte Verletzung erblickt werden, noch kann die einzelne (innerhalb der Konzession liegende und mit der ihrer Gefährlichkeit entsprechenden Diligenz vorgenommene) Betriebshandlung, aus welcher eine Verletzung eines Dritten erwachsen ist, um dieses schädlichen Erfolgs willen zu einer schuldhaften gestempelt werden"[70]. Gegenüber *Thyren* hebt *Merkel* hervor, daß nicht die Voraussehbarkeit, sondern die Interessenkollision entscheidend sei[71]. Infolge der Verknüpfung dieses Gesichtspunktes mit der staatlichen Gestattung blieb der Inhalt der Abwägung jedoch noch ungenau.

Das grundsätzliche Problem, das bereits den Vertretern der Schuldlösung Schwierigkeiten bereitet hatte, nämlich die Abgrenzung von Rechtswidrigkeit und Schuld, tritt in der Folgezeit bei Autoren, die mehr einer Lösung im Rahmen der Rechtswidrigkeit zuneigen, noch stärker hervor. Durch die Verschiebung der Problematik in dieses Verbrechensmerkmal konnte die Frage nach der Bedeutung des trotz erlaubten Risikos eintretenden Erfolgs als Unrechtselement erst recht nicht mehr umgangen werden.

Miricka verwendet wie *v. Bar* die „Regel des Lebens" und den Begriff der „normalen Gefahr"[72]. Zwar wird beides nicht mit der natürlichen oder juristischen Kausalität verknüpft, sondern er erklärt, daß die strafrechtlich relevante rechtswidrige Gefahr „die übernormale sei" und dies führe „zu dem zwingenden Schlusse, daß auch der aus der normalen Gefahr entstehende Verletzungserfolg nicht rechtswidrig und seine Herbeiführung somit nicht strafbar sein kann"[73]. Die Grenze der normalen Gefahr sei die Scheidewand zwischen „strafbarem Unrecht" und „ausgeschlossener Rechtswidrigkeit"[74]. Dieselben Normen aber, die diese Grenze bestimmten, seien zugleich „das Maß der angemessenen Sorgfalt"[75] und die untere Grenze der Fahrlässigkeit. Die Abgrenzung zwischen Rechtswidrigkeit und Schuld bleibt so letztlich offen.

Ebenso sieht *Exner* in diesen Fällen ein Problem des Unrechts. Er bestimmt die untere Grenze der Fahrlässigkeit zunächst durch die

---

[69] R. *Merkel*, S. 71.
[70] Ebd., S. 59 f.
[71] Ebd., S. 60.
[72] Die Formen der Strafschuld und ihre gesetzliche Regelung, S. 154 ff.; vgl. gegen die grundlegende Bedeutung dieses Begriffs *Binding*, Normen IV, S. 434, Fußn. 2.
[73] *Miricka*, S. 160.
[74] Ebd., S. 160.
[75] Ebd., S. 173.

Vorhersehbarkeit und zusätzlich durch die „im Verkehr erforderliche Sorgfalt“[76], denn es gebe Fälle eines sog. „Handelns auf fremde Gefahr“[77], wie z. B. das Betreiben einer Eisenbahn, das Fahren mit einem Auto usw., in denen eine gefährliche Situation vorhersehbar provoziert werde, und der Täter einen sich daraus ergebenden Erfolg dennoch nicht zu vertreten habe. Indessen bestehe die Schwierigkeit darin, daß im Begriff der erforderlichen Sorgfalt Rechtswidrigkeit und Schuld „untrennbar verknüpft“[78] seien. *Exner* greift auf den schon von *Löffler* hervorgehobenen Gedanken der staatlichen Gestattung zurück und meint, daß in vielen Fällen bereits dadurch die Rechtswidrigkeit ausgeschlossen sei. In den übrigen Fällen sei die Rechtswidrigkeit zu bejahen, wenn „die gebotene Vorsicht nicht beachtet“ werde, und die Schuld, wenn auch „dem Täter nach den Umständen des Falles und seinen persönlichen Fähigkeiten zuzumuten (wäre), daß er den bösen Ausgang voraussehe und vermeide“[79]. Berücksichtigt man hierbei, daß *Exner* für die Bestimmung der Fahrlässigkeitsschuld einen durchschnittlichen Maßstab des Erreichen-Könnens anlegt[80] und daß dabei die Größe der möglichen Verletzung sowie der Zweck, der mit der Handlung verfolgt wird[81], eine entscheidende Rolle spielen, so kann man nur seine Ansicht bestätigen, daß auf diese Weise die bereits in der Rechtswidrigkeit auszuscheidenden Fälle von den übrigen nicht klar zu trennen sind[82].

Bereits 1905 hatte *Graf zu Dohna* zur Bestimmung der Rechtswidrigkeit den Satz vom „rechten Mittel (zum) rechten Zweck“[83] entwickelt und später deutlich herausgestellt, daß die Fälle der „gesundheitsschädlichen Fabrikarbeiten, Bergwerksunternehmungen“ nicht die Grenze der Schuld, sondern die der Rechtswidrigkeit beträfen[84]. Mit *Binding* wird man diese Fälle bei *Graf zu Dohna* als eine Anwendung des oben erwähnten Prinzips ansehen können[85]. Den Grund für die Rechtmäßigkeit sieht *Graf zu Dohna* in der „vom Gesetz stillschweigend anerkannten Befugnis, sozial wertvolle Handlungen trotz ihrer unverkennbaren Gefahren vorzunehmen“[86]. Doch auch bei ihm bleibt die Abgrenzung zur

---

[76] Fahrlässigkeit, S. 191 f.
[77] Ebd., S. 195.
[78] Ebd., S. 193.
[79] Ebd., S. 196.
[80] Ebd., S. 198.
[81] Ebd., S. 199.
[82] So sieht auch *Rehberg*, S. 35, die Auffassung *Exners*.
[83] Rechtswidrigkeit, S. 48, 54.
[84] *Graf zu Dohna*, ZStW 32, 323 (327, Fußn. 10).
[85] Normen IV, S. 432, Fußn. 1; ebenso *Rehberg*, S. 23.
[86] ZStW 32, 323 (327, Fußn. 10). Vgl. auch *v. Liszt/Schmidt*, S. 213 ff. (216 f.).

Fahrlässigkeitsschuld offen, die er nach dem Maß an Sorgfalt bestimmt, die von Menschen gemeinhin erwartet wird[87].

So weist dann *Mannheim*[88] trotz grundsätzlicher Übereinstimmung mit *Graf zu Dohna* wieder darauf hin, daß es sehr schwierig sei, die richtige Grenze zwischen Rechtswidrigkeit und Schuld zu ziehen. Er selbst stellt darauf ab, ob die Interessenkollision für die Allgemeinheit besteht — dann Rechtswidrigkeit — oder nur für den Täter selbst — dann Schuld. Sieht man sich die Beispiele bei *Mannheim* näher an, so zieht er praktisch die Wertung an Hand eines generellen Maßstabs zur Rechtswidrigkeit und die an Hand eines individuellen zur Schuld (so für den Leinenfängerfall)[89].

Bei den erwähnten Vertretern einer Lösung im Rahmen der Rechtswidrigkeit bleibt stets offen, wie sich in den Fällen des erlaubten Risikos (Fallgruppe 1) der Ausschluß der Rechtswidrigkeit oder deren Begrenzung zum Unrechtsgehalt des Erfolgs verhält. Die Frage mußte besonders für die Vertreter der klassischen Unrechtslehre auftauchen, die gerade in der Herbeiführung eines rechtlich mißbilligten Zustands das Unrecht erblickten[90].

Diese Schwierigkeiten werden klar von *Köhler*[91] erkannt. Nach ihm sind im Rahmen einer „Ausnahmebefugnis" bestimmte gefährliche Handlungen wie das Antreiben einer Lokomotive erlaubt. Sehr zweifelnd fügt er dann hinzu: „Auch den Fall, daß aus der Gefährdung eine Verletzung wird, scheint *Exner* mit einbeziehen zu wollen[92]." Nähere Ausführungen hierzu fehlen indessen. Auch M. E. *Mayer* erörtert die erlaubte Gefährdung nur für Gefährdungsdelikte[93].

Sehr frühzeitig hatten sich jedoch einige Autoren von der Vorstellung der überragenden Bedeutung des Erfolgs für das Unrecht gelöst.

Bereits 1903 hat *Torp*[94], ein weiterer Vertreter der skandinavischen Rechtswissenschaft, unter Ablehnung der Lehre *v. Liszts* von der Rechtswidrigkeit als Verletzung rechtlich geschützter Interessen durch kausale menschliche Handlungen, die Rechtmäßigkeit von der Rechtswidrigkeit danach abzugrenzen versucht, „ob es unter den vorliegenden Verhältnissen erlaubt ist, in der gedachten Weise zu verursachen"[95]. Die

---

87 Verbrechenslehre, 2. Aufl., S. 46.
88 Der Maßstab der Fahrlässigkeit im Strafrecht, S. 52.
89 Ebd., S. 55.
90 *Mezger*, GS 89, 207 (248); vgl. auch *Nowakowski*, ZStW 63, 287 (310 und 312) und *M. E. Mayer*, S. 200, Fußn. 6: „Der Schluß vom verletzenden Erfolg auf die Rechtswidrigkeit ist zuverlässig."
91 Probleme der Fahrlässigkeit im Strafrecht, S. 141.
92 Ebd., S. 140.
93 S. 197 ff.
94 ZStW 23, 84 (87 ff.).
95 Ebd., S. 93.

Rechtswidrigkeit als „objektive Grenze der Handlungsfreiheit“[96] soll durch die Abwägung gerade dieser mit den „gesellschaftlichen Bedürfnissen des Rechtsgüterschutzes“[97] bestimmt werden. Wäre der Erfolg allein entscheidend, so würde die Handlungsfreiheit auf dem „Altar“ „des Schutz(es) gegen Rechtsgutsverletzung“ geopfert[98]. Die Fälle überwiegenden sozialen Nutzens (Fallgruppe 1) werden dann wie folgt gelöst: „So wird schon ein Blick auf solche Wirksamkeiten wie Eisenbahnbetrieb ... davon überzeugen, daß eine Handlung nicht schon deshalb als rechtswidrig bezeichnet werden kann, weil sie die Rechtsgüter anderer — selbst ganz bedeutend — gefährdet. So lange und in sofern wie eine objektive Beurteilung die Handlung trotzdem als notwendig und vernünftig erweist, d. h. wenn zwischen der durch sie hervorgerufenen Gefahr einerseits, der Nützlichkeit und Notwendigkeit der Handlung andererseits das passende Verhältnis besteht, und wenn nebenbei jede nötige und mögliche Vorsicht beachtet wurde, kann von Rechtswidrigkeit und Verantwortung keine Rede sein.“ „Über die Rechtmäßigkeit der Handlung entscheidet demnach das auf den Erfahrungen des Lebens gegründete allgemeine (vernünftige) Urteil, ob sich die Handlung unter Berücksichtigung sämtlicher bei der Vornahme vorliegender Umstände als angemessen (objektiv vernünftig) erweist[99].“

Ein weiterer Gedanke zur Lösung der Fälle der Fallgruppe 1 läßt sich ebenfalls bereits bei *Torp* nachweisen. Während Notwehr und Einwilligung Fälle besonders ausgeschlossener Rechtswidrigkeit darstellen sollen, handele es sich hier um die Bestimmung der *allgemeinen* Grenzen der Handlungsfreiheit[100]. Eine Abgrenzung zur Schuld wird nicht vorgenommen. Sie tritt in diesen Fällen als Vorhersehbarkeit in den Hintergrund[101].

Besonders deutlich betont dann auch M. L. *Müller* die als „Rechtsnormwidrigkeit“ bezeichnete Rechtswidrigkeit[102] bei der Lösung der hier interessierenden Fälle. Er trennt den Adäquanzgedanken von der Kausalität und ordnet ihn der Rechtswidrigkeit zu[103]. Auch er geht — *Torp* folgend — einen Schritt weiter. Für ihn ist nicht der kausale Eintritt eines Erfolges „an sich“ rechtswidrig, sondern „ein Verhalten“, „welches einen verpönten Erfolg vom Standpunkt der Prognose be-

---

[96] Ebd., S. 90.
[97] Ebd., S. 95.
[98] Ebd., S. 88; ähnlich haben sich auch *Binding*, Normen II, I, S. 249, *Hälschner*, S. 317 f., und *M. L. Müller*, S. 22 ff., geäußert. Vgl. auch *Welzel*, ZStW 58, 491 (515).
[99] *Torp*, S. 95 f.
[100] Ebd., S. 100.
[101] Vgl. ebd., S. 85.
[102] Die Bedeutung des Kausalzusammenhangs im Straf- und Schadensersatzrecht, S. 21.
[103] Ebd., S. 33.

günstigt"[104], wobei auch die Bedeutung des beabsichtigten Zwecks zu berücksichtigen sei[105]. Die „an sich begründete Rechtsnormwidrigkeit" kann aber auch „durch die soziale Nützlichkeit des objektiven Zweckes" ausgeschlossen sein[106].

Für *Nagler*[107] ist das „sachgemäß gelaufene Risiko" als Unterfall der Interessenkollision ebenfalls ein Problem der Rechtswidrigkeit. Sind gefährdende Handlungen im sozialen Lebenszusammenhang objektiv unentbehrlich, sind Verhältnismäßigkeit gewahrt und ausreichende Vorkehrungen zur Abwendung zu besorgender Schädigungen getroffen, so ist der „konkrete" Akt mit allen seinen Folgen rechtmäßig, wenn der Täter zur Vornahme der Handlung rechtlich verpflichtet war, und wenn die Aussichten zur Vermeidung des Erfolgs günstig waren. War die Handlung nur zulässig, so ist der Erfolg unter den gleichen Voraussetzungen „rechtlich neutral". Bei geringer Vermeidungschance oder ungefähr gleichen Chancen für Eintritt oder Ausbleiben des Erfolgs und Geringwertigkeit des angestrebten Zwecks gegenüber dem Rechtswert der möglichen Schädigung „ist der eintretende Erfolg widerrechtlich"[107]. *Nagler*[108] baut darüber hinaus die Gedanken von *Exner*[109] aus, der in Fällen bewußt gefährlichen Zusammenwirkens mehrerer, wie z. B. einer gefährlichen Bergbesteigung, wenn der Gesichtspunkt der Einwilligung nicht eingreift, zur Straffreiheit wegen erlaubten Risikos tendiert, also — soweit ersichtlich — als erster auch Beispiele der Fallgruppe 4 in diesen Zusammenhang miteinbezieht. *Nagler* will in diesen Fällen die Kausalität verneinen.

Engisch sah sowohl in der Erkennbarkeit wie in der Vorhersehbarkeit des Erfolgseintritts[110] und in der Verletzung der objektiven Sorgfaltspflicht[111] unrechtsbegründende Merkmale[112]. „Da nach dem Sinne der Strafdrohung im geltenden Recht das tatbestandsmäßige Verhalten nicht gesollt ist und neben den (positiven und negativen) Tatbestandsmerkmalen besondere Unrechtsmerkmale nicht anzuerkennen sind, so ist ein Verhalten, das in jeder Beziehung tatbestandsmäßig ist ... auch nicht gesollt, also rechtswidrig[113]." Selbst wenn man berücksichtigt, daß die Lehre von den negativen Tatbestandsmerkmalen stark umstritten ist, bleibt festzuhalten, daß *Engisch* damit die Vorhersehbarkeit und die

---

104 Ebd., S. 41, Fußn. 1.
105 Ebd., S. 37 ff.
106 Ebd., S. 41, Fußn. 1.
107 LK, 6. Aufl., 1. Band, S. 367.
108 Ebd., S. 367 f.
109 FG f. *Frank* I, S. 569 (589 ff.).
110 *Engisch*, Vorsatz und Fahrlässigkeit, S. 377 und dort Fußn. 11.
111 Ebd., S. 344.
112 Für die Adäquanz vgl. ebd., S. 13.
113 Ebd., S. 12.

Sorgfaltspflicht praktisch als Tatbestandsmerkmale auffaßt. Daneben ist der Erfolg als Voraussetzung der Bestrafung nur „kriminalpolitischen Erwägungen entsprungen“[114]. Trotz dieses Ansatzes löst *Engisch* die klassischen Fälle des erlaubten Risikos aber nicht im Rahmen der Sorgfaltspflicht, sondern nimmt zunächst mangelnde Sorgfalt an, um dann auf Grund einer besonderen Berechtigung diesen Vorwurf entfallen zu lassen[115]. Es handele sich um Spezialfälle der Unrechtsausschließung, für deren Bestimmung die Frage nach der Notwendigkeit der Handlung und eine Güterabwägung entscheidend sei. Hierbei seien die Bedeutung des erstrebten Zwecks („objektiver Zweck“) und der Rechtsverletzung, der Umfang des erstrebten Erfolgs und der drohenden Rechtsgüterverletzung, und die Wahrscheinlichkeit der beiden letzten Faktoren gegeneinander abzuwägen[116].

Ähnlich wie *Engisch* betrachtet H. *Mayer,* der sich besonders stark gegen eine vorwiegend am Erfolg orientierte Unrechtslehre sowie das dadurch begründete Kausaldogma zur Bestimmung der Tatbestandshandlung wendet[117], die „objektive Fahrlässigkeit“, die bei ihm der Verletzung der objektiven Sorgfaltspflicht entspricht, als zum objektiven Tatbestand gehörend[118]. Das „maßvolle Risiko“, etwa das Fahren mit einer Lokomotive oder mit einem Auto, selbst wenn daraus wirklich ein „Unglücksfall“ entsteht, sei daneben einer der „wichtigsten Rechtfertigungsgründe“[119]. Dieses Risiko sei zu bestimmen nach der Größe der Gefahr, des Werts und der Bedeutung des „erstrebten“ Zwecks[120]. Was bei *Engisch* jedoch noch teilweise bewußt unbegründet[121] blieb, wird von *Mayer* klar herausgestellt, nämlich die Frage, ob das maßvolle Risiko ein Problem des Tatbestands oder der Rechtfertigungsgründe ist. „Kann man hier innerhalb des objektiven Unrechts Tatbestand und Unrechtsausschließungsgründe in gewohnter Weise unterscheiden? ... Verursachung im Wege einer die normale Durchschnittsgefahr erhöhenden Gefahr wäre tatbestandsmäßig. Das maßvolle Risiko, welches auch erhöhte Gefahren rechtfertigen kann, würde als Unrechtsausschließungsgrund erscheinen. Vielleicht läßt sich aber eine Scheidung dieser Art im objektiven Unrecht bei so durchaus normativ gehaltenen Tatbeständen, wie den fahrlässigen Verbrechen, überhaupt nicht machen[122].“

---

[114] Ebd., S. 331, 342.
[115] Ebd., S. 286.
[116] Ebd., S. 287 f.
[117] *H. Mayer,* Strafrecht 1936, S. 166 f.
[118] Ebd., S. 305.
[119] Ebd., S. 246; vgl. auch S. 299; Strafrecht AT 1953, S. 186 f.
[120] Strafrecht 1936, S. 306.
[121] *Engisch,* Vorsatz und Fahrlässigkeit, S. 286: „Das Problem gehört ... in einen weiteren Zusammenhang.“
[122] Strafrecht 1936, S. 306.

Bereits *Torp* hatte in demselben Zusammenhang im Gegensatz zu Einwilligung und Notwehr von der allgemeinen Grenze der Rechtswidrigkeit gesprochen[123]. Daher ist es nicht völlig überraschend, daß *Welzel* diese Fälle des erlaubten Risikos nunmehr in den Tatbestand einordnete. Auch er ging davon aus, daß die Rechtsordnung nicht alle Rechtsgutsverletzungen als objektives Unrecht verbieten könne, da anderenfalls das soziale Leben stillstehen müßte[124]. Zum Erfolgssachverhalt müsse neben der finalen Handlung und ausnahmsweise der „vermeidbaren" Verursachung hinzukommen, daß diese Handlung auch im „sozialen Lebensraum" erfaßt werde. Dann hätten jedoch solche Handlungen aus dem Unrecht auszuscheiden, die „sich funktionell innerhalb der geschichtlich gewordenen Ordnung des Gemeinschaftslebens eines Volkes" bewegen. Handlungen, wie Eisenbahnfahren, seien „sozialadäquat"[125]. Dieser Begriff tritt hier zum ersten Mal neben dem des erlaubten Risikos auf[126], das nur als Sonderfall des ersteren verstanden wird.

Mit dem Gedanken der sozialen Adäquanz vollzog sich in der dogmengeschichtlichen Entwicklung der Lehre vom erlaubten Risiko für die Fallgruppe 1 eine Klärung insofern, als erstmals deutlich die Handlung im Rahmen eines gebilligten Tätigkeitskomplexes generell bewertet wurde, nachdem dieser Gesichtspunkt bis dahin allein mit Hilfe der Kausalitätstheorien und des Gedankens der staatlichen Gestattung erfaßt worden war.

Ein von der Rechtsordnung ohne Rücksicht auf den konkret eintretenden Erfolg erlaubtes Verhalten ließ sich aber auch in *Welzels* Unrechtsauffassung nur schwer mit der Sorgfaltspflicht in bezug auf den Erfolg und vor allem mit dem trotz sozialadäquater Handlung eingetretenen Erfolg als Unwert vereinbaren, wie überhaupt die Rolle des Erfolgs bei den Fahrlässigkeitsdelikten für *Welzel* schwierig zu bestimmen ist[127]. Zudem schwankte *Welzels* Auffassung zur dogmatischen Einordnung des erlaubten Risikos schon damals zwischen der Annahme eines Tatbestandsausschlusses und eines Rechtfertigungsgrunds[128].

---

123 ZStW 23, 84 (100).

124 ZStW 58, 491 (515); Strafrecht, S. 134 f.; vgl. schon *Hälschner*, S. 317.

125 ZStW 58, 491 (516 f.).

126 *Schaffstein*, ZStW 72, 369.

127 Vgl. dazu unten S. 110 und die Ausführungen von *Welzel*, Strafrecht, S. 135 f.

128 Zum Unrechtsausschluß: ZStW 58, 491 (517); zum Tatbestandsausschluß: Allg. Teil des Strafrechts, S. 35.

b) Die Entwicklung nach dem Ende des 2. Weltkrieges

aa) Das erlaubte Risiko wegen überwiegend sozialen Nutzens (Fallgruppe 1)

Nach 1945 bildete sich allmählich ein ähnlich breites Spektrum dogmatischer Konstruktionen zur Lösung der Fälle überwiegend sozialen Nutzens (Fallgruppe 1) heraus, wie es bereits vor dem Kriege vorhanden war. Weitgehend wird an frühere Auffassungen angeknüpft. Jedoch ist deutlich eine Verlagerung der Lösungsvorschläge in den Bereich von Rechtswidrigkeit und Tatbestand erkennbar. Insbesondere *Welzel* hat seine Meinung in diesen Grenzen mehrfach geändert. In der 1. Auflage seines Lehrbuchs übernimmt er den Begriff der sozialen Adäquanz, den er bereits im Allgemeinen Teil 1940 bei den Vorsatzdelikten als Tatbestandsausschluß verstanden und bei den fahrlässigen Taten wohl mehr der Rechtswidrigkeit zugeordnet hatte[129]. In der 6. Auflage ändert er seine Auffassung dahin, daß die soziale Adäquanz und mit ihr das lediglich als deren Sonderfall verstandene erlaubte Risiko bei den Vorsatzdelikten zum gewohnheitsrechtlichen Rechtfertigungsgrund wird, der in der sozialethischen Ordnung des Gemeinschaftslebens seinen Grund finde. Daneben sei die soziale Adäquanz noch bei der Auslegung von Tatbestandsmerkmalen von Bedeutung[130]. Bei den fahrlässigen Delikten werde die Rechtswidrigkeit durch das Vorliegen einer unvorsätzlichen kausalen Rechtsgutverletzung nicht indiziert, dazu müsse vielmehr eine Verletzung der im Verkehr erforderlichen Sorgfaltspflicht positiv festgestellt werden[131], was voraussetze, daß ein sozialadäquates Maß der Rechtsgutgefährdung nicht eingehalten sei[132]. Das erlaubte Risiko wird weiterhin als Unterfall der sozialen Adäquanz verstanden[133]. In der 7. Auflage wird die Sorgfaltspflicht und mit ihr die soziale Adäquanz und das erlaubte Risiko wieder in den Tatbestand verlegt[134]. Die fahrlässigen Delikte werden als offene Tatbestände verstanden[135], die nach einem allgemeinen Leitbild durch den Richter zu ergänzen seien[136].

Diese dogmatische Konstruktion, bei der die objektive Sorgfaltspflicht im Tatbestand geprüft und dann bejaht wird, wenn die Ge-

---

129 Strafrecht, 1. Aufl., S. 35 f., 83 f.
130 Strafrecht, 6. Aufl., S. 74.
131 Ebd., S. 74.
132 Ebd., S. 112 f.
133 *Schaffstein*, ZStW 72, 369 (373), sieht in dieser Meinungsänderung *Welzels* eine Konsequenz der geänderten Tatbestandslehre. *Klug*, FS f. *Eb. Schmidt*, S. 249 (255), vermutet dahinter Probleme bei der Irrtumslehre.
134 Strafrecht, 7. Aufl., S. 117.
135 Ebd., S. 114.
136 Diese Auffassung vertritt *Welzel* auch noch in der 11. Aufl., S. 132.

fährdung sozialinadäquat ist bzw. über die Grenze des maßvollen Risikos hinausgeht, hat bei *Blei, Hirsch, Jescheck, Krauss, Lackner, Lange*[137] Zustimmung gefunden, wenn auch die meisten der erwähnten Autoren die Konstruktion der offenen Tatbestände ablehnen[138] und zur Bestimmung der Sorgfaltspflicht verschiedene Ausdrücke verwenden. Vereinzelt wird im erlaubten Risiko nur ein Gesichtspunkt zur Bestimmung der Sorgfaltspflicht gesehen[139]. Besonders umstritten ist bei dieser Lehre weiterhin die Bedeutung des Erfolgs, da mit der Einhaltung der gebotenen Sorgfalt lediglich der Handlungsunwert entfällt[140]. Entsprechende Vorwürfe wurden und werden von den Gegnern einer Lösung des erlaubten Risikos in der Rechtswidrigkeit immer wieder erhoben[141]. Hiergegen wird dann entweder eingewendet, der Erfolg sei für den Handlungsunwert grundsätzlich nicht unrechtserhöhend[142] bzw. er sei in diesen Fällen Zufall oder Unglück[143].

Eine zweite Gruppe, zu der vor allem *Dreher, Nagler, Oehler, Roeder, Sauer* und *Schröder* zu rechnen sind, betrachtet die Verletzung der objektiven Sorgfalt im Strafrecht nach wie vor als Schuldmerkmal, bejaht daneben aber in mehr oder weniger begrenztem Umfang Rechtfertigungsgründe mit verschiedenen Bezeichnungen wie soziale Adäquanz, erlaubtes Risiko, erlaubte Gefahrsetzung[144].

---

137 In bezug auf die Einhaltung der objektiven Sorgfaltspflicht sprechen *Hirsch*, ZStW 74, 78 (96 f.), vom „unverbotenen Risiko", *Blei, Mezger/Blei*, Kurzlehrbuch AT, S. 218, vom „maßvollen Risiko"; *Lange, Kohlrausch/Lange*, S. 225, *Lackner, Lackner/Maassen*, S. 207, vom „erlaubten Risiko", *Rittler*, S. 218, vom „gestatteten Risiko". *Jescheck*, Lehrbuch, S. 190, und *Krauss*, ZStW 76, 19 (47 f.), setzen die Verletzung der objektiven Sorgfaltspflicht mit einem „sozialinadäquaten Verhalten" gleich. *Mühlhaus*, Fahrlässigkeit, S. 26, 33, verwendet den Begriff des „verkehrsmäßigen Verhaltens" (ähnlich auch *Welzel*, Strafrecht, S. 132: „verkehrsnormales Maß"); vgl. auch *Bockelmann*, Niederschriften VII, S. 191. Ohne sich für einen Rechtfertigungsgrund oder das Fehlen des Tatbestands zu entscheiden, bringt *Niese*, FS f. *Eb. Schmidt*, S. 364 (369), Streik, S. 31, die objektive Sorgfaltspflichtverletzung mit dem „erlaubten Risiko" in Verbindung. *Schwander*, ZStR 63, 288, spricht von gefährlichen und erlaubten Handlungen; ähnlich auch *Stratenwerth*, Jur. Jahrbuch 2, 195 (211), Strafrecht AT I, Rdn. 1169 ff., und *Engisch*, FS 100 Jahre DJT I, S. 401 (417 ff.); für eine Einschränkung der im Verkehr erforderlichen Sorgfalt durch das erlaubte Risiko *Lenckner*, Notstand, S. 143, Fußn. 183; vgl. auch *Nowakowski*, Jur. Bl. 1972, 19 (26, 27), *Geppert*, ZStW 83, 947 (999).

138 *Jescheck*, Lehrbuch, S. 186; *Roxin*, Offene Tatbestände, S. 15 ff., 53 ff. Vgl. auch *Maurach*, Strafrecht AT, S. 548.

139 *Armin Kaufmann*, ZfRVgl 1964, 41 (50); *Henkel*, FS f. *Mezger*, S. 249 (284).

140 Vgl. z. B. *Jescheck*, Lehrbuch, S. 298 f., 436 und auch S. 470 f.; *Schmidhäuser*, Lehrbuch, S. 235 f.

141 z. B. *Kienapfel*, Erlaubtes Risiko, S. 18: der Erfolg bringe das Tun „eben doch in den roten Bereich strafrechtlicher Verbote".

142 *Welzel*, Strafrecht, S. 136.

143 *Welzel*, Strafrecht, S. 135.

144 *Rittler*, S. 127, 217, *Sauer*, S. 137 ff., und *Schönke/Schröder*, § 59 Anm. 165, nehmen einen Rechtfertigungsgrund des „erlaubten Risikos" an; *Dreher*,

Einen ähnlichen Weg hat auch der BGH im Zivilrecht[145] eingeschlagen, indem er in einer umstrittenen Entscheidung den Rechtfertigungsgrund des „verkehrsrichtigen Verhaltens" entwickelte. Im Anschluß daran setzte in der zivilrechtlichen Literatur eine breite Diskussion ein. Einige Vertreter nahmen generell fehlende Rechtswidrigkeit an[146], andere wollten nur in sehr engen Grenzen die Rechtswidrigkeit verneinen[147].

Im Strafrecht wies *Nowakowski*[148] darauf hin, daß sich die objektive Sorgfaltspflicht sachlich von der sozialen Adäquanz und dem erlaubten Risiko nicht unterscheide und *Baumann*[149] vertritt heute sogar die Auffassung, daß pflichtgemäßes Verhalten allgemein „rechtfertige". Hier wird die Einhaltung der objektiven Sorgfaltspflicht überhaupt zum Rechtfertigungsgrund. *Schmidhäuser*[150] sieht den Rechtfertigungsgrund des erlaubten Risikos und die objektive Sorgfalt ebenfalls stets zusammen und bejaht daneben eine Pflichtverletzung im Tatbestand, die aber stets vorliege, wenn der Achtungsanspruch des geschützten Rechtsguts verletzt werde.

Einen besonderen Rechtfertigungsgrund des „erlaubten Risikos" nehmen aber auch ein Teil derjenigen Autoren an, die denselben Gesichtspunkt bereits bei der Bestimmung der objektiven Sorgfaltspflicht im Tatbestand heranziehen. Diese Auffassung vertreten insbesondere *Blei, Hirsch, Jescheck, Niese,* die jedoch damit teilweise verschiedene Fallgruppen lösen[151]. *Jescheck* erfaßt mit diesem Rechtfertigungsgrund erstmals neben sorgfaltswidrigem Handeln in gewissen Not-

---

Vor § 51 Anm. 2 F c, betont mehr die soziale Adäquanz und weist nur darauf hin, daß dieser Rechtfertigungsgrund mit dem erlaubten Risiko verwandt sei. Während diese Autoren relativ viele Fallgruppen (vgl. *Sauer*) mit einem derartigen Rechtfertigungsgrund zu lösen suchen, bejahen ihn andere nur in einem erheblich eingeschränkten Umfang. LK *(Mezger)*, 8. Aufl., 1. Band, S. 307, LK *(Nagler)*, 6. Aufl., 1. Band, S. 367, und *Oehler*, FS f. *Eb. Schmidt*, S. 232 (237, 243) sprechen zwar auch von „erlaubter Gefahrsetzung" bzw. „rechtlich erlaubter gefahrvoller Handlung" *(Oehler)*, jedoch werden die Fallgruppen bewußt eingeengt.

[145] BGHZ 24, 21. Im Strafrecht war das Problem des erlaubten Risikos offen geblieben (vgl. BGHSt 7, 114). Andererseits rechnet ein Teil der höchstrichterlichen Rechtsprechung in Strafsachen die objektive Sorgfaltspflicht zur Rechtswidrigkeit. Vgl. z. B. OLG Köln NJW 1956, 1848; OLG Köln NJW 63, 2382.

[146] *Enneccerus/Nipperdey*, S. 1277 (1296), S. 1283; *Nipperdey*, NJW 1957, 1777; *W. Lorenz*, FS f. *Nottarp*, S. 59 (69 ff.).

[147] *Mergenthaler*, JZ 1962, 53; *Wiethölter*, S. 15 ff.; *Zeuner*, JZ 1961, 41.

[148] JZ 1958, 388 (390).

[149] S. 245.

[150] Lehrbuch, S. 238.

[151] *Hirsch*, ZStW 74, 78 (96 f.); *Jescheck*, Lehrbuch, S. 299, 447; *Mezger/Blei*, Kurzlehrbuch AT, S. 218; *Niese*, FS f. *Eb. Schmidt*, S. 364 (369). Einen abweichenden Standpunkt nimmt *H. Mayer*, Kurzlehrbuch 1967, S. 91, ein. Die objektive Sorgfaltspflicht soll zwar zum Tatbestand gehören, dennoch werden alle Fälle gefährlicher Betriebe mit dem als Güterkollision verstandenen Rechtfertigungsgrund des „maßvollen Risikos" gelöst.

situationen auch riskante Rettungshandlungen, bei denen die Möglichkeit weniger gefährlicher Rettung nicht ausgeschlossen ist (Fallgruppe 3). Wird ein Kind von einem wütenden Hund angefallen, so soll der Förster einen für das Kind gefährlichen Schuß auf den Hund auch dann abgeben dürfen, wenn möglicherweise noch eine weniger gefährliche Rettungsmöglichkeit zur Verfügung gestanden hätte[152]. Obwohl *Jescheck* diese speziellen Fälle nur beim Vorsatzdelikt erörtert, haben sie aber die gleiche, wenn nicht größere Bedeutung bei den Fahrlässigkeitstaten. Umstritten ist außerdem, ob der Rechtfertigungsgrund „erlaubtes Risiko" ein Unterfall des rechtfertigenden Notstands oder ein eigener Rechtfertigungsgrund[153] ist.

Eine wiederum andere Auffassung vertritt *Klug*[154], der zwischen „Sozialkongruenz" als Tatbestandsausschluß und „Sozialadäquanz" als Rechtfertigungsgrund, je nachdem, ob die Eingehung des Risikos geboten bzw. sozial irrelevant oder nur erlaubt war[155], unterscheidet. Gegen eine solche Aufspaltung der sozialen Adäquanz in Tatbestandsausschluß und Rechtfertigungsgrund wendet sich grundsätzlich *Schaffstein*[156]. Da er jedoch ein Vertreter der Lehre von den negativen Tatbestandsmerkmalen bzw. des Gesamttatbestands ist, spielt für ihn diese Unterscheidung zumindest für die Einordnung des erlaubten Risikos in die verschiedenen Verbrechensmerkmale Tatbestand und Rechtswidrigkeit keine Rolle.

Besondere Schwierigkeiten bereitete den Vertretern einer Lösung der Fälle des erlaubten Risikos (Fallgruppe 1) im Rahmen der Rechtswidrigkeit die Frage, ob die dann nicht rechtswidrige Handlung einen rechtswidrigen Angriff im Sinn des § 53 StGB darstellen könne, mit anderen Worten, ob Handlungen im erlaubten Risiko mit Notwehr begegnet werden könne[157].

Baumann, Kienapfel u. a.[158] verwenden anstelle des erlaubten Risikos in einigen Fällen, vor allem bei Verletzungen im Rahmen des Sports,

---

[152] Fall nach *Jescheck*, Lehrbuch, S. 299. Ob hier Vorsatz oder Fahrlässigkeit anzunehmen ist, dürfte im Einzelfall sehr fraglich sein.

[153] Für Unterfall des rechtfertigenden Notstands: *Meckel*, S. 87 f.; *Hirsch*, ZStW 74, 78 (100, Fußn. 87 a); *Leckner*, Notstand, S. 142 f. und Fußn. 183; *Mezger/Blei*, Kurzlehrbuch AT, S. 220 f.; *H. Mayer*, Kurzlehrbuch 1967, S. 91; ders., Strafrecht AT, 1953, S. 187; neuerdings auch *Welzel*, Strafrecht, S. 320, zumindest für die Wahrnehmung bestimmter Interessen in § 193 StGB. Für einen eigenständigen Rechtfertigungsgrund *Jescheck*, Lehrbuch, S. 299.

[154] *Klug*, FS f. *Eb. Schmidt*, S. 249 ff.

[155] Ebd., S. 249 (260 ff.).

[156] ZStW 72, 369 (385).

[157] *Maurach*, Strafrecht AT, S. 310, 549 ff.; *Meckel*, S. 93; *Rehberg*, S. 157; *Welzel*, Fahrlässigkeit, S. 28; *Wimmer*, ZStW 75, 420 (430, 440 f.); *Zipf*, ZStW 82, 633 (641 ff.).

[158] *Baumann*, S. 298; *Kienapfel*, Erlaubtes Risiko, S. 27; vgl. auch *Jescheck*, Lehrbuch, S. 446; *Maurach*, Strafrecht BT, S. 79; *Schönke/Schröder*, § 226 a Anm. 9; *Welzel*, Strafrecht, S. 97 f.

den Gesichtspunkt der Einwilligung. *Hirsch* begrenzt mit dieser Erwägung in den von ihm zum Begriff des „sozial*in*adäquaten Risikos" gebildeten Fällen (Fallgruppe 4), etwa der Gefährdung von Leib und Leben eines Matrosen auf einem Schmuggelschiff, bereits die objektive Sorgfaltspflichtverletzung im Tatbestand[159]. Auch das OLG Hamburg spricht bei Einwilligung in Gefahr oder Handlung ausdrücklich vom „erlaubten Risiko"[160].

Ähnlich wie bereits Rudolf *Merkel, Köhler* und M. E. *Mayer*[161] unterscheidet *Maurach*[162] zwischen dem gefährlichen Betrieb und der einzelnen Betriebshandlung. Während der Betrieb nach seiner Auffassung rechtmäßig sein könne, gelte dies aber nie für die Betriebshandlung, in deren Folge ein tatbestandsmäßiger Erfolg eingetreten sei. Deren Strafbarkeit könne nur mangelns „Tatverantwortung" entfallen[163], einem Merkmal, das *Maurach* zwischen Rechtswidrigkeit und Schuld einordnet. Die dort zu prüfende Sorgfaltspflichtverletzung sei das Gegenstück zum „verkehrsmäßigen Risiko"[164].

Die Lehre, die dem erlaubten Risiko grundsätzlich nur in der Schuld Bedeutung einräumen will, wird in der strafrechtlichen Literatur heute seltener vorgetragen. *Mezger* vertrat diesen Standpunkt in seinem Studienbuch zum Allgemeinen Teil in allen Auflagen[165]. Auch *Kienapfel* sieht noch das Problem „vielfach weit im Schuldbereich"[166]. In letzter Zeit hat aber wiederum *Roeder* in einer Monographie das sozialadäquate Risiko als obligatorischen Schuldausschließungsgrund aufgefaßt[167]. Im Zivilrecht wird in stärkerem Maße, so insbesondere von *Larenz, Lehmann* und *Stoll*[168] grundsätzlich eine Schuldlösung vertreten[169].

In neuerer Zeit wird zudem stärker die Frage aufgeworfen, ob das erlaubte Risiko als dogmatisch eigenständiges Institut überhaupt eine Existenzberechtigung hat, ob sich nicht vielmehr alle Fälle, die dazu gerechnet werden, im Rahmen anderer Tatbestands-, Rechtswidrigkeits-

---

159 ZStW 74, 78 (95 f.); zur Unterscheidung von sozialadäquat und erlaubt schon *H. Mayer*, Strafrecht AT 1953, S. 108.
160 NJW 1969, 336 (337).
161 *M. E. Mayer*, S. 197 ff.; *Köhler*, S. 140; *Merkel*, S. 59 f.
162 *Maurach*, Strafrecht AT, S. 549.
163 *Maurach*, Strafrecht AT, S. 549, 554 ff. (555 f.); ebenso *Rehberg*, S. 185.
164 Strafrecht AT, S. 555.
165 Vgl. z. B. Kurzlehrbuch AT, 7. Aufl., S. 187 f.
166 Erlaubtes Risiko, S. 21, 27.
167 Sozialadäquates Risiko, S. 94.
168 *Larenz*, Schuldrecht, Band II, S. 462, 209; *Lehmann*, Allgemeiner Teil, S. 321 ff.; ders., FS f. *Hedemann*, S. 178 (188 f.); *Stoll*, JZ 1958, 137; ders., AcP 162, 203 (205 ff.); vgl. auch die bei *Larenz*, S. 462, Fußn. 13, Genannten.
169 Dabei spielen spezifisch zivilrechtliche Probleme wie z. B. die Voraussetzungen der Unterlassungsansprüche eine entscheidende Rolle.

oder Schuldmerkmale lösen lassen. Insbesondere *Rehberg* und *Kienapfel*[170] vertreten diese Auffassung.

bb) Das erlaubte Risiko bei unvorhersehbarer Kausalität (Fallgruppe 2)

Die Fälle der Gruppe 2 wurden bei der Darstellung des heutigen Streitstandes nur am Rande erwähnt. Auch insoweit werden sehr unterschiedliche Standpunkte vertreten. Nach wie vor wird die jetzt allerdings als Zurechnungsbegrenzung verstandene Adäquanztheorie angewendet[171]. *Mezger* bevorzugte die von ihm entwickelte „Relevanztheorie“[172], mit deren Hilfe er weitgehend gleiche Ergebnisse erzielte. Die meisten Autoren scheiden derartige Fälle jedoch über den Gesichtspunkt der objektiven Vorhersehbarkeit aus, dessen dogmatische Einordnung sehr umstritten ist. Während *Schröder*[173] weiterhin ein Schuldmerkmal annimmt, versteht ein Teil der Lehre die objektive Vorhersehbarkeit als Tatbestandsmerkmal[174]. Daneben wird aber auch gerade für die Fälle der Gruppe 2 die Auffassung vertreten, daß bei fehlender Vorhersehbarkeit bereits der Handlungsbegriff nicht erfüllt sei[175]. So hat *Kienapfel* diesem Gedanken im Zusammenhang mit dem erlaubten Risiko wieder große Bedeutung zugemessen[176].

2. Das erlaubte Risiko beim vorsätzlichen Erfolgsdelikt

Während das erlaubte Risiko für die dogmatische Entwicklung der Fahrlässigkeitstat von großer Bedeutung war, blieben die Erörterungen des entsprechenden Problems bei den Vorsatzdelikten, soweit es sich um die klassischen Fälle des erlaubten Risikos bei überwiegendem sozialem Nutzen (Fallgruppe 1) handelte, mehr am Rande. Demgegenüber finden sich zu Beispielen nicht vorhersehbarer Kausalität (Fallgruppe 2) wie jenem Lehrbuchfall, daß A den B bei aufkommendem Gewitter in den Wald schickt, damit dieser vom Blitz erschlagen werde, häufiger Stellungnahmen[177]. Die Lösungen sind unterschiedlich, werden aber zunächst mit Hilfe der Kausalität gewonnen[178]. Im Rahmen seiner bereits

---

170 *Rehberg*, S. 232 ff. (233, 238, 239); noch weitergehend *Kienapfel*, Erlaubtes Risiko, S. 28 f.

171 *Sauer*, S. 79 ff.; *Maurach*, Strafrecht AT, S. 203 ff.

172 *Mezger*, Lehrbuch, S. 122 ff.

173 *Schönke/Schröder*, § 59 Anm. 181 ff.

174 Für viele *Jescheck*, Lehrbuch, S. 214; *Welzel*, Strafrecht, S. 131 ff.

175 *Engisch*, FS f. *Kohlrausch*, S. 160; *Arthur Kaufmann*, FS f. *Mayer*, S. 79 (116 f.); *Eb. Schmidt*, FS f. *Engisch*, S. 339 (343).

176 Erlaubtes Risiko, S. 22 ff.

177 Vgl. z. B. bereits *Böhlau* GA, Bd. 13, S. 472.

178 So bejaht *Luden*, Abhandlungen aus dem gemeinen teutschen Strafrechte, Band II, S. 317 ff. (323 ff.), bei Kenntnis der Bedingungen immer Vorhersehbarkeit und daher auch juristische Kausalität. Trotz eines Ansatzes in Richtung auf die Äquivalenztheorie wird auch von *Krug*, Commentar z. d. StGB d. Königsreichs Sachsen, Abhandlung S. 62 f., bei der Mitwir-

erwähnten Theorie von der juristischen Kausalität faßt dann auch *v. Bar* das Problem sowohl bei den fahrlässigen wie auch den vorsätzlichen Taten zusammen, und zwar bei letzteren erstmals sowohl die Fälle mangelnder Vorhersehbarkeit (Fallgruppe 2) als auch ausdrücklich die objektiv überwiegenden sozialen Nutzens[179]. Werde eine der Regel des Lebens entsprechende Handlung vorgenommen, die mit großer Wahrscheinlichkeit einen Erfolg vorhersehen lasse, so begründe der „bloße Wunsch", der Schaden möge eintreten, „keine rechtliche Verantwortlichkeit"[180]. Diese Verbindung der Kausalität mit subjektiven Elementen fand in der Folgezeit soweit ersichtlich keine Nachfolger. Objektive Kausalität und subjektive Gesichtspunkte wurden getrennt, eine Entwicklung, die sich wohl durch das *v. Liszt-Belingsche* Verbrechenssystem mit seiner Trennung von objektiver und subjektiver Tatseite erklären läßt. Für die angedeuteten Fälle werden daher später Lösungen vorgetragen mit sowohl allein objektivem als auch allein subjektivem Ansatz.

Im objektiven Bereich wurde zunächst am Gedanken der Kausalitätsbegrenzung insbesondere der Adäquanztheorie festgehalten[181]. Nachdem erkannt worden war, daß es sich dabei allenfalls um eine Frage der Rechtswidrigkeitsbegrenzung handelt[182], wurde die Adäquanz entweder in den Handlungsbegriff verlegt[183] und die Handlung verneint, oder die Adäquanz blieb als besonderes Unrechtselement der Vorsatzdelikte erhalten[184]. Ähnlich versuchte auch H. *Mayer* Tatbestandshandlungen objektiv zu begrenzen[185]. Vor allem die Adäquanz ermöglichte aber auch für die Vorsatzdelikte nur eine Lösung der Fälle unvorhersehbarer Kausalität (Fallgruppe 2).

Im subjektiven Bereich wurde versucht, in der Schuld den Vorsatz vom Wünschen abzugrenzen[186], indem z. B. ein Bewußtsein der Kau-

---

kung Dritter das Element der Kenntnis zur Begrenzung der Kausalität herangezogen. Für die hier erörterten Fälle sieht er eine Lösung im Vorsatz (S. 59). Vgl. auch *Böhlau*, ebd.

179 Causalzusammenhang, S. 15.

180 Ebd., S. 15 f.; vgl. auch *Krug*, S. 59.

181 *v. Hippel*, Strafrecht II, S. 147 und Anm. 3; *Traeger*, S. 76.

182 *Honig*, FG f. *Frank* I, S. 174 (182); *v. Liszt/Schmidt*, S. 163; *M. L. Müller*, S. 33; *Torp*, ZStW 23, 84 (95 ff.).

183 *Engisch*, Finaler Handlungsbegriff, S. 161, 168; *Arthur Kaufmann*, FS f. *Mayer*, S. 79 (116 f.); vgl. auch *Kienapfel*, Erlaubtes Risiko, S. 22 ff.

184 *Jescheck*, Lehrbuch, S. 214, 232; *Krauss*, ZStW 76, 19 (46 f.); *Welzel*, Strafrecht, S. 73; *Maurach*, Strafrecht AT, S. 203 ff., 280.

185 Strafrecht 1936, S. 212. Vgl. auch *Wessels*, S. 37, 39.

186 *Beling*, Grundzüge, 8./9. Aufl., S. 49; *Graf zu Dohna*, MonKrimPsych 2, 425 (431 f.); *Frank*, Kommentar, S. 197; *v. Liszt/Schmidt*, S. 254; *Löffler*, Schuldformen, S. 6; *Mezger*, Lehrbuch, S. 127; *Mezger/Blei*, Kurzlehrbuch AT, S. 188; *Miricka*, S. 175; *Radbruch*, Adäquate Verursachung, S. 39; *Thyren*, S. 129.

salität[187], ein Verursachungswille[188] für den Vorsatz vorausgesetzt wurde. *Binding* sieht ein Wünschen einerseits dann als gegeben an, wenn der Täter eine Vorstellung gebildet hat, „ohne sich durch die Rücksicht auf das Kausalitätsgesetz beschränken zu lassen"[189], andererseits soll das Wollen in Abgrenzung zum Wünschen „in landläufigem Sinne" bestimmt sein[190]. Auch *Mezger* verneint zunächst den Vorsatz, wenn sich der Täter einen Erfolg erhofft, auf den er „keinerlei Einfluß" hat, um dann einzuräumen, daß eine „abwägende Bewertung" nötig sei[191]. Bei *v. Liszt/Schmidt* wird ebenfalls an das Bewußtsein der Kausalität angeknüpft und trotz Bejahung der Äquivalenztheorie eine „in bestimmtem Sinne kausal(e)"[192] Handlung (töten, fälschen) verlangt. Hier finden sich Parallelen zur objektiven Begrenzung der tatbestandsmäßigen Handlung wie bei H. *Mayer*[193]. Allein subjektiv will *Welzel*[194] wenigstens einen Teil dieser Fälle lösen, wenn er im Tatbestand den Vorsatz vom bloßen Wunsch danach abgrenzt, ob sich der Täter eine „Einwirkungsmöglichkeit" auf das reale Geschehen zuschreibt. Soweit diese Auffassungen nicht direkt und nicht allein mit dem Adäquanzgedanken verknüpft sind, sollen sie eine Lösung sowohl der Fälle überwiegenden sozialen Nutzens wie auch der unvorhersehbarer Kausalität ermöglichen, wenn es auch nicht immer deutlich wird[195].

Im Unterschied zur Entwicklung bei den Fahrlässigkeitsdelikten lassen sich also für die Vorsatzdelikte größere Ansätze zu gemeinsamen Lösungen der Fallgruppen 1 und 2 in einem Merkmal feststellen. Indessen waren die dafür vorzunehmenden — nicht immer als solche erkannten — normativen Erwägungen nicht richtig mit dem Vorsatz als rein subjektivem Merkmal in Einklang zu bringen, solange entsprechende objektive Merkmale im Tatbestand oder der Rechtswidrigkeit fehlten.

Anknüpfend an skandinavische Strafrechtswissenschaftler hat erstmals *Thyren* in Abkehr von *v. Bar* ohne Rücksicht auf den „Beweggrund" Straflosigkeit für alle auch vorsätzlichen „gewöhnlichen, regelmäßigen Handlungen" gefordert[196], also für Fälle der Fallgruppen 1 und 2. Nimmt ein Arzt eine gefährliche Operation de lege artis vor, in der Hoffnung, daß der Patient, dessen Erbe er ist, sterben wird, so

---

[187] *v. Liszt/Schmidt*, S. 254; *Löffler*, Schuldformen, S. 6; *Frank*, Kommentar, S. 197.
[188] *Mezger*, Lehrbuch, S. 339.
[189] Normen II, 1, S. 302.
[190] Ebd., S. 303.
[191] Lehrbuch, S. 339 und Fußn. 1.
[192] S. 254.
[193] Strafrecht 1936, S. 212.
[194] Strafrecht, S. 66.
[195] *Mezger*, Lehrbuch, S. 399, spricht nur von Fällen der Fallgruppe 2.
[196] *Thyren*, S. 129.

ist er bei Eintritt des Todes dennoch nicht wegen Mordes zu bestrafen, obwohl der Tod adäquat bzw. vorhersehbar war. Dieser Auffassung haben sich dann im Ergebnis auch *Binding*[197] und *Miricka*[198] angeschlossen. Oben wurde bereits dargestellt[199], daß *Torp* sehr früh das Merkmal der Rechtswidrigkeit neben den kausal verursachten Erfolg um eine Bewertung der Handlung ergänzt hat, in die er auch die Fälle des erlaubten Risikos (Fallgruppe 1 und 2) für die fahrlässigen Delikte einbezog. Dieser Grundgedanke wird dann auch bei den Vorsatzdelikten fortgeführt. Er erörtert ausführlich die Frage, ob eine von der Rechtsordnung für rechtmäßig erklärte Handlung, wenn sie mit rechtswidriger „Absicht" vorgenommen wird, als rechtswidrig anzusehen sei[200]. In noch engeren Grenzen als bei *v. Bar* wird diese Frage bejaht. Im übrigen handele es sich aber nur um ein Wünschen[201]. Ähnlich wie *Thyren* und *Torp* versuchen heute wieder einige Autoren die objektive Seite des Problems in der Rechtswidrigkeit zu betonen, indem sie auch für Vorsatzdelikte die Verletzung einer objektiven Sorgfaltspflicht verlangen[202].

Daneben werden zwei weitere Theorien mit objektivem und subjektivem Ansatz vertreten. Einerseits versuchen Hermann *Bruns, Gallas, Hirsch, Lange* u. a.[203], den Tatherrschaftsbegriff für eine Lösung von Fällen des erlaubten Risikos, allerdings wiederum nur der Fallgruppe 2, fruchtbar zu machen. Nach dieser Lehre ist die Tat zuzurechnen, wenn sie „als Werk eines das Geschehen steuernden Willens" erscheint, wozu gehört, daß sie auch durch die Bedeutung des objektiven Tatbeitrags beherrscht wird[204], was in den Fällen unvorhersehbarer Kausalität verneint werden könnte. Andererseits wird vor allem von *Welzel*[205] auch hier der Gedanke der sozialen Adäquanz zur Lösung herangezogen.

Unabhängig davon schlägt *Rehberg*[206] wiederum eine rein subjektive Lösung vor. Der als Verwirklichungswille verstandene Vorsatz soll

---

197 Normen II, 1, S. 303; IV, S. 446, Fußn. 44.

198 S. 173 ff.

199 Vgl. oben S. 41 f.

200 ZStW 23, 84 (97 ff.).

201 Ebd., S. 99.

202 *Jescheck*, Lehrbuch, S. 191; *Krauss*, ZStW 76, 19 (47 ff., 66); *Maihofer*, FS f. *Rittler*, S. 141 (156 ff.); *Münzberg*, S. 60, Fußn. 118, S. 162, Fußn. 320; vgl. auch *Nowakowski*, JZ 1958, 388 (390).

203 *Herrmann Bruns*, Kritik der Lehre vom Tatbestand, S. 72 f.; *Gallas*, Sonderheft der ZStW 1957, S. 16 f.; *Lange*, Moderner Täterbegriff, S. 42 ff., 46 ff.; vgl. auch *Hirsch*, ZStW 74, 78 (101); *Rehberg*, S. 93 ff.

204 *Jescheck*, Lehrbuch, S. 495.

205 ZStW 58, 491 (517); Strafrecht, S. 56; ähnlich auch *Klug*, FS f. *Eb. Schmidt*, S. 249 (263), für die Fallgruppe 2; vgl. auch *Jescheck*, Lehrbuch, S. 190 f.

206 S. 91, 93.

ausgeschlossen sein, da beim Täter, etwa dem auf Leben und Tod de lege artis operierenden Arzt, ein Vermeidungswille anzunehmen sei. Beide Willensrichtungen würden sich aber ausschließen.

Neuerdings hat *Jescheck*[207] die oben als Fallgruppe 3 bezeichneten Fälle der Rettungshandlungen, die in nicht sicherer Kenntnis des Überwiegens der Rettungschance gerade dieser Handlung unternommen worden sind, bei den Vorsatzdelikten als Fälle des Rechtfertigungsgrundes des erlaubten Risikos angesehen.

Außerdem wurden die im StGB geregelten Straftatbestände daraufhin untersucht, ob in ihnen Probleme des erlaubten Risikos enthalten sind. In einigen Vorschriften will ein Teil der Lehre den Gedanken des erlaubten Risikos erkennen, so vor allem im Rechtfertigungsgrund der Wahrnehmung berechtigter Interessen (§ 193 StGB)[208], oder wenigstens bei der Auslegung berücksichtigen wie bei gewissen Fällen der Untreue (§ 266 StGB)[209], wenn der Täter ein erhöhtes, aber kaufmännisch noch vertretbares Risiko eingeht, wodurch ein Vermögensschaden eintritt, sowie bei den heute nicht mehr gültigen entsprechenden Tatbeständen des Rechts der GmbH und AG[210].

Gegenüber den erwähnten Lösungsversuchen, die alle weitgehend zum Ergebnis kommen, daß in den Fällen des erlaubten Risikos eine strafbare Vorsatztat zu verneinen ist, vertreten *Roeder*[211] und *Zipf*[212] die Auffassung, daß gerade bei diesen Delikten der Gedanke des erlaubten Risikos (Fallgruppe 1) bzw. des sozialadäquaten Risikos grundsätzlich nicht zur Einschränkung der Strafbarkeit herangezogen werden könne. „Wer den Eintritt eines rechtswidrigen Erfolgs auch nur billigend in Kauf nimmt, ist ein sozialinadäquates Risiko eingegangen, das am allerwenigsten auf dem Gebiete des Strafrechts pardoniert zu werden verdient[211].“

3. Die Entwicklung des Gedankens vom erlaubten Risiko in der DDR

Während von *Welzel*, *Mezger*, H. *Mayer* u. a. in der Bundesrepublik die Kontinuität der wissenschaftlichen Entwicklung des Problems des

---

[207] Lehrbuch, S. 299.

[208] *Gallas*, Niederschriften IX, S. 71 f.; Begründung des E 1962, S. 323; *Hirsch*, ZStW 74, 78 (100, Fußn. 87 a); *Heinitz*, FS f. *Eb. Schmidt*, S. 266 (282); *Jescheck*, Niederschriften IX, S. 228; ders., Lehrbuch, S. 300 f.; *Lenckner*, FS f. *H. Mayer*, S. 165 (180); *Noll*, ZStW 77, 1 (31); *Rehbinder*, S. 112 ff.; *Schwander*, ZStR 63, 185; *Welzel*, Niederschriften XII, S. 167; XIII, S. 450; ders., Strafrecht, 10. Aufl., S. 301 (etwas anders ders., S. 320).

[209] *Jescheck*, Lehrbuch, S. 301; *Kohlrausch/Lange*, S. 15 f.; *Schwinge/Siebert*, S. 46; *Schönke/Schröder*, § 266 Anm. 45.

[210] Vgl. dazu z. B. *Klug*, FS f. *Eb. Schmidt*, S. 249 (254, 260).

[211] *Roeder*, Sozialadäquates Risiko, S. 34 ff. (40).

erlaubten Risikos über den zweiten Weltkrieg hinweg gewahrt wurde, und bereits im Jahre 1958 eine neue breite Diskussion aus Anlaß der Entscheidung des BGH[213] zum verkehrsrichtigen Verhalten im Zivilrecht einsetzte, wurde das gesamte Problem in der DDR zunächst überhaupt nicht behandelt[214]. Den entscheidenden Anstoß zu einer erneuten Beschäftigung mit dem erlaubten Risiko vor allem für den Produktionsbereich gab in der DDR erst die im Jahre 1963 in der UdSSR erschienene Monographie zum sowjetischen Strafrecht von *Grinberg*, die zunächst besprochen[215] und später u. a. von *Seidel* übersetzt wurde[216]. *Grinberg* versucht historisch allein an Entwicklungen in der UdSSR anzuknüpfen und greift dabei auf einen vergessenen Erlaß des „Volkskommissariats für Justiz der RSFSR" aus dem Jahre 1932 und eine Entscheidung des Obersten Gerichts der UdSSR von 1944 zurück[217]. Der sog. bürgerlichen Strafrechtswissenschaft wirft er trotz Zitierung von *Binding* und *Welzel* vor, sich nicht ausreichend mit der Problematik zu befassen[218], während die fehlende Erörterung in der UdSSR mit der Periode des Personenkults[219] begründet wird, eine Erklärung, die *Buchholz* auch für die DDR andeutet[220]. Grund für die erneute stärkere Diskussion dieser Frage und den Ruf nach einer gesetzlichen Regelung gerade im Bereich der Produktion war und ist die Absicht, entsprechend der erzieherischen Aufgabe des sozialistischen Strafrechts auch gerade in diesem für die gesellschaftliche Entwicklung so wichtigen Bereich der Wirtschaft erzieherisch und damit vor allem „stimulieren(d)"[221] zu wirken. Neben der erwünschten Rechtssicherheit würde „eine klare gesetzliche Differenzierung ... insbesondere die Bereitschaft der Wirtschaftsfunktionäre unterstützen, zur Verwirklichung des neuen ökonomischen Systems der Planung und Leitung der Volkswirtschaft mutig neue Wege zu beschreiten"[222]. Bereits *Grinberg* hatte betont, daß „das ständige Ansteigen und die ständige Vervoll-

---

212 *Zipf*, ZStW 82, 633 (633), bejaht den Gedanken der sozialen Adäquanz bei Vorsatzdelikten nur dann, wenn auch der Erfolg als sozialadäquat hingenommen wird. Dadurch scheiden die Fälle des erlaubten Risikos im hier angenommenen Sinn aus.

213 BGHZ 24, 21.

214 *Buchholz*, Staat und Recht 1963, 2066; *Buchholz/Seidel*, Staat und Recht 1964, 1374 (1376).

215 *Herrmann/Lehmann*, Staat und Recht 1963, 2066.

216 *M. S. Grinberg*, Probleme des Produktionsrisikos im Strafrecht 1965. Die früheren Äußerungen in Rechtswiss. Informationsdienst 1954, Sp. 421 ff. blieben unbeachtet.

217 Produktionsrisiko, S. 20 f.

218 Ebd., S. 34.

219 Ebd., S. 21.

220 Staat und Recht 1963, 2066.

221 *Seidel*, NJ 1967, 186 (187); *Buchholz/Kusicka*, Staat und Recht 1968, 1234 (1235, 1238).

222 *Buchholz/Seidel*, Staat und Recht 1964, 1374 (1383 f.).

kommnung der sozialistischen Produktion" das Ziel „der schöpferischen Initiative der Werktätigen"[223] sei. Von diesem Ausgangspunkt soll eine völlig andere Lehre vom erlaubten Risiko entwickelt werden. Immer wieder wird hervorgehoben, daß „die Behandlung, Beurteilung, Wertung und auch der Grad des Eingehens produktionsriskanter Handlungen stets klassenmäßig motiviert, untrennbar mit den herrschenden Produktionsverhältnissen verbunden" sei, was „bei der Auseinandersetzung mit der bürgerlichen Ideologie unzureichend berücksichtigt"[224] werde. Während die Lehre vom erlaubten Risiko in der Bundesrepublik eine „Generalexculpation des kapitalistisch produzierenden Unternehmers"[225] sei, diene sie in der DDR der Verwirklichung des sozialistischen Humanismus.

Bemerkenswert ist aber, daß für die Strafrechtswissenschaft der DDR zunächst dogmatisch weitgehend dieselben Probleme entstehen, die auch die wissenschaftliche Diskussion in der Bundesrepublik beherrschen. So wird auch hier die Frage erörtert, ob das Produktionsrisiko etc. ein Problem des Tatbestands, der Schuld oder ein Rechtfertigungsgrund ist. Vorherrschend ist dabei zwar die Auffassung, daß es sich um einen Rechtfertigungsgrund oder eine Tatbestandsbegrenzung handelt[226], das Verhältnis von erlaubtem Risiko und Tatbestand bleibt aber offen[227]. Auch die Diskussion in der DDR befaßt sich mit Versuchen, die gebilligte Handlung gegenüber dem unerwünschten Erfolg zu rechtfertigen. Dabei sei für das sozialistische Strafrecht die „soziale Qualität der menschlichen Verhaltensweise" entscheidend[228]. Deshalb habe der Erfolg dogmatische Bedeutung für das Unrecht nur insoweit, als dieser ex tunc vom Täter „verantwortungsbewußt mitbedacht" oder „verantwortungslos nicht gesehen" werde[229].

Der wesentliche Unterschied soll sich aber in der Wertung ergeben, weil dem erlaubten Risiko Bedeutung nur im Hinblick auf die Verletzung bestimmter materieller Werte zukomme. Bereits *Grinberg* hat für die Zulässigkeit des eingegangenen Risikos im einzelnen vier Voraussetzungen aufgestellt, die sich wie ein roter Faden auch durch die Aufsätze von *Buchholz*[230] ziehen.

---

[223] *Grinberg*, Rechtswiss. Informationsdienst 1954, Sp. 421; vgl. auch *Grinberg*, Produktionsrisiko, S. 117.
[224] *Buchholz/Kusicka*, Staat und Recht 1968, S. 1234 ff.
[225] *Seidel*, Risiko, S. 93.
[226] *Grinberg*, Produktionsrisiko, S. 117 f. für die UdSSR; *Seidel*, Risiko, S. 235 ff.; ders., NJ 1967, 186 (187) für die DDR; *Viski*, Acta Juridica Academiae Scientarum Hungaricae, Band 10, S. 291 für Ungarn.
[227] *Buchholz/Heilborn/Knobloch*, NJ 1967, 173 (177).
[228] *Seidel*, Risiko, S. 111 ff.; *Buchholz* zitiert bei *Seidel* (Risiko, S. 121).
[229] *Seidel*, Risiko, S. 120 f.
[230] *Buchholz*, Staat und Recht 1963, S. 2066, 2070; *Buchholz/Heilborn/Knobloch*, NJ 1967, 173 (177 f.).

1. „Das Risiko muß der Bedeutung des Zieles entsprechen, um dessentwillen es eingegangen wird."
2. „Bei rechtmäßigem Risiko kann das Ziel nicht durch gewöhnliche, nicht riskante Mittel erreicht werden."
3. „Bei einem Risiko ist die Möglichkeit des Eintretens schädlicher Folgen stets nur eine Wahrscheinlichkeit."
4. „Objekt des Risikos (dürfen) in der Regel nur materielle Faktoren sein, nicht aber Leben und Gesundheit eines Menschen[231]."

Diese Gedanken haben zu der soweit ersichtlich ersten gesetzlichen Regelung eines Teilaspekts des erlaubten Risikos geführt. Das StGB der DDR von 1966 enthält in § 169 für den Bereich der Delikte gegen das Volksvermögen als Rechtfertigungsgrund[232] folgende Vorschrift:

Wirtschafts- und Entwicklungsrisiko

Eine Straftat nach den §§ 163 bis 168 liegt nicht vor, wenn

1. die Handlung vorgenommen wird, um einen bedeutenden wirtschaftlichen Nutzen herbeizuführen oder einen bedeutenden wirtschaftlichen Schaden abzuwenden und der Handelnde nach verantwortungsbewußter Prüfung aller die Handlung betreffenden Umstände die eingetretenen wirtschaftlichen Nachteile für wenig wahrscheinlich oder aber für wesentlich geringer als den vorgesehenen wirtschaftlichen Nutzen halten durfte (Wirtschaftsrisiko);
2. im Rahmen staatlich angeordneter, bestätigter oder sonst im Verantwortungsbereich des Handelnden liegender Forschungs- und Entwicklungsarbeiten oder technisch-ökonomischer Experimente, die unter Beachtung des Standes der wissenschaftlichen Erkenntnisse sowie verantwortungsbewußter Prüfung aller die Handlung betreffenden Umstände vorgenommen wurden, wirtschaftliche Nachteile eingetreten sind (Forschungs- und Entwicklungsrisiko).

In dieser Begrenzung des erlaubten Risikos läge in der Tat ein entscheidender Unterschied zu den Lehren in der Bundesrepublik, die ihre Bedeutung gerade bei den Delikten der Körperverletzung und Tötung haben, während für eine Anwendung bei „Straftaten gegen die Volkswirtschaft" mangels mit Strafe bedrohter Tatbestände, abgesehen von den Tatbeständen der Sachbeschädigung und einzelnen Spezialvorschriften wie z. B. § 317 StGB, kein Raum ist. Indessen wird diese der herrschenden Meinung in der DDR entsprechende Einschränkung[233] dort selbst angegriffen[234]. Es läßt sich einfach nicht leugnen, daß auch in der DDR im Rahmen der wirtschaftlichen Produktion ständig Risiken für Leben und Gesundheit eingegangen werden, und zwar im Interesse

---

[231] *Grinberg*, Produktionsrisiko, S. 74, 82, 89, 91 f.

[232] *Lehrkommentar* z. StGB, Band II, § 169 Anm. 1.

[233] *Speckardt* u. a., Staat und Recht 1963, 1974 (1978); *Buchholz/Heilborn/Knobloch*, NJ 1967, 173 (178).

[234] *Seidel*, Risiko, S. 210 ff.; ders., Arbeit und Arbeitsrecht 1970, 375 (378).

der Rettung gleicher Rechtsgüter anderer oder auch nur materieller Werte. So wird z. B. die noch immer gefährliche Arbeit in einem Bergwerk allein im Interesse der Erlangung materieller Werte vorgenommen. Gerade für diesen eigentlich brisanten Bereich fehlt eine Regelung des erlaubten Risikos. Entsprechende Fälle werden mit Hilfe der „Kausalität" gelöst[235], die im übrigen auch für andere Beispiele des erlaubten Risikos als Lösung dient[236]. Dadurch wird aber die behauptete höhere Einschätzung des Lebens und der Gesundheit, die gerade in der Begrenzung des gesetzlich geregelten erlaubten Risikos auf Straftaten gegen das Volksvermögen zum Ausdruck kommen soll, unterlaufen. Die außerdem mit dieser gesetzlichen Regelung angestrebte größere Rechtssicherheit kann ebenfalls nicht erzielt werden, weil sich einerseits die Gefährdung materieller Werte im Bereich der Industrie vom Risiko für Gesundheit und Leben der Arbeiter in den meisten Fällen gar nicht trennen läßt und weil andererseits der Vorteil, der in der Angabe gesetzlicher Abgrenzungskriterien liegt, durch den einem Rechtfertigungsgrund anhaftenden Ausnahmecharakter nahezu beseitigt wird. Der Sache nach bleibt also auch für die Diskussion in der DDR die Frage, ob ein Tatbestandsausschluß oder ein Rechtfertigungsgrund anzunehmen ist, zumindest für die Gefährdung von Leib und Leben offen. Es ist daher auch kaum verwunderlich, wenn dem § 169 StGB DDR die „gesellschaftliche Wirksamkeit" fehlt[237]. Die Vorschrift geht an realen Gegebenheiten entscheidend vorbei und kann daher nur als eine Art Testvorschrift des Gesetzgebers für einen engen Teilbereich Bedeutung erlangen und die wissenschaftliche Diskussion anregen. Der sachliche Vorteil dieser Regelung ist so minimal, daß die damit verursachte Systemverwischung von einer ähnlichen gesetzlichen Teilregelung des Problems für die Bundesrepublik abraten läßt.

Bei der Beurteilung der „Kausalität", d. h. der objektiven Pflichtverletzung im Tatbestand, könnten sich allerdings Unterschiede z. B. aus einem anderen Stellenwert bestimmter Rechtsgüter ergeben. Es erscheint aber zumindest überlegenswert, ob dem Wert einer Industrieanlage oder Produktion, die in einem System verstaatlichter Produktionsmittel sogar durch besondere Straftatbestände gegen Beeinträchti-

---

235 Vgl. die Andeutung bei *Buchholz/Heilborn/Knobloch*, NJ 1967, 173 (177), zum Verhältnis der allgemeinen Lehren des Strafrechts zu § 169 StGB DDR sowie *Lehrkommentar* zum StGB, Band I, § 7 Anm. 3:

„Das Verhalten eines Kraftfahrers z. B. der sich bei Schnee und Eisglätte so vorsichtig benimmt, wie es die StVO verlangt, dann aber durch unglückliche Verkettung von Umständen dennoch ein ‚Unfall passiert', ist im strafrechtlichen Sinne nicht ursächlich, ... weil er keine objektive Pflichtverletzung begangen hat."

236 *Lehrkommentar*, ebd: Der auf Leben und Tod operierende Arzt handelt nicht kausal, wenn der Tod eintritt.

237 *Buchholz/Kusicka*, Staat und Recht 1968, S. 1234 (1236).

gungen durch Arbeiter geschützt sind, in diesem System im Verhältnis zu Gesundheit und Leben der Arbeiter nicht viel leichter immer größere Bedeutung zugemessen werden kann, als es bei Privateigentum und -vermögen in der Bundesrepublik der Fall ist. Zudem ist fraglich, ob der hier auftretende Interessenkonflikt zwischen industriellem Vermögen einerseits, Leben und Gesundheit der Arbeiter andererseits nach den strukturellen Voraussetzungen für letztere vom Staat in Gestalt des Richters nicht günstiger entschieden werden kann, wenn diese Interessen von wirksamen vom Staat unabhängigen Gruppen — seien es Gewerkschaften oder wegen der finanziellen Folgen Berufsgenossenschaften — wahrgenommen werden und dadurch allgemein eine höhere Einschätzung dieser Rechtsgüter eintritt, als wenn derselbe Konflikt im Bereich von Staat und Gesellschaft als „Unternehmer" und in Form von mehr oder weniger untergeordneten Gewerkschaften als Interessenträger der Arbeiter zugleich ausgetragen werden muß. Praktisch handelt es sich allerdings unabhängig von der Organisationsform jeweils darum, wie die Interessen der Arbeitnehmer tatsächlich wahrgenommen werden. Eine strukturelle Notwendigkeit für eine unterschiedliche Beurteilung einzelner Fälle infolge der verschiedenen Gesellschaftssysteme besteht daher grundsätzlich nicht, solange diese gleichermaßen am Produktivitätsdenken ausgerichtet sind[238].

Ein weiterer Unterschied besteht darin, daß die gesetzliche Regelung des Produktionsrisikos in der DDR nicht auf Vorsatztaten angewendet wird[239]. Ob derartige Fälle nicht doch im Vorsatz oder ebenfalls in der Kausalität bzw. der Pflicht als Tatbestandsmerkmal mit der Folge der Straflosigkeit gelöst werden oder strafbar bleiben sollen, läßt sich mangels näherer Äußerungen in der zugänglichen Literatur nicht eindeutig feststellen. Ähnliches gilt für gefährliche Handlungen, die zwar nicht vorsätzlich, aber aus Motiven heraus begangen werden, die in § 169 StGB DDR nicht anerkannt werden, wie z. B. „privates Profitstreben"[240], das ebenso wie Ehrgeiz kaum von der Verfolgung anerkannter volkswirtschaftlicher Ziele klar zu trennen ist.

Die Entwicklung einer Lehre vom erlaubten Risiko in der DDR bringt also dogmatisch weitgehend gleiche Problemstellungen. Ob die Entscheidung von Einzelfällen wegen des ideologisch und daher rechtspolitisch anderen Ausgangspunkt tatsächlich zu anderen Ergebnissen führt, kann wegen fehlender Vergleichsmöglichkeiten nicht überprüft werden. Der Konflikt zwischen der erwünschten wirtschaftlichen Ent-

---

238 *Rüthers*, DB 1970, 2120 (2121, Fußn. 10), spricht sogar vom „Produktionsfetischismus" in der BRD und der DDR. Vgl. auch §§ 1 Abs. 2 Satz 2, 13 Abs. 2 Gesetzbuch der Arbeit der DDR v. 12. 4. 1961.

239 *Seidel*, Risiko, S. 148 f.

240 *Lehrkommentar* z. StGB, Band II, § 169 Anm. 2.

wicklung und dem ebenso erstrebten Schutz individueller Rechtsgüter, vor allem des Lebens und der Gesundheit insbesondere im Arbeitsprozeß, stellt sich für jede industrielle Gesellschaftsform gleich. Im weiteren wird daher die dogmatische Entwicklung in der DDR für diese Arbeit nur eine geringe Rolle spielen.

IV. Weg der Untersuchung

Nach der Darstellung der dogmengeschichtlichen Entwicklung und des heutigen Meinungsstands sind die dogmatischen Probleme des erlaubten Risikos deutlich zu erkennen. Daran muß sich auch der Weg der vorliegenden Untersuchung orientieren.

An Hand der dargestellten Auffassungen soll im folgenden ohne Rücksicht darauf, ob das erlaubte Risiko von vornherein als ein selbständiges dogmatisches Institut im Sinne z. B. eines Rechtfertigungsgrundes anerkannt wird oder nicht, geprüft werden, wie die von dem oben entwickelten Begriff erfaßten Fälle eines erlaubten Risikos dogmatisch zu lösen sind. Am Ende der Untersuchung wird sich dann leicht feststellen lassen, welche dogmatische Bedeutung dem Gedanken vom erlaubten Risiko zukommt.

Da ein allgemeiner Handlungsbegriff, wenn man einen solchen bejaht, für fahrlässige und vorsätzliche Erfolgsdelikte gleich bedeutsam ist und mit dessen Hilfe von mehreren Autoren ausdrücklich Fälle des erlaubten Risikos (Fallgruppe 1 und 2) gelöst werden, soll zunächst auf die sich daraus ergebenden Lösungsmöglichkeiten und -grenzen eingegangen werden (2. Kapitel, 1. Abschnitt).

Für die übrigen zu untersuchenden Lösungsvorschläge wirkt sich die Unterscheidung von fahrlässigen und vorsätzlichen Erfolgsdelikten aus, so daß im Hinblick auf die größere Bedeutung des erlaubten Risikos für die Fahrlässigkeitsdelikte mit der Prüfung der Lösungen innerhalb dieser Delikte begonnen werden soll (2. Kapitel, 2. Abschnitt).

Da der schon bei *v. Bar* zu erkennende Zwiespalt, die Fälle der Fallgruppen 1 und 2 im Rahmen der Schuld oder der Rechtswidrigkeit zu lösen, noch immer eine ganz entscheidende Rolle spielt, wenn diese Frage auch durch die Anerkennung zusätzlicher Rechtfertigungsgründe teilweise entschärft ist, empfiehlt es sich, um dieses Problem voll zu erfassen und um dessen historischer Entwicklung gerecht zu werden, zunächst die Lösungen im Rahmen der Schuld bzw. Tatverantwortung zu untersuchen (2. Abschnitt A), um dann auf die im Rahmen der Rechtswidrigkeit einzugehen (2. Abschnitt B).

Bei diesem Verbrechensmerkmal sind sowohl Lösungsvorschläge mit Hilfe der Kausalität, der behördlichen Gestattung als auch vor allem die mit Hilfe der sozialen Adäquanz, der Sorgfaltspflicht sowie der Vorhersehbarkeit zu erörtern (B I, II).

Während sich die Überlegungen bis dahin noch allein im Bereich des sog. Handlungsunwerts bewegen, schließt sich daran die in der Entwicklung einer Lehre vom erlaubten Risiko bis heute so wichtige Frage nach der Bedeutung des eingetretenen Erfolgs als Unrechtselement an (B III).

Zur Verdeutlichung dieser zuletzt genannten Frage soll ein mögliches Unrechtselement, nämlich das — untechnisch ausgedrückt — eigene Verhalten des später Verletzten, zunächst unbeachtet bleiben. Auf diesen wichtigen Gesichtspunkt, der in Form der Einwilligung in Erfolg, Handlung oder Gefahr oder in Form eines Handelns auf eigene Gefahr in Erscheinung tritt, wird unter B IV einzugehen sein.

Daran schließt sich zwangsläufig die Unterscheidung zwischen Tatbestand und Rechtswidrigkeit und deren Bedeutung für das erlaubte Risiko an, damit dieses auch im System der Rechtfertigungsgründe eingeordnet werden kann (B V).

Sodann ist auf die besonderen Probleme des erlaubten Risikos bei den vorsätzlichen Erfolgsdelikten einzugehen. Neben der grundsätzlichen Frage nach der Anerkennung eines erlaubten Risikos bei diesen Delikten müssen die dogmatische Einordnung des Vorsatzes und daran anschließend die einzelnen teils objektiven, teils subjektiven, teils gemischt objektiv-subjektiven Lösungsmöglichkeiten ebenso erörtert werden (3. Abschnitt I, II, III) wie die besonderen Fälle des erlaubten Risikos, die in gesetzlichen Regelungen vorsätzlicher Erfolgdelikte enthalten sein sollen (3. Abschnitt IV).

Mit einer Zusammenfassung der wesentlichen Ergebnisse wird die Arbeit abgeschlossen.

Zweites Kapitel

Die dogmatische Einordnung des erlaubten Risikos

Um nicht von vornherein die Problematik durch vorschnelles Ausscheiden von Fällen zu beschränken, sollen im weiteren alle erwähnten Fallgruppen des erlaubten Risikos im Auge behalten und daraufhin geprüft werden, ob sie bereits mit Hilfe anderer Verbrechensmerkmale, also ohne das des erlaubten Risikos, gelöst werden können oder nicht und wo ggf. eine Lehre vom erlaubten Risiko dogmatisch notwendig ist.

1. Abschnitt

Das erlaubte Risiko als Problem des Handlungsbegriffes

Ein allgemeiner Handlungsbegriff als Verbrechensmerkmal kann sich für die Lösung von Fällen des erlaubten Risikos in zwei Richtungen auswirken. Zum einen wird die Ansicht vertreten, daß die Fälle unvorhersehbarer Kausalität (Fallgruppe 2) und teilweise auch die überwiegender Interessen (Fallgruppe 1) bereits durch einen bestimmten Handlungsbegriff aus dem Bereich der Strafbarkeit ausgeschieden werden könnten. Andererseits soll zwischen einzelnen Handlungsbegriffen und den weiteren Verbrechensmerkmalen ein Zusammenhang bestehen, der Lösungen des erlaubten Risikos z. B. in der Rechtswidrigkeit bzw. der Schuld ausschließt oder umgekehrt an bestimmter Stelle des Verbrechensaufbaus gebietet.

I. Die dogmatische Lösung der Fälle des erlaubten Risikos bei unvorhersehbarer Kausalität und überwiegenden Interessen (Fallgruppe 1 und 2) mit Hilfe eines allgemeinen Handlungsbegriffs

Eb. *Schmidt*[1], *Engisch*[2], Arthur *Kaufmann*[3] und *Kienapfel*[4] meinen, durch die von ihnen vertretenen jeweils unterschiedlichen Handlungs-

---

[1] FS f. *Engisch*, S. 339.
[2] FS f. *Kohlrausch*, S. 141 (161).
[3] FS f. *Mayer*, S. 79 (116 f.).
[4] Erlaubtes Risiko, S. 22 ff.

begriffe könnten die Fälle des erlaubten Risikos der Fallgruppe 2 und teilweise auch der Fallgruppe 1 direkt gelöst werden. Diese Möglichkeit besteht aber nur dann, wenn man der herrschenden Meinung folgend die grundlegende Bedeutung eines allgemeinen Handlungsbegriffs für die gesamte Verbrechenslehre bejaht[5] und nicht wie etwa *Schröder* oder *Krauss*[6] einen solchen Begriff als „dogmatisch letztlich unergiebig" ansieht[7]. Verneint man mit den genannten Autoren dessen grundlegende Bedeutung überhaupt, so kann eine Lösung des Problems von vornherein nur im Rahmen des Tatbestands, der Rechtswidrigkeit und der Schuld gefunden werden.

Aber auch für diejenigen, die prinzipiell die Notwendigkeit eines allgemeinen Handlungsbegriffs anerkennen, stellt sich die Frage, ob nicht bereits durch grundsätzliche Erwägungen, ohne Rücksicht auf den jeweils im einzelnen vertretenen Handlungsbegriff, eine direkte Lösung zumindest der Fälle des erlaubten Risikos durch den Handlungsbegriff ausgeschlossen ist.

Nahezu alle in neuerer Zeit vertretenen Handlungsbegriffe enthalten im wesentlichen zwei wichtige strukturelle Komponenten, mit deren Hilfe die Strafbarkeit in bestimmten Fällen verneint wird. Zum einen wird das aus subjektiven Gründen nicht steuerbare Verhalten wie Schlaf, Reflexe etc. ausgeklammert[8], und zum anderen wird in fast jeden Handlungsbegriff ein sozialer Bezug als Merkmal aufgenommen. Der Handlungsbegriff, sei er ontologisch oder normativ bestimmt, ist nach seiner Funktion eine erste lockere Stufe der Zurechnung[9], die generell die strafrechtliche Verantwortung für Wirkungen im sozialen Bereich begrenzen soll und nicht nur solche auf Grund subjektiver Mängel beim Täter. Die „Bedeutung" „für die Mitwelt" ist von der Handlung als Selbstverwirklichung des Menschen als Person auch nicht sinnvoll zu trennen[10]. Da jene Wirkungen im sozialen Bereich allgemein als Erfolge im weitesten Sinne bezeichnet werden, ist in allen Handlungsbegriffen ein solcher Bezug auf einen Erfolg enthalten, der unterschiedlich in der

[5] Vgl. *Jescheck*, Lehrbuch, S. 164 f.; ders., FS f. *Eb. Schmidt*, S. 139 ff.; *Maurach*, Strafrecht AT, S. 164; *Welzel*, Strafrecht, S. 30 f.; *Wessels*, S. 7 f.

[6] *Schönke/Schröder*, vor § 1 Anm. 36; *Krauss*, Zurechnung, S. 49.

[7] Vgl. auch *Gallas*, ZStW 67, 1 (14); *Klug*, FS f. *Emge*, S. 48, 50; *Roxin*, ZStW 74, 515 (548 f.); *Schmidhäuser*, Strafrecht, S. 145, 174.

[8] Für viele vgl. *Gallas*, ZStW 67, 1 (15); *Jescheck*, Lehrbuch, S. 169 f.; *Maurach*, Strafrecht AT, S. 163; *Schmidhäuser*, Lehrbuch, S. 173; *Schönke/Schröder*, vor § 1 Anm. 36; *Welzel*, Strafrecht, S. 31.

[9] Vgl. z. B. *Arthur Kaufmann*, FS f. *Mayer*, S. 79 (90).

[10] *Arthur Kaufmann*, FS f. *Mayer*, S. 79 (114). — Theoretisch könnte zwar auch ein Handlungsbegriff ohne Bezug zur Umwelt gebildet werden, der etwa auch abstrakt logisches Denken mit umfassen würde. Ein solcher Begriff wäre aber sinnlos, gerade weil es nicht gelingt, dadurch jene rein inneren Vorgänge, die von vornherein nie allein zu einer Bestrafung führen sollen, auszuscheiden (*Jescheck*, Lehrbuch, S. 169 f.).

Kausalität (kausale Handlungslehre), der Finalität (z. B. finale Handlungslehre), der potentiellen Finalität (so ein Teil der sozialen Handlungslehre) oder einer Bewertung gesehen wird, die noch über ein Erfahrungsurteil hinausgeht[11].

Nur mit Hilfe dieses zweiten Elements käme eine direkte Lösung von Fällen des erlaubten Risikos in Frage, indem entweder ein bestimmter Erfolgsbezug zum Handlungsbegriff gehört oder aus ihm ausgeschlossen wird. Eine Begrenzung dieses Erfolgsbezugs läßt sich sowohl über die Bestimmung der Art des Erfolgs als auch über eine Differenzierung in der Relation zum Erfolg erzielen. Dabei ist aber zu beachten, daß der Erfolg insoweit verschieden aufgefaßt werden kann, als er im Sinne irgendeines Erfolgs, im Sinne von Erfolg an Rechtsgütern, als Tötungserfolg, Sachbeschädigungserfolg oder gar z. B. als Tod einer bestimmten Person zu einer bestimmten Zeit an einem bestimmten Ort verstanden werden kann. Wird der Begriff im ersteren, weitesten Sinne verwendet, so kann sich die erforderliche Bestimmtheit zur direkten Lösung von Fällen allein aus der Erfolgsrelation ergeben. Die dafür in Frage kommenden Kriterien wie z. B. Kausalität, Finalität und auch die Adäquanz sind aber so beschaffen, daß mit ihrer Hilfe aus irgendwelchen Erfolgen wiederum nur irgendwelche — nicht bestimmte — ausgeschlossen werden. Die Erfolgsbezüge eines Verhaltens werden dadurch zwar quantitativ verringert, qualitativ bleiben es aber Relationen zu irgendeinem Erfolg, der nach wie vor unbestimmt ist und daher eine Lösung von Fällen unmittelbar durch den allgemeinen Handlungsbegriff ausschließt. Sicher läßt sich auch eine Relation bilden, die zur Ausgrenzung ganz bestimmter Erfolgsbezüge führen würde. Dadurch wäre aber der Erfolgsbegriff selbst in Richtung auf eine Summe bestimmter Erfolgsarten oder gar bestimmter Erfolge verändert. Tut man dies aber, so kommt es entscheidend auf das Kriterium an, mit dessen Hilfe die für den Handlungsbegriff relevanten Erfolge von den irrelevanten getrennt werden. Soll eine derartige Unterscheidung für das hier zu erörternde Problem sinnvoll sein, so könnte der Erfolg als solcher an irgendwelchen strafrechtlich geschützten Rechtsgutsobjekten verstanden werden. Dieser Handlungsbegriff wäre aber einmal ein allgemeiner Begriff tatbestandsmäßiger Handlungen und zum anderen könnte mit seiner Hilfe ein Fall des erlaubten Risikos deshalb nicht direkt gelöst werden, weil die Frage der strafrechtlich unerheblichen Gefährlichkeit einer Handlung für ein bestimmtes geschütztes Rechtsgutsobjekt wiederum erst innerhalb dieses Begriffs gelöst

[11] *Kienapfel*, Erlaubtes Risiko, S. 22 ff. — Auch der von *E. Wolf*, AcP 170, 181 (205 ff., 216 f.), als „real" bezeichnete Handlungsbegriff enthält einen solchen Bezug zum Erfolg.

werden müßte. Gefährliche Handlungen für nicht strafrechtlich geschützte Güter sind kein Problem des erlaubten Risikos[12].

Um überhaupt für Fälle des erlaubten Risikos lösungstauglich zu sein, müßte der Handlungsbegriff so gefaßt werden, daß an die Stelle der Relation zu einem Erfolg an irgendeinem geschützten Rechtsgutsobjekt die zum Körperverletzungserfolg oder Sachbeschädigungserfolg etc. treten müßte. Dann löst sich aber der allgemeine Handlungsbegriff endgültig in eine Vielzahl von Handlungsbegriffen auf, die jeweils von der einzelnen Erfolgsart her bestimmt werden. Tötungshandlungen etc. können zwar in der einen oder anderen Weise weiter begrenzt werden, aber es handelt sich dann nicht mehr um einen allgemeinen Handlungsbegriff. Obwohl diese Folgerung auch für Handlungen ohne Bezug auf einen gerade strafrechtlich mißbilligten Erfolg zutrifft, wird sie meist strafrechtlich formuliert. Der allgemeine Handlungsbegriff löse sich in verschiedene tatbestandsmäßige Handlungen auf[13]. Daher ist es grundsätzlich unmöglich, bereits auf dieser Prüfungsstufe direkte Lösungen für die Fälle des erlaubten Risikos zu finden. Dieses Ergebnis soll im folgenden an Hand der wichtigsten Handlungsbegriffe näher aufgezeigt werden.

Für den *kausalen Handlungsbegriff* kommt es nicht auf die Art des Erfolgs an, sondern nur darauf, daß überhaupt ein Erfolg eintritt. Abgesehen von sonstigen Mängeln[14] wird also in diesem Handlungsbegriff der Erfolg als irgendein Erfolg verstanden, so daß schon deshalb kein Fall des erlaubten Risikos direkt gelöst werden kann. Zudem enthält dieser Handlungbegriff als Kriterium des Erfolgsbezugs auch noch die reine conditio-sine-qua-non-Kausalität, die selbst bei konkreter Fassung des Erfolgs zu unbefriedigenden Ergebnissen führt, da die Kausalreihen völlig unbegrenzt sind. Die Probleme des erlaubten Risikos liegen erst innerhalb dieser Kausalität. Der Handlungsbegriff ist schon früh als blutleer und farblos[15] erkannt worden.

Auch in dem von *Mezger* zuletzt vertretenen *„komplexen Handlungsbegriff“*[16], den er selbst als „final-kausalen“[16] Begriff bezeichnet hat,

---

[12] Vgl. oben 1. Kapitel, II, 2.

[13] So argumentieren etwa *Gallas*, ZStW 67, 1 (7, 14 und Fußn. 40 a), und *Arthur Kaufmann*, FS f. *Mayer*, S. 79 (88 f.), gegenüber der finalen Handlungslehre, daß durch die Einbeziehung des Deliktvorsatzes in den allgemeinen Handlungsbegriff sich dieser in tatbestandsmäßige Handlungen vervielfache. Es mag hier dahinstehen, ob *Welzel* damals den Deliktsvorsatz in den Handlungsbegriff mit einbezogen hat (NJW 1968, 425 ff.), die Notwendigkeit zur Differenzierung zwischen Finalität und Vorsatz hängt mit der unterschiedlichen Fassung des Erfolgs zusammen.

[14] So kann z. B. die Unterlassung mit diesem Handlungsbegriff nicht erfaßt werden. Vgl. dazu *Jescheck*, Lehrbuch, S. 165 f., und *E. A. Wolff*, Handlungsbegriff, S. 10 f.

[15] *Beling*, Die Lehre vom Verbrechen, S. 17.

[16] *Mezger/Blei*, Kurzlehrbuch AT, S. 57.

wird der Erfolg als irgendein Erfolg verstanden. Für das kausale Element, „die äußere Körperbewegung mit ihrem weiteren Erfolg“[17], gilt das bereits zum kausalen Handlungsbegriff Ausgeführte. Aber auch der dann hinzugefügte finale Aspekt ist gänzlich abstrakter Natur, eine geistige Relation zu irgendeinem Erfolg. *Mezger* hebt ausdrücklich hervor, der Täter müsse nur „etwas“ wollen[18]. Was konkret, ist für den Handlungsbegriff gleichgültig. Durch diese Unbestimmtheit ist trotz des zusätzlichen Merkmals der Finalität auch dieser Handlungsbegriff für eine direkte Lösung von Fällen des erlaubten Risikos ungeeignet.

Bereits aus den obigen allgemeinen Überlegungen ergibt sich, daß auch für den *finalen Handlungsbegriff*, den *Welzel* als „Ausübung von Zwecktätigkeit“[19] versteht, die gleichen Schwierigkeiten bestehen. Zwar wird bei *Welzel* gegenüber *Mezger* der Schwerpunkt stärker auf die Finalität gelegt[20], aber auch *Welzel* versteht darunter nur die geistige Beziehung zu einem unbestimmten, zu irgendeinem Erfolg. Nichts anderes kann es bedeuten, wenn er immer wieder darauf hinweist, daß Finalität nicht mit Tatbestandsvorsatz gleichzusetzen sei[21], was ihm einige Kritiker im Hinblick auf mißverständliche Formulierungen zu Vorsatz und Tatbestandsvorsatz vorgeworfen haben[22]. *Welzel* bezieht mindestens heute nicht mehr die auf einen bestimmten Erfolg gerichtete, sondern nur die Finalität als generelles Strukturmerkmal in den Handlungsbegriff ein. Allein die „Funktion, die dieser Handlungswille als steuernder Faktor in der Tatbestandshandlung“[23] hat, gehört zum

---

17 Ebd., S. 54.

18 Ebd., S. 54.

19 Strafrecht, S. 33. — Auch dieser Handlungsbegriff muß überprüft werden, da eine Lösung von Fällen des erlaubten Risikos bei den Vorsatzdelikten mit Hilfe der Finalität denkbar wäre. Vgl. etwa *Welzel*, Strafrecht, S. 66, der das Wünschen vom Wollen abgrenzt, was strukturell auch bereits im Handlungsbegriff vorgenommen werden könnte. Ähnlich auch *Rehberg*, Erlaubtes Risiko, S. 90 ff., der ein Fehlen des Verwirklichungswillens annimmt.

20 Zur Annäherung beider Handlungsbegriffe *Gimbernat Ordeig*, NJW 1966, 533 (534).

21 NJW 1968, 425; Vom Bleibenden und Vergänglichen, S. 10, Fußn. 20; Strafrecht, S. 42.

22 *Gallas*, ZStW 67, 1 (6 und die dort in Fußn. 14 Genannten).

23 Vom Bleibenden und Vergänglichen, S. 10. — Da die Unterscheidung zwischen finalem Handlungsbegriff und Tatbestandsvorsatz somit auch entscheidend von der jeweiligen Fassung des Erfolgs abhängt, spielt die Unterscheidung zwischen ontologisch und normativ begründeten Handlungsbegriffen für das hier interessierende Problem keine Rolle. Sowohl ontologische als auch normative Elemente können konkret oder abstrakt (als Strukturelemente) verstanden werden. Die Kontroverse zwischen *Roxin* (ZStW 74, 515 [527]: Finaler Handlungsbegriff als rechtlich normatives Gebilde par exellence) und *Welzel* (Vom Bleibenden und Vergänglichen, S. 9: Finalstruktur sei für den Handlungsbegriff entscheidend; der „soziale Sinngehalt“ als abstraktes Erfolgselement) geht daher insoweit fehl, als der soziale Sinngehalt einer Handlung eben als konkrete Begrenzung des Unrechts einer

Handlungsbegriff. Dem entspricht die Lösung eines Teils der Fälle kaum steuerbarer Kausalität (Fallgruppe 2) beim vorsätzlichen Erfolgsdelikt. Wenn *Welzel* hier annimmt, es fehle der „Verwirklichungswille“[24] in einigen Fällen, da der Täter den Erfolg nur wünsche, wenn er erkenne, daß das Geschehen außerhalb seiner Einwirkungsmöglichkeiten liege, so hätte er dies bereits zur Abgrenzung des vorrechtlichen Strukturmerkmals Finalität in dem Sinne erwähnen können und müssen, daß Wünschen keine Finalität ist. Wenn er die Lösung dieser Fälle aber erst im subjektiven Tatbestand sieht, so nur deshalb, weil eine direkte Lösung nicht durch einen auf irgendeinen Erfolg gerichteten Handlungsbegriff, sondern nur durch die Begrenzung einer bestimmten Tatbestandshandlung möglich ist[25]. Auch der finale Handlungsbegriff enthält, wie der *Mezgers*, eine mehrfache Relation zum Erfolg. Neben der geistigen Beziehung stellt *Welzel* ebenfalls auf einen „Kausalprozeß in der Wirklichkeit“[26] ab. Auch insoweit kommt es aber nicht auf einen bestimmten Erfolg an, da die Finalität dies nicht voraussetzt und durch sie die Kausalität nur überdeterminiert wird.

Welzel erkennt die um den bestimmten Erfolg entleerte Finalität und die sich daraus ergebende Unanwendbarkeit auf konkrete Fälle auch an, wenn er auf die Angriffe gegen seine Lehre, in denen behauptet wird, sie habe nur wie die kausale Handlungslehre negative Funktion und sei in Wirklichkeit über den Gesichtspunkt der Personalität eine Unrechtslehre[27], lediglich erwidert: „Dieser Einwand tut der Bedeutung der f(inalen) H(and)l(ungslehre) in Wahrheit keinen Abbruch“, sie wolle keinen „erschöpfenden Handlungsbegriff“ definieren, sondern nur zu den weiteren dogmatischen Schritten (Tatbestand, Rechtswidrigkeit, Schuld) „hinleiten“. Er bestreitet also die fehlende „Fruchtbarkeit“ für direkte konkrete Fallösungen im hier erörterten Zusammenhang nicht[28]. Konsequent gehören dann bei ihm auch alle Merkmale, die zur Lösung des erlaubten Risikos herangezogen werden, zum Tatbestand oder zur Rechtswidrigkeit[29].

---

bestimmten Tat oder als reines Strukturmerkmal verstanden werden kann. Letzterenfalls läßt sich allerdings kein Fall direkt durch einen solchen Handlungsbegriff lösen.

[24] Strafrecht, S. 66.

[25] „Finalität als ontologischer Begriff ist nur tatbestandsmäßig ein Unrechtselement, wenn sie sich auf einen tatbestandsmäßigen Erfolg als Ziel bezieht.“ *Binavince*, S. 27.

[26] Strafrecht, S. 35.

[27] Zur negativen Funktion: *Schönke/Schröder*, Vor § 1 Anm. 36; *Gallas*, ZStW 67, 1 (15). Zur Unrechtslehre: LK (*Mezger*), 8. Aufl., 1. Band, S. 7; *Mezger/Blei*, Kurzlehrbuch AT, S. 59; *Krauss*, Zurechnung, S. 49; *Baumann*, S. 196; *Engisch*, FS f. *Kohlrausch*, S. 157; *Gallas*, ZStW 67, 1 (14, 32); *Schönke/Schröder*, Vor § 1 Anm. 36; *Roxin*, ZStW 74, 515 (548 f.).

[28] Strafrecht, S. 42.

[29] z. B. soziale Adäquanz: Strafrecht, S. 55; Tatbestandsvorsatz: Strafrecht, S. 66.

Neben diesen Handlungslehren werden in der einzelnen Ausgestaltung sehr unterschiedliche sogenannte ***soziale Handlungsbegriffe*** vertreten. Viele Autoren[30] berufen sich auf Eb. *Schmidt*, der an verschiedenen Stellen betont hat, daß die Handlung nicht als „naturwissenschaftliches", sondern als „soziales Phänomen"[31] interessiere. Schaut man sich die von ihm verwendeten Begriffe, wie „soziale Sinnbedeutung"[32] oder „funktionale, soziale Sinneinheit"[33] näher an, so sind sie wie Kausalität und Finalität Relationen zur Umwelt und speziell für den Handlungsbegriff Erfolgsbezug. Je nachdem wie der soziale Bezug bestimmt wird, ergeben sich unterschiedliche Handlungsbegriffe. Verlangt man lediglich, daß er überhaupt gegeben sein muß, so macht es keine Mühe, bereits die Kausalität oder erst recht die Finalität als ein solches Element zu verstehen[34]. Demgegenüber wird der soziale Bezug bei anderen Autoren als ein die Kausalität überlagerndes wertendes Moment[35] oder ohne Rücksicht auf die Kausalität[36] allein als Wertung verstanden, wobei diese wiederum vorrechtlich oder rechtlich gesehen werden kann[37]. Eb. *Schmidt* selbst gewinnt z. B. den Erfolgsbezug aus den „Anschauungen, Erfahrungen, Gewohnheiten des sozialen Lebens"[38]. Wie immer aber auch die sozialen Handlungsbegriffe gefaßt werden, auch diese Lehren stehen vor dem Problem der bestimmten oder unbestimmten Fassung des Erfolgs in der sozialen Beziehung. Da einige Autoren ausdrücklich behaupten, Fälle des erlaubten Risikos mit Hilfe eines sozialen Handlungsbegriffs direkt lösen zu können, soll versucht werden, das Gegenteil aufzuzeigen[39]. Auch hier werden vor allem die Fälle der kaum steuerbaren Kausalität (Fallgruppe 2) aber auch einige der Fallgruppe 1 betroffen, zu deren Lösung meist zwei objektive Elemente

---

30 *Engisch*, FS f. *Kohlrausch*, S. 161; *Jescheck*, FS f. *Eb. Schmidt*, S. 139 (150); ***Arthur Kaufmann***, FS f. *Eb. Schmidt*, S. 200 (214); *Kienapfel*, Erlaubtes Risiko, S. 24; *Maihofer*, FS f. *Eb. Schmidt*, S. 156 (158, 181).

31 *v. Liszt/Schmidt*, S. 135, Anm.

32 Die militärische Straftat und ihr Täter, S. 22 f., Fußn. 45.

33 JZ 1956, 188 (190); FS f. *Engisch*, S. 339 (341).

34 So sind diese beiden Elemente bei *Jescheck*, FS f. *Eb. Schmidt*, S. 139 (151), Kriterien für das Sozialerhebliche.

35 *Engisch*, FS f. *Kohlrausch*, S. 141 (161).

36 Vgl. *Maihofer*, FS f. *Eb. Schmidt*, S. 156 (179), der sich vom Kausaldogma löst.

37 Während *Jescheck*, FS f. *Eb. Schmidt*, S. 139 (151), das Kriterium der Handlungserwartung für die Unterlassungsdelikte „rechtlich" versteht, weist *Krauss*, Zurechnung, S. 24, darauf hin, daß es als sittlich sozialethische Wertung auch vorrechtlich verstanden werden kann. Vgl. jetzt *Jescheck*, Lehrbuch, S. 169.

38 FS f. *Engisch*, S. 339.

39 *Jescheck*, FS f. *Eb. Schmidt*, S. 139 (153), Lehrbuch, S. 168 ff., vertritt ebenfalls einen sozialen Handlungsbegriff, behauptet aber von vornherein nicht, mit dessen Hilfe bestimmte Fälle des erlaubten Risikos direkt lösen zu können.

herangezogen werden: die Adäquanz oder Vorhersehbarkeit und die Beherrschbarkeit.

Engisch hat bereits 1944[40] in seinen Handlungsbegriff, der sich im übrigen noch weitgehend der kausalen Handlungslehre anschließt, das Merkmal der Adäquanz eingebaut. Er definiert die Handlung als „Bewirken bezweckbarer Folgen durch einen willkürlich vollzogenen Akt"[40]. Indem er für die Bestimmung des darin enthaltenen Erfahrungsurteils auf den „Einsichtigen"[41] abstellt, gelingt es dann scheinbar ohne Schwierigkeiten, „inadäquate Folgen", „Folgen, die womöglich auf abenteuerlichen Umwegen"[41] eintreten, bereits direkt durch den Handlungsbegriff zu eliminieren. Nimmt man jedoch die Adäquanz in den Handlungsbegriff auf, so bezieht man ein Merkmal mit ein, das eigentlich willkürlich ausgewählt ist und aus dem gesamten normativen Zusammenhang herausgerissen wird. Offen bleibt nämlich weshalb nur die Adäquanz und nicht auch die Sorgfaltspflicht oder die Beherrschbarkeit allgemein zum Handlungsbegriff gehören sollen. Abgesehen davon können mit Hilfe der Adäquanz als Element eines allgemeinen Handlungsbegriffs auch keine Fälle des erlaubten Risikos unmittelbar gelöst werden. Faßt man den Erfolg vorrechtlich als irgendeinen Erfolg, dann fällt jede Handlung unter einen derartigen allgemeinen Handlungsbegriff, da immer irgendwelche adäquate Folgen eintreten, sei es die Verletzung von Rechtsgütern, neutrale oder gar wertvolle Folgen[42]. Es liegt daher nahe, eine Handlung nur dann anzunehmen, wenn ein rechtlich mißbilligter Erfolg adäquat ist. Dadurch wird der Erfolg zwar normativ begrenzt, bleibt aber noch abstrakt in dem Sinne, daß irgendein rechtlich mißbilligter Erfolg genügt. Wann eine so bestimmte Handlung im Einzelfall anzunehmen ist, läßt sich aber immer noch nicht sagen, ohne daß ein bestimmter Erfolg ins Auge gefaßt wird. Geht man daher einen Schritt weiter und faßt den Erfolg als Tötungs- oder Körperverletzungserfolg auf, so werden auch hier aus dem allgemeinen Handlungsbegriff tatbestandsmäßige Handlungen im Bereich des Unrechts[43], die zudem im Einzelfall noch so lange unbestimmt bleiben, als man nicht weiter konkretisiert und auf den genauen Geschehensablauf

---

[40] FS f. *Kohlrausch*, S. 141 (161).

[41] Ebd., S. 141 (160).

[42] *Gimbernat Ordeig*, Adäquanz, S. 118, verwendet als Beispiel den Fall, der durch einen beliebigen anderen ersetzt werden kann, daß A den B zum Essen einlädt und dieser auf dem Heimweg von einem PKW überfahren wird. Ganz sicher ist der Besuch des B oder das Heimwärtsgehen eine adäquate Folge der Einladung und diese so gesehen eine Handlung im Sinne des oben erwähnten Handlungsbegriffs. Nicht adäquat wäre lediglich der Tod des A.

[43] *Gimbernat Ordeig*, Adäquanz, S. 119. — Auf dieses Übergreifen des sozialen Handlungsbegriffs in den Bereich der Rechtswidrigkeit weist auch *Arthur Kaufmann*, FS f. *Mayer*, S. 97, hin.

als Urteilsbasis der Adäquanz abstellt. Dieses Kriterium kann daher nur ein Element der tatbestandlich normierten Handlung sein[44].

Auch Arthur *Kaufmann* behauptet, daß mit Hilfe seines Handlungsbegriffs als praktischen Grenzelements die „abenteuerlichen Kausalverläufe" ausgeschieden werden könnten. Er definiert in seinem „personalen Handlungsbegriff" den sozialen Bezug als vom Willen beherrschbare kausale Folgen[45], wobei als Maßstab im Anschluß an *Maihofer*[46] das „Menschenmögliche" verwendet wird. Während *Maihofer* in seinem Handlungsbegriff Voraussehbarkeit und Beherrschbarkeit als Merkmale aufnimmt[47], soll bei Arthur *Kaufmann* die Vorhersehbarkeit im zweiten Merkmal enthalten sein[48]. Indessen besteht zwischen beiden Auffassungen zu der hier interessierenden Frage dennoch ein erheblicher sachlicher Unterschied. *Kaufmann* bezieht die Beherrschbarkeit auf den gesamten Kausalverlauf[49], während *Maihofer* nur auf die Beherrschbarkeit des Handlungs*geschehens*[50] selbst abstellt und dadurch allein die inneren Steuerungsmängel des Täters erfaßt. Bei Zugrundelegung des Menschenmöglichen als Maßstab ist in vielen Fällen der Fallgruppe 2 für Arthur *Kaufmann* und *Maihofer* die Vorhersehbarkeit und damit eine Handlung sicher zu bejahen, so daß *Maihofer* schon deshalb derartige Fälle nicht mit Hilfe dieses Handlungsbegriffs aus der Strafbarkeit ausscheiden könnte. Wenn Arthur *Kaufmann* es dennoch für seinen Handlungsbegriff behauptet, so muß er unter Beherrschbarkeit mehr verstehen als *Maihofer*. Da die entscheidende Abgrenzung zu anderen Fällen allein in der „abenteuerlichen Kausalität" liegt, kann der Unterschied zu *Maihofers* Auffassung nur darin gefunden werden, daß in diesen Fällen der Fallgruppe 2 das objektive Gewicht der Handlung des Täters im Rahmen des Gesamtgeschehens für eine Zurechnung des Erfolgs nicht ausreicht. Die Auswirkung der Handlung ist im gesamten Kausalgeschehen so gering, daß der Kausalverlauf als nicht steuerbar angesehen wird. Problematisch ist aber, wann ein solcher Fall anzunehmen ist. Wendet man auch hier den für die Beherrschbarkeit allgemein angegebenen Maßstab des Menschenmöglichen an, so ist jede kausale Handlung durch die Möglichkeit, sie zu unterlassen, steuerbar. Eine so objektiv begrenzte Steuerbarkeit läuft letztlich auf die mögliche Kausalität hinaus mit den oben bei der Erörterung des kausalen Handlungsbegriffs aufgezeigten Folgen, denn die willentliche Ingangsetzung

---

[44] So auch im Ergebnis *Jescheck*, FS f. *Eb. Schmidt*, S. 139 (153), für das Merkmal der Adäquanz.
[45] *Arthur Kaufmann*, FS f. *Mayer*, S. 79 (116 f.).
[46] FS f. *Eb. Schmidt*, S. 156 (174 ff.).
[47] Ebd., S. 156 (178 f.).
[48] FS f. *Mayer*, S. 79 (112, Fußn. 120).
[49] Ebd., S. 79 (112).
[50] Hervorhebung von *Maihofer*, FS f. *Eb. Schmidt*, S. 156 (179).

eines Kausalverlaufs ist gerade die Grenze der objektiven menschenmöglichen Steuerbarkeit. Im übrigen läßt sich auch hier das bereits mehrfach erörterte Argument vorbringen, daß der Erfolg, zu dem der beherrschbare Kausalverlauf hinführt, entweder als irgendein Erfolg oder bestimmter gefaßt werden kann. Im erstgenannten Fall läßt sich mit dem allgemeinen Handlungsbegriff kein einziger Fall des erlaubten Risikos direkt lösen, im letztgenannten wird aus dem allgemeinen Handlungsbegriff eine Vielzahl von Begriffen tatbestandlich begrenzter Handlungen.

In letzter Zeit hat wiederum *Kienapfel* die Auffassung vertreten, daß bestimmte Fälle des erlaubten Risikos über den von ihm vorgetragenen sozialen Handlungsbegriff zu lösen seien[51]. Er definiert in der Formulierung im Anschluß an *Jescheck*[52] die Handlung als „willengetragenes sozialerhebliches Verhalten"[51], bezieht jedoch erheblich mehr normative Elemente ein als *Jescheck* und versteht den Handlungsbegriff sogar als „im hohen Maße wertausfüllungsbedürftigen Begriff". Was Handlung sei, müsse durch eine „multiplexe Vorbewertung des Geschehens auf der Ebene der Handlung" bestimmt werden, wobei „Handlungsunwert und Erfolgsunwert, Angriffstendenz und Willensrichtung, Handlungs- und Unterlassungsqualität, Kausalität und Zurechnung, Tatnähe und Tatferne, soziale Sinnhaftigkeit des Verhaltens"[53] zu berücksichtigen seien. Dieser Handlungsbegriff geht hinsichtlich des sozialen Bezugs weit über den von *Engisch* angenommenen hinaus. Ein entscheidender Unterschied zur Handlungslehre *Jeschecks*, soweit sie das positive Tun erfaßt, besteht darin, daß die Lösung der Fälle des erlaubten Risikos (Fallgruppe 2) von ihm gerade nicht im allgemeinen Handlungsbegriff, sondern in der Adäquanz oder Vorhersehbarkeit als Tatbestandsmerkmal gesehen wird[54]. *Jescheck* versteht also den Erfolg im Sinne von irgend-

---

[51] Erlaubtes Risiko, S. 23.

[52] FS f. *Eb. Schmidt*, S. 139 (151).

[53] *Kienapfel*, Erlaubtes Risiko, S. 23.

[54] Die Bedeutung des Handlungsbegriffs von *Jescheck* ist demgegenüber für die Unterlassungsdelikte etwas mißverständlich. Zwar läßt sich die von ihm betonte „Handlungserwartung" (FS f. *Eb. Schmidt*, S. 139 [151]) entweder rechtlich oder vorrechtlich (Lehrbuch, S. 169; vgl. dazu auch *Krauss*, Zurechnung, S. 24; *Boldt*, ZStW 68, 335 [348 ff.]) als abstraktes Strukturmerkmal einordnen, so daß auch hier der Bezug auf irgendeinen Erfolg gewahrt bleibt. Indessen wird bei diesen Delikten eine „allgemeine" oder „generelle Handlungsfähigkeit" (*Jescheck*, Lehrbuch, S. 170) als Voraussetzung des Handlungsbegriffs aufgestellt, wodurch unmittelbar bestimmte Fälle gelöst werden sollen. Im Unterschied zu den geistigen und psychischen Mängeln als Grenze des Handlungsbegriffs stellt sich die „allgemeine Handlungsfähigkeit" als Relation zum konkreten Erfolg dar. Der Vater in Hamburg kann seinen Sohn in Berlin nicht vor dem Ertrinken retten. Dadurch löst sich der allgemeine Handlungsbegriff mindestens insoweit in tatbestandsmäßige Handlungen auf, da die allgemeine Handlungsfähigkeit nur in bezug auf einen bestimmten Erfolg geprüft werden kann. Das läßt sich nur ver-

einem Erfolg und löst deshalb zu Recht die erwähnten Fälle nicht direkt mit Hilfe des Handlungsbegriffs. Würde *Kienapfel* den sozialen Bezug zu irgendeinem Erfolg durch eine Gesamtbewertung als nur strukturellem Merkmal erweitern, so könnte seinem Handlungsbegriff lediglich vorgehalten werden, daß er kein allgemeiner Handlungsbegriff, sondern praktisch einschließlich des Erfolgsunwerts ein allgemeiner Tatbestandsbegriff wäre, der zudem jegliche Abgrenzung zwischen Handlungsbegriff, Rechtswidrigkeit und Schuld vermissen ließe, da der Maßstab zur Abgrenzung der verschiedenen Wertungsstufen fehlen würde. Aber *Kienapfel* will die angeführten Beispiele mit Hilfe seines normativen Handlungsbegriffs direkt lösen. Da der Blitz, der den in den Wald geschickten Knecht tötet, nicht „steuerbar" sei, soll ein „Unglück" und kein „strafrechtlich relevantes Verhalten"[55] vorliegen. Das Kriterium der Steuerbarkeit hatte schon Arthur *Kaufmann* zur Lösung herangezogen. Bestimmte Fälle könnten damit aber nur gelöst werden, wenn man auf die konkrete Situation und das konkrete Rechtsgutsobjekt abstellt. Dann aber löst sich ein allgemeiner Handlungsbegriff in einzelne tatbestandsmäßige Handlungen auf, was bei *Kienapfel* infolge der Einbeziehung so vieler rechtlicher Wertungsfaktoren besonders deutlich wird.

Zudem gerät *Kienapfel* durch diese eigenartige Konstruktion in einen Widerspruch zu seiner weiteren Argumentation. Er lehnt die Lösung von Fällen des erlaubten Risikos als Tatbestandsproblem mit der Begründung ab, daß dadurch der Erfolgsunwert unzulässig unbeachtet bleibe[56]. Die gleiche Problematik müßte sich für ihn aber auch ergeben, wenn er Fälle wie den erwähnten mit Hilfe des Handlungsbegriffs lösen will. Die Problematik des Erfolgsunwerts wird dann wie bei einer von ihm ebenfalls vertretenen Schuldlösung nur dadurch verdeckt, daß er diese Fälle in Verbrechensmerkmalen lösen will, die den Erfolg normalerweise nicht enthalten. Wenn er aber betont, der Handlungsbegriff umfasse auch den Erfolgsunwert[57], so hat er gerade das Problem des verbleibenden Erfolgsunwerts im Handlungsbegriff nicht gelöst, was er so deutlich den Vertretern einer Lösung von Fällen des erlaubten Risikos als Unrechtsproblem vorhält. *Kienapfel* entwickelt keinen allgemeinen Handlungsbegriff, sondern er befaßt sich mit den Tatbeständen[58].

---

meiden, wenn auch die Handlungsfähigkeit lediglich als Strukturmerkmal in den Handlungsbegriff aufgenommen wird.

[55] Erlaubtes Risiko, S. 25.

[56] Erlaubtes Risiko, S. 18.

[57] Ebd., S. 23.

[58] Dies übersieht er, wenn er sich für seine Meinung auf *Welzel* beruft (Erlaubtes Risiko, S. 25, Fußn. 85), der im Zusammenhang mit der sozialen Adäquanz von einem Ausschluß der Körperverletzungshandlung etc. spricht.

Wenn Eb. *Schmidt*[59] die Handlung vorrechtlich an Hand des „sozialen Lebens" bestimmen und auf diese Weise Fälle der Fallgruppen 1 und 2 des erlaubten Risikos lösen will, so ist festzustellen, daß auch dies ohne Berücksichtigung des speziellen Straftatbestands nicht gelingen kann. Irgendeinen sozialen Sinn, irgendeinen sozialen Erfolg hat jedes Verhalten. Geht es indessen um einen besonderen sozialen Sinn, etwa darum, ob eine Handlung Tötungshandlung ist, so wird im Bereich des Tatbestands die tatbestandsmäßige Handlung begrenzt, und die soziale Sinnhaftigkeit ist nichts anderes als eine sehr offene, nicht weiter zu begründende Begrenzung dieser Handlung. Ähnliches hat bereits H. *Mayer*[60] im Kampf gegen das Verursachungsdogma durch ein Anknüpfen an „gewöhnlichen Sprachgebrauch und die Rechtsüberlieferung" versucht. Derartige Überlegungen können aber nur ein genereller Gesichtspunkt zur Bestimmung der Tatbestandshandlung sein, da sich andernfalls der Gesetzgeber jeglichen Versuchs einer rationalen Begründung — etwa mit Hilfe der Interessenabwägung unter dem Gesichtspunkt des Könnens — zugunsten des Sozialüblichen begeben würde, das zudem infolge seiner Unbestimmtheit sehr leicht dazu benutzt werden kann, gerade das, was erlaubt sein soll, nachträglich rein begrifflich zu rechtfertigen. So spricht Eb. *Schmidt* in diesem Zusammenhang häufig vom „Wesen", von der „Natur der Sache", von der „verständigen und richtigen Erfassung"[61]. Derartige Begriffe können aber nicht weiter hinterfragt werden. Mit ihrer Hilfe läßt sich daher auch kaum etwas begründen[62].

Im Ergebnis hat sich also in den Einzeluntersuchungen bestätigt, daß mindestens für die Fälle des erlaubten Risikos den bereits erwähnten

---

Welzel betrachtet keineswegs die Ebene des Handlungsbegriffs als „Domizil der Problematik" der sozialen Adäquanz. Diese ist für ihn die Folie zu den strafrechtlichen Tatbeständen (Strafrecht, S. 57). Ein Handlungsbegriff im Sinne *Kienapfels* ist für *Welzel* konsequenterweise unmöglich. Wenn dieser darauf hinweist, daß die soziale Adäquanz zu sozial adäquaten Körperverletzungshandlungen und nicht zu Körperverletzungen führt, so besagt dies nur, daß die soziale Adäquanz in diesem Zusammenhang als Problem des Handlungsunwerts und nicht des Erfolgsunwerts erörtert wird. Die finale Handlungslehre ist entgegen *Kienapfel* jedenfalls im Hinblick auf die soziale Adäquanz als Tatbestandsmerkmal keine normative Handlungslehre. Entsprechendes gilt für den Gedanken der Tatherrschaft bei *Hirsch*, ZStW 74, 78 (98), auf den *Kienapfel* ebenfalls verweist.

59 FS f. *Engisch*, S. 339 (341).

60 Strafrecht 1936, S. 184; Kurzlehrbuch 1967, S. 67.

61 FS f. *Engisch*, S. 339 (346, 351).

62 So ist es nahezu willkürlich, den „sozialen Sinn" z. B. des Zeugungsakts allein in der Entstehung menschlichen Lebens zu sehen, wie es *Eb. Schmidt* FS f. *Engisch*, S. 339 (346, 351) tut. Ein solcher sozialer Sinn wäre ziemlich begrenzt. Übersehen wird dabei, daß man auch kein soziales Verantwortungsbewußtsein über den sozialen Sinn einer Handlung hinaus verlangen kann.

Autoren[63] insoweit recht zu geben ist, als mit Hilfe allgemeiner Handlungsbegriffe derartige Fälle nicht direkt gelöst werden können.

II. Zwingt die Bejahung eines bestimmten allgemeinen Handlungsbegriffs zu Lösungen in bestimmten Verbrechensmerkmalen oder werden dadurch einzelne Lösungsmöglichkeiten ausgeschlossen?

Rehberg, der wie erwähnt nur die Fälle mit überwiegendem sozialen Nutzen (Fallgruppe 1) behandelt hat, ist davon ausgegangen, das erlaubte Risiko sei ein Problem des Handlungsunwerts, das bei Zugrundelegung der kausalen Handlungslehre nicht in der Rechtswidrigkeit gelöst werden könne, da es für diesen Handlungsbegriff keinen Handlungsunwert gebe. Eine Lösung des Problems in der Schuld scheide infolge der scharfen Trennung zwischen objektiver und subjektiver Tatseite ebenfalls aus, da das erlaubte Risiko überwiegend objektiv bestimmt sei[1]. Diese Auffassung mag zutreffen, wenn die Handlungslehren, die kausale Elemente betonen, mit jener Aufspaltung in objektive und subjektive Tatseite notwendig verbunden wären. Richtig ist, daß die Handlung über den Kausalzusammenhang eine wichtige Bewertung durch den eingetretenen Erfolg erhält. Daß dadurch aber selbständige Bewertungsfaktoren für die Beurteilung der Handlung überhaupt ausgeschlossen sein sollen, ist indessen nicht überzeugend. Trotz gegebener Kausalität kann eine Handlung unter anderen Aspekten als dem des kausal eingetretenen Erfolgs aus dem Tatbestand ausgeklammert werden. Dies wird z. B. mit Hilfe von Wahrscheinlichkeitsurteilen im Rahmen der Adäquanztheorie schon lange getan und hat dazu geführt, daß die von *Welzel* entwickelte personale Unrechtslehre auch von Vertretern anderer Handlungsbegriffe, die überwiegend auf kausalen Erwägungen aufgebaut sind, vertreten werden kann[2] und ganz bzw. teilweise auch vertreten wird[3]. Die Behauptung, der Tatbestand sei nicht der richtige Ort für die Erörterung z. B. der finalen Struktur der Handlung[4], weil die Auswahl von Handlungen deren Struktur voraussetze, enthält die Prämisse, daß jede tatbestandsmäßige Handlung eine finale Struktur hat, was sehr fraglich ist[5]. Aber selbst wenn dies richtig wäre, wird weiterhin die These unterstellt, daß alles, was bei den tatbestandsmäßigen Handlungen „vor die Klammer gezogen" werden kann, auch in den Handlungsbegriff eingeordnet werden muß. Dieser Schluß liegt zwar nahe, ist aber sachlich noch weniger zu begründen

---

[63] Vgl. oben I, Fußn. 6 und 7.
[1] Erlaubtes Risiko, S. 67 f.
[2] *Nowakowski*, JZ 1958, 335 (336); ders., Jur. Bl. 1972, 19 (22).
[3] *Mezger/Blei*, Kurzlehrbuch AT, S. 214 ff.
[4] *Welzel*, Strafrecht, S. 42.
[5] *Jescheck*, FS f. *Eb. Schmidt*, S. 139 (147 ff.).

und daher keinesfalls zwingend, was sich auch bei der Sorgfaltspflicht zeigt, die ebenfalls strukturell im Handlungsbegriff aufgenommen werden könnte. Ob das erlaubte Risiko bei Bejahung eines ganz oder teilweise kausal bestimmten Handlungsbegriffs im Rahmen des Unrechts oder der Schuld gelöst werden kann, ist kein Problem dieses Handlungsbegriffs, sondern der Unrechts- bzw. Schuldlehre.

Auch der Rückschluß von der finalen Handlungslehre auf das personale Unrecht mit der Folge, daß mindestens ein Teil der Fälle des erlaubten Risikos im Rahmen der Rechtswidrigkeit gelöst werden müßte, wird gezogen[6]. Selbst wenn die finale Struktur jeder strafrechtlichen Handlung als sachlogischer Befund[7] zu bejahen wäre, müßte der Vorsatz nur dann ein Unrechtsmerkmal sein, wenn die tatbestandmäßige Handlung zwingend den gesamten Inhalt der vorrechtlichen Handlung enthielte. Wäre der finale Handlungsbegriff allein ontologisch begründet[8], so könnte der Gesetzgeber ihn sicher nicht einfach negieren. Weshalb es aber unmöglich sein soll, Elemente des Handlungsbegriffs teilweise in der Rechtswidrigkeit und teilweise in der Schuld normativ zu konkretisieren, bleibt offen. Die Einheit zwischen Kausalität und Finalität ist nicht in der Weise zwingend, daß grundsätzlich erstere nicht ohne letztere normativ begrenzt werden könnte, solange die Zusammenhänge nicht völlig übersehen werden. Die finale Struktur der Handlung als Teil des Handlungstatbestands im Sinne *Mezgers*[9] muß daher keineswegs total im Verbrechensmerkmal Tatbestand normativ konkretisiert werden[10]. Dies hätte allerdings zur Folge, daß die tatbestandsmäßige Handlung nicht voll Handlung im Sinne des allgemeinen Handlungsbegriffs wäre, der dadurch aber keinesfalls seine strukturelle und systematische Bedeutung für die Straftat verlieren würde. Der Inhalt des Unrechts läßt sich so gesehen nicht aus dem finalen Handlungsbegriff gewinnen[11], da dieser „nicht mehr als die Zusammenfassung der Grundkategorien menschlichen Verhaltens unter einem Oberbegriff“[12] ist[13].

---

6 *Armin Kaufmann*, Unterlassung, S. 16 ff.; *Krauss*, Zurechnung, S. 32; *Maurach*, Strafrecht AT, 1. Aufl., S. 131; *Stratenwerth*, Natur der Sache, S. 13 ff.; *Welzel*, Strafrecht, S. 42.

7 Dagegen zu Recht *Jescheck*, FS f. *Erik Wolf*, S. 472 (479); *Krauss*, Zurechnung, S. 32 ff. (45); LK *(Mezger)*, 8. Aufl., 1. Band, S. 4.

8 a. A. z. B. *Roxin*, ZStW 74, 515 (547 ff.).

9 NJW 1953, 2 (3 ff.), LK, 8. Aufl., 1. Band, S. 8, 320.

10 *Gallas*, ZStW 67, 1 (32); *Krauss*, Zurechnung, S. 34; *Mezger*, NJW 1953, 2 (3 ff.), LK *(Mezger)*, 8. Aufl., 1. Band, S. 8, 320.

11 *Krauss*, Zurechnung, S. 44 ff.

12 *Jescheck*, Lehrbuch, S. 182.

13 So begründet *Welzel* selbst die Stellung des Vorsatzes als Element des Tatbestandes aus verschiedenen Erwägungen und folgert dann daraus den finalen Inhalt des allgemeinen Handlungsbegriffs als Grundlage des Unrechts (Strafrecht, S. 61).

Im folgenden bleibt daher zu prüfen, ob und wie im Rahmen der Rechtswidrigkeit oder der Schuld Lösungsmöglichkeiten gefunden werden können. Wegen der grundsätzlichen dogmatischen Unterschiede sollen die Fahrlässigkeits- und Vorsatztat getrennt untersucht und mit ersterer begonnen werden, da die eigentliche Bedeutung des erlaubten Risikos im Bereich jener Delikte liegt.

2. Abschnitt

Das erlaubte Risiko bei den fahrlässigen Erfolgsdelikten

A. DAS ERLAUBTE RISIKO ALS SCHULDPROBLEM (FALLGRUPPEN 1 UND 2)

I. Das erlaubte Risiko als Problem der Verletzung der generellen Sorgfaltspflicht sowie der generellen Vorhersehbarkeit als Schuldmerkmale

Mezger[1], *v. Hippel*[2], *Frank*[3], um nur einige zu nennen[4], haben bereits früher die Auffassung vertreten, daß die Fälle des erlaubten Risikos im Rahmen der Schuld zu lösen seien. Auch in neuerer Zeit finden sich wieder ausdrückliche Stellungnahmen in dieser Richtung. So ist *Kienapfel*[5] der Ansicht, daß die Problematik vielfach weit in den Schuldbereich hineinrage, und *Roeder*[6] sieht die Lösung des erlaubten Risikos (Fallgruppe 1) ausschließlich in der Schuld. Von den erwähnten Autoren werden stets die als Schuldelemente verstandenen Merkmale der objektiven bzw. generellen Vorhersehbarkeit als die Verbrechensmerkmale angesehen, in deren Bereich eine Lösung jener Fälle möglich ist. Das erlaubte Risiko kann also nur dann ein Schuldproblem sein, wenn auch die generelle Sorgfaltspflichtverletzung und Vorhersehbarkeit Schuldmerkmale sind.

Bei der Prüfung dieser Frage bereitete schon immer vor allem die Vereinbarkeit der Unzurechnungsfähigkeit als Schuldunfähigkeit mit der generellen Sorgfaltspflichtverletzung als Teil der Fahrlässigkeitsschuld Schwierigkeiten. Läßt sich doch in einigen Tatbeständen des StGB nachweisen, daß trotz fehlender Zurechnungsfähigkeit die Verletzung der generellen Sorgfaltspflicht Voraussetzung strafrechtlicher Maßnahmen gegen den Täter ist. So muß für die Verhängung bestimmter Maßregeln der Sicherung und Besserung, etwa gemäß § 42 b StGB oder gemäß einer Erweiterung des § 42 m StGB, die Verletzung der

[1] Lehrbuch, S. 358.
[2] Strafrecht II, S. 361 f.
[3] Kommentar, S. 194 f.
[4] Vgl. z. B. *Hälschner*, S. 317; RGSt 30, 25 (27 f.); 57, 172 (173).
[5] Erlaubtes Risiko, S. 21.
[6] Sozialadäquates Risiko, S. 94.

generellen Sorgfaltspflicht[7] festgestellt sein, obwohl in beiden Fällen die Zurechnungsfähigkeit überhaupt fehlt.

Besonders deutlich wird das Problem auch im Rahmen des § 330 a StGB, dessen Voraussetzungen nur bejaht werden können, wenn bei der im Rausch begangenen fahrlässigen Tat zumindest die generelle Sorgfaltspflicht verletzt worden[8] bzw. ein entsprechendes Gefährlichkeitsurteil[9] gegeben ist, will man den Täter nicht auch dann bestrafen, wenn die im Rausch begangene Handlung für einen Zurechnungsfähigen straflos wäre[10].

Für den psychologischen Schuldbegriff[11] war das Verhältnis zwischen den bei Vorsatz und bewußter Fahrlässigkeit gegebenen psychologischen Erfolgsbeziehungen und der Unzurechnungsfähigkeit nicht zu lösen[12], da Vorsatz und Fahrlässigkeit als die Schuldarten angesehen wurden. Demgegenüber verstanden die Vertreter eines normativen Schuldbegriffs[13] die Schuld zunächst als Werturteil über einen psychischen Sachverhalt, später dann verbessert als fehlerhafte Beschaffenheit des Handlungswillens selbst[14]. Für die so als Vorwerfbarkeit aufzufassende Schuld ergab sich aber ein anders gearteter Widerspruch. Ist Schuld Vorwerfbarkeit, so muß der Täter in der Lage sein, zumindest einen

---

7 *Maurach*, Strafrecht AT, S. 888.

8 Für viele *Jescheck*, Lehrbuch, S. 448; *Welzel*, Strafrecht, S. 475. Dabei ist auf die erforderliche Sorgfalt im nüchternen Zustand abzustellen (*Jescheck*, Lehrbuch, S. 448, Fußn. 5; *Schönke/Schröder*, § 330 a Anm. 19; *Stratenwerth*, Strafrecht AT I, Rdn. 1201; a. A. *Jescheck*, Lehrbuch, 1. Aufl., S. 393, Fußn. 5; *Welzel*, Strafrecht, S. 475.

9 *Cramer*, Vollrauschtatbestand, S. 118 ff.; *Schönke/Schröder*, § 330 a Anmerk. 19.

10 Eine ähnliche Problematik läßt sich in den Fällen der fehlenden Schuldfähigkeit infolge Strafunmündigkeit i. S. des § 1 Abs. 3 JGG (BGHSt 9, 370 [382]; *Dallinger/Lackner*, § 1 Anm. 38; *Grethlein*, § 1 Anm. 3 a; *Jescheck*, Lehrbuch, S. 326; *Potrykus*, § 1 Anm. 7; *Schaffstein*, Jugendstrafrecht, S. 29; *Schmidhäuser*, Lehrbuch, S. 292; vgl. auch § 19 StGB des 2. Gesetzes zu Reform des Strafrechts vom 4. 7. 69, BGBl. I, S. 717 [720]; a. A. *Peters*, ZStW 66, 423 [434]) zeigen. Die Feststellung, daß ein strafunmündiges Kind eine Straftat begangen hat, kann als Voraussetzung für das Einschreiten anderer Behörden, etwa des Vormundschaftsgerichts von Bedeutung sein. Vgl. auch die in Nr. 2 der Richtlinien zum JGG vorgesehene Verfahrensweise, nach der die Schule von der Tat unterrichtet werden kann. Auch dafür ist Voraussetzung, daß abgesehen von der fehlenden Strafmündigkeit (§ 1 Abs. 3 JGG) die anderen Verbrechensmerkmale, so auch die Verletzung einer zumindest generellen Sorgfaltspflicht gegeben sind.

11 *v. Liszt*, Lehrbuch, 8. Aufl., S. 154; *Löffler*, S. 5; *Miricka*, S. 102.

12 *Frank*, Kommentar, S. 130; *Jescheck*, Lehrbuch, S. 276.

13 *Frank*, FS f. die Juristische Fakultät Gießen, S. 519 (521 ff.); *Freudenthal*, Schuld und Vorwurf im geltenden Recht; *Goldschmidt*, FG f. *Frank* I, S. 428 (431 ff.); ders., ÖZ 4, 129 ff.

14 *Engisch*, Vorsatz und Fahrlässigkeit, S. 22; *Goldschmidt*, FG f. *Frank* I, S. 428 (432); vgl. zum Ganzen *Jescheck*, Lehrbuch, S. 159, 314; *Roeder*, Sozialadäquates Risiko, S. 99 ff.

Teil der Wertung des Fahrlässigkeitsurteils nachzuvollziehen[15], was er aber im Zustand der Unzurechnungsfähigkeit gerade nicht tun kann. Dieser Widerspruch betrifft vor allem die Merkmale der generellen Sorgfaltspflichtverletzung bzw. der generellen Vorhersehbarkeit. Während insoweit hinsichtlich des Vorsatzes relativ leicht auf einen wertungsfreien sog. „Vorsatz im natürlichen Sinne"[16] ausgewichen werden konnte, der in der Schuld allerdings dogmatisch kaum sinnvoll einzuordnen war[17], blieb ein entsprechender Weg für die Fahrlässigkeit wegen ihres stärker normativen Charakters verschlossen[18]. Dem Unzurechnungsfähigen kann keine Sorgfaltspflicht als Schuldelement aufgebürdet werden[19]. *Roeder* versucht dennoch, die Fahrlässigkeit in einem komplexen Schuldbegriff[20] rein deskriptiv wertungsfrei als das psychologische Schuldelement neben normativen (generelle Sorgfaltspflicht, §§ 52, 54 StGB) und biologischen Elementen (Unzurechnungsfähigkeit) zu verstehen. Die hier vor allem problematische unbewußte Fahrlässigkeit sei „die Nichtvoraussicht der nach den Umständen und nach dem persönlichen Verhalten des Täters voraussehbare Begehung der Tat"[21]. Zwar ist das erste lediglich negative Merkmal der Nichtvoraussicht ohne Wertung feststellbar, aber der entscheidende Gesichtspunkt der Vorhersehbarkeit enthält deutlich normative Elemente[22], da sie — wie auch nach *Roeder* — mit Hilfe eines „normalen Durchschnittsmenschen"[23] als Vergleichsperson festgestellt werden soll[24]. Zwar besteht die Möglichkeit, daß wenigstens die von der generellen Sorgfaltspflicht und Vorher-

---

15 *Baumann*, S. 360, 362; *Maurach*, Schuld und Verantwortung, S. 32; *Roeder*, Sozialadäquates Risiko, S. 98. *Frank* (Kommentar, S. 139) sieht diese Freiheit in der Fahrlässigkeit mit einbezogen. Vgl. auch *Schröder*, DRiZ 1958, 219 (221).

16 *Frank*, Kommentar, S. 139; *Mezger*, MonKrimPsych 1936, 410; ders., Lehrbuch, S. 248; *Schönke/Schröder*, § 330 a Anm. 17.

17 *Hans-Jürgen Bruns*, JZ 1958, 105, Fußn. 9: „ganz schlechter Notbehelf"; *Maurach*, Schuld und Verantwortung, S. 106 f.: „Monstrum"; ders., Lehrbuch AT, S. 368: „zur Not denkbar"; *Welzel*, ZStW 58, 491 (505).

18 Gelegentlich wird die Figur einer „natürlichen Fahrlässigkeit" vertreten, so von *Gerland*, ZStW 55, 784 (803 f.). Darunter wird meist nur ein hypothetisches Urteil für den Fall der Zurechnungsfähigkeit verstanden, das den aufgezeichneten Widerspruch nur noch deutlicher werden läßt. Ähnlich auch *Lang*, DJ 1937, 1217 (1218). Dagegen z. B. *Maurach*, Strafrecht AT, S. 368.

19 *Klee*, JW 1939, 547 (548); *H. Mayer*, Strafrecht 1936, S. 305; vgl. auch *Schröder*, DRiZ 1958, 219 (221).

20 Sozialadäquates Risiko, S. 98 ff. (103 ff.).

21 *Roeder*, FS f. *Rittler*, S. 211 (224); ders., Sozialadäquates Risiko, S. 103.

22 *Cramer*, Vollrauschtatbestand, S. 126 und Fußn. 106. *Jescheck*, Lehrbuch S. 320, weist darauf hin, daß selbst die individuelle Vorhersehbarkeit nur an Hand des Maßstabs einer Vergleichsperson bestimmt werden kann.

23 *Roeder*, FS f. *Rittler*, S. 211 (229).

24 Neuerdings bejaht *Jakobs*, S. 41, eine vorrechtliche Fahrlässigkeit, die als Vermeidbarkeit aufgefaßt werden soll, d. h. also das dem konkreten Täter mit dem Motiv zur Erfolgsvermeidung Steuerbare (S. 83). Aber in der zur Bestimmung dieser Fahrlässigkeit erforderlichen Unterstellung des Ver-

sehbarkeit abgetrennte individuelle Vorhersehbarkeit mit der darin ebenfalls enthaltenen Wertung[25] vom Täter wie auch die normativ bestimmte Grenze der Unzurechnungsfähigkeit[26] nicht nachvollzogen werden muß, aber dann läßt sich kaum mehr von der Vorhersehbarkeit als *der* Fahrlässigkeit sprechen, wie *Roeder* es tut. Die als „obligatorischer Schuldausschließungsgrund"[27] lediglich negativ formulierte Verletzung der generellen Sorgfaltspflicht steht entweder völlig zusammenhangslos als selbständiges Verbrechensmerkmal daneben[28] — von Komplexität in der Schuld kann keine Rede mehr sein — oder man beachtet, daß die Bildung von Ausnahmen materiell auch stets eine Wesensänderung des verbleibenden Teils zur Folge hat. Dann besteht infolge dieser Komplexität aber wieder jener Widerspruch zwischen der vom Täter verlangten Wertung und dem Nichtwertenkönnen in der Schuld, den *Roeder* gerade lösen wollte, aber allein durch eine negative Formulierung nicht lösen kann. Der Fehler seiner Schuldkonstruktion liegt darin, daß unter dem Deckmantel der behaupteten Komplexität des Schuldbegriffs das Verhältnis der einzelnen angenommenen normativen, psychologischen und biologischen Schuldmerkmale unerörtert und unklar bleibt[29], worauf es aber gerade bei der hier interessierenden Frage ankommt.

Auch *Schröder*[30] geht daher folgerichtig davon aus, daß es sich zumindest bei der Prüfung der Sorgfaltspflichtverletzung bei einer im Rausch begangenen Tat nicht um die Feststellung eines Schuldmerkmals handeln könne, sondern lediglich um ein Gefährlichkeitsurteil, das gerade von der Person des Täters in einem entscheidenden Punkt, dem der Zurechnungsfähigkeit, absehe[31]. Dann stellt sich aber sofort die Frage, weshalb die einem solchen Gefährlichkeitsurteil so „ähnliche"[30]

---

meidemotivs und in dem darin notwendig enthaltenen Abstellen auf eine Vergleichsperson die für das Recht nur durch rechtliche Wertung bestimmt werden kann, zeigen sich sofort wieder die normativen Grenzen der Fahrlässigkeit.

[25] *Jescheck*, Lehrbuch, S. 320, 449.

[26] *Jescheck*, Lehrbuch, S. 320.

[27] *Roeder*, Sozialadäquates Risiko, S. 94.

[28] Deshalb hat *Maurach*, Strafrecht AT, S. 377, wohl auch das noch zu erörternde besondere Verbrechensmerkmal der Tatverantwortung entwickelt.

[29] *Welzel*, Um die finale Handlungslehre, S. 22 f., hat bereits hervorgehoben, daß es geheimnisvoll sei, wie aus Elementen, die allein nicht Schuld sein sollen, plötzlich bei deren Zusammentreffen das Ergebnis „Schuld" zustandekomme. Der komplexe Schuldbegriff ist nur ein Etikett, ein Sammelbegriff, der allein negativ bestimmbar ist. Schuld fehlt, wenn ein Schuldmerkmal fehlt. Das Verhältnis der einzelnen Merkmale zueinander bleibt offen.

[30] *Schönke/Schröder*, § 330 a Anm. 19; DRiZ 1958, 219 (220 ff.).

[31] Wenn *Cramer*, Vollrauschtatbestand, S. 126, das Fahrlässigkeitsurteil bei der Rauschtat bestreitet und statt dessen darauf abstellt, ob „die ohne natürlichen Vorsatz verwirklichte Rauschtat der Gefährlichkeit seines (des

generelle Sorgfaltspflicht nur hier und nicht auch in allen übrigen Fällen mindestens soweit dieses Gefährlichkeitsurteil reicht, außerhalb der Schuld eingeordnet werden sollte[32].

Darüber hinaus kann die Verletzung genereller Sorgfaltspflichten auch deshalb nicht als Schuldmerkmal angesehen werden, weil diese einen generellen Aspekt haben, der über den Täter selbst und dessen Schuld hinaus Bedeutung auch für andere hat. Jeder muß sich z. B. im Straßenverkehr darauf verlassen können, daß die übrigen Verkehrsteilnehmer, vor allem die motorisierten, gewissen durchschnittlichen Anforderungen genügen und bestimmte Regeln generell beachten[33], woraus von der Rechtsprechung der Vertrauensgrundsatz entwickelt worden ist[34], der dogmatisch zur Begrenzung der Sorgfaltspflicht Dritter führt. Wäre die Sorgfaltspflichtverletzung insgesamt ein Schuldmerkmal, so würde die Schuld mit Wertungen belastet, die insbesondere weit über den Inhalt des normativen Schuldbegriffs hinausgehen. Als allein auf die Person des Täters bezogene Wertung würde die Schuld in die normative Verflechtung der gesamten Rechtsordnung hineingezogen, indem sie gleichzeitig die Schuld anderer bestimmt und über den Gedanken des Vertrauensschutzes für Dritte selbst dann eine Rolle spielt, wenn deren strafrechtliche Haftung nicht in Rede steht. Die Einhaltung

---

Täters) Rauschs entspricht", so ist damit nichts anderes gesagt, als daß ein in jeder Sorgfaltspflichtverletzung enthaltenes Gefährlichkeitsurteil zu fällen ist und diese Gefährlichkeit auf dem Rausch beruhen muß. Es ist also lediglich eine andere Begrenzung der Sorgfaltspflicht entsprechend dem besonderen Tatbestand.

[32] Das gleiche läßt sich auch an den Fällen des § 42 b StGB oder § 42 m StGB oder bei fehlender Strafmündigkeit aufzeigen. Auch dort geht es stets um ein Gefährlichkeitsurteil. Ergänzt und bestätigt wird dieses Ergebnis weiterhin durch die Tatbestände der sachlichen Begünstigung und der Sachhehlerei. In beiden Fällen genügt eine fahrlässige Tat als Vortat, wenn sie als solche überhaupt strafbar ist (*Schönke/Schröder*, § 257, Anm. 10 ff. [14], § 259, Anm. 12; BGHSt 4, 76). Vorausgesetzt wird jedoch auch dort die Verletzung einer Sorgfaltspflicht, wenn der Vortäter unzurechnungsfähig oder strafunmündig ist (Ein Kind kann Vortäter sein. Vgl. z. B. *Schönke/Schröder*, ebd.; BGHSt 1, 47 [49]). *Maurach*, Strafrecht AT, S. 382 f., sieht in diesen Fällen Beispiele für die von ihm entwickelte Lehre von der Tatverantwortung.

[33] Auch der Hehler kann die Schuld des Vortäters, soweit subjektive Mängel vorliegen, kaum erkennen, so daß es auch aus diesem Grunde sinnvoll ist, seine Strafbarkeit nicht von der Voraussetzung der Schuldfähigkeit des Vortäters abhängig zu machen, sondern bei fahrlässigen Vortaten allein auf die Verletzung bestimmter Sorgfaltspflichten abzustellen.

[34] Vgl. *Jagusch*, § 1 StVO, Anm. 5 sowie die dort angegebenen Rechtsprechungszitate; *Maurach*, Strafrecht AT, S. 562 ff.; *Mühlhaus*, Fahrlässigkeit, S. 29 ff.; ders., Straßenverkehrsordnung, § 1, Anm. 4 b; *Schönke/Schröder*, § 59, Anm. 197 ff. — Entgegen *Jagusch* ist der Vertrauensgrundsatz kein „Anhalt für Vorhersehbarkeit", sondern innerhalb der Vorhersehbarkeit eine Begrenzung der generellen Sorgfaltspflicht (vgl. *Jescheck*, Lehrbuch, S. 439; *Welzel*, Strafrecht, S. 132 f.).

gewisser abstrakter Sorgfaltsregeln ist eine Erweiterung oder Aufrechterhaltung der Handlungsfreiheit aller[35].

Der Widerspruch zwischen Sorgfaltspflichtverletzung und Schuldunfähigkeit gilt aber nur solange, als die weitgehend selbständige Bestimmung der Sorgfaltspflicht entscheidendes schuldbegründendes Merkmal ist. Daher führt die Verknüpfung der Sorgfaltspflicht mit der gesamten Rechtsordnung dazu, daß nur ein generell bestimmtes Maß an Sorgfalt nicht in die Schuld gehört. Die eigene Sorgfaltspflicht ist nur ohne Rücksicht auf die individuellen Mängel bei einem Dritten bestimmbar. Die seit langem bekannte Unterscheidung[36] zwischen objektiver oder besser genereller Sorgfaltspflicht und subjektiver bzw. individueller Sorgfaltspflicht bildet so die wenn auch im einzelnen schwierig zu bestimmende Grenze für die Einordnung der Sorgfaltspflicht in die Schuld. Lediglich die generelle Sorgfaltspflicht kann nach dem oben angeführten nicht Schuldmerkmal sein[37]. Auch der aufgezeigte Widerspruch zwischen Sorgfaltspflicht und Schuldunfähigkeit muß, wie bereits oben dargelegt[38], nicht für die individuelle Sorgfaltspflicht gelten. Für dieses Ergebnis spricht auch, daß viele Autoren, die an sich noch der erwähnten Schuldlösung folgen, besondere Rechtfertigungsgründe wie verkehrsrichtiges Verhalten etc. entwickeln[39], um der Erkenntnis gerecht zu werden, daß die generelle Sorgfaltspflicht eben über die Schuld hinaus Bedeutung hat.

---

35 Dem entspricht es auch, wenn der Gesetzgeber abstrakte Gefährdungsdelikte aufstellt, bei denen insoweit für eine Prüfung der gesamten Sorgfaltspflichtverletzung in der Schuld ebenfalls kein Raum ist. — Dieser notwendig generelle Maßstab hat auch erhebliche Bedeutung für diejenigen, die in ihrem Leistungsvermögen hinter den allgemeinen Anforderungen zurückbleiben. Ein Blinder, der bei roter Ampel die Straße überquert, verletzt die generelle Sorgfaltspflicht, aber nicht die individuelle. Dennoch ist er nicht von der Rechtsordnung freigestellt, vielmehr sind hinter einer „primären" generellen Sorgfaltspflicht weitere generelle Sorgfaltspflichten gewissermaßen gestaffelt. So sind Blinde etwa verpflichtet, sich einer Hilfsperson beim Überqueren der Straße zu bedienen. Sie dürfen sich z. B. nicht damit begnügen, einen weißen Stock vor sich hin zu halten. Diese generellen „Reservepflichten" bestimmen sich hinsichtlich der erforderlichen Wirksamkeit aber ebenfalls nach der primären generellen Sorgfaltspflicht. Entsprechendes gilt für diejenigen, die zunächst sowohl die generelle als auch die individuelle Sorgfaltspflicht bereits verletzt haben. Auch sie treffen „Reservepflichten", deren Wirksamkeit sich an der ersten Pflicht ausrichtet. Fährt jemand bei Rot über die Kreuzung, so muß er einen dadurch drohenden Unfall nach Möglichkeit durch Ausweichen etc. vermeiden. Hierher gehören auch die „sekundären Sorgfaltspflichten" (*Stratenwerth*, FS f. *Eb. Schmidt*, S. 383 [392]), wenn das Vertrauen in ein Verhalten Dritter erschüttert ist.

36 So schon *v. Hippel*, VDA III, S. 568.

37 So im Ergebnis *Hirsch*, ZStW 74, 78 (95); *Jescheck*, Lehrbuch, S. 435 ff.; *Mezger/Blei*, Kurzlehrbuch AT, S. 218 ff.; *Niese*, JZ 1956, 457 (460); *Welzel*, Strafrecht, S. 131 ff.

38 Vgl. oben S. 80 f.

39 Vgl. z. B. *Schönke/Schröder*, § 59, Anm. 165.

Ähnlich der Sorgfaltspflicht wurde auch die Vorhersehbarkeit insgesamt als Schuldmerkmal verstanden[40]. Den sich hier ergebenden Schwierigkeiten, wie das Ausscheiden der Fälle größter Unwahrscheinlichkeit erst in der Schuld, wurde entsprechend der Bildung besonderer Rechtfertigungsgründe bei der Sorgfaltspflicht von diesen Autoren meist mit der Entwicklung besonderer Kausallehren wie z. B. der Adäquanztheorie begegnet. So wurde dieses Schuldmerkmal ohne größere Komplikationen beibehalten und war auch nicht der eigentliche Anstoß zur Aufspaltung beider Schuldmerkmale. Die Fälle der Einhaltung der gebotenen Sorgfalt zwangen viel stärker dazu, die generelle Sorgfaltspflicht aus der Schuld auszuklammern. Damit kann aber auch die Vorhersehbarkeit nicht insgesamt Schuldmerkmal sein, wenn man nicht die Zusammenhänge zwischen beiden Merkmalen zerreißen will. Sorgfaltspflicht und Vorhersehbarkeit sind im gleichen Zeitpunkt zu prüfen[41] und letztere steckt den Rahmen ab, innerhalb dessen es noch auf die Verletzung einer Sorgfaltspflicht ankommt[42]. Für die Vorhersehbarkeit gilt daher das, was bereits zur Sorgfaltspflicht gesagt wurde.

II. Die Verletzung der generellen Sorgfaltspflicht als Merkmal der Tatverantwortung

Ist die Verletzung der generellen Sorgfaltspflicht kein Schuldelement, so bietet sich für ihre Einordnung im Verbrechenssystem gedanklich auch die Möglichkeit an, ein neues zusätzliches Verbrechensmerkmal zu entwickeln. So hat *Maurach*[1] zwischen Rechtswidrigkeit und Schuld das Merkmal der Tatverantwortung eingeordnet, das im wesentlichen aus der Verletzung der generellen Sorgfaltspflicht und einigen (nach h. M.) Schuldausschließungsgründen, wie §§ 52, 53 Abs. 3, 54 StGB bestehen soll. Auch *Rehberg*[2] löst die Fälle des erlaubten Risikos (Fallgruppe 1) im Rahmen der Tatverantwortung. Mit ihrer Hilfe sollen insbesondere die oben[3] geschilderten Schwierigkeiten hinsichtlich der Voraussetzungen der §§ 42 b, 257, 259 StGB gelöst werden können.

In bestimmten Fällen kann indessen selbst bei fehlender Tatverantwortung eine Maßregel gemäß § 42 b StGB verhängt werden, worauf

---

40 *v. Liszt/Schmidt*, S. 273 ff.; zur Rechtsprechung des RG: *v. Hippel*, VDA III, S. 572 ff.; vgl. auch *Binding*, Normen IV, S. 432 f., Fußn. 1; sowie auch *Schönke/Schröder*, § 59, Anm. 184.

41 *Schönke/Schröder*, § 59, Anm. 181; RGSt 67, 12 (19).

42 *Welzel*, Strafrecht, S. 132. Für die Adäquanztheorie vgl. z. B. *Baumann*, S. 216; *Maurach*, Strafrecht AT, S. 205 f.; *Rudolphi*, JuS 1969, 549 (552); zum Zivilrecht vgl. z. B. W. *Lorenz*, JZ 1964, 179 (180).

1 Strafrecht AT, S. 377.

2 Erlaubtes Risiko, S. 185.

3 Vgl. I.

Jescheck zu Recht hinweist. Trotz Notwehrüberschreitung (§ 53 Abs. 3 StGB) kann z. B. eine Einweisung nach § 42 b StGB in Frage kommen, wenn die Überschreitung gerade auf der Unzurechnungsfähigkeit des Täters beruht[4].

Die Tatverantwortung ist daher nicht einmal tauglich, als generelle Voraussetzung einer Maßnahme gemäß § 42 b StGB zu dienen. Die Maßregeln der Sicherung und Besserung setzen das Vorliegen jeweils unterschiedlicher Verbrechensmerkmale, je nach Art der Maßregel, voraus. Im Ergebnis ist dann sehr fraglich, ob die verbleibenden Fälle, ihre Lösung mit Hilfe der Tatverantwortung unterstellt, es rechtfertigen, ein solches besonderes Verbrechensmerkmal anzuerkennen. Im übrigen würde die Notwendigkeit dazu weitgehend entfallen, wenn die Verletzung der generellen Sorgfaltspflicht ein Unrechtsmerkmal ist.

III. Die Notwehrvorschrift als Argument für eine Lösung des erlaubten Risikos im Rahmen der Schuld bzw. der Tatverantwortung

Ein häufig vorgetragener Gesichtspunkt für eine Lösung der Fälle des erlaubten Risikos (Fallgruppe 1) im Rahmen der Schuld bzw. der Tatverantwortung, auf den bisher noch nicht eingegangen wurde, wird aus § 53 StGB hergeleitet[1]. Soll die soziale Adäquanz bzw. die Einhaltung der generellen Sorgfalt oder des erlaubten Risikos nicht Grenze der Schuld, sondern der Rechtswidrigkeit sein, so führe dies zwangsläufig zu dem als unbillig angesehenen Ergebnis, daß gegenüber einem Handeln im erlaubten Risiko die Notwehr abgeschnitten werde, da ein rechtswidriger Angriff verneint werden müßte.

Diese Folgerung setzt zunächst voraus, daß die „Rechtswidrigkeit" des Angriffs in § 53 StGB inhaltlich mit dem Verbrechensmerkmal Rechtswidrigkeit ganz übereinstimmen müßte, was von einem Teil der Lehre zu Recht bestritten wird[2]. So läßt z. B. *Jescheck*[3] trotz Bejahung einer auch personalen Unrechtslehre für § 53 StGB stets das Vorliegen des Erfolgsunrechts genügen. Einerseits erscheint aber fraglich, ob die durch diese Lösung gewonnenen Ergebnisse in allen Fällen richtig sind. Zu denken ist etwa an das von *Welzel*[4] in diesem Zusammenhang er-

---

[4] Lehrbuch, S. 322 f. Vgl. dort auch weitere Argumente gegen die Tatverantwortung als allgemeines Verbrechensmerkmal.

[1] *Maurach*, Strafrecht AT, S. 549 ff.; *Rehberg*, S. 157; *Roeder*, Sozialadäquates Risiko, S. 77, 85; *Wimmer*, ZStW 75, 420 (430, 440).

[2] LK *(Baldus)*, § 53, Anm. 7 f.; *Frank*, Kommentar, S. 161; *Jakobs*, S. 16 f.; *Mezger/Blei*, Kurzlehrbuch AT, S. 216; *Schönke/Schröder*, § 53, Anm. 10.

[3] *Jescheck*, Lehrbuch, S. 254; auch *Baumann*, S. 259, 289.

[4] *Welzel*, Strafrecht, S. 85 f.

wähnte Beispiel zu § 113 StGB[5], und *Jescheck* räumt auch generell ein, daß „unangemessene Ergebnisse“ durch die Einschränkung der Erforderlichkeit und das Mißbrauchsverbot zu korrigieren seien. Andererseits bestehen grundsätzliche Bedenken gegen eine völlig unterschiedliche Bestimmung des strukturellen Inhalts beider Rechtswidrigkeitsbegriffe. Ist der individual- und sozialrechtlich zu interpretierende Satz, daß das Recht dem Unrecht nicht zu weichen braucht, Grundlage der Notwehrregelung[6], so kann das Merkmal „rechtswidrig“ nicht nur aus dem individualrechtlichen Gedanken der Selbstbehauptung gegenüber jeder Gewalt, sondern muß auch aus dem sozialrechtlichen Gedanken der Verteidigung der Rechtsordnung hergeleitet werden. Dann beruhen aber beide Begriffe der Rechtswidrigkeit im Kern teilweise auf derselben Erwägung und ein struktureller Unterschied dergestalt, daß in § 53 StGB stets nur der drohende Erfolg, sonst aber auch der Handlungsunwert entscheidend ist, müßte besonders begründet werden[7]. Die Frage nach dem Inhalt des Begriffs „rechtswidrig“ in § 53 StGB hängt also, vorbehaltlich sonstiger sich aus § 53 StGB ergebender Gesichtspunkte, auch von dem unten[8] zu erörternden Problem des Inhalts der Rechtswidrigkeit als allgemeinem Verbrechensmerkmal ab[9].

Darüber hinaus ist zweifelhaft, ob die Notwehr in Fällen des erlaubten Risikos überhaupt eine angemessene Lösung sein kann, ob — für das sozialadäquate Risiko — „die Einräumung des Notwehrrechts gegenüber sozialadäquatem Verhalten notwendig und sachgerecht ist“[10]. Während einerseits behauptet wird, daß die bejahende Beantwortung dieser Frage „auf der Hand liege“[11], läßt sich andererseits ein gewisses Unbehagen über das Ergebnis in den hierzu gebildeten Fällen nicht

---

[5] So gesehen wird die Interpretation des Merkmals „rechtswidrig“ in § 53 StGB eher zu einem Argument für eine personale Unrechtslehre, wie auch der „Angriff“ rein sprachlich eine personale Färbung hat, die in der üblichen Definition als Gefahrzustand (*Jescheck*, Lehrbuch, S. 252; *Schmidhäuser*, Lehrbuch, S. 269; *Welzel*, Strafrecht, S. 84) nicht zum Ausdruck kommt.

[6] *Jescheck*, Lehrbuch, S. 250 f.

[7] Daß ein untauglicher Versuch kein rechtswidriger Angriff ist (so *Schönke/Schröder*, § 53, Anm. 10, als Beispiel für die reine Erfolgsbeziehung des rechtswidrigen Angriffs), läßt sich auch bei Anerkennung des Handlungs- und Erfolgsunwerts als Unrechtselemente begründen, indem das Vorliegen beider verlangt wird. — Keinen Unterschied zwischen beiden Rechtswidrigkeitsbegriffen machen auch *Baumann*, S. 288, *M. E. Mayer*, S. 278, und *Wimmer*, ZStW 75, 420 (436 f., 440 f.). — Zum gleichen Ergebnis kommt auch *Binavince*, S. 111 ff.

[8] Vgl. unten B II 4.

[9] Vgl. auch den Lösungsvorschlag von *Wimmer*, ZStW 75, 420 (438 ff.), der wegen des Widerspruchs zwischen Handlungs- und Erfolgsbewertung die Tat als „rechtsambivalent“ bezeichnet und so die Kategorien rechtswidrig-rechtmäßig um eine weitere bereichern will.

[10] *Zipf*, ZStW 82, 633 (641); auch *Binavince*, S. 116 ff.; *Welzel*, Fahrlässigkeit, S. 28.

[11] *Roeder*, Sozialadäquates Risiko, S. 77 f.

verbergen. Soll ein Passant im Fall der Entscheidung des BGH in Zivilsachen[12] den sorgfaltsgemäß handelnden Straßenbahnschaffner oder -fahrer unter dem Gesichtspunkt der Nothilfe sogar töten dürfen, um die Verletzung des verbotswidrig noch aufspringenden Fahrgasts zu verhindern? Geht es indessen nur darum, dem Straßenbahnfahrer aus demselben Grund z. B. die Kurbel aus der Hand zu nehmen, um sie auf Halt zu stellen, so fällt die Entscheidung zugunsten der Rechtmäßigkeit dieses Verhaltens erheblich leichter. Dabei wird deutlich, daß nicht die Notwehr, für die es auf eine wertmäßige Abwägung der geschützten Interessen im Einzelfall nur ausnahmsweise ankommt[13], sondern wenn überhaupt ein in erster Linie auf Interessenabwägung beruhender Rechtfertigungsgrund in Frage kommen kann, nämlich der rechtfertigende Notstand[14]. Dieser Ausschluß der Notwehr kann aber nicht allein mit dem Gerechtigkeitsempfinden begründet werden. Dogmatisch muß auch hierfür zunächst nachgewiesen werden, daß der Handlungsunwert als Rechtswidrigkeitselement anzuerkennen ist und daß selbst dann in den Fällen des erlaubten Risikos der eingetretene Erfolg allein zur Begründung der Rechtswidrigkeit nicht ausreicht.

Der Inhalt des Merkmals „rechtswidrig“ in § 53 StGB hängt also von der Unrechtslehre ab, so daß daraus kein selbständiges Argument für eine Lösung der Fälle des erlaubten Risikos in der Schuld und damit gegen eine solche in der Rechtswidrigkeit hergeleitet werden kann, selbst wenn insoweit überhaupt die Notwehr als Lösung in Frage käme.

B. DAS ERLAUBTE RISIKO ALS UNRECHTSPROBLEM

I. Die materiellen Gründe für eine Lösung des erlaubten Risikos im Unrecht

Unabhängig von den vorangehenden Überlegungen zur Stellung der generellen Sorgfaltspflicht müssen materielle Gründe vorhanden sein, die in dem langen Streit zwischen Schuld- und Rechtswidrigkeitslösung besonders der klassischen Fälle des erlaubten Risikos für die letztere sprechen. Dies zeigt sich deutlich bei denjenigen Autoren, die lange vor einer allgemeinen Einordnung der Verletzung einer Sorgfaltspflicht als Unrechtselement das erlaubte Risiko (Fallgruppe 1) als Rechtfertigungs-

---

[12] BGHZ 24, 21.

[13] Vgl. für viele *Jescheck*, Lehrbuch, S. 258; *Maurach*, Strafrecht AT, S. 316; *Welzel*, Strafrecht, S. 86 f.

[14] *Binavince*, S. 117 f.; *Zipf*, ZStW 82, 633 (641 ff.); ebenso der Hinweis bei *Welzel*, Strafrecht, S. 135.

grund[1] bzw. Rechtswidrigkeitsproblem[2] angesehen haben. Nur so konnten auch *Engisch*[3] u. a. gerade im Hinblick auf die Lösung des erlaubten Risikos die Unrechtsqualität der Sorgfaltspflichtverletzung begründen. Bereits *Binding*[4] hatte deutlich gemacht, daß er „eine große Gefahr" darin sehe, Verletzungen bei Eingehung eines proportionalen Risikos als fahrlässige Verbrechen(!) anzusehen. Ein Bedenken, das in der Folgezeit unter den verschiedensten Gesichtspunkten immer wieder betont wurde. *Exner*[5] und ihm folgend *Engisch*[6] hoben die staatliche Gestattung hervor, und der BGH[7] führte aus, daß es nicht angehe, ein Verhalten, das der Verkehrsordnung entspreche, mit dem negativen Werturteil der Rechtswidrigkeit zu versehen[8].

Für die Sicht des erlaubten Risikos als Unrechtsproblem, vor allem im Hinblick auf die Fallgruppen 1 und 2, spricht zunächst die Erkenntnis, daß menschliches Handeln ohne Gefahr im weitesten Sinne nicht möglich ist[9]. Diese ist begrifflich ein Wahrscheinlichkeitsurteil über einen Kausalverlauf, so daß jede Handlung, da sie stets Kausalverläufe auslöst, im weitesten Sinne gefährlich ist und zu Gefahren, zu mehr oder weniger wahrscheinlichen Verletzungen führt. Die darin sichtbar werdende menschliche Begrenztheit, die Unmöglichkeit, zu handeln und dabei alle Gefahren zu vermeiden, muß im Strafrecht konsequent nicht nur zu einer Begrenzung der geschützten Interessen, sondern auch zu einer Einschränkung der Strafbarkeit gefährlicher Handlungen und der in bezug auf die Rechtsgutsobjekte ausgelösten oder auslösenden mißbilligten Gefahren und Erfolge führen. Mit Recht hat daher *Welzel* betont, daß es Rechtsgüter nur gebe, „wenn und soweit sie in ‚Funktion' sind, d. h. soweit sie im sozialen Leben wirkend und Wirkung empfan-

---

1 *Binding*, Normen IV, S. 432, Fußn. 1; *Graf zu Dohna*, ZStW 32, 323 (327, Fußn. 10).

2 *M. L. Müller*, S. 41, Fußn. 1.

3 Vorsatz und Fahrlässigkeit, S. 286, 334.

4 Normen IV, S. 433, Fußn. 1.

5 Fahrlässigkeit, S. 194.

6 Vorsatz und Fahrlässigkeit, S. 286; ähnlich auch *Graf zu Dohna*, ZStW 32, 323 (327, Fußn. 10).

7 BGHZ 24, 21 (26); *Schönke/Schröder*, § 59, Anm. 165.

8 Entgegen *Kienapfel*, Erlaubtes Risiko, S. 20 (vgl. andererseits Fußn. 64) dient die Unterscheidung zwischen Rechtswidrigkeit und Schuld nicht überwiegend darstellungstechnischen Zwecken. Beides sind materielle Grundbestandteile des Verbrechensbegriffs (*Jescheck*, Lehrbuch, S. 151 f.; *Mezger/Blei* Kurzlehrbuch AT, S. 50 f.; *Welzel*, Strafrecht, S. 48). Je mehr diese Merkmale nach formalen Kriterien abgegrenzt werden, um so mehr wird die Strafrechtswissenschaft ihres materiellen Inhalts entleert und der formalen Logik angenähert. Daneben wird den Begriffen Rechtswidrigkeit und Schuld die Überzeugungskraft für die Rechtsunterworfenen genommen.

9 So schon *Stübel*, Neues Archiv des Criminalrechts, Bd. 8, S. 236 ff. (237 bis 242); auch *Hirsch*, ZStW 74, 78 (96); *Münzberg*, S. 276; *Welzel*, ZStW 58, 491 (558); *Wimmer*, ZStW 75, 420 (436).

gend darinstehen"[10]. Der Mensch wäre sonst zur absoluten Untätigkeit verurteilt[11].

Für die Behandlung der Fallgruppe 1 als Unrechtsproblem kommt als weitere Überlegung hinzu, daß gerade bestimmte für die Gemeinschaft oder für einzelne — auch für den Täter selbst — wichtige Ziele ohne die Vornahme gefährlicher Handlungen nicht erreicht werden können. So sind viele notwendige Rohstoffe wie z. B. Kohle oder Erze bisher ohne ein erhöhtes Risiko für Leib und Leben der dabei Beschäftigten nicht zu gewinnen. Ebenso ist die Rettung eines geschützten Interesses des einzelnen — etwa durch eine ärztliche Operation — meist nur gleichzeitig durch das Eingehen eines anderen Risikos möglich. Wenn derartige Handlungen vorgenommen werden, so sind sie gerade sozial wertvoll[12]. Wollte man in diesen Fällen zwar die Schuld verneinen, aber die Rechtswidrigkeit bejahen, so läge darin infolge des materiellen Unterschieds zwischen beiden Verbrechensmerkmalen eine gewisse Mißachtung und dadurch auch Erschwerung dieser Tätigkeiten[13].

In einigen Ländern kommunistischer Gesellschaftsordnung ist in neuerer Zeit — wie bereits erwähnt — bei der Erörterung der gestatteten aber gefährlichen Handlungen im Bereich von Wirtschaft und Forschung unter den Stichworten „Produktionsrisiko" und „Neuererrisiko" ein Recht auf Schöpfertum[14] oder auf erlaubtes Risiko[15] behauptet worden, das sich aus dem marxistischen Menschenbild ergebe und gebiete, bestimmte mit Gefahr verbundene Handlungen als nicht kriminell aus dem Strafrecht auszuklammern. Derartige Handlungen entsprächen z. B. den „sittlichen und ethischen Anschauungen des Sowjetmenschen"[16]. Diese Anerkennung eines Rechts „auf schöpferische Kühnheit"[17] erweckt den Eindruck, als ob es sich um einen besonderen individuellen Wert handelt, der für den Täter selbst gerade im Vollzug einer solchen gefährlichen Handlung liegt.

Die Handlungsfreiheit ist bereits ohne Rücksicht auf die mit dieser Handlung verfolgten Ziele sicher ein Wert, der bei der Entscheidung

---

10 ZStW 58, 491 (515).

11 *Hälschner*, S. 317; *Welzel*, Strafrecht, S. 134 f. Dieser Gedanke liegt letztlich auch den bereits erwähnten juristischen Kausalitätstheorien etwa bei *v. Bar*, Causalzusammenhang, S. 13; Gesetz und Schuld II, S. 198, und *v. Kries*, Vierteljahresschrift für wiss. Philosophie 12, S. 222 (240), zugrunde.

12 *Graf zu Dohna*, ZStW 32, 323 (327, Fußn. 10); *Jescheck*, Lehrbuch, S. 299 f.

13 *Welzel*, ZStW 58, 491 (515 ff.).

14 *Grinberg*, Produktionsrisiko, S. 34; *Seidel*, Risiko, S. 11 f.; vgl. auch ders., Arbeit und Arbeitsrecht 1970, 375 (378).

15 *Grinberg*, Produktionsrisiko, S. 37.

16 Ebd., S. 17 ff., 27.

17 Ebd., S. 37.

der Fälle des erlaubten Risikos zu berücksichtigen ist. *Torp*[18] hat schon 1903 betont, daß die Handlungsfreiheit in eine entsprechende Abwägung mit einbezogen werden müsse und ähnliche Erwägungen lassen sich bei M. L. *Müller*[19] nachweisen. Die Handlungsfreiheit läßt sich auch unabhängig vom angestrebten Ziel weiter differenzieren und bewerten. Es ist jedoch in mehrfacher Hinsicht fragwürdig, gerade in diesem Zusammenhang ein „schöpferisches Handeln" als besonders wertvolle Nutzung der Handlungsfreiheit hervorzuheben. Zunächst ist das Eingehen eines Risikos nichts Schöpferisches, denn dieses stammt allein als Einfall oder Intuition aus dem Unbewußten[20]. Das ist aber mit jenem Recht auch gar nicht gemeint. Vielmehr soll es wohl darum gehen, dem Menschen die Möglichkeit zu geben, im Rahmen der Gemeinschaft seine Persönlichkeit in verantwortungsbewußtem, wenn auch gefährlichem Handeln zu entfalten. Die Verantwortlichkeit ist in der Tat ein spezifisches Moment des Handelns eines Menschen als Persönlichkeit[21]. Da jegliches Tun Gefahren herbeiführt und daher Verantwortlichkeit erfordert, kann es für eine Unterteilung des straflosen vom strafbaren Risiko nur auf die Größe der Verantwortung ankommen. Diese hängt aber wiederum von den gefährdeten Gütern und der Bewertung der Ziele ab. Wird das erlaubte Risiko dann jedoch lediglich auf den sozialistischen Aufbau in Wirtschaft und Technik[22] bezogen und als Stimulans der Wirtschaft[23] aufgefaßt, so geht es nicht darum, ein besonderes Recht des einzelnen auf Schöpfertum oder Entfaltung seiner Persönlichkeit zu gewährleisten, sondern entscheidend um das momentan sozial wertvolle Ziel der Verbesserung der wirtschaftlichen Situation. Nur so gesehen wird auch verständlich, weshalb es zur strafbewehrten Pflicht, ein Produktionsrisiko einzugehen, nur ein Schritt ist[24]. Diese Begründung für die Straflosigkeit eines erlaubten Risikos unterscheidet sich in der Struktur nicht von dem bereits oben erwähnten Gesichtspunkt, gefährliche Handlungen im Interesse wichtiger Ziele der Gemeinschaft vornehmen zu dürfen. Ein besonderes Interesse des Handelnden besteht dann nur noch darin, daß die Grenzen des erlaubten Risikos klar bestimmt sind, was *Seidel*[25] aus diesem Recht auch folgert. Das ist aber nichts anderes als das im Strafrecht besonders wichtige Problem der Rechtssicherheit.

---

[18] ZStW 23, 84.
[19] Kausalzusammenhang, S. 22 f.; auch die bei *Münzberg*, S. 273 ff., genannten Autoren (Fußn. 533) sowie *Rehberg*, S. 52, 191 ff., und *Volz*, S. 104.
[20] *Remplein*, Psychologie der Persönlichkeit, S. 342 f., 364.
[21] Ebd., S. 135.
[22] *Grinberg*, Produktionsrisiko, S. 17; *Seidel*, Risiko, S. 10.
[23] *Seidel*, Risiko, S. 33; ders., NJ 1967, 186 (187).
[24] Vgl. die Überlegungen von *Seidel*, Risiko, S. 129 ff., und *Omeltschenko* (berichtet bei *Grinberg*, Produktionsrisiko, S. 71).
[25] Risiko, S. 91 ff.

Soweit in Fällen des erlaubten Risikos ein Verhalten des Betroffenen in Kenntnis der Gefahr in Frage kommt, spricht auch der Gesichtspunkt der Selbstbestimmung und Eigenverantwortlichkeit sowie der Zusammenhang der bereits erwähnten Gesichtspunkte mit diesem für eine Lösung im Bereich der Rechtswidrigkeit.

Daneben verdient eine weitere Erwägung, die allerdings ebenfalls mit den vorhergehenden zusammenhängt, für das erlaubte Risiko besondere Beachtung, nämlich der Aspekt der sozialen Selbstverständlichkeit oder Normalität bestimmter gefährlicher Handlungen[26]. So ist es etwa selbstverständlich, daß ein Bergwerk grundsätzlich betrieben werden darf und Bergleute unter Tage geschickt werden. Auch dieser Gesichtspunkt ist bereits bei *v. Bar*[27] in der als Kausalitätslehre verstandenen „Regel des Lebens" angedeutet.

II. Die einzelnen Lösungen im Unrecht (Fallgruppen 1 und 2)

1. Das erlaubte Risiko und die Kausalität (Fallgruppen 1 und 2)

V. Bars Lehre, die Kausalität zur Lösung der erwähnten Fallgruppen des erlaubten Risikos heranzuziehen, hat trotz des Vorteils, für vorsätzliche wie fahrlässige Taten gleichermaßen zu gelten, in dieser Form kaum Anhänger gefunden. Allerdings ist mit Hilfe einer Reihe wertender Kausaltheorien immer wieder versucht worden, wenigstens die Fälle des unvorhersehbaren Kausalverlaufs (Fallgruppe 2) und die eines Teils der Fallgruppe 1 zu lösen. Sowohl die vielen dazu entwickelten individualisierenden Theorien[1] als auch die heute noch vertretene Adäquanztheorie[2] müssen aber ebenso wie die Lehre *v. Bars* als Kausaltheorien daran scheitern, daß sie in Wahrheit wertende Theorien der Zurechnung oder Haftung[3] sind und als solche gedanklich vom empirisch zu verstehenden Kausalzusammenhang getrennt werden müssen, vielmehr auf diesem erst aufbauen. Zudem lassen sich klare Abgrenzungskriterien nicht enwickeln, ein Vorwurf, der auch der Adäquanztheorie nicht erspart bleiben kann, da sie genau gesehen Wertungen durch ein Wahrscheinlichkeitsurteil verdeckt und dadurch im Einzelfall auch verfälscht[4].

---

[26] *Hirsch*, ZStW 74, 78 (94 f.); *Welzel*, Strafrecht, S. 57.

[27] Causalzusammenhang, S. 13.

[1] Vgl. z. B. *Binding*, Normen I, S. 115 ff.; *v. Birkenmeyer*, GS 37, 272 ff.; LK (*Nagler*), 6. Aufl., 1. Band, S. 26 ff.

[2] Vgl. z. B. allgemein: *Maurach*, Strafrecht AT, S. 203 ff.; für die Vorsatzdelikte: *Jescheck*, Lehrbuch, S. 214 f.

[3] *Engisch*, Kausalität, S. 61 ff.; *Jescheck*, Lehrbuch, S. 214; *M. L. Müller*, S. 57 ff.

[4] *Armin Kaufmann*, ZfRVgl. 1964, 41 (49); *Rudolphi*, JuS 1969, 549 (552); vgl. auch unten III, 2, bb.

2. Das erlaubte Risiko und die behördliche Genehmigung oder staatliche Gestattung (Fallgruppe 1)

Neben den Lehren älterer Autoren[5], die auf dem Boden des Positivismus eine Lösung der Fälle des erlaubten Risikos im Bereich des Unrechts nicht ohne gesetzliche Regelung oder zumindest nicht ohne staatliche Genehmigung für möglich hielten, wird auch in neuerer Zeit noch die Auffassung vertreten, daß eine staatliche Anerkennung der gefährlichen Tätigkeit die gesamte Tat einschließlich des mißbilligten Erfolgs zu rechtfertigen vermag[6]. Eine solche Lösung scheitert aber bereits daran, daß der Staat bzw. die jeweilige Behörde längst nicht alle gefährlichen Handlungen oder gar Erfolge, die sich aus einer Tätigkeit bei Vorliegen einer solchen Genehmigung — etwa der Erteilung des Führerscheins — ergeben können, rechtlich wirksam billigen kann oder auch nur will. So dient die Erteilung der hier ebenfalls herangezogenen Gewerbeerlaubnis nur der Mißbrauchsaufsicht. Die Behörde kann darüber hinaus weder jede in einem solchen Betrieb vorgenommene Handlung des Unternehmers vorhersehen, noch diese Handlungen im Laufe der Zeit überwachen, was sachliche Voraussetzung dafür wäre, daß die behördliche Genehmigung rechtfertigende Wirkung für alle Handlungen des Unternehmers haben kann, durch die z. B. Arbeiter gefährdet werden. Der Unternehmer wird durch eine behörliche Genehmigung keinesfalls von der Verantwortung entbunden, die jeweils zulässige Grenze der Gefahreneingehung selbst zu erkennen und einzuhalten. Umgekehrt ist er auch nicht wegen fahrlässiger Körperverletzung oder Tötung strafbar, wenn er alle erforderlichen Sicherheitsvorkehrungen eingehalten hat, ihm aber die vorschriebene Genehmigung fehlt, weil er diese nicht eingeholt hat oder weil sie etwa als Verwaltungsakt nichtig ist[7]. Selbst wenn die erteilte Genehmigung mit ganz konkreten Auflagen etwa zur Sicherung der Arbeiter im Betrieb oder des Publikums — wie z. B. nach § 60 a GewO — verknüpft ist, ist dies allenfalls ein Indiz für die zur Zeit der Erteilung dieser Genehmigung generell notwendigen Sicherheitsvorkehrungen, nicht eine Rechtfertigung einer bestimmten fahrlässigen Körperverletzung oder Tötung. Auch der Hinweis von *Maurach*[8] darauf, daß zwar der „Gesamtbetrieb" erlaubt sein könne, nicht aber die einzelne zur Verletzung führende

---

[5] *Exner*, Fahrlässigkeit, S. 195; *Löffler*, Schuldformen, S. 5 ff.; *R. Merkel*, S. 59 f.

[6] *v. Liszt/Schmidt*, S. 214 ff.; vgl. auch § 155 des Alternativ-Entwurfs eines StGB, BT, Straftaten gegen die Person, 2. Halbband, und die Begründung hierzu auf S. 53, 75; zum Ganzen vgl. *Goldmann*, S. 109 ff.

[7] So auch *Goldmann*, S. 121 und *Horn*, FS f. *Welzel*, S. 719 (725).

[8] Strafrecht AT, S. 548 f.

Betriebshandlung, deutet an, daß es insoweit nur auf die Beurteilung der konkreten Tatsituation ankommt[9].

In der historischen Entwicklung ging der Weg von der stets erforderlichen ausdrücklichen staatlichen Gestattung[10] über eine Ausdehnung durch Analogie[11] auf andere Fälle, die Lösung „vieler Fälle" des erlaubten Risikos mit Hilfe dieses dogmatischen Instituts[12] und eine vom Gesetz stillschweigend anerkannte Befugnis[13] bis zu der von einer behördlichen Genehmigung unabhängigen Berücksichtigung dieser Erwägung in der generellen Sorgfaltspflicht[14]. Dies zeigt deutlich, daß die behördliche Genehmigung insoweit nur der unzulänglichen Erfassung der generellen Billigung eines Tätigkeitskomplexes diente.

3. Das erlaubte Risiko und die soziale Adäquanz

Seitdem der diesen Sachverhalt besser erfassende Begriff der „sozialen Adäquanz" von *Welzel* 1939 in seinem grundlegenden Aufsatz „Studien zum System des Strafrechts"[15] erstmals in der Strafrechtswissenschaft verwendet wurde, steht dieser Gedanke im Mittelpunkt einer noch umfangreicheren Diskussion[16] als der um das erlaubte Risiko. Zwar soll die soziale Adäquanz die Fälle des erlaubten Risikos ebenfalls umfassen, sie ist aber erheblich allgemeiner angelegt. Nichts weniger sollte damit erreicht werden, als die Begrenzung formal zu weit gehender Straftatbestände — insbesondere der sich aus dem Kausaldogma ergebenden Ausweitung[17] — durch die geschichtlich gewordene Ordnung des Gemeinschaftslebens eines Volkes[18]. Dieser relativ unscharfe Anknüpfungspunkt diente auch für *Welzel* selbst in der Folgezeit zur dogmatischen Lösung verschiedenster Probleme im Bereich des Unrechts. Neben der Regelung des § 240 Abs. 2 StGB, den Freiheitsbeschränkungen im modernen Straßenverkehr, der medizinisch indizierten Schwangerschaftsunterbrechung, den Neujahrsgeschenken an den

---

[9] Daraus kann aber auch nicht ohne weiteres geschlossen werden, daß der Betrieb zwar erlaubt, die Handlung bei Erfolgseintritt jedoch stets verboten sei. Beides ist nur getrennt zu prüfen.

[10] *Löffler*, S. 5 ff.

[11] *R. Merkel*, S. 59 f.

[12] *Exner*, Fahrlässigkeit, S. 195.

[13] *Graf zu Dohna*, ZStW 32, 323 (327, Fußn. 10).

[14] So z. B. bereits *Engisch*, Vorsatz und Fahrlässigkeit, S. 286, der jedoch nur einen entsprechenden Rechtfertigungsgrund anerkannte.

[15] *Welzel*, ZStW 58, 491.

[16] z. B. *Gallas*, ZStW 67, 1 (22); *Hirsch*, ZStW 74, 78 und die dort angegebenen Zitate; *Hoppe*, Die soziale Adäquanz im Strafrecht; *Kienapfel*, Körperliche Züchtigung; *Mörder*, Die soziale Adäquanz im Strafrecht; *Roeder*, Sozialadäquates Risiko; *Schaffstein*, ZStW 72, 369; *Zipf*, ZStW 82, 633.

[17] *Welzel*, Strafrecht, S. 57.

[18] *Welzel*, ZStW 58, 491 (518 f.).

Postboten[19] wurde von Anfang an[20] auch das erlaubte Risiko als Sonderfall der sozialen Adäquanz verstanden. Vor allem infolge der Verknüpfung dieses Begriffs mit der Regelung des § 240 Abs. 2 StGB[21] teilte der Gedanke der sozialen Adäquanz und mit ihm der des erlaubten Risikos hinsichtlich der dogmatischen Einordnung das Schicksal jener Vorschrift, so daß *Welzel* — wie bereits erwähnt[22] — in den verschiedenen Auflagen seines Lehrbuchs zwischen Tatbestandsausschluß und Rechtfertigungsgrund schwankte. Heute versteht er die soziale Adäquanz im Strafrecht nur noch als allgemeines Auslegungsprinzip vorwiegend im Bereich des Tatbestands[23].

Die Notwendigkeit dieses dogmatischen Begriffs ist jedoch auch heute noch ebenso umstritten[24] wie dessen Inhalt. *Welzel* versteht darunter einen Sachverhalt, der „sich völlig im Rahmen der ‚normalen' geschichtlich gewordenen sozialen Ordnung des Lebens bewegt"[25]. Demgegenüber fassen *Zipf* und *Roeder*, obwohl sich dieser nur auf *Welzel* beruft, die soziale Adäquanz teils in der Formulierung, teils sachlich insofern weiter, als sie sich damit begnügen, daß das Verhalten „den anerkannten sozialen Verhaltensnormen entspricht"[26] bzw. daß sich das Verhalten nur überhaupt im Rahmen der geschichtlich gewordenen sozialen Ordnung bewegt[27]. Dabei fehlt der Gesichtspunkt des „völlig normalen". Dieser kleine Unterschied hat jedoch für den Inhalt und die Einordnung der sozialen Adäquanz im Rahmen von Tatbestand und Rechtswidrigkeit erhebliche Konsequenzen. Die „sozial-*normale* Handlungsfreiheit" ist nach *Welzel*[28] von der durch Rechtfertigungsgründe gewährten Handlungsfreiheit zu unterscheiden. Andererseits versteht auch er die soziale Adäquanz als ein „*allgemeines* Auslegungsprinzip, ... (das) die ganze Rechtsordnung erfaßt"[29], mithin auch die Rechtfertigungsgründe. Hier soll daher — einem Vorschlag von *Klug*[30] folgend — der weitere, der materiellen Rechtswidrigkeit ähnelnde Begriff als soziale Adäquanz und der engere als soziale Kongruenz bezeichnet werden, wobei im

---

19 Vgl. die Aufzählung der Beispiele bei *Hirsch*, ZStW 74, 78 (87 ff.).

20 *Welzel*, ZStW 58, 491 (518).

21 *Hirsch*, ZStW 74, 78 (79); *Welzel*, Strafrecht, S. 57.

22 Vgl. oben 1. Abschnitt, III, 1, b.

23 Strafrecht, S. 57 f.

24 Vgl. z. B. *Maurach*, Strafrecht AT, S. 287 f. sowie *Hoppe*, S. 25 ff.

25 Strafrecht, S. 55 f.

26 *Zipf*, Einwilligung, S. 78; ders., ZStW 82, 633.

27 *Roeder*, Sozialadäquates Risiko, S. 13; vgl. auch frühere Formulierungen von *Welzel* (Allgemeiner Teil, S. 33).

28 Strafrecht, S. 57. — *Zipf*, Einwilligung, S. 79 f.; ZStW 82, 633 (647 ff.) gelangt auf anderem Wege ebenfalls zur Einordnung der sozialen Adäquanz als Tatbestandsbegrenzung.

29 *Welzel*, Strafrecht, S. 58.

30 *Klug*, FS f. *Eb. Schmidt*, S. 249 (260 ff.).

vorliegenden Zusammenhang des erlaubten Risikos beide nur für die Beurteilung der Handlung bei einem Erfolgdelikt eine Rolle spielen[31].

Der Sozialkongruenz wird nicht ganz zu Unrecht vorgeworfen, daß ihre Grenzen zu unbestimmt seien, um das angestrebte Ziel der Tatbestandsbegrenzung überzeugend zu erreichen[32], was sich bereits in *Welzels* Definition deutlich zeigt, wenn es heißt, daß sich die Handlung nur „im Rahmen" des völlig normalen „bewegt". Eine ganz bestimmte Handlung in einer bestimmten Situation wird kaum als sozial völlig normal bezeichnet. Es sind zunächst immer nur Lebenssachverhalte wie z. B. Bergbau, Eisenbahnbetrieb und Sport, die generell als sozialkongruent angesehen werden[33]. Dem entspricht auch *Maurachs* Unterscheidung zwischen gestattetem Gesamtbetrieb und stets fehlerhafter Betriebshandlung[34]. Durch die mit der sozialen Adäquanz verbundene generelle Betrachtung wird es möglich, den objektiven Zweck eines Tätigkeitskomplexes in die Wertung mit einzubeziehen. Würde man nur auf die konkrete Handlung des Täters abstellen, so müßten zwangsläufig allein dessen subjektive Ziele berücksichtigt werden.

Innerhalb dieser Lebenssachverhalte werden dann mehr und mehr bestimmte Verhaltensweisen als sozialkongruent und damit gestattet angesehen. Neben die abstrakten Gefährdungsverbote treten abstrakte, wenn auch unbestimmtere Gefährdungserlaubnisse, die z. T. einfach daraus hergeleitet werden, daß in einem weitgehend durch gesetzliche abstrakte Gefährdungsverbote geregelten Sachkomplex — wie z. B. im Straßenverkehr — der davon nicht erfaßte Handlungsbereich als verkehrsrichtig, als abstrakt erlaubt oder gar geboten[35] angesehen wird.

---

31 Sozialkongruenz und -adäquanz können über das erlaubte Risiko hinaus einerseits dazu dienen, den Erfolgsunwert unmittelbar zu verneinen, wie z. B. bei unerheblichen Körperverletzungen (§ 223 StGB) und in anderen Fällen, in denen Handlung und Erfolg nicht getrennt bewertet werden können. Für die Anwendung des Gedankens der sozialen Adäquanz in diesem Zusammenhang sprechen sich aus: *Krauss*, ZStW 76, 19 (47 f.); *Schmidhäuser*, Lehrbuch, S. 234; *Welzel*, Strafrecht, S. 56 f.; *Zipf*, ZStW 82, 633 (635 f.); dagegen: *Hirsch*, ZStW 74, 78; *Roeder*, Sozialadäquates Risiko, S. 14 ff.; teilweise auch *Jescheck*, Lehrbuch, S. 191. Andererseits kann die verbotene Handlung begrenzt werden, wenn es sich um Handlungsdelikte oder abstrakte Gefährdungsdelikte handelt.

32 Vgl. z. B. *Gallas*, ZStW 67, 1 (22); *Graf zu Dohna*, ZStW 60, 290 (292); zweifelnd auch *Maurach*, Strafrecht AT, S. 287.

33 *Zipf*, ZStW 82, 633 (646), führt in bezug auf die soziale Adäquanz aus, daß der Blick „von der konkreten Tatsituation zu lösen und zu generalisierender Betrachtung frei(zu)machen" sei.

34 Strafrecht AT, S. 548 f. Er betont neuerdings, daß der Gesamtbetrieb als Ursache aus dem Tatbestand ausscheiden soll. Offen bleibt, weshalb dies nur für diese Ursache gelten soll und alle anderen Betriebshandlungen erst in der Tatverantwortung geprüft werden, obwohl dabei dieselben Gesichtspunkte mitzuberücksichtigen sind.

35 *Zipf*, ZStW 82, 633 (637 ff.), spricht in diesem Zusammenhang auch von „rechtskonformem Verhalten".

Die Grenzen des erlaubten Verhaltens bei Erfolgsdelikten sind jedoch damit nicht gleichzusetzen. Es läßt sich weder aus den abstrakten Gefährdungsverboten dieses fehlerhafte Verhalten noch aus den erwähnten abstrakten Erlaubnissen das richtige Verhalten im Sinne eines Erfolgsdelikts direkt entnehmen. Sondernormen sind nur Indizien für fehlerhaftes Verhalten bei fahrlässigen Erfolgsdelikten[36]. Da also keine bestimmte Handlung in jeder nur denkbaren Situation als sozial völlig normal angesehen werden kann[37], ist der Gedanke der sozialen Kongruenz sowohl als Bewertung eines Lebenssachverhalts als auch in Form etwaiger abstrakter Erlaubnisse nur *eine* Erwägung bei der Beurteilung der Frage, ob eine Handlung im Rahmen eines Erfolgsdelikts im Einzelfall zu billigen ist oder nicht. Daraus ergibt sich jenes für das sozialadäquate Risiko typische, durch die Anerkennung des Vertrauensgrundsatzes noch verstärkte Problem des Verhältnisses zwischen abstrakten Bewertungen von Handlungen und der Bestimmung des im Einzelfall erlaubten Verhaltens bei einem Erfolgsdelikt[38].

Auch in anderer Hinsicht ist der Gedanke der sozialen Kongruenz bzw. Adäquanz begrenzt. Es wird betont, daß ein entsprechendes Verhalten nicht sozial vorbildlich sein müsse, daß es sich nur im Rahmen der sozialen Handlungsfreiheit halte[39]. Ob mit Hilfe dieses auf eine Erwägung zur Beurteilung der Billigung einer Handlung beschränkten Gesichtspunkts aber auch Handlungen erfaßt werden können, die aus anderen Gründen als dem Bezug zu dem in einem Erfolgstatbestand geschützten Rechtsgutsobjekt mißbilligt werden, ist fraglich. Gemeint sind die von *Hirsch*[40] als sozial*in*adäquates erlaubtes Risiko bezeichneten Fälle. Wird ein Schmuggler beim Überschreiten der Grenze von Zöllnern getötet, so kann das Verhalten des Bandenchefs kaum als sozial völlig normal im obigen Sinne bezeichnet werden. Während im Bereich der Rechtswidrigkeit mit Hilfe des Gedankens von der spezifischen Rechtswidrigkeit[41] die Bewertung der Handlung aufgespalten werden kann, ist dieser Weg für die soziale Kongruenz verschlossen, da das erwähnte Verhalten mit Hilfe dieses Gedankens nur total bewertet werden kann. Entweder bewegt sich eine Handlung im völlig Normalen oder nicht.

Trotz dieser Begrenzung ist die soziale Adäquanz bzw. Kongruenz noch immer ein sehr weiter Begriff. Die insoweit wegen des Bestimmt-

---

[36] BGHSt 4, 182 (185); *Jescheck*, Lehrbuch, S. 440; vgl. auch *Krauss*, Zurechnung, S. 140; *Rehberg*, Erlaubtes Risiko, S. 48; *Welzel*, Strafrecht, S. 134.

[37] Darauf läuft auch letztlich die Kritik von *Graf zu Dohna*, ZStW 60, 290 (293), hinaus.

[38] Darauf ist auch das als „Rechtswidrigkeitszusammenhang" bekannte Problem zurückzuführen.

[39] *Welzel*, Strafrecht, S. 56. Nach *Zipf*, ZStW 82, 633 (647), soll ein sozialkongruentes Verhalten sogar „sozial wertvoll" sein.

[40] ZStW 74, 78 (92).

[41] Vgl. z. B. *Roeder*, Sozialadäquates Risiko, S. 89 ff.

heitsgrundsatzes erhobenen rechtsstaatlichen Bedenken[42] zwingen in der Tat dazu, jeder speziellen dogmatischen Konkretisierung dieses Gedankens den Vorrang einzuräumen. Für die Begründung des Rechtswidrigkeitsausschlusses in den Fällen der Fallgruppen 3 und 4 bietet sich die Einwilligung i. w. S. an, für die der Fallgruppe 2 kann eventuell die Vorhersehbarkeit herangezogen werden. Die soziale Kongruenz bzw. Adäquanz ist daher auch kein Oberbegriff für jede Art erlaubten Risikos, sondern nur eine — wenn auch wichtige — Erwägung zur Bestimmung des Fahrlässigkeitsunrechts[43], die in den Fällen des erlaubten Risikos der Fallgruppe 1 besonders deutlich hervortritt. Die Bezeichnung „sozialadäquates Risiko" ist daher genau besehen ein Pars pro toto, da nur ein Gesichtspunkt aus der Gesamtabwägung herausgegriffen wird[44].

Bevor *Welzel* jenen Begriff der sozialen Adäquanz entwickelt hatte, wurden die Fälle des erlaubten Risikos dieser Fallgruppe im Rahmen der fahrlässigen Delikte bereits weitgehend befriedigend gelöst. Er füllte mit diesem Ausdruck insoweit keine dogmatische Lücke bisher unlösbarer Fälle, sondern fand diesen Bereich der sozialen Kongruenz bzw. Adäquanz bereits im objektiven Maßstab der Fahrlässigkeit beachtet[45]. Wie das erlaubte Risiko dieser Fallgruppe sollte auch die soziale Adäquanz riskanter Handlungen in der generellen Sorgfaltspflicht aufgehen. Dieser Auffassung haben sich im großen Ganzen u. a. *Niese*[46], *Henkel*[47], *Engisch*[48], *Krauss*[49], *Stratenwerth*[50], Armin *Kaufmann*[51] und *Jescheck*[52] angeschlossen. *Roeder*[53] sieht eine Einheit zwischen beiden Elementen im Bereich der Schuld[54]. Ist die soziale

---

42 *Kienapfel*, Körperliche Züchtigung, S. 95 f.; *Roeder*, Sozialadäquates Risiko, S. 26 f.; *Würtenberger*, FS f. *Rittler*, S. 125 (129).

43 Der Gedanke der sozialen Adäquanz ist also auch im Rahmen der Fahrlässigkeitsdelikte in erster Linie nur ein Auslegungsgrundsatz (*Welzel*, Strafrecht, S. 58; vgl. auch allgemein LK *[Mezger]*, 8. Aufl., 1. Band, S. 307). Ob dies für alle Fälle der sozialen Adäquanz gilt, kann hier dahingestellt bleiben (vgl. *Hoppe*, S. 47 ff. und auch *Wessels*, S. 5).

44 Mißverständlich ist es deshalb, wenn die soziale Kongruenz mit der Beachtung der generellen Sorgfalt oder dem Erlaubten völlig gleichgesetzt wird (dagegen bereits *H. Mayer*, Strafrecht AT 1953, S. 106; vgl. auch *Hoppe*, S. 31 f.).

45 ZStW 58, 491 (558).

46 JZ 1956, 457 (460); Streik, S. 27 ff. (31).

47 FS f. *Mezger*, S. 249 (283 ff.).

48 FS 100 Jahre DJT I, S. 401 (418 ff.); Konkretisierung, S. 278.

49 ZStW 76, 19 (47).

50 Juristenjahrbuch 2, S. 195 (211).

51 ZfRVgl. 1964, 41 (50).

52 Lehrbuch, S. 190 f.

53 Sozialadäquates Risiko, S. 94.

54 Lediglich *Schönke/Schröder*, § 59, Anm. 167 f. (vgl. aber auch Anm. 159 ff.), stellt ohne nähere Begründung erlaubtes Risiko und soziale Adäquanz als verschiedene Rechtfertigungsgründe neben die als Schuldmerkmal verstan-

Kongruenz bei dem fahrlässigen Erfolgsdelikt kein selbständiges dogmatisches Institut, sondern in der beachteten generellen Sorgfalt enthalten, so muß im folgenden auf diese näher eingegangen werden.

4. Das erlaubte Risiko und die generelle Sorgfaltspflicht sowie Vorhersehbarkeit (Fallgruppen 1 und 2)

Bevor das Verhältnis zwischen erlaubtem Risiko und genereller Sorgfaltspflicht sowie Vorhersehbarkeit näher erörtert werden kann, muß zunächst die Unrechtsqualität dieser Merkmale geprüft werden. Zwar wurde oben aufgezeigt, daß sie nicht zur Schuld gehören, indessen fehlt eine positive Begründung für ihre Stellung im Unrecht. Dabei soll hier zunächst die Unterscheidung zwischen Tatbestandsausschluß und Rechtfertigungsgründen außer acht gelassen werden[55].

a) Die Nichteinhaltung gebotener Sorgfalt als Handlungsunwert

Da die Verletzung einer Sorgfaltspflicht stets mit der Person des Täters verknüpft ist, geht es hier um die viel erörterte Frage, inwieweit das Unrecht auch personal zu verstehen ist, oder anders ausgedrückt, in welchem Umfang ein Handlungsunwert im Unrecht anzuerkennen ist. Aus dem Wesen der Norm als Bestimmungsnorm wird in der Literatur abgeleitet, daß Vorsatz und Sorgfaltspflicht Unrechtselemente sein müssen[56]. Indessen ist sehr fraglich, welcher Inhalt und welche Funktion der Norm gerade mit dem Unrecht verknüpft sind. Seit *Binding*[57] wird zwar aus der Verpflichtungswirkung des Rechts auf die Bestimmungsfunktion der Norm geschlossen[58] und daran anschließend die Lehre von der Norm als Imperativ entwickelt[59]. Es ist aber von diesem Ausgangspunkt her nicht zwingend, eine bestimmte, bereits stark konkretisierte Bestimmungsnorm gerade dem Unrecht zuzuordnen, da jeder einem allgemeinen Verbrechensmerkmal zugrunde liegenden Wertung zumindest eine mittelbare Bestimmungswirkung zukommt[60], so daß z. B. bereits

dene generelle Sorgfaltspflicht. Der Grund für diese Systematik liegt wohl darin, daß die durch Anerkennung der erwähnten Rechtfertigungsgründe bereits sachlich weitgehend entleerte generelle Sorgfaltspflicht ihre Funktion als Schuldmerkmal völlig verlieren würde, wenn *Schröder* erlaubtes Risiko und soziale Adäquanz unter einem Oberbegriff zusammenfassen und in vollem Umfang als Rechtfertigungsgrund prüfen würde. — *Hirsch*, ZStW 74, 78 (97), folgert die soziale Adäquanz aus der Einhaltung der Sorgfaltspflicht.

[55] Vgl. dazu unten V.

[56] *Jescheck*, FS f. *Erik Wolf*, S. 472 (480); ders., Lehrbuch, S. 179, 182 f.; *Armin Kaufmann*, Normenlehre, S. 106; *Stratenwerth*, ZStR 79, 233 (244 ff.); *Wessels*, S. 21; vgl. auch *Busch*, S. 34 f.; *v. Weber*, S. 15 f.

[57] Normen I, S. 51 ff.; vgl. dazu *Armin Kaufmann*, Normenlehre, S. 46 ff.

[58] *Armin Kaufmann*, Normenlehre, S. 76.

[59] *Thon*, Rechtsnorm und subjektives Recht, S. 3, 8. Zu den Denkmöglichkeiten der Bestimmungsnorm vgl. *Münzberg*, S. 50 ff.

[60] Vgl. zu einer derartigen Normenlehre *Goldschmidt*, FG f. *Frank* I, S. 248, und auch *Oehler*, FS f. *Sauer*, S. 262 (265).

der Anerkennung eines Rechtsguts in Verbindung mit einer vom Menschen zu setzenden Ursache der Zweckgedanke immanent ist[61].

Der Inhalt der der Rechtswidrigkeit zuzuordnenden Bestimmungsnorm läßt sich auch nicht aus dem Können ableiten[62], da sich dieser mögliche Inhalt nicht mit dem tatsächlichen decken muß, solange sich ein anderer Norminhalt denken läßt.

Daher muß versucht werden, die Frage nach dem Handlungsunwert aus dem Unrecht selbst zu beantworten.

Obwohl *Mezgers* Formulierungen wie etwa die vom Unrecht „als Veränderung eines rechtlich gebilligten bzw. Herbeiführung eines rechtlich mißbilligten Zustands" im Gegensatz zur „rechtlich mißbilligten Veränderung eines Zustands"[63] auf einen von der Person des Täters unabhängigen Unrechtsbegriff hinzudeuten scheinen, hat er doch von Anfang an[64] betont, daß nur Zustände des menschlichen Zusammenlebens gemeint sind[65], da sonst auch Naturereignisse als rechtswidrig angesehen werden müßten. Für *Jakobs*[66] ergibt sich die Funktionslosigkeit des erfolgsbezogenen Rechtswidrigkeitsbegriffs gerade aus der Gleichartigkeit des Erfolgsunwerts in diesen beiden Fällen. Ist aber die Kausalität eine erste personale Grenze des Unrechts, so muß auch das zum Unrecht gehören, wodurch die Kausalität in Gang gesetzt wird, nämlich zumindest die objektiv erkennbare Handlung, im Sinne *Mezgers:* „die äußere Körperbewegung", was in Tatbeständen mit genauer bestimmten Tathandlungen, wie etwa „beibringen" in § 229 StGB, „drohen" in § 241 StGB etc., ebenso deutlich wird[67], wie bei einigen Rechtfertigungsgründen[68].

---

61 So *v. Liszt,* Aufsätze, 1. Band, S. 234.

62 So aber *Armin Kaufmann,* Normenlehre, S. 106; vgl. auch *Busch,* S. 34 f., und *v. Weber,* S. 15 f.

63 GS 89, 207 (245 f.).

64 GS 89, 207 (246).

65 Selbst ein so strenger Vertreter der objektiven Unrechtslehre wie *Rittler,* S. 120, der nicht einmal subjektive Unrechtsmerkmale anerkennt, betont, daß der Begriff der Rechtswidrigkeit „an menschliches Verhalten heranzubringen" sei.

66 *Jakobs,* S. 49 ff.

67 Beim Versuch, diese personalen Elemente über den Gefahrbegriff als Zustand darzustellen, ist vielleicht noch ein Grad der Gefahr zu bestimmen, der aber nicht die vom Gesetzgeber gewollte personale Färbung erfassen kann. Auch bei der Möglichkeit, eine Tat mit oder durch Dritte nach § 47 StGB oder in der Form der mittelbaren Täterschaft auszuführen, zeigt sich, daß die Handlungsmodalität durch eine Wertung bestimmt und begrenzt wird, wie es ähnlich auch für die Sorgfaltspflicht zutrifft, wenn der Täter nämlich „wertmäßig das gleiche tun muß" (*Jescheck,* Lehrbuch, S. 495, für die Lehre von der Tatherrschaft). Bei den eigenhändigen Delikten, die eine Begehung in den oben erwähnten Formen nicht zulassen (*Jescheck,* Lehrbuch, S. 504), wird der personale Bezug der Handlungsmodalität ebenfalls deutlich. „Schwören" läßt sich nicht als Gefahrzustand darstellen.

68 In § 53 StGB wird die durch Notwehr gebotene Handlung als erforderliche Verteidigung beschrieben. Sich-Verteidigen ist bereits eine besondere

Aus den noch stärker personale Züge tragenden sog. „objektiven täterschaftlichen Merkmalen“[69], sollen hier die unechten Amtsdelikte herausgegriffen werden. Das zusätzliche Unrecht dieser Tatbestände wird meist mit der Verletzung eines zusätzlichen Rechtsguts begründet, wie etwa dem Eingriff in die Staatsverwaltung[70] oder der Verletzung der „Reinheit der Amtsführung“[71], aber auch durch die Verletzung von Amtspflichten[72] oder durch beides[73]. Der Eingriff in die Staatsverwaltung allein bringt indessen die typische Richtung des Angriffs nicht zum Ausdruck. Die staatliche Ordnung wird hier in der Richtung nach innen geschützt. Dennoch soll nach *Mezger*[74] das entscheidende Element der Unrechtserhöhung bei diesen Delikten in der Verletzung oder Gefährdung der Reinheit der Amtsführung liegen. Dieser Begriff Amtsführung ist trotz aller Abstrahierung jedoch nur im Sinne einer Summe von Handlungen der Amtsträger zu verstehen. Mit der Amtsführung ist die Autorität und die Vertrauensbasis[75] für die Bürger nur deshalb verbunden, weil sie mit der einzelnen Handlung der Amtsträger verbunden ist. Auch die „Reinheit“ ist konkret nur vorstellbar in bezug auf Handlungen und wird dann zu einem Werturteil über diese. Ohne einen qualitativen Unterschied läßt sich also dieses „Rechtsgut“ in eine Summe einzelner Handlungen auflösen[76]. *Mezger* kommt dann auch nicht umhin, zusätzlich einen „Aktwert“ anzunehmen[77].

Art einer Handlung, die nicht allein durch einen Gefahrenzustand beschrieben werden kann. Das Merkmal „erforderlich“ enthält außerdem noch eine normative Begrenzung der Handlungen, wobei die Wertung nur teilweise mit dem eintretenden Erfolg verknüpft ist (anders etwa die Begrenzung auf Verteidigung nur gegen den Angreifer).

69 *Jescheck*, Lehrbuch, S. 181. Teilweise wird auch von „subjektiv beschränkten Tatbeständen“ gesprochen (*Mezger*, Kurzlehrbuch AT, 7. Aufl., S. 97).

70 *Allfeld*, S. 569 f.; *v. Liszt/Schmidt*, S. 814 ff. Vgl. auch *Stock*, Entwicklung und Wesen der Amtsverbrechen, S. 250, der die Auffassung von *Richard Schmidt* vertritt und die Amtsdelikte als „Unbrauchbarmachen oder Verschlechtern des Werkzeugapparats der Gesellschaft“ auffaßt.

71 *Mezger/Blei*, Kurzlehrbuch BT, S. 320; *Maurach*, Strafrecht BT, S. 738, 740.

72 Vgl. hierzu die Zusammenfassung bei *Stock*, S. 244 ff. und außerdem *Jescheck*, Lehrbuch, S. 181; *Welzel*, ZStW 58, 491 (513); ders., Strafrecht, S. 537.

73 *Schönke/Schröder*, vor § 331, Anm. 1.

74 *Mezger/Blei*, Kurzlehrbuch BT, S. 320; *Maurach*, Strafrecht BT, S. 738, 740.

75 *Schönke/Schröder*, vor § 331, Anm. 1.

76 Der Tatbestand der Amtsdelikte ließe sich auch durch die Beschränkung der Handlung auf bestimmte Modalitäten formulieren. Personale Tatbestandsbeschränkungen und Handlungsmodalitäten sind teilweise austauschbar.

77 *Mezger/Blei*, Kurzlehrbuch BT, S. 320, ebenso *Stock*, S. 249; *Maihofer*, FS f. *Rittler*, S. 141 (144), verweist zur Begründung seiner Lehre vom personal objektiven Unrecht ebenfalls auf die Sonderstraftaten.

In ähnlicher Weise kann bei den Unterlassungsdelikten, und zwar vor allem bei den unechten, eine normativ bestimmte Tathandlung als Aktunwert aufgezeigt werden[78]. Für das Unterlassen ist nicht das Sein, sondern das Sollen entscheidend[79]. Was Handlung durch Unterlassen ist, kann nur normativ bestimmt werden[80]. Auch hier ist der Handlungsunwert deutlich vom Erfolgsunwert zu trennen, besonders klar bei Garantenpflichten, die aus bestimmten sozialen Beziehungen hergeleitet werden. Die „Verwandtschaft" kann kaum als Gefahr und daher als Erfolgsunwert begriffen werden.

Dennoch ist *Mezger* nie so weit gegangen, auch die Sorgfaltspflicht, einen Teil von ihr oder auch nur deren tatsächliche Grundlagen dem Unrecht zuzurechnen. Ist jedoch die Verletzung der generellen Sorgfaltspflicht als Amtspflichtsverletzung bei den Amtsdelikten Unrechtselement, so müßte es eigentlich auch die Sorgfaltspflichtverletzung schlechthin sein. Genausowenig, wie das Wesen der Bestimmungsnorm für den Inhalt des Unrechts allein maßgeblich sein kann, ist *Mezgers* Lehre von der Bewertungsnorm in der Lage, alle personal bestimmten Elemente aus dem Unrecht auszuklammern[81].

Da ein Kriterium für die Beschränkung personaler Unrechtselemente auf die eindeutig nachgewiesenen Merkmale fehlt, besteht grundsätzlich kein Hinderungsgrund, zumindest die Verletzung der generellen Sorgfalt als Unrechtsmerkmal aufzufassen[82]. Jetzt kann auch festgestellt werden, daß und welche Bestimmungsnorm dem Verbrechensmerkmal der Rechtswidrigkeit zuzuordnen ist.

---

78 *Engisch*, Vorsatz und Fahrlässigkeit, S. 13; *Maihofer*, ebd.

79 *Hardwig*, Zurechnung, S. 92 ff.; *Münzberg*, S. 55 f.; *Welzel*, Strafrecht, S. 200 f.

80 Dies deutet sich bei *Jescheck*, FS f. *Eb. Schmidt*, S. 139 (151), Lehrbuch, S. 168, bereits im Handlungsbegriff bei dem allerdings vorrechtlichen Merkmal der Handlungserwartung an.

81 Auch *Maurach*, Strafrecht AT, S. 549, der dem Tatbestand ohne das Merkmal der Sorgfaltspflichtverletzung eine eigene Funktion zu geben versucht, indem er den Erfolg als ausreichenden Anlaß für eine weitere genaue Prüfung ansieht, erklärt nicht, warum die Sorgfaltspflicht nicht, wohl aber andere ähnlich strukturierte personale Merkmale zum Unrecht gehören. Sieht *Maurach* in der kausalen Erfolgsherbeiführung bereits eine Art Vorsorgfaltspflicht, dann könnte diese von niemandem eingehalten werden (*Mezger/Blei*, Kurzlehrbuch AT, S. 216), und im übrigen bliebe die Frage offen, weshalb die weitere nähere Bestimmung der Sorgfaltspflicht nicht in demselben Verbrechensmerkmal erfolgen kann.

82 Dies Ergebnis wird durch zwei weitere Überlegungen bestätigt. Bei Verstößen gegen den Erfolgstatbestand des § 1 StVO als Ordnungswidrigkeit wurden aus der dort verwendeten Formulierung „... mehr als nach den Umständen vermeidbar, behindert ..." im Laufe der Zeit eine Reihe konkreter Verhaltenspflichten im Wege der Tatbestandsauslegung (vgl. für viele *Mühlhaus*, Fahrlässigkeit, S. 26; *Jagusch*, § 1 StVO Anm.) entwickelt, die für die Tatbestände der fahrlässigen Körperverletzung und Tötung als generelle Sorgfaltspflichten anzusehen wären. Besteht nun im Einzelfall zwischen § 1

Die von einigen Autoren[83] unternommenen Versuche, auch die subjektive bzw. individuelle Sorgfaltspflichtverletzung und Vorhersehbarkeit als Element des Handlungsunwerts in der Rechtswidrigkeit einzuordnen, vermögen indessen nicht zu überzeugen. Soweit erneut zur Begründung mit dem Wesen der Bestimmungsnorm argumentiert wird, kann auf das bereits oben[84] Ausgeführte verwiesen werden. Möglicher und tatsächlicher Inhalt der der Rechtswidrigkeit zuzuordnenden Bestimmungsnorm müssen nicht identisch sein, solange die Rechtsordnung auch tauben Ohren wegen der Rechtsfolgen predigen kann[85]. Auch wegen der Personalität des Unrechts muß nicht stets auf die individuellen Fähigkeiten des Täters abgestellt werden[86]. Abgesehen davon, daß auch diese nur normativ mit Hilfe einer Vergleichsperson festgestellt werden können[87], ist die Personalität des Täters nicht der einzig leitende Gesichtspunkt des Unrechts, da die Rechtmäßigkeit des Verhaltens eines Dritten vom Verhalten des Täters abhängen kann, wie der Vertrauensgrundsatz im Straßenverkehr zeigt. Für das Unrecht als Element der

---

StVO und § 222 StGB Gesetzes- oder Idealkonkurrenz, so müßte die Sorgfaltspflicht in § 1 StVO im Tatbestand und bei Zugrundelegung der Schuldlösung für § 222 StGB in der Schuld geprüft werden, obwohl es sich um ein und dieselbe Sorgfaltspflichtverletzung handeln kann.

Außerdem treten Unstimmigkeiten beim sog. „Rechtswidrigkeitszusammenhang" auf. In der Literatur (z. B. *Binavince*, S. 209 ff.; *Jescheck*, Lehrbuch, S. 441 f.; *Maurach*, Strafrecht AT, S. 538 ff.; *Mezger*, JZ 1958, 281; LK *[Mezger]* 8. Aufl., 1. Band, § 59, Anm. 23 c; *Mühlhaus*, Fahrlässigkeit, S. 26 ff.; *Roxin*, ZStW 74, 411 (430 ff.); ders., ZStW 78, 214; *Schönke/Schröder*, vor § 1, Anm. 57 a; *Ulsenheimer*, Pflichtwidrigkeit und Erfolg; ders., JZ 1969, 364; *Welzel*, JuS 1966, 424 f.) und in der Rechtsprechung (z. B. BGHSt 11, 1; 21, 59) ist bei dogmatisch unterschiedlichen Lösungswegen anerkannt, daß wegen fahrlässiger Tötung in derartigen Fällen nur bestraft werden kann, wenn der eingetretene Erfolg gerade auf der Verletzung der Sorgfaltspflicht beruht. Obwohl *Mezger* auch dieses Problem in der Schuld lösen will (LK, 8. Aufl., 1. Band, § 59, Anm. 23 c), kann es sich nicht um eine reine Schuldfrage handeln. Für ihn geht es nämlich um den objektiven Zusammenhang zwischen Elementen aus zwei Verbrechensmerkmalen, nämlich der Sorgfaltspflicht als Schuldelement einerseits und dem eingetretenen — nicht nur möglichen — Erfolg als Tatbestandsmerkmal andererseits. Dies müßte dogmatisch konsequent eigentlich in einem zusätzlichen übergreifenden Verbrechensmerkmal geprüft werden, da das Problem weder in der Schuld, die den eingetretenen Erfolg nicht enthält, noch im Tatbestand, dort schon gar nicht, da für *Mezger* die Sorgfaltspflicht noch nicht festgestellt ist, gelöst werden kann. Diese Konsequenz gilt auch für *Maurach*, Strafrecht AT, S. 539, der das Problem in der Tatverantwortung ansiedelt. *Mühlhaus*, Fahrlässigkeit, S. 26, 28, weist darauf hin, daß es nach seiner Auffassung auch der BGH nicht als Schuldfrage versteht. Vgl. auch *Münzberg*, S. 134; *Mezger/Blei*, Kurzlehrbuch AT, S. 219 f.

83 *Gallas*, ZStW 67, 1 (44 f.); *Krauss*, Zurechnung, S. 121 ff.; *Stratenwerth*, Strafrecht AT I, Rdn. 1167. — *Jakobs*, S. 48 ff., stellt bei der Bestimmung der Verhaltensnorm auf die Vermeidbarkeit durch den konkreten Täter ab.

84 Vgl. oben S. 98 f.

85 *Thon*, S. 77; vgl. auch *Mezger*, GS 89, 207 (242 ff.).

86 So aber *Krauss*, Zurechnung, S. 126, *Stoll*, JZ 1958, 137 (143).

87 *Jescheck*, Lehrbuch, S. 320, und die dort in Fußn. 15 Genannten.

sozialen Ordnung ist die Berücksichtigung der Lage auch des anderen jeweils ex ante und generell unbedingt erforderlich[88]. Das Handlungsunrecht ist daher nicht nur täterpersonal, sondern auch „sozialpersonal". Daraus ergibt sich eine objektivierende Tendenz des Rechts und die Feststellung, daß die Individualität im Unrecht nur wichtig sei, als was sie gelten soll[89]. Sorgfaltspflicht und Vorhersehbarkeit werden in der Rechtswidrigkeit aus materiellen Erwägungen[90] generell bestimmt, und nicht nur aus technischen Gründen. Das Problem der Abgrenzung tritt für die hier abgelehnte Ansicht wegen der Normativität auch des Individuellen im Prinzip ebenso auf. Der generellen Sorgfaltspflicht und Vorhersehbarkeit sollte als Stufe im Verbrechensaufbau dann auch das Prädikat rechtswidrig zugeteilt werden.

b) Das Verhältnis des erlaubten Risikos zur generellen Sorgfaltspflicht (Fallgruppe 1)

Ist die generelle Sorgfaltspflicht Unrechtselement, so bleibt die Frage zu erörtern, in welchem Verhältnis sie zum erlaubten Risiko steht. Wie oben bei der Inhaltsbestimmung dargelegt, entsteht das Problem des erlaubten Risikos nur dann, wenn zwar die gefährliche Handlung gebilligt ist, nicht aber unmittelbar der eintretende Erfolg. Auch die Verletzung der generellen Sorgfaltspflicht setzt notwendig eine gefährliche Handlung[91] voraus und der so bestimmte Handlungsunwert ist ebenfalls geeignet, jene differenzierende Bewertung von Handlung und eingetretenem Erfolg zu ermöglichen[92]. Da nach der Ausscheidung der generellen Sorgfaltspflicht aus der Schuld ein entsprechendes Merkmal,

---

88 Dieser notwendig generelle Maßstab hat auch erhebliche Bedeutung für diejenigen, die in ihrem Leistungsvermögen hinter den allgemeinen Anforderungen zurückbleiben. Sie müssen, wie diejenigen, die bereits die generelle und die individuelle Sorgfaltspflicht verletzt haben, gewissermaßen gestaffelte weitere generelle „Reservepflichten" beachten, deren Wirksamkeit sich an der ersteren ausrichten muß. Vgl. oben A, I, Fußn. 35.

89 *Liepmann*, S. 144 ff.

90 Dieser Aspekt wird auch von *Jakobs* nur unzureichend beachtet. Sicherlich dienen die Sätze des Strafrechts der Vermeidung bestimmter Erfolge (S. 1). Der Sprung von diesem Ausgangspunkt zur Motivation des individuellen Täters mit allen seinen Schwächen geht aber daran vorbei, daß das Strafrecht den Rechtsgüterschutz nicht nur durch Forderungen an die individuelle Täterperson, sondern auch durch das Aufstellen genereller Mindestanforderungen verwirklicht, die für ein rechtzeitiges und wirksames Ansprechen des Täters und für das Verhalten anderer unumgänglich erforderlich sind. Zu weiteren praktischen Argumenten für eine generelle Sorgfaltspflicht als Unrechtsmerkmal vgl. *Jescheck*, Lehrbuch, S. 428.

91 Für viele *Jescheck*, Fahrlässigkeit, S. 10; *Maurach*, Strafrecht AT, S. 557.

92 Dadurch wird erneut deutlich, daß ein erlaubtes Risiko selbst der Fallgruppe 1 nicht nur in den aufgezeigten Fällen typischer Sozialnützlichkeit der Gefährdung, wie z. B. beim Eisenbahnfahren, sondern in jedem Lebensbereich Bedeutung erlangen kann (*Jakobs*, S. 52).

das zur Lösung der Fälle des erlaubten Risikos dienen könnte, nicht mehr in die Schuld eingefügt werden kann, weil dies strukturell sowohl als gefährliche Handlung wie auch in der Bewertung zu einer sinnlosen Verdoppelung führen würde, muß die generelle Sorgfaltspflicht vorbehaltlich etwaiger Rechtfertigungsgründe auch die Wertmaßstäbe aufnehmen, die das erlaubte Risiko zum erlaubten machen. Zudem kann im Rahmen der generellen Sorgfaltspflicht auch jene objektiv generelle Bewertung berücksichtigt werden, wie sie für einige Fälle des „sozialkongruenten" Risikos typisch ist.

Für die Fallgruppe 1 kommt daher in erster Linie eine Verneinung der Verletzung einer generellen Sorgfaltspflicht als Lösung in Frage. In diesen Fällen fehlt es dann am Handlungsunwert[93].

c) Die generelle Vorhersehbarkeit als Unrechtselement und ihr Verhältnis zum erlaubten Risiko (Fallgruppe 2)

Ohne auf das Verhältnis der generellen Sorgfaltspflicht zur generellen Vorhersehbarkeit im einzelnen eingehen zu müssen, läßt sich sagen, daß die generelle Sorgfaltspflicht, wenn man beide Merkmale überhaupt trennt[94], erst innerhalb der Vorhersehbarkeit Bedeutung gewinnt[95]. Daher wäre es dogmatisch unsinnig, das zuletzt erwähnte Merkmal in der erst im Anschluß an die Rechtswidrigkeit zu prüfenden Schuld zu belassen. Da die Fallgruppe 2 des erlaubten Risikos gerade durch eine Haftungsbegrenzung über die Kausalität hinaus durch das Merkmal der Vorhersehbarkeit gekennzeichnet ist, kommt dieses Unrechtsmerkmal für die Lösung der erwähnten Fälle allein in Betracht. Ist also der Erfolg einer im weitesten Sinne gefährlichen Handlung nicht vorhersehbar, so entfällt ihr Handlungsunwert[96].

III. Das erlaubte Risiko und der straftatbestandsmäßige Erfolg

Selbst wenn dem Handeln in erlaubtem Risiko (Fallgruppen 1 und 2) der Handlungsunwert fehlt, so ergibt sich aus dieser Feststellung noch nicht die Rechtmäßigkeit der gesamten Tat, da die hier allein in Frage kommenden Erfolgsdelikte auch den Erfolg im Straftatbestand enthal-

---

[93] z. B. *Jescheck*, Lehrbuch, S. 190 f., 298.

[94] a. A. *Welzel*, Strafrecht, S. 132.

[95] *Welzel*, Strafrecht, S. 132; *Schönke/Schröder*, § 59, Anm. 181; nicht so deutlich *Jescheck*, Lehrbuch, S. 443. Auch für *Maurach*, Strafrecht AT, S. 538, 556, ist die Sorgfaltspflicht nur im Rahmen der adäquaten Verursachung wichtig.

[96] *Welzel*, Strafrecht, S. 131 ff.; a. A. *Jescheck*, Lehrbuch, S. 443 f.; vgl. dazu unten III, 2, b, bb und dort Fußn. 133.

ten. Auf der unterschiedlichen Bewertung von Handlung und Erfolg beruht aber u. a. gerade die Problematik des erlaubten Risikos, so daß die entscheidenden Schwierigkeiten jeder Lehre vom erlaubten Risiko als Unrechtsbegrenzung an dieser Stelle liegen.

Dabei wird einerseits aus dem infolge einer „erlaubten" riskanten Handlung eingetretenen, mißbilligten Erfolg geschlossen, daß die Tat bzw. die Handlung doch nicht rechtmäßig sei[1], zum anderen fällt es den Vertretern einer Unrechtslehre mit Betonung des Handlungsunwerts schwer, den Unwert des eingetretenen Erfolgs dogmatisch klar auszuscheiden. Er wird als Zufall[2], Unglück[3] oder rechtliches Neutrum[4] angesehen oder überhaupt aus der Rechtswidrigkeit ausgeklammert[5]. Wäre der Erfolg wirklich nur eine objektive Bedingung der Strafbarkeit, so würde die auf den Handlungsunwert beschränkte Rechtswidrigkeit entfallen und das dogmatische Problem des erlaubten Risikos wäre gelöst. Daher muß zunächst geprüft werden, welche Stellung dem Erfolg in der Rechtswidrigkeit zukommt.

1. Die dogmatische Einordnung des eingetretenen Erfolgs

Während die ältere Lehre ganz herrschend[6] das wesentliche Element der Rechtswidrigkeit in der Verletzung des Rechtsgutsobjekts sah und sich grundsätzlich entschieden gegen eine Einbeziehung personaler, vor allem auch subjektiver Elemente wandte, wehren sich einige Vertreter einer rein personalen Unrechtslehre mit der gleichen Entschiedenheit gegen eine auch nur gleichrangige Bedeutung des Erfolgs im Unrecht. Dem Erfolg als Sachverhalts- oder Erfolgunwert soll nur eine gegenüber dem Handlungsunwert untergeordnete Rolle zukommen. Er wird aber auch nicht immer völlig aus der Rechtswidrigkeit entfernt[7]. Einige Autoren haben weitergehend, wenn auch meist vorsichtig, bei der Erörterung des Schuldprinzips auf das in den fahrlässigen Erfolgsdelikten enthaltene Zufallsmoment hingewiesen und angedeutet, daß der Erfolg auch als eine Art objektiver Bedingung der Strafbarkeit

---

[1] *Erdsiek*, JZ 1969, 311 (315); *Kienapfel*, Erlaubtes Risiko, S. 18, 20; *Maurach*, Strafrecht AT, S. 549; *Rehberg*, S. 152 ff.; *Roeder*, Sozialadäquates Risiko, S. 69 ff. (74). — *Wimmer*, ZStW 75, 420 (438 ff.), spricht für die Fälle der Fallgruppe 1 von „rechtsambivalenten" Gefahrhandlungen.

[2] *Binding*, Normen II, 1, S. 247 f., IV, S. 449, Fußn. 2; *Exner*, Fahrlässigkeit, S. 193; *Feuerbach*, Lehrbuch, S. 63; *Luden*, S. 295; *Wessels*, S. 38.

[3] *Binavince*, S. 117; *Exner*, Fahrlässigkeit, S. 164; *Hälschner*, S. 317; *Hardwig*, FS f. *Eb. Schmidt*, S. 459 (465); *Kienapfel*, Erlaubtes Risiko, S. 25; *Maurach*, Strafrecht AT, S. 550; *H. Mayer*, Strafrecht 1936, S. 246; *Niese*, Streik, S. 30 f.; *Eike Schmidt*, JZ 1970, 8 (11); *Welzel*, Strafrecht, S. 135; *Wessels*, S. 38. — *Hardwig*, JZ 1968, 289 (291): „Physikalisches Ereignis."

[4] LK *(Nagler)*, 6. Aufl., 1. Band, S. 362.

[5] *Münzberg*, S. 67 ff.

[6] z. B. *Mezger*, Lehrbuch, S. 198 ff.; ders., GS 89, 207 (249 f.); *Rittler*, S. 116.

[7] *Welzel*, Strafrecht, S. 135.

außerhalb des Unrechts gesehen werden könne[8], eine Auffassung, die in letzter Zeit wiederum *Münzberg*[9] strikt vorgetragen hat. Er klammert den Erfolg als besonderes Tatbestandselement aus der Rechtswidrigkeit aus und sieht ihn als „schlichte Strafvoraussetzung" an, wenn er ihn auch aus technischen Gründen nicht so bezeichnen will[10]. Gemeint ist dabei nicht eine objektive Bedingung der Strafbarkeit in dem Sinne, daß sich Rechtswidrigkeits- und Schuldurteil überhaupt nicht auf den Erfolg beziehen sollen, vielmehr ist er als möglicher Erfolg auch für *Münzberg* in der Rechtswidrigkeit als Handlungsunwert unumgänglich[11]. Nur der tatsächliche Erfolgseintritt wird, ohne seine Unrechtsqualität zu leugnen, von der Rechtswidrigkeit völlig losgelöst, so daß allein die Möglichkeit bleibt, ihn als eine wenn auch spezifische Art objektiver Bedingung der Strafbarkeit (Voraussetzung der strafrechtlichen Haftung) anzusehen[12]. Diese dogmatische Kategorie ist bereits für andere Merkmale ein Sammelbecken ohne genaue dogmatische Konturen, wesentlich bestimmt lediglich durch die negative Feststellung, daß diese Merkmale weder zum Unrechts- noch zum Schuldtatbestand gehören[13].

Eine Auseinandersetzung gerade mit diesem extremen Standpunkt *Münzbergs* erscheint auch deshalb erforderlich, weil z. B. *Welzel* trotz grundsätzlicher Einordnung des Erfolgs in die Rechtswidrigkeit eine andere Sicht nicht völlig ausgeschlossen hat[14].

Zunächst versucht auch *Münzberg* wiederum aus dem Wesen der Bestimmungsnorm den Inhalt der Rechtswidrigkeit herzuleiten[15]. Ebenso wie bei *Welzel*[16] soll das negativ bewertete Verhalten der generelle Unwert aller Normen sein, womit zwar der Erfolg als Element der Rechtswidrigkeit nicht zu begründen ist, wobei aber auch offen bleibt, weshalb gerade die Bestimmungsfunktion der Norm oder die Einhaltung der Gesinnungswerte so ausschließlich für den Inhalt der Rechtswidrig-

---

8 *Engisch*, Vorsatz und Fahrlässigkeit, S. 349.

9 *Münzberg*, S. 67 ff.

10 Ebd., S. 79 f.

11 Ebd., S. 120 und Fußn. 238: „Die Rechtswidrigkeit bezieht sich auf den (ex ante feststellbaren) *möglichen* Erfolg, ..., während der *eingetretene* Erfolg Voraussetzung der Haftung ist."

12 Die Rechtswidrigkeit der Handlung und der Erfolg sollen sich wie zwei überschneidende Kreise verhalten, „von Grund auf voneinander unabhängig" (*Münzberg*, S. 72).

13 *Jescheck*, Lehrbuch, S. 418 ff.; *Binavince*, S. 224, Fußn. 74.

14 Fahrlässigkeit, S. 13, Fußn. 24 und S. 20 f.; *Krauss*, ZStW 76, 19 (61), meint, daß der Erfolg bei *Welzel* materiell als objektive Bedingung der Strafbarkeit zu verstehen ist.

15 Verhalten und Erfolg, S. 53 ff.

16 FS f. *Kohlrausch*, S. 107; vgl. auch ZStW 58, 491 (511, Fußn. 30 [S. 513]).

keit maßgebend sein sollen[17]. Aus dieser vom Gesetz her nicht zu rechtfertigenden Totalität seines Standpunktes ergeben sich für *Welzel* dann auch jene Schwierigkeiten, die ihn einerseits zur Anerkennung des Erfolgs als Unrechtsmerkmal wie gleichzeitig zur Leugnung seiner Bedeutung als Unwertfaktor in der Rechtswidrigkeit zwingen.

Den entscheidenden Grund für die Ausklammerung des Erfolgs aus der Rechtswidrigkeit findet *Münzberg* dann auch in der Sicht des Unrechts selbst[18], und zwar dem der unechten Unterlassungstat bei einem Erfolgsdelikt. Das Unterlassen führe mangels echter Kausalität keine Rechtsgutsverletzung herbei, so daß für die Rechtswidrigkeit allein die Vorstellung einer gebotenen Handlung entscheidend sei, mithin die Abweichung vom Sollen, das nicht Wirklichkeit, sondern Forderung des Rechts sei. Das Unrecht der Unterlassungsdelikte ist zwar ohne den Pflichtgedanken nicht sinnvoll zu lösen. Fraglich ist aber, ob aus der fehlenden Faktizität der Unterlassung der Ausschluß des Erfolgs aus der Rechtswidrigkeit zwingend gefolgert werden kann. Durch ein Unterlassen ist keine echte Verursachung des Erfolgs möglich[19], es kann nur die potentielle oder hypothetische[20] Kausalität geprüft werden. Die Frage „Wäre der Erfolg vermieden worden, wenn der Täter gehandelt hätte?“ zeigt aber auch die besondere Art des Erfolgs dieser Unterlassungsdelikte auf. Es geht dabei nicht um die Zurechnung des faktisch herbeigeführten, sondern um die eines Erfolgs, der vermieden worden wäre. Mathematisch ausgedrückt wird dem Täter einer Unterlassungstat nicht wie bei der Begehungstat die Veränderung von 0 nach z. B. + 5 zugerechnet, sondern umgekehrt die nicht verhinderte Veränderung, also von + 5 nach 0. Diese Größe ist nun aber lediglich geistig zu erfassen, wie die ebenfalls geistige hypothetische Kausalität. Einzige faktische Voraussetzung der vollendeten Unterlassungsdelikte ist, daß durch eine auf andere Weise ausgelöste Kausalreihe ein tatsächlicher Erfolg herbeigeführt wird. Zugerechnet wird dem Unterlassungstäter gewissermaßen der „negative Erfolg“[21] unter der gerade erwähnten Bedingung[22]. Befinden sich somit „gesollte“ Handlung[23], hypothe-

---

17 *Krauss*, Zurechnung, S. 77; *Krümpelmann*, S. 86 ff.; *Stratenwerth*, ZStR 79, 233 (247 ff.). Auch hier zeigt sich wieder, daß die Grenzen der Rechtswidrigkeit selbständig bestimmt werden müssen, und daß es nicht eine Frage der Norm ist, solange diese als Bewertungsnorm auch den Erfolg erfassen kann.

18 Verhalten und Erfolg, S. 55 ff.

19 Vgl. für viele *Jescheck*, Lehrbuch, S. 467 f. und die dort angegebenen Zitate, vor allem *Armin Kaufmann*, Unterlassung, S. 61 ff.

20 *Jescheck*, Lehrbuch, S. 469; *Armin Kaufmann*, Unterlassung, S. 64 ff.; *Maurach*, Strafrecht AT, S. 591.

21 Zu unterscheiden vom nicht eingetretenen Erfolg.

22 Es ist daher etwas ungenau, von der Zurechnung des Erfolgs zu sprechen (so *Jescheck*, Lehrbuch, S. 468).

23 *Maurach*, Strafrecht AT, S. 59: „Hypothetische Erscheinung“.

tische Kausalität und negativer Erfolg gleichermaßen außerhalb der Seinssphäre, so liegt darin entgegen *Münzberg* kein Grund, Handlung und Erfolg zu trennen. Es läßt sich damit im Gegenteil eher die Notwendigkeit der Einordnung beider Elemente in einem Verbrechensmerkmal begründen[24].

Darüber hinaus spricht gegen die Ausklammerung des Erfolgs aus der Rechtswidrigkeit, daß die relativ scharfe Trennung Handlung — eingetretener Erfolg nicht voll durchführbar ist oder zu Schwierigkeiten führt. Gerade in der Dogmatik der Fahrlässigkeitsdelikte gibt es bestimmte Merkmale, die auf eine Verbindung von Handlung und Erfolg hindeuten[25].

Merkwürdigerweise ergibt sich ausgerechnet für *Welzel* eine solche nicht auflösbare Verknüpfung zwischen Handlung und eingetretenem Erfolg in der Rechtswidrigkeit, wenn er positives Tun und Unterlassen, also eine Frage des Unrechts nach der Art der Kausalität, der Verknüpfung von Handlung und eingetretenem Erfolg, abgrenzt[26].

Näheren Aufschluß müßte weiterhin die Lösung des bereits erwähnten unter dem Ausdruck „Rechtswidrigkeitszusammenhang"[27] bekannten Problems geben, das von *Welzel* als Argument anerkannt wird[28]. Als

---

[24] Daran vermag auch der Umstand nichts zu ändern, daß der Unwert des negativen Erfolgs aus dem positiven abgeleitet wird oder gar mit ihm identisch ist, denn absolut gesehen ergibt sich stets die gleiche Differenz, ob man von 0 bis + 5 oder umgekehrt zählt. Der Einwand, die Tatbestände hätten damit zwei Arten von Erfolgen zum Inhalt und der gesetzliche Tatbestand würde unzulässig erweitert, wird gegen die Einbeziehung der unechten Unterlassungsdelikte in den Bereich der Strafbarkeit allgemein erhoben (hierzu *Jescheck*, Lehrbuch, S. 460 und die dort Genannten). Er trifft auf den negativen Erfolg um so weniger zu, als hier — anders als bei der hypothetischen Kausalität und dem Unterlassen selbst (zur Gleichwertigkeitsproblematik z. B. *Jescheck*, Lehrbuch, S. 475; *Maurach*, Strafrecht AT, S. 589) — über die Bewertung eine enge Verbindung zwischen tatsächlichem und negativem Erfolg vorhanden ist und das Vorliegen des letzteren vom ersteren abhängt.

[25] Soweit hervorgehoben wird, daß die Gefahr für das geschützte Handlungsobjekt Art und Maß der erforderlichen Sorgfalt bestimme, daß der Erfolg im Zeitpunkt der Handlung voraussehbar sein müsse, und daß der Erfolg bestimme, weswegen zu bestrafen sei (*Jescheck*, Lehrbuch, S. 440 f.), läßt sich daraus logisch nur folgern, daß der mögliche bzw. gewollte Erfolg berücksichtigt werden muß, was jedoch von Vertretern der Lehre vom Erfolg als objektiver Bedingung der Strafbarkeit nicht geleugnet wird. Es bedarf des Nachweises von Zusammenhängen zwischen Handlung und tatsächlich eingetretenem Erfolg.

[26] Strafrecht, S. 203.

[27] *Engisch*, Kausalität, S. 66 f.; *Münzberg*, S. 128 ff., der Rechtswidrigkeitszusammenhang i. e. und i. w. Sinne unterscheidet; *Maurach*, Strafrecht AT, S. 538 ff.

[28] Fahrlässigkeit, S. 21; auch *Jescheck*, Lehrbuch, S. 441, begründet mittelbar mit dieser Erwägung die Stellung des Erfolgs in der Rechtswidrigkeit. Vgl. *Binavince*, S. 225, und die bei *Maurach*, Strafrecht AT, S. 539, genannten Autoren.

Beispiel soll der häufig erörterte Fall[29] aus dem Straßenverkehr dienen. Ein Lastkraftwagen überholt einen für den Fahrer nicht erkennbar betrunkenen Radfahrer und hält dabei den erforderlichen Sicherheitsabstand nicht ein. Der Radfahrer lenkt nach links und wird vom Lkw tödlich verletzt. Mit hoher Wahrscheinlichkeit hätte sich der Unfall auch dann ereignet, wenn ein ausreichender Sicherheitsabstand eingehalten worden wäre.

In den Ausführungen von *Münzberg* zeigt sich nun sehr deutlich, daß die Lösung dieser Fälle, wenn man den Erfolg aus der Rechtswidrigkeit ausklammert, zu denselben Schwierigkeiten führt, wie sie bei der Einordnung der generellen Sorgfaltspflicht als Schuldmerkmal entstehen[30]. Die Frage, ob sich ein mißbilligtes Verhalten, hier die Mißachtung des einzuhaltenden Sicherheitsabstandes, im Erfolg ausgewirkt hat, kann weder allein in der als Handlungsunwert verstandenen Rechtswidrigkeit noch allein im Erfolg als Haftungsvoraussetzung im Sinne *Münzbergs* gelöst werden.

Zwischen Handlungsunwert und Erfolg läßt sich zudem eine gewisse Austauschbarkeit und damit ein grundlegender Zusammenhang insofern feststellen, als die Straflosigkeit ein und derselben Tat vom Gesetzgeber sowohl durch Beschränkung der rechtswidrigen Handlung im Sinne *Münzbergs* als auch des strafrechtlich erheblichen Erfolgs erzielt werden kann. Dies muß sogar theoretisch notwendig der Fall sein, wenn sich möglicher und tatsächlich eingetretener Erfolg in Gegenstand und Umfang decken. So versteht *Münzberg*[31] den Erfolg als Verletzung rechtlich geschützter Interessen durch menschliche Handlung, und die rechtswidrige Handlung bezieht ihren Unrechtsgehalt aus dem möglichen Erfolg. Diese Verknüpfung von Handlung und eingetretenem Erfolg müßte ebenfalls dazu führen, beide als Elemente der Rechtswidrigkeit aufzufassen, weil anderenfalls dieselbe Tat entweder nach *Münzbergs* Auffassung rechtswidrig, aber nicht strafbar, oder bereits nicht rechtswidrig ist, je nachdem welche technische Regelung der Gesetzgeber verwendet hat[32].

---

29 BGHSt 11, 1.

30 Vgl. oben II, 4 a, Fußn. 82, 2. Absatz.

31 S. 29.

32 So löst auch *Welzel*, Strafrecht, S. 56, trotz der grundsätzlichen Hervorhebung des Handlungsunwerts in der Rechtswidrigkeit Fälle der sozialen Adäquanz durch Begrenzung des Erfolgsunwerts, wie z. B. bei geringfügigen Körperverletzungen. — Auch *Krümpelmann*, S. 91 f., betont, daß ein Unrechtsurteil zwar ohne Verwirklichung des Erfolgs gefällt werden könne, aber doch die Sinnbeziehung der konkreten Handlung auf den konkreten Erfolg voraussetze, so daß der Unwert des eingetretenen Erfolgs als Unrechtselement anerkannt werden müsse, wenn der Erfolg sogar zum gesetzlichen Tatbestand gehöre. Offen bleibt hier allerdings, weshalb alles Unrecht gerade zur Rechtswidrigkeit gehören muß.

Da sich nach alledem die scharfe Trennung zwischen Rechtswidrigkeit und Erfolg nicht aufrecht erhalten läßt, ist auch einer Lehre vom Erfolg als objektiver Bedingung der Strafbarkeit der Boden entzogen. Nicht geleugnet wird, daß die Sicht von Handlungs- und Erfolgsunwert in der Rechtswidrigkeit Differenzierungen notwendig macht. Diese sind jedoch nicht so grundsätzlicher Art, daß eine Verteilung beider Elemente in verschiedene Verbrechensmerkmale zu rechtfertigen wäre.

Welzel versteht dann auch folgerichtig den Erfolg als Unrechts- und Rechtswidrigkeitselement, beschränkt seine Bedeutung jedoch auf eine Auslesefunktion[33]. Mit diesem und anderen Ausdrücken wird der Eindruck erweckt, als trete der Erfolg lediglich als neutraler Faktor zum Zwecke einer Limitierung der Rechtswidrigkeit hinzu. Die Rechtswidrigkeit bleibe aber nach wie vor nur Handlungsunwert, personales Unrecht. Da der Erfolg einen Unwert hat[34], und die Rechtswidrigkeit sowie das Unrecht wie oben erörtert daher aus zwei Unwertelementen bestehen, kann deren Verhältnis axiologisch nur als Einheit gesehen werden[35], die weder allein Handlungsunwert noch allein Erfolgsunwert sein kann. Welchem der beiden Elemente in der neuen Kategorie größere Bedeutung zukommt, ist wiederum eine Wertungsfrage, die von verschiedenen Gesichtspunkten aus verschieden beantwortet werden kann. Diese Überlegung wird noch dadurch bestätigt, daß es für Unrecht und Rechtswidrigkeit nicht nur darauf ankommt, ob überhaupt ein Erfolg eintritt, sondern auch auf die Art und den Umfang der Verletzung des Rechtsgutsobjekts, was deutlich in den unterschiedlichen Strafdrohungen der §§ 222, 230 StGB und bei den fahrlässig verursachten besonderen Folgen der §§ 224, 226 StGB und der davon abhängigen Bestimmung der Sorgfaltspflichten zum Ausdruck kommt. Für eine Auslesefunktion würde das Ob genügen.

Kann der Erfolg daher auch nicht als lediglich formale Kategorie den Handlungsunwert begrenzen, ohne den gesamten Unwert der Tat gleichzeitig seinem Wesen nach zu verändern, so bleibt festzuhalten, daß der Erfolg entsprechend der herrschenden Meinung[36] nicht nur ein Element des Unrechts, sondern auch des Verbrechensmerkmals Rechtswidrigkeit sein muß.

Die entscheidende weitere Frage ist nun, welche Bedeutung dem Erfolg als Unwert in diesem Rahmen zukommt.

---

[33] Strafrecht, S. 136.
[34] Ebd., S. 62.
[35] Vgl. auch *Binavince,* S. 226.
[36] Vgl. z. B. *Baumann,* S. 190; *Jescheck,* Lehrbuch, S. 180, 440; *Maurach,* Strafrecht AT, S. 225; *Stratenwerth,* Strafrecht AT I, Rdn. 212 ff.; *Welzel,* Strafrecht, S. 62; *Wessels,* S. 2.

2. Die Grenzen des Erfolgsunwerts in der Rechtswidrigkeit

Von den Autoren, die das für die Rechtswidrigkeit entscheidende Unrecht allein in der kausalen Herbeiführung eines mißbilligten Erfolgs sehen, wird den Vertretern einer Lehre vom Unrecht als Handlungs- und Erfolgsunwert vorgehalten, daß trotz der Handlung im erlaubten Risiko, des daher fehlenden Handlungsunwerts, der Erfolgsunwert in der Rechtswidrigkeit nicht entfiele[37]. Das Handeln des Täters bleibe im „roten Bereich strafrechtlicher Verbote"[38]. „Unweigerlich würde sonst das Schreckgespenst der rechtmäßigen Tötung in Straßenverkehr, am Arbeitsplatz, bei der Operation, im Boxring" heraufziehen[39]. Diese Problematik ist nun keinesfalls neu, sie stellte sich bereits den Vertretern der älteren Lehre vom Erfolg als entscheidendem Unrechtselement, sobald das erlaubte Risiko von ihnen als Problem der Rechtswidrigkeit aufgefaßt wurde. Und zwar gilt dies nicht nur für die Lösungen des erlaubten Risikos im Tatbestand, sondern auch für einen entsprechenden Rechtfertigungsgrund. Ist Unrecht allein die Herbeiführung des Erfolgs, so kann der Erfolgsunwert seine Bedeutung auch nicht durch einen Rechtfertigungsgrund verlieren, wenn diesem — wie beim erlaubten Risiko — angeblich nur die Bewertung der Handlung zugrunde liegt, und eine Begründung für den Wegfall des Erfolgsunwerts fehlt. Dies ist dann auch der entscheidende Mangel in der Argumentation all derer, die bei Nichtanerkennung des Handlungsunwerts als positives Rechtswidrigkeitselement im Grunde mit seinem Fehlen in Form eines Rechtfertigungsgrundes auch den Erfolgsunwert ohne Begründung entfallen lassen, wie es etwa *Schröder* und *Baumann*[40] tun.

Als Lösung des Problems diente den älteren Theorien vom erlaubten Risiko im Unrecht die Lehre vom Zufall, die als Gegenstück zur Fahrlässigkeitslehre sowohl in der Strafrechtswissenschaft[41] als auch für das Zivilrecht[42] seit langem zur Eliminierung der Bedeutung des Erfolgs erörtert wurde. So versteht etwa *Binding* den bei Einhaltung des maßvollen Risikos eingetretenen Erfolg als Zufall und zwar ohne Rücksicht darauf, ob der dogmatische Schwerpunkt der Lösung dieser Fälle in der Rechtswidrigkeit oder in der Schuld zu sehen ist[43]. Die

---

37 *Kienapfel*, Erlaubtes Risiko, S. 18, 20; *Maurach*, Strafrecht AT, S. 550.

38 *Kienapfel*, Erlaubtes Risiko, S. 18.

39 *Kienapfel*, Erlaubtes Risiko, S. 20; *Lehmann*, FS f. *Hedemann*, S. 177 (189); *Wimmer*, ZStW 75, 420 (421).

40 *Schönke/Schröder*, vor § 51, Anm. 49; *Baumann*, S. 307, 259 ff.

41 Vgl. z. B. *Exner*, Fahrlässigkeit, S. 193; *Feuerbach*, Lehrbuch, S. 63; *Luden*, S. 295.

42 Vgl. z. B. *Rümelin*, Der Zufall im Recht, 1896.

43 *Binding*, Normen II, 1, S. 247 f. und Normen IV, S. 449, Fußn. 2; *Exner*, Fahrlässigkeit, S. 164, und *Hälschner*, S. 317, sprechen vom „Unglück". Vgl. auch *Kienapfel*, Erlaubtes Risiko, S. 25.

Entwicklung personaler Elemente im Unrecht führte zwar zur Anerkennung des Handlungsunwerts, der in den Fällen des erlaubten Risikos gerade fehlt, der Erfolgsunwert wurde und wird jedoch weiterhin als Zufall[44] oder Unglück[45] abgetan. Versucht man dem sachlichen Gehalt jener Begriffe näher zu kommen, so fällt auf, daß alle entscheidenden Veränderungen der Dogmatik der Fahrlässigkeit zu entsprechenden Inhaltsänderungen auch dieser Begriffe geführt haben. Stand der Zufall zunächst in Beziehung zur Kausalität[46], dann zur Vorhersehbarkeit[47], so sieht *Welzel* das „Unglück" heute als Entsprechung zur Sorgfaltspflichtverletzung unter Einbeziehung der Vorhersehbarkeit[48]. Der sachlich entscheidende Gesichtspunkt ist aber die positive Bestimmung der Zurechnung eines Erfolgs und nicht deren Ausschluß. Das Strafrecht fragt grundsätzlich nach den Kriterien der positiven Zurechnung. Der als Gegensatz verstandene Zufall leitet seinen Inhalt nur daraus ab und läßt sich nicht selbständig bestimmen. *Rümelin* hat daher richtig bemerkt, daß dieser Begriff „an Bedeutung verliert, sobald der positive Haftungsgedanke klar erkennbar ist"[47]. Das gesamte Problem des Erfolgsunwerts wird dadurch nur verdeckt, da Sorgfaltspflicht und Vorhersehbarkeit als Grenzen des Handlungsunwerts nicht direkt auf den Erfolgsunwert einwirken. Genau besehen wird also stillschweigend ohne Begründung aus dem Wegfall des Handlungsunwerts auch auf den des Erfolgsunwerts geschlossen[49], obwohl gerade dieser problematisch ist.

Die Überlegung liegt nahe, daß mit der Billigung der gefährlichen Handlung stets auch der Erfolg gebilligt ist, da die Gefahr ohne den Erfolg inhaltlich nicht bestimmt werden kann[50]. Der gefährlichen Handlung, dem erlaubten „Risiko" liegt aber ein objektiv personaler Gefahrbegriff zugrunde, also ein objektives Wahrscheinlichkeitsurteil aus der Situation des Täters[51]. Diese Beurteilung der Bedeutung der Handlung für Rechtsgutsobjekte muß sich nun wegen der begrenzten Beurteilungsgrundlage nicht mit der tatsächlichen Bedeutung der Tat für den konkreten Erfolgseintritt decken. Selbst wenn man die sich aus der Handlung ergebende rein objektive Gefahr ebenfalls noch als gebilligt an-

---

44 *Wimmer*, NJW 1958, 520 (522); *Wessels*, S. 38.

45 *H. Mayer*, Strafrecht 1936, S. 246; *Niese*, Streik, S. 30 f.; *Welzel*, Strafrecht, S. 135; *Wessels*, S. 38; vgl. auch *Kienapfel*, Erlaubtes Risiko, S. 25.

46 *Luden*, S. 295.

47 *Rümelin*, S. 53.

48 Strafrecht, S. 135.

49 z. B. verneint auch *Zipf*, ZStW 82, 546 ff., in den Fällen des sozialadäquaten Risikos den Handlungsunwert, geht auf den verbleibenden Erfolgsunwert aber nicht ein.

50 *Nowakowski*, Jur. Bl. 1972, S. 19 (26 f.); *Schmidhäuser*, Lehrbuch AT, S. 235.

51 Vgl. oben 1. Kapitel, II, 3.

sieht, gilt dies nicht ohne weiteres für die Bewertung des dann tatsächlich eingetretenen Erfolgs, der größer sein kann[52]. Hinzu kommt, daß bei der Bewertung der riskanten Handlung häufig die Gefährlichkeit nur gewissermaßen statistisch an Hand von Erfahrungen aus vielen Fällen für Rechtsgutobjekte dieser Art festgestellt werden kann und nicht gerade in bezug auf das nachher verletzte Rechtsgutobjekt. Gerade in einem derart unsicheren Urteil über die Billigung der Gefahr ist stets auch die Möglichkeit des Ausbleibens des Erfolgs als besonderer Wertfaktor enthalten. Die Hinnahme des eingetretenen Erfolgs läßt sich also nicht einfach daraus herleiten, daß in der Billigung der gefährlichen Handlung auch die eines Erfolgs dieser Art und dieses Umfangs gedanklich mit enthalten ist. Entweder haben also jene Autoren recht, die wegen des verbleibenden Erfolgsunwerts eine Lösung der Fälle des erlaubten Risikos in der Rechtswidrigkeit ablehnen, oder es muß eine Begründung für die Verneinung auch dieses Unrechtselements gefunden werden, die über die Etikettierung als Zufall hinausgeht.

a) Die Auswirkung im Erfolg

Auffällig ist, daß dem Täter als Erfolgsunwert stets der gesamte Wert des verletzten Rechtsgutsobjekts zugerechnet wird und eine Korrektur allenfalls in der Strafzumessung erfolgt. Weitgehend daraus erklärt sich auch die Wirkung jener für die dogmatische Einordnung des erlaubten Risikos in der Rechtswidrigkeit verblüffenden Formulierung von der „rechtmäßigen Tötung im Straßenverkehr". Die zunächst an der reinen äquivalenten Kausalität orientierte Zurechnung macht es im Strafrecht unmöglich, für das Unrecht in der Rechtswidrigkeit zu unterscheiden, ob der Täter einen anderen direkt ins Gesicht schlägt, oder ob dieser als Arbeiter die gleiche Verletzung infolge eines Erdrutsches in einem Bergwerk erlitten hat, in das er vom Täter hineingeschickt worden ist. Durch verschiedene Theorien wurde versucht, derartige Fälle dennoch differenziert zu lösen. Vor allem im Bereich der Kausalität sollte die reine Äquivalenztheorie, die allein das Ob einer Handlung als Bedingung wertfrei zu bestimmen vermochte, durch die Frage auch nach dem Umfang der Auswirkung gerade dieser Bedingung im Erfolg begrenzt werden. Dies konnte einmal dadurch geschehen, daß von der Handlung her gesehen bestimmte Erfolge ausgeschlossen wurden, so etwa durch die Adäquanztheorie[53], oder daß umgekehrt vom Erfolg her gefragt wurde, auf welche Bedingung dieser insbesondere

---

[52] Daß der Täter ein erlaubtes Risiko nicht meiden soll, beseitigt daher nicht ohne weiteres die Zurechnung des eingetretenen Erfolgs (a. A. *Jakobs*, S. 91).

[53] *v. Kries*, Vierteljahresschrift für wiss. Philosophie 12, S. 240.

zurückzuführen ist, was mit Hilfe der sog. individualisierenden Theorien[54] versucht wurde. Diese Lehren betrafen nicht mehr die Kausalität, sondern die normative Zurechnung[55]. Ihr entscheidender Mangel für das hier zu untersuchende Problem liegt darin, daß auch sie die Zurechnung des Erfolges allein im Sinne eines aut — aut zu lösen vermochten, was wiederum die Zurechnung des gesamten Erfolgs zur Folge hatte. In welchem Umfang ein Erfolg, welcher Teil des Erfolgs dem Täter zur Last fällt, läßt sich theoretisch weder durch Ausklammerung bestimmter Erfolge in ihrer Gesamtheit noch durch Beschränkung der Bedingungen auf bestimmte Ursachen, durch die wiederum der ganze Erfolg zugerechnet wird, erreichen. Auf der einen oder anderen Seite wird jeweils vergröbert. U. a. daraus erklären sich die vielen Varianten der Adäquanztheorie sowie der individualisierenden Theorien. Die mit der Äquivalenztheorie verbundene Gleichwertigkeit aller Bedingungen kommt so auch in diesen Theorien in der Gleichwertigkeit des eingetretenen Erfolgs für alle „Ursachen" zum Durchbruch. Aber auch innerhalb der adäquat verursachten Erfolge müßte nach der jeweiligen Auswirkung in diesen Erfolgen unterschieden werden.

Durch die Anerkennung des sehr stark differenzierbaren Handlungsunwerts schien es dann so, als ob dadurch auch der Erfolgsunwert gewissermaßen automatisch mitdifferenziert werden könnte. Dieser Gedanke steht im Grunde genommen hinter den erwähnten Lösungen, die stillschweigend vom fehlenden Handlungswert auf den fehlenden Erfolgsunwert schließen. Indessen genügt auch hier der Hinweis auf die unterschiedlichen Beurteilungsstandpunkte, für den Handlungsunwert ex tunc, für den Erfolgsunwert ex nunc, um den Mangel der Begründung für diese Schlußfolgerung aufzuzeigen. Will man den Umfang der dem Täter im Einzelfall zuzurechnenden Auswirkungen im konkreten Erfolg bestimmen, so muß die Untersuchung beim Erfolg ansetzen. Aber gerade das hat vermutlich davon abgehalten, ein theoretisches Konzept zu entwickeln. Die Ursachenketten, die bei den Begehungsdelikten zum Erfolg führen, können mit ziemlicher Klarheit anhand der Naturgesetze etc. getrennt werden[56], im Erfolg sind sie aber real ein unauflösbares Ganzes. Welcher Teil des Todes ist etwa in dem bereits erwähnten Radfahrerfall[57] real auf den Lkw-Fahrer, welcher auf den Radfahrer selbst zurückzuführen? Und doch ist es nicht überzeugend, deshalb den Erfolg stets nur ganz oder gar nicht als Unwert zuzurechnen.

---

[54] Vgl. z. B. *Binding*, Normen I, S. 116, II, S. 492; *Birkmeyer*, GS 37, 257, 272 ff.; LK *(Nagler)*, 6. Aufl., 1. Band, S. 26 ff.

[55] *Jescheck*, Lehrbuch, S. 213; *Maurach*, Strafrecht AT, S. 202; *Welzel*, Strafrecht, S. 47; *Wessels*, S. 37 ff.

[56] Zu den Mängeln der Äquivalenztheorie: *Jescheck*, Lehrbuch, S. 190 f.

[57] BGHSt 11, 1.

Ein Lösungsversuch kommt zwar nicht umhin, von der gegebenen realen Unteilbarkeit des Erfolgs bei den hier interessierenden Delikten der §§ 222, 230 StGB auszugehen[58], jedoch ist damit eine Aufspaltung des Erfolgs in geistiger Ebene nicht ausgeschlossen. Dies kann zwar nicht direkt geschehen, jedoch könnte über die Entstehung des Erfolgs mittelbar eine Annäherungslösung gewonnen werden, da der Erfolg sehr eng mit der ihm vorangehenden Gefahr verbunden ist. Ohne vorherige Gefahr entsteht kein Erfolg, und sei dieser auch zeitlich und räumlich noch so eng mit der Ursache verknüpft[59]. Bei abstrakten Rechtsgütern lassen sich beide Zustände kaum unterscheiden[60], und bei den konkreten Gefährdungsdelikten wird die Gefahr selbst als Erfolg behandelt. Zudem ist auch die zeitliche Verkürzung etwa des Lebens eines ohnehin bereits Todgeweihten als Erfolg im Sinne des § 222 StGB anerkannt[61]. Tötung ist Wegnahme von Lebenschancen. Gefahr und Erfolg sind also beide als Einwirkungen auf die Lebenschance eng verknüpft. Obwohl sie verschieden sind, besteht zwischen ihnen strafrechtlich lediglich ein Intensitätsunterschied[62]. Es liegt daher nahe, zu versuchen, den Erfolg geistig so aufzuteilen, wie den vorhergehenden Gefahrzustand. Das setzt aber zunächst voraus, daß Gefahrzustände überhaupt quantitativ in bezug auf verschiedene Ursachen aufteilbar sind. Diese Frage ist in letzter Zeit wiederum im Zusammenhang mit dem Problem des bereits erwähnten sog. Rechtswidrigkeitszusammenhangs diskutiert worden[63].

Roxin[64] hat als Entscheidungskriterium für jene Fälle vorgeschlagen, zu prüfen, „ob bei der konkret zur Beurteilung stehenden Sachgestaltung die Chance des Erfolgseintritts durch das unkorrekte Täterverhalten gegenüber dem erlaubten Risiko erhöht worden ist“. Wenn ja, so liege „eine tatbestandserfüllende Pflichtverletzung vor“, wenn nein, so könne „dem Handelnden der Erfolg nicht zur Last gelegt werden“[65]. An diesen Formulierungen läßt sich bereits erkennen, daß *Roxin* zwischen zwei Überlegungen schwankt, nämlich, ob das Problem im Bereich der Sorgfaltspflicht durch Ausscheidung von „tatbestandsirrelevanten Pflicht-

58 *Welzel*, Strafrecht, S. 47. Indessen geht die Behauptung, daß Wirkungsanteile keine Rolle spielen, zu weit. Bei den folgenden Überlegungen zum Erfolgsunwert sind sie zumindest gedankliche Notwendigkeit.

59 Für viele *Münzberg*, S. 66.

60 *Maurach*, Strafrecht AT, S. 283; *Münzberg*, S. 38.

61 *Schönke/Schröder*, vor § 211, Anm. 10.

62 *Jescheck*, Lehrbuch, S. 198; *Maurach*, Strafrecht AT, S. 238.

63 So schon *M. L. Müller*, S. 27, zur Erhöhung der Gefahr durch eine Handlung.

64 ZStW 74, 411 (430 ff.); ZStW 78, 214 ff. im Anschluß an *Engischs* Begriff von der „Verwirklichung der Gefahr“ (Kausalität, S. 61 ff.; Vorsatz und Fahrlässigkeit, S. 77, 377); vgl. auch *Rudolphi*, JuS 1969, 549 (553 f.).

65 ZStW 74, 411 (431 f.).

verletzungen"[66] oder ob es mehr im Bereich des Erfolgs durch Verneinung der Zurechnung dieses Erfolgs und damit durch Trennung bestimmter Erfolge von der tatbestandsmäßigen Handlung zu lösen ist. Hier zeigen sich Parallelen zu den erwähnten Kausaltheorien. Es geht letztlich auch um dasselbe, nämlich um die objektive Zurechnung. *Jescheck* hat sich der Meinung von *Roxin* mit Modifizierung angeschlossen[67]. Er betont die Einschränkung auf der Erfolgsseite. Die Pflichtverletzung muß sich im Erfolg „ausgewirkt"[68] haben, dieser muß „mit auf dem Pflichtverstoß beruhen". Dies soll ähnlich wie bei *Roxin* gegeben sein, wenn die Sorgfaltspflicht zu einer gegenüber der Normalgefahr „erheblich gesteigerten Gefährdung"[67] geführt hat[69]. Die Gefahr wird also in dem Umfang, wie die einzelnen Kausalketten, die zu einem Erfolg führen, aufgeteilt. Die z. B. von dem betrunken fahrenden Radfahrer für sich selbst ausgehende Gefahr wird durch das zu dichte Vorbeifahren vergrößert, nach *Jescheck* muß sie sogar erheblich verstärkt werden. Die Differenz zwischen der Größe beider Gefahren entspricht dem Anteil des Lkw-Fahrers. Wenn *Roxin* auch stets vom Pflichtverstoß ausgeht, so ist das für die hier allein interessierende Frage nach der Auswirkung in einem Erfolg nicht erforderlich. Diese kann für jede Ursache festgestellt werden, gleichgültig ob es eine Handlung und ob diese pflichtwidrig ist oder nicht. Das entscheidende Moment ist die Gefahr, die zwar in jeder Pflichtverletzung auch enthalten ist[70], wobei es sich aber um unterschiedliche Gefahrbegriffe handelt, da z. B. die Gefährlichkeit der Handlung im Zeitpunkt ihrer Vornahme, auf den es für die Beurteilung der Sorgfaltspflicht ankommt, durch spätere Kausalitätsveränderungen verschoben oder gar ausgeschlossen werden kann. Diese Lehre ist auf großen Widerstand gestoßen[71]. *Ulsenheimer* wirft *Roxin* vor, daß sein Prinzip der Gefahrerhöhung nicht zu richtigen Ergebnissen führen könne, da die Frage der Gefahrerhöhung durch Pflichtwidrigkeit stets ex ante und ohne Ausnahme positiv zu beantworten sei[72]. Soweit sich *Ulsenheimer* auf die Literatur beruft und zur Bestimmung dieses ex-ante-Urteils Verhältnisse oder Faktoren ausschließt, die bereits vorhanden sind, aber erst nach dem Erfolgseintritt bekannt werden[73], so unterstellt er ohne Begründung einen Gefahrbegriff, der

[66] ZStW 74, 411 (431 f.). — Dagegen *Salm*, Das vollendete Verbrechen I, 2, S. 30 f.

[67] Lehrbuch, S. 441.

[68] Fahrlässigkeit, S. 16.

[69] Ähnlich auch *Lackner/Maassen*, § 59, Anm. 2 a, bb; *Rudolphi*, JuS 1969, 549 (553); *E. A. Wolff*, Kausalität, S. 27.

[70] *Jescheck*, Fahrlässigkeit, S. 10.

[71] *Salm*, Das vollendete Verbrechen I, 2, S. 28 ff.; *Ulsenheimer*, Pflichtwidrigkeit und Erfolg, S. 132 ff.; ders., JZ 1969, 364.

[72] JZ 1969, 364 (366); ähnlich auch *Salm*, Das vollendete Verbrechen I, 2, S. 31.

[73] JZ 1969, 364 (366 f.).

vielleicht für die Feststellung der Pflichtverletzung sinnvoll ist, jedoch nicht für die Frage nach der Auswirkung im Erfolg. Hier zeigt sich deutlich, daß dieses Problem von der Pflichtverletzung unabhängig ist. Es geht hier nicht darum, eine Pflichtverletzung zu begründen oder zu verneinen, sondern lediglich um die Bestimmung eines Erfolgsanteils für eine bestimmte Ursache. Selbstverständlich ist ein Gefahrurteil stets nur ex ante aufstellbar, denn ex post bestünde immer Sicherheit[74]. Dieses Urteil ist jedoch verschieden, je nachdem, ob man die Kenntnis des Täters bzw. eines Dritten in der gleichen Situation oder die Kenntnis aller zur Zeit des Urteils bereits vorhandenen Tatsachen als Grundlage wählt[75]. Mit anderen Worten, es ist ein subjektiv oder objektiv personales und ein objektiv ex-ante-Urteil denkbar. Das Letztgenannte ist hier im Unterschied zu dem oben[76] erörterten Risikobegriff für das erlaubte Risiko gemeint, wenn *Roxin* erklärt, daß auf Grund der „konkreten zur Beurteilung stehenden Sachgestaltung“[77] zu urteilen sei. Dies ist auch berechtigt, denn der Erfolg selbst ist insoweit nicht personal, so daß die ihm vorgelagerte Gefahr als Zustand in bezug auf das Rechtsgutsobjekt, und darauf kommt es hier wie auch bei den Gefährdungsdelikten vor allem an, ebenso objektiv ohne Rücksicht auf die menschlich begrenzten Erkenntnismöglichkeiten des Täters in einer bestimmten Situation zu beurteilen ist[78]. Anderenfalls könnte die Auswirkung eines Blitzes im Erfolg nicht bestimmt werden. Umgekehrt kann auch ein Sonderwissen bzw. die tatsächlich gegebene Voraussicht hier keine Rolle spielen, noch weniger der darauf erst aufbauende Wille.

Wählt man richtig einen objektiven Maßstab, so bleibt dennoch die Frage, ob nicht in jedem Fall bereits die mögliche Ursächlichkeit einer Handlung zu einer Gefahrerhöhung führt[79]. Ist die Ursächlichkeit ausgeschlossen, so kann von Gefahr keine Rede sein. Die überhaupt mögliche Kausalität einer Ursache ist also die Voraussetzung für das Ob einer Gefahr und damit auch einer Gefahrerhöhung. Sie ermöglicht gleichzeitig ein Wahrscheinlichkeitsurteil, und wenn die Gefahr ganz allgemein gefaßt wird, liegt bei möglicher Kausalität auch stets eine Ge-

---

[74] *Mezger/Blei*, Kurzlehrbuch AT, S. 150.

[75] Zu dieser Unterscheidung vgl. *Mezger/Blei*, Kurzlehrbuch AT, S. 150 f. *Schröder*, ZStW 81, 1 (11 ff.), verbindet den objektiv personalen mit dem „objektiv ex ante“ Begriff.

[76] Vgl. oben 1. Kapitel, II, 3.

[77] *Roxin*, ZStW 74, 411 (432).

[78] Indessen wird die Verwechslung der Gefahrbegriffe durch *Roxin* selbst insofern nahegelegt, als er mehrfach durch die fehlende Gefahrerhöhung die Pflichtwidrigkeit ausschalten will und so die Möglichkeit für einen personalen Beurteilungsmaßstab eröffnet (ZStW 74, 411 [432]).

[79] Zum Zusammenhang zwischen Äquivalenztheorie und Gefahr vgl. *Schröder*, ZStW 81, 1 (12).

fahr[80] und damit eine Gefahrerhöhung vor[81]. Daß diese Gefahr von sehr verschiedener Größe sein kann, ist selbstverständlich. Sprachlich wird der Ausdruck kaum im obigen Sinne verwandt werden[82]. *Ulsenheimer* betont also mit Recht, daß in den hier interessierenden Fällen stets eine Gefahrerhöhung zu bejahen ist. Um nun die Gefahrengröße festzustellen, muß die vorhandene Gefahr vor Eingreifen der weiteren Kausalketten bestimmt und mit der Gesamtgefahr nachher verglichen werden. Die sich dann ergebende Gefahrerhöhung ist festzuhalten in ihrem Verhältnis zur vorherigen Gefahr. Treten keine weiteren Ursachen hinzu, so muß die Zurechnung des Erfolgs nach diesem Verhältnis erfolgen. Greifen weitere Kausalketten ein, so ist in der gleichen Weise zu verfahren. Der Gefahrenanteil des Täters kann sich dabei entscheidend verschieben. Stets kommt es für die Auswirkung im Erfolg auf die Aufteilung des dem Erfolg unmittelbar vorhergehenden Gefahrenzustands an, so daß eine weitere Verschiebung der Gefahranteile ausgeschlossen ist.

Bei dieser Sicht wäre der Erfolg theoretisch aufteilbar und auch die Ungerechtigkeit der vorbehaltlich der Strafzumessung erfolgenden Zurechnung des gesamten Erfolgs beseitigt. Da durch die Feststellung der Erfolgsanteile keinesfalls bereits über Bestehen oder Wegfall des Erfolgsunwerts entschieden ist, verbirgt sich hinter den Wahrscheinlichkeitsurteilen auch nicht wie bei der Adäquanz die entscheidende Wertung, zumal es hier nur auf das Verhältnis der von den einzelnen Kausalketten ausgehenden Gefahren zueinander ankommt. Indessen können über das für die Beurteilung zugrunde zu legende Erfahrungswissen bereits normative Elemente einfließen.

Mehrere Autoren[83] werfen einer solchen Bestimmung des Erfolgs- bzw. Wirkungsanteils vor, daß sie praktisch kaum möglich und eine Erörterung am grünen Tisch sei. Auf so unsicherem Boden wie den Erfahrungsgrundsätzen sei eine genaue Bestimmung des Umfangs der Gefahr und damit der Gefahrerhöhung nicht möglich. *Jescheck* macht die Auswirkung im Erfolg für die Lösung des sog. Rechtswidrigkeitszusammenhangs dadurch praktikabel, daß er wie bereits erwähnt auf eine „wesentliche Gefahrerhöhung“[84] abstellt[85]. In den Fällen des erlaubten

---

80 *M. E. Mayer*, S. 128 und Fußn. 16; *Schröder*, ZStW 81, 1 (12).

81 Will man also das Problem des Rechtswidrigkeitszusammenhangs über die Gefahrerhöhung lösen, so muß dies berücksichtigt werden. Der entsprechenden Folgerung kann man dadurch entgehen, daß man mit *Jescheck*, Lehrbuch, S. 443, eine erhebliche Gefahrerhöhung verlangt.

82 *Schröder*, ZStW 81, 1 (8).

83 *Salm*, Das vollendete Verbrechen I, 2, S. 34; *Welzel*, Strafrecht, S. 47.

84 Lehrbuch, S. 443.

85 *E. A. Wolff*, Kausalität, S. 27, untersucht die Wegnahme von „Rettungschancen“.

Risikos bleibt zunächst auch bei Beschränkung des Erfolgs auf den Erfolgsanteil sowieso stets ein Erfolgsunwert übrig. Indessen könnte es dahingestellt bleiben, ob diese Feststellung der Auswirkung im Erfolg praktikabel ist und in welcher Form dies geschehen soll, wenn für die hier zu erörternde grundsätzliche Frage des Erfolgsunwerts im Unrecht eine genaue Bestimmung des Anteils praktisch nicht oder nur sehr selten erforderlich wäre. Entscheidend ist hier zunächst allein, daß durch die Bestimmung des Erfolgsanteils jene Gegenüberstellung zwischen dem Tod des Arbeiters als Ganzem und der sozialen Bedeutung der Arbeit, die zu der erwähnten Formulierung geführt hat, in der normativen Ebene auf das wahre Verhältnis zurückgeführt wird. Stehen sich nämlich bei einer Abwägung nur Erfolgsanteil und Wert der industriellen Arbeit gegenüber, so läßt sich eher ein Überwiegen des Letzteren annehmen. Damit wird aber zugleich deutlich, daß der Erfolgsunwert nicht mit der Auswirkung im Erfolg gleichzusetzen ist, vielmehr bleibt zu prüfen, ob und wie der Erfolgsunwert durch normative Abwägungen weiter begrenzt werden kann und muß.

b) Die normative Abwägung zur Begrenzung des Erfolgsunwerts

Sieht man den Erfolg als ein entscheidendes Unrechtsmerkmal an, so ergibt sich der Erfolgsunwert aus dem Wert des verletzten Rechtsgutsobjekts[86]. Diese Verknüpfung wird nicht dadurch entscheidend verändert, daß, wie hier angenommen, an die Stelle des Erfolgs die Auswirkung im Erfolg tritt. Welchen Inhalt der zentrale Begriff des Rechtsguts[87] auch erhielt, stets lag die Vorstellung zugrunde, das Rechtsgut sei eine statische Größe, sei Unverletzlichkeit, und die Beeinträchtigung eines entsprechenden Rechtsgutsobjekts durch den Täter werde vorbehaltlich der Rechtfertigungsgründe stets als Unrecht angesehen[88]. Unter den Kritikern dieser Auffassung vom Unrecht hat vor allem *Welzel*[89] unter Hinweis auf Fälle des erlaubten Risikos betont, daß menschliches Leben gerade aus „Einsatz und Verbrauch von Rechtsgütern" bestehe, so daß auch die kausale Verletzung eines konkreten Rechtsguts nicht das entscheidende Element der Rechtswidrigkeit sein könne. Er suchte die Lösung nun aber nicht in einer Umformung des Rechtsgutsbegriffs oder in einer anderen Auffassung vom Erfolgsunwert etwa durch Auflösung der starren Wertverknüpfung zwischen verletztem Rechtsgutobjekt und Erfolgsunwert, sondern entwickelte die

---

86 *v. Hippel*, Strafrecht II, S. 184 f.; *Graf zu Dohna*, Rechtswidrigkeit, S. 15 ff., nennt dies eine Definition der Rechtswidrigkeit des 20. Jahrhunderts.

87 Vgl. hierzu *Sina*, Die Dogmengeschichte des strafrechtlichen Begriffs „Rechtsgut", S. 39 ff.

88 *Sina*, S. 89 ff.

89 ZStW 58, 491 (515).

Lehre von der Handlung als Unwertträger, dem Handlungsunwert. Dies hatte zur Folge, daß zwar zu Recht der Täter in den Mittelpunkt des Unrechts gerückt wurde, der Erfolgsunwert blieb aber wie bisher mit dem Rechtsgutsobjekt und dem Rechtsgut eng verknüpft und wird auch noch weitgehend in demselben Sinne aufgefaßt[90]. Aus diesem halben Schritt ergab sich aber ein tiefgehender Graben zwischen Handlungs- und Erfolgsunwert, der zu neuen dogmatischen Schwierigkeiten führte. Das Unrecht in der Rechtswidrigkeitsstufe wurde entweder ausschließlich nach dem einen oder anderen Unwert bestimmt[91], oder die Frage nach dem Verhältnis beider Unrechtselemente zueinander blieb offen. Nicht zuletzt ist auch das Problem des Erfolgsunwerts bei den Fällen des erlaubten Risikos auf diese dogmatische Sicht zurückzuführen. Der Untersuchung des Verhältnisses von Handlungsunwert und Erfolgsunwert widmeten sich daher viele Autoren[92]. Die Möglichkeit einer mehr normativen Bestimmung des Erfolgsunwerts oder einer anderen Auffassung vom Rechtsgut blieben dabei aber nahezu unerörtert[93]. Im folgenden soll der Versuch unternommen werden, den Erfolgsunwert stärker normativ zu begrenzen, um auf diesem Weg die Frage nach seiner Bedeutung für das Unrecht in den Fällen des erlaubten Risikos zu lösen. Entscheidend ist dabei, ob der Nachweis gelingt, daß der Erfolgsunwert in der Lage ist, auch Wertabwägungen aufzunehmen, die nicht allein aus der Bewertung eines konkreten Gutes als Rechtsgut hergeleitet werden.

aa) Der Erfolgsunwert und die klassischen Rechtfertigungsgründe

Einen Hinweis darauf könnte die Untersuchung der Wertungsvorgänge im Bereich der klassischen Rechtfertigungsgründe geben. Bejaht man wie hier den Erfolgsunwert als Unrechts- und Rechtswidrigkeits-

---

90 *Jescheck*, Lehrbuch, S. 6; *Krauss*, ZStW 76, 19; *Krümpelmann*, S. 70 f., 92; *Leckner*, Notstand, S. 196; *Maurach*, Strafrecht AT, S. 213; *Münzberg*, S. 29; *Noll*, Übergesetzliche Rechtfertigungsgründe, S. 40 im Vergleich mit S. 49; *Schmidhäuser*, Lehrbuch, S. 196; *Stratenwerth*, ZStR 79, 233 (237, 253); *Welzel*, Strafrecht, S. 62; *Wessels*, S. 2.

91 Unrecht als Erfolgsunwert: z. B. *Mezger*, GS 89, 207 (245 f.); Unrecht als Handlungsunwert in der Rechtswidrigkeit: z. B. *Münzberg*, S. 47 ff.; *Schmidhäuser*, Lehrbuch, S. 196.

92 Vgl. z. B. die in Fußn. 90 Genannten.

93 Lediglich *Salm*, Das versuchte Verbrechen, S. 181, gelangt über einen besonderen Begriff des Rechtsguts, das die „gebotssprechende, den Rechtswert verkörperte Gleichrichtung des allgemeinen Willens" sein soll, zu einem Zusammenhang zwischen Rechtsgutsverletzung und Geltungswidrigkeit, so daß bei dessen Durchbrechung zugleich Handlungs- und Erfolgsunwert gegeben sein sollen. Zur Kritik vgl. *Sina*, S. 102. Ähnlich *Schmidhäuser*, Lehrbuch, S. 24 f., 196 f., der die Rechtsgutverletzung als Verletzung des „Achtungsanspruchs" bereits mit dem Handlungsunwert verknüpft. Daneben bleibt jedoch ein besonderer Erfolgsunwert.

element, so stellt sich nämlich auch bei der Rechtfertigung eines Erfolgsdelikts die Frage, ob dadurch der Erfolgunwert seine Bedeutung verliert. Häufig findet man hierzu ungenaue Erörterungen, die entweder damit zusammenhängen, daß der Erfolg eigentlich lieber als Unrechtsmerkmal überhaupt verneint werden würde, oder es wirkt sich die Problematik um die Stellung der Rechtfertigungsgründe im Verbrechenssystem aus. So begnügt sich *Welzel*[94] wohl aus dem zuerst genannten Grund mit der Bemerkung, daß die außer durch den Handlungsunwert auch durch eine Rechtsgutsverletzung indizierte Rechtswidrigkeit ausgeschlossen sei. Verliert der Erfolgsunwert nun seine Bedeutung, weil der Handlungsunwert keine Rolle mehr spielt? Liegt überhaupt kein Erfolgsunwert mehr vor oder ist er nur gerechtfertigt[95]? Auch *Maurach,* der das Unwerturteil der Norm auf Erfolgs- und Handlungsunwert erstreckt, führt aus, daß die Norm nicht darauf „besteht", das „Unwerturteil aufrechtzuerhalten"[96]. Demgegenüber präziser nehmen *Lenckner*[97] und *Jescheck*[98] an, daß der Erfolgsunwert bzw. das Erfolgsunrecht beim rechtfertigenden Notstand „fehle" bzw. zu „verneinen" sei, wenn alle Voraussetzungen dieses Rechtfertigungsgrundes bis auf das subjektive Rechtfertigungselement gegeben seien, was in diesem Falle zur Bestrafung wegen Versuchs führen soll.

Hier kann dahingestellt bleiben, ob durch das Vorliegen eines Rechtfertigungsgrundes der Erfolgsunwert nicht vorhanden oder lediglich gerechtfertigt ist[99]. Entscheidend ist, daß er seine Wirkung als unrechtsbegründender Unwert durch Wertabwägung verlieren kann.

Gegenüber der Rolle des Erfolgsunwerts im Tatbestand, der — wie dargelegt — allein aus dem Wert des verletzten Rechtsgutsobjekts abgeleitet wird und dort keinerlei weiterer normativer Begrenzung unterliegen soll, handelt es sich im Bereich der Rechtfertigungsgründe danach eigentlich um einen anderen Begriff des Erfolgsunwerts, der eine Begrenzung seiner Wirkung durch Gegenwerte beinhaltet. Unverständlich bleibt aber, weshalb normative Abwägungen zur Bestimmung des Erfolgsunwerts nun sowohl auf der Ebene der Auswahl eines Gutes als Rechtsgut als auch auf der Ebene der Rechtfertigungsgründe herangezogen werden, nicht aber im Bereich des Tatbestands[100]. Man könnte zur

---

[94] Strafrecht, S. 137.
[95] So *Hansen,* S. 27 ff. (29), für die Einwilligung.
[96] Strafrecht AT, S. 294, 295.
[97] Notstand, S. 196; vgl. auch *Noll,* Übergesetzliche Rechtfertigungsgründe, S. 48 ff.
[98] Lehrbuch, S. 243, 246.
[99] *Jescheck,* Lehrbuch, S. 241, spricht vom „rechtlich gebilligt(en)" Erfolg.
[100] So ist es auch ein Widerspruch, wenn der Erfolgsunwert für *Kienapfel,* Erlaubtes Risiko, S. 22 ff., keine Probleme dann aufwirft, wenn bereits die Voraussetzungen seines Handlungsbegriffs, der weitgehend der Tatbestandsmäßigkeit entspricht, fehlen.

Begründung allenfalls auf die Rechtssicherheit abstellen. Damit gerät man aber in einen unauflösbaren Widerspruch zu der in Wahrheit ständig stattfindenden normativen Begrenzung des Erfolgsunwerts. Viele Zurechnungselemente führen letztlich zur Verneinung mindestens der Wirkung des Erfolgsunwerts im Tatbestandsbereich. Die Verletzung des konkreten Rechtsguts wird als Zufall, als Unglück[101] angesehen. Obwohl eine Beeinträchtigung eingetreten sei und die Rechtsordnung einen Erfolg nie unbeachtet lassen könne[102], wird durch z. T. als Kausaltheorien bezeichnete Zurechnungslehren[103] der Erfolg als Unwert aus dem Unrecht ausgeschieden. *Jescheck*[104] sieht allerdings die Vorhersehbarkeit als Grenze des Erfolgsunwerts, ihre Bedeutung für den Handlungsunwert bleibt unerörtert.

bb) Der Erfolgsunwert und die Adäquanz (Fallgruppe 2)

Daß sich hinter diesen Zurechnungslehren nur normative Abwägungen verbergen und wie die axiologische Struktur des Erfolgsunwerts dabei zu sehen ist, soll im folgenden an Hand der Adäquanztheorie aufgezeigt werden, die nach wie vor für das Unrecht eine Rolle spielt und vor allem für das erlaubte Risiko zur Lösung der Fälle sog. unvorhersehbarer Kausalität (vgl. Fallgruppe 2) herangezogen wird[105]. Auch die Adäquanz scheidet durch Wahrscheinlichkeitsurteile, die im einzelnen sehr umstritten sind[106], Erfolge als „Zufall" aus. Fragt man nach der Berechtigung für die Wirkung dieser Lehre im Unrecht, so stößt man in der Literatur auf sehr unterschiedliche Begründungen, soweit überhaupt positiv Stellung genommen wird. Obwohl die Anwendung dieser Theorie manchmal wie ein Deus ex machina im Strafrecht anmutet[107],

---

101 Vgl. oben unter III, Fußn. 2, 3 angegebenen Zitate.

102 *Binding*, Normen IV, S. 445.

103 Vgl. die vielen individualisierenden Kausaltheorien sowie die Adäquanztheorie. Gegen letztere als Kausaltheorie z. B. bereits *M. L. Müller*, S. 30; *Radbruch*, Adäquate Verursachung, S. 66 nach 455. Der Charakter der Adäquanztheorie als Zurechnungslehre wird auch besonders deutlich, wenn diese zur Abgrenzung von Täterschaft und Teilnahme (so *Liepmann*, S. 75 ff., *Rittler*, S. 105 ff.) oder in ähnlicher Form sogar zur Abgrenzung von Versuch und Vorbereitung (*v. Rohland*, S. 47, Fußn. 2) verwendet wird.

104 Lehrbuch, S. 440 ff. (443).

105 Vgl. die oben 1. Kapitel III, 1, b, bb in Fußn. 171, 175 angegebenen Zitate.

106 Zum Streit um eine positive oder negative Formulierung sowie um die Vergleichsperson des Beurteilers: *Engisch*, Kausalität, S. 44 f.; *Jescheck*, Lehrbuch, S. 214; *D. Lorenz*, Der Maßstab des einsichtigen Menschen; *Maurach*, Strafrecht AT, S. 204; *Schönke/Schröder*, vor § 1 Anm. 73 a und die dort angegebenen Zitate; *Traeger*, S. 130 ff. (159).

107 Vgl. zur nahezu willkürlichen Verwendbarkeit dieser Lehre z. B. BGHSt 3, 62 (64); BGHSt 1, 332 (334).

gehen auch die Gegner darauf im einzelnen nicht ein[108]. Meist wird zur Begründung vorgetragen, daß es ohne den Gedanken der Adäquanz nicht gehe[109]. Da diese Aussage dogmatisch unbefriedigend ist, wird von einigen Autoren ausdrücklich das Rechtsgefühl[110] oder der Wille des Gesetzgebers[111] zur Begründung herangezogen. Damit ist aber nichts gewonnen, da das Gefühl kein rationales Argument ist und der Wille des Gesetzgebers gerade nicht deutlich zum Ausdruck kommt. In neuerer Zeit wird die Adäquanz mehr im Bereich des Handlungsunwerts als Begrenzung der Norm durch das Können angesehen. Der Erfolgsunwert wird meist nicht besonders erörtert. Während *Maihofer*[112] im Bereich der Sorgfaltspflicht auf die „Verfehlung des sozialen ... Könnens“ als Normgrenze abstellt und die Vorhersehbarkeit oder Adäquanz dem Unrechtssachverhalt zuordnet[113], entwickelt *Münzberg* ein allgemeines „Prinzip des Könnens“ als Grenze der Pflicht[114] und bezieht die Vorhersehbarkeit darin ein[115]. Ähnlich gewinnt D. *Lorenz*[116], ausgehend vom Wesen der Bestimmungsnorm und der „Person“ des Täters, die Adäquanz als Grenze der Pflicht, indem er darauf abstellt, daß „die Möglichkeit einer Freiheit der Entscheidung“ gegeben sein müsse. Diese fehle aber, wo „schlechthin unerkennbar“ sei, was aus der Handlung entstehe[117]. Diese Begründungen mögen auf den ersten Blick einleuchten. Wie dadurch auch der Erfolgsunwert entfallen soll, bleibt aber völlig offen.

Adäquanz oder Vorhersehbarkeit können entgegen *Mühlhaus* und *Roeder*[118] selbst in ihrer subjektiven Fassung keine rein psychisch kognitiven Begriffe sein, wenn man nicht sogleich ihre Unbrauchbarkeit eingestehen will. *Münzberg* stellt daher auch nicht auf die tatsächlich gegebene Vorhersehbarkeit, sondern auf das „von der Rechtsordnung

---

108 Regelmäßig werden nur Anwendungsmängel und Widersprüche im System erörtert (*v. Liszt/Schmidt*, S. 168 f.; *Schönke/Schröder*, vor § 1 Anm. 73 b).

109 *Traeger*, S. 73 ff.; *Engisch*, Kausalität, S. 47; *Jescheck*, Lehrbuch, S. 214; *v. Hippel*, Strafrecht II, S. 145; *v. Rohlandt*, S. 46; *Maurach*, Strafrecht AT, S. 206: Die Adäquanz sei „unentbehrlich“.

110 *v. Kries*, Vierteljahresschrift für wiss. Philosophie 12, 225: „gebildetes Rechtsgefühl“; *Rümelin*, S. 47: „gesunder Menschenverstand“; *Engisch*, Kausalität, S. 47, 49: „Rechtsgefühl“; *Traeger*, S. 73 ff. Hiergegen bereits ablehnend *Radbruch*, Kausalität, S. 62 f.

111 *Frank*, Kommentar, S. 12; *Traeger*, S. 73 ff.; *Engisch*, Kausalität, S. 47.

112 FS f. *Rittler*, S. 141 (158).

113 FS f. *Rittler*, S. 141 (156, Fußn. 43); a. A. *Jescheck*, Lehrbuch, S. 440 ff. (443), der die Vorhersehbarkeit als Teil des „Erfolgsunrechts“ auffaßt.

114 *Münzberg*, S. 142 f., 191 ff.

115 Ebd., S. 193, 214, 241.

116 S. 6 ff.

117 S. 11.

118 *Mühlhaus*, Fahrlässigkeit, S. 48, 52; *Roeder*, Sozialadäquates Risiko, S. 102.

erwartete Können"[119] ab. Berücksichtigt man aber, daß nur die generelle Vorhersehbarkeit Unrechtsmerkmal ist, so wird klar, daß das Können — die mögliche Selbstbestimmungsfreiheit im Sinne *Lorenz'* — als alleiniger Ansatz zur Bestimmung der Normgrenze Adäquität viel zu eng und monistisch ist. Die darin enthaltene Generalisierung zwingt dazu, von einem bestimmten durchschnittlichen Können auszugehen. Das setzt aber voraus, daß in Wahrheit ein Mehr und ein Weniger an Können bei den einzelnen Menschen vorhanden ist. Wenn das so ist, fehlt eine Begründung dafür, weshalb gerade bei einem bestimmten durchschnittlichen Können die Grenze der Norm gezogen werden muß. Der Gesetzgeber sieht sich also der Notwendigkeit gegenüber, eine Grenze zu ziehen, kann aber aus dem Können selbst kein anderes Kriterium gewinnen als eine durchschnittliche Vergleichsperson, die er wiederum normativ, wie anders, mit bestimmten Fähigkeiten ausstatten muß, wofür im Einzelfall wiederum die Begründung fehlt. Ist dies erkannt, so muß das Können des Täters als starre Grenze der Norm, die auf Wertunterschiede zwischen den Rechtsgütern keine Rücksicht nimmt, durch eine Begrenzung ersetzt werden, die klar die in Wahrheit der Adäquanz zugrunde liegende Wertung zum Ausdruck bringt. Diese normative Abwägung hat sich einerseits an der Handlungsfreiheit und andererseits an den Rechtsgütern als Schutzobjekten der Rechtsordnung zu orientieren, denn die Verletzung eines konkreten Rechtsgutsobjekts soll dem Täter zugerechnet werden[120]. Da beide Werte auf möglichst vollständige Verwirklichung tendieren, handelt es sich um einen Fall der Interessenkollision[121]. Dabei kommt der Handlungsfreiheit unter dem Aspekt des Vorhersehenkönnens eine besondere Bedeutung zu.

Da der Mensch alle Konsequenzen seines Verhaltens nie überblicken kann, erlangt die Handlungsfreiheit ihren Wert nicht nur im Bereich des einigermaßen Überschaubaren, sondern auch gerade dann, wenn die Folgen mehr und mehr unerkennbar sind. Das mangelnde Können führt also im Rahmen der Abwägung lediglich zu einer besonderen Bewertung der Handlungsfreiheit im Sinne eines „generellen Durchschnittsinteresses"[122]. Dies wird auch darin deutlich, daß bei der Bewertung der Handlungsfreiheit nicht nur auf die Freiheit abzustellen ist, gerade eine bestimmte Handlung vorzunehmen, dann könnte entgegengehalten

---

[119] S. 203.

[120] Unter Handlungsfreiheit wird hier weder diejenige im Sinne des Art. 2 Abs. 1 GG noch eine philosophisch bestimmte Handlungsfreiheit sondern nur der Wert, etwas tun oder unterlassen zu können, verstanden. Vgl. *Münzberg*, S. 274 f.: „innere Handlungsfreiheit".

[121] Hierzu auch *Münzberg*, S. 213.

[122] *Mezger*, Lehrbuch, S. 199 und *Krümpelmann*, S. 69, für den Rechtsgutsbegriff. Zum Verhältnis von Handlungsfreiheit und Rechtsgut auch *Münzberg*, S. 273 ff.

werden, weshalb gerade diese Handlung vorgenommen werden müsse. Die Handlungsfreiheit könne auch anders ausgeübt werden. Vielmehr fließt in die normative Einstufung der Handlungsfreiheit auch die Überlegung ein, daß ein bestimmter mehr oder weniger großer Gesamtbereich für das menschliche Handeln vorhanden sein muß. Die so bewertete Handlungsfreiheit wird den speziell geschützten Rechtsgütern gegenübergestellt.

Aus dieser Abwägung zur Bestimmung des Handlungsunwerts ergibt sich auch zugleich der Zeitpunkt, für den die Abwägung vorzunehmen ist. Soll die Handlungsfreiheit begrenzt werden, so kann es nur auf die Vornahme der Handlung, also auf den Standpunkt ex tunc ankommen. Mithin ist abzuwägen zwischen der Handlungsfreiheit und der möglichen Auswirkung im Erfolg, was nach dem oben hierzu Ausgeführten[123] auf zwei unterschiedliche Gefahrurteile hinausläuft.

Das Ergebnis dieser Abwägung führt zur Bestimmung einer Grenze der Tatbestandshandlung in bezug auf ein bestimmtes Rechtsgut, vorbehaltlich bestimmter zusätzlicher normativer Zurechnungsgrenzen[124]. Das Merkmal der Vorhersehbarkeit hat sich damit strukturell verschoben. Es ist kein starrer allein am Können nach der Lebenserfahrung orientierter, sondern ein in seinen Anforderungen nach Fallsituation durchaus verschiedener normativer Maßstab. Armin *Kaufmann*[125] hat bereits darauf hingewiesen, daß je nach Rechtsgut die Grenze der Adäquanz verschieden sein kann, und nur so lassen sich auch die von *Mühlhaus*[126] betonten Ausnahmen erklären, die der BGH[127] von der Vorhersehbarkeit allein des Erfolgs ausgehend in manchen Fällen in Richtung einer Adäquanz auch in bezug auf den Kausalverlauf macht. In Wahrheit verbergen sich dahinter unterschiedliche Wertungen[128]. *Torp* hat bereits 1903 hervorgehoben, daß der „wahre Kern der Lehre von der adäquaten Verursachung" in der Abwägung der Handlungsfreiheit mit der „Gefahr" für die „Gesellschaft", mit dem „Rechtsgüterschutz" liege[129]. Noch vor ihm hat *Thyren* die Abwägung zwischen der „Bedeutung der Handlung für die menschliche Gesellschaft gegen die

---

[123] Siehe oben 2, a.

[124] z. B. die Lehre vom Schutzzweck der Norm (*Rudolphi*, JuS 1969, 549 [552]).

[125] ZfRVgl. 1964, 41 (49).

[126] Fahrlässigkeit, S. 48.

[127] BGHSt 12, 75 (78) gegenüber BGHSt 17, 223 (226); sowie auch BGH, VRS 24, 207.

[128] Es mag hier dahinstehen, ob bei dieser Sicht die Adäquanztheorie im bisherigen Sinne noch aufrecht erhalten werden kann (*Rudolphi*, Jus 1969, 549 [552]). Entscheidend ist, daß die dahinter stehende normative Abwägung erkannt wird.

[129] ZStW 23, 84 (95 und Fußn. 13).

damit verbundene Gefahr"[130] der Adäquanztheorie vorgezogen und diese in der erwähnten Abwägung aufgehen lassen[131]. Auch *Münzberg*[132] sieht in der Adäquanz eine Frage der Interessenabwägung.

Mit Hilfe einer so verstandenen Vorhersehbarkeit kann allerdings zunächst nur der Handlungsunwert der Fälle der Fallgruppe 2 des erlaubten Risikos verneint werden[133]. Keineswegs entfällt mit dieser Überlegung auch schon der Erfolgsunwert. Zur Lösung dieser Frage kommt es auf das axiologische Verhältnis zwischen der Bewertung der Handlung und der des Erfolgs an.

Führt die Abwägung zwischen der Handlungsfreiheit und der personal bestimmten Gefahr der Auswirkung im Erfolg zum Überwiegen der Handlungsfreiheit und daher zur Verneinung des Handlungsunwerts, so tritt die sich daraus ergebende Handlungsfreiheit nun erneut in Kollision zur eingetretenen Erfolgsauswirkung. Hat aber die Handlung im Zeitpunkt ihrer Vornahme keinen Handlungsunwert, so kann die darin liegende Handlungsfreiheit nicht nachträglich durch den Erfolgseintritt entwertet werden, da der Täter dann auf die Handlung keinen Einfluß mehr hat. Das Verhältnis von Handlungs- und Erfolgsunwert ist mithin so zu sehen, daß der einmal festgestellte Handlungswert, die Handlungsfreiheit, jeden eintretenden Erfolgunwert überwiegt[134]. Allein diese Sicht entspricht der Handlungsfreiheit. Der Unterschied zu den erwähnten Fällen des Wegfalls des Erfolgsunwerts z. B. beim Eingreifen klassischer Rechtfertigungsgründe ist danach allein axiologisch zu verstehen. Während die Notwehr in der Regel ohne diesen Umweg über die Handlungsfreiheit zur direkten Billigung auch der eingetretenen Erfolgsauswirkung führt, da die Rechtsordnung grundsätzlich gerade gestattet, daß dem Angreifer das Vorgehen soweit erforderlich durch dessen Verletzung oder Beeinträchtigung seiner Rechtsgüter unmöglich gemacht wird, und die Einwilligung in den Erfolg primär allein

---

130 S. 126.
131 S. 149.
132 *Münzberg*, S. 263.
133 Da die Vorhersehbarkeit eine Begrenzung der Tatbestandshandlung unter dem Gesichtspunkt der Handlungsfreiheit ist, kann dieses Merkmal entgegen *Jescheck*, Lehrbuch, S. 440, 443, nicht allein als Element des „Erfolgsunrechts" gesehen werden. Da immer nur ein möglicher Kausalverlauf und Erfolg vorhersehbar ist, unterscheidet es sich auch ganz klar von den Zurechnungselementen der Kausalität und dem Erfordernis des Beruhens des Erfolgs auf der Sorgfaltspflichtverletzung, die den eingetretenen Erfolg zur Voraussetzung haben. Selbst diese Elemente lassen im übrigen den Handlungsunwert nicht unberührt. Zu Recht versteht daher *Welzel*, Strafrecht, S. 132, die Vorhersehbarkeit primär als Element des Handlungsunwerts. Vgl. hierzu auch unten 3. Abschnitt II, Fußn. 49.
134 *Münzberg*, S. 276 und Fußn. 538 im Ergebnis wie oben. Vgl. auch *Stratenwerth*, ZStR 79, 233 (244).

den Unwert der Auswirkung im Erfolg direkt entfallen läßt, kommt in den Fällen des erlaubten Risikos (Fallgruppe 2) ein Wegfall des Erfolgsunwerts nur auf dem oben angedeuteten Weg zustande. Indessen bedürfen auch die klassischen Rechtfertigungsgründe der Untersuchung, ob in ihnen nicht Fälle des erlaubten Risikos mitenthalten sind.

Entfällt für die mit Hilfe der Vorhersehbarkeit gelösten Fälle des erlaubten Risikos der Handlungs- und der Erfolgsunwert, so kann gegen eine Lösung dieser Fallgestaltungen im Unrecht das Argument des eingetretenen Erfolgs nicht durchgreifen. Trotz dieses Wegfalls des Erfolgsunwerts bleibt der Erfolg als Schaden vom Verletzten her gesehen bestehen[135]. Für den Täter ist jedoch allein der ihm zuzurechnende gewissermaßen „personale" Erfolgsunwert entscheidend. So gesehen erübrigt es sich auch, den eingetretenen Schaden strafrechtlich als Zufall oder Unglück anzusehen, da es darauf für den Täter nicht ankommt und dieser Ausdruck zur Lösung des Problems überhaupt nichts beiträgt. Schließlich wird die durch Notwehr beigebrachte Verletzung, bei der der Erfolgsunwert in der Regel direkt entfällt, auch nicht als Unglück oder Zufall für den Angreifer bezeichnet. Ebenso ist die Anerkennung von Rechtsgütern von der Verneinung des Erfolgsunwerts völlig unabhängig.

cc) Der Erfolgsunwert und die Einhaltung der generellen Sorgfaltspflicht (Fallgruppe 1)

Schranken menschlichen Handelns bestehen aber nicht nur im Bereich der Gefahrenkenntnis. Ebenso unmöglich kann es sein, trotz vorhandener Kenntnis die richtigen Schlüsse zu ziehen. Springt etwa plötzlich ein zum Selbstmord entschlossener Fußgänger vom Bürgersteig vor einen fahrenden Pkw, so ist für eine bestimmte Zeit infolge der Überraschung und des Schrecks entweder eine Reaktion unmöglich oder ein fehlerhaftes Verhalten naheliegend[136].

Entsprechend den Ausführungen zur Vorhersehbarkeit führt derselbe normative Vorgang, nämlich die Bewertung der Handlungsfreiheit unter dem Gesichtspunkt des begrenzten Könnens in Abwägung mit der Gefahr für das Rechtsgutobjekt hier allerdings zur Einschränkung der generellen Pflicht, soweit nicht bereits eine strafrechtserhebliche Handlung zu verneinen ist[137]. Entsprechendes gilt für die begrenzte

---

[135] Der Schaden kann im Rahmen des Strafprozesses (Nebenklage, Verletzter etc.) oder für die Frage des Strafantrags Bedeutung gewinnen, aber nicht für die Zurechnung im Rahmen der Rechtswidrigkeit.

[136] Für den ersten Fall: *Schönke/Schröder*, § 59 Anm. 201; BGH, VRS 27, 107; für den zweiten Fall: BGH, VRS 19, 108; 23, 215; 23, 369.

[137] *H. Mayer*, Kurzlehrbuch 1967, S. 92.

Möglichkeit des Menschen, das als richtig erkannte und gewollte Verhalten physisch und psychisch durchzuführen. Hierher gehören einmal die Fälle mangelnder Steuerungsfähigkeit etwa eines Schlafwandlers, die nach herrschender Meinung ebenfalls bereits mit Hilfe des Handlungsbegriffs ausgeschieden werden[138], zum anderen aber auch jene, in denen dem Täter bestimmte Fähigkeiten fehlen, die anderen zur Verfügung stehen. Da dem Menschen nicht alle gefährlichen Handlungen selbst innerhalb gegebener Vorhersicht verboten werden können, wenn nicht wiederum die Handlungsfreiheit weitgehend entleert werden soll, muß auch diese begrenzte Fähigkeit zu einer besonderen Bewertung der Handlungsfreiheit im Verhältnis zu den gefährdeten Rechtsgütern führen. Das hat zur Folge, daß die Sorgfaltspflichtverletzung grundsätzlich verneint werden kann[139]. Die Abgrenzung zwischen den Fällen fehlender Handlung, mangelnder Verletzung der generellen Sorgfaltspflicht oder fehlender Schuld (individueller Sorgfaltspflicht) infolge begrenzter psychischer[140] und für die beiden zuletzt erwähnten Möglichkeiten auch physischer Fähigkeiten ist nicht immer einfach. Nur eines ergibt sich aus der Erkenntnis, daß die generelle Sorgfaltspflicht ebenfalls an Hand einer Interessenabwägung zwischen der Handlungsfreiheit und der Gefahr für Rechtsgutobjekte bestimmt werden muß: Wie bei der Adäquanz oder Vorhersehbarkeit kommt es auch auf die gefährdeten Rechtsgutsobjekte an. Mithin können sich für unterschiedliche Lebenssachverhalte mit verschiedenen Rechtsgutsobjekten durchaus andere Grenzen der generellen Sorgfaltspflicht ergeben, und es ist auch deshalb nicht von vornherein ausgeschlossen oder geboten, etwa physische Mängel immer, psychische Mängel nie in der generellen Sorgfaltspflicht zu berücksichtigen.

Die begrenzten Fähigkeiten des Menschen sind für die Handlungsfreiheit nur ein wertbildender Faktor. In den klassischen Fällen des erlaubten Risikos (Fallgruppe 1) bestehen meist weder Probleme der Vorhersehbarkeit noch des physischen oder psychischen Könnens bei der Durchführung der Handlung. Der Bergwerksunternehmer weiß positiv, daß Verletzungen oder Tötungen im Bergwerk vorkommen

---

138 Vgl. zur Frage, ob dieser Aspekt des Könnens nicht ebenfalls erst im Rahmen der generellen Pflicht zu prüfen ist *Münzberg*, S. 215 ff.

139 Hier zeigt sich aber auch die besondere Bedeutung der Grenze der Vorhersehbarkeit. Springt plötzlich ein Fußgänger vor ein Auto, so muß trotz Fehlens der Fähigkeiten, psychisch und physisch einen Entschluß durchzuführen, stets geprüft werden, ob nicht das Eintreten einer solchen Situation fehlenden Könnens vorhersehbar war und daher bereits das entsprechende Eingehen im Hinblick auf den Rechtsgüterschutz vermieden werden mußte.

140 Weder die mangelnde „Erkennbarkeit der rechtlichen Wertung“ (*Münzberg*, S. 194) noch die Grenze des Könnens bei der Willensbildung, die Unzurechnungsfähigkeit (*Münzberg*, S. 195, 211 ff.), können hier näher erörtert werden.

können. Der Betrieb ließe sich einstellen und müßte nicht zur Aufrechterhaltung der Handlungsfreiheit überhaupt beibehalten werden. Daß der Unternehmer dennoch ein bestimmtes Risiko eingehen darf, kann nur an einer über das Können hinausgehenden Bewertung seiner Handlungsfreiheit liegen. Auch dieser Wertaspekt läßt sich nicht individuell als Bedürfnis des einzelnen ermitteln. Vielmehr ist auf ein generelles Durchschnittsinteresse abzustellen. Dabei lassen sich zwei Gesichtspunkte unterscheiden: 1. die Bedeutung des Handelns für den Menschen überhaupt und 2. die Bedeutung des Handelns unter Berücksichtigung des Werts bestimmter Handlungsinhalte für die Gemeinschaft.

Daß dem Menschen Handeln zuzuordnen ist und dies daher einen besonderen Wert darstellt, ist im Grunde auch Voraussetzung für die bereits untersuchten wertbildenden Faktoren. Nur lassen sich aus einer solchen Wertbestimmung der Handlungsfreiheit keine entscheidenden Schlüsse für die Abwägung mit der möglichen Auswirkung im Erfolg herleiten. Die Bedeutung des Handelns überhaupt kann normativ bei der Frage des Werts einer bestimmten Handlung als Ausdruck dieser Handlungsfreiheit kaum berücksichtigt werden, da stets auf eine andere Art der Realisierung der Handlungsfreiheit verwiesen werden kann. Auch der Umfang der notwendigen „Grundhandlungsfreiheit" läßt sich dadurch nicht bestimmen. Wichtiger ist die Bewertung des speziellen Handlungsinhalts. Die besondere positive Bedeutung einer bestimmten Handlung in der Gemeinschaft macht es möglich, die Freiheit zu ihrer Vornahme höher zu bewerten[141].

Die ursprüngliche Lehre von der Güterabwägung[142], die Recht und Unrecht allein nach dem Gesichtspunkt zu trennen suchte, ob ein Rechtsgut qualitativ oder quantitativ geringwertiger bzw. höherwertiger ist[143], setzte voraus, daß nur Rechtsgüter als Werte abzuwägen waren, mithin kam einer Handlung nur dann ein besonderer positiver Wert zu, wenn sie auf die Erhaltung eines Rechtsguts gerichtet war. Dies hatte zur Folge, daß eine große Zahl von Interessen, die nicht Rechtsgut waren, aber im sozialen Leben nun einmal als Werte mit den Rechtsgütern kollidierten und in der Abwägung berücksichtigt wurden, eigentlich aus der Bewertung der Handlungsfreiheit dennoch hätten ausscheiden müssen. Gerade Handlungen im erlaubten Risiko in Wirtschaft und Technik wären danach rechtswidrig gewesen. Daher

141 *Deutsch*, S. 136, trennt zwischen diesen beiden Erwägungen nicht, und auch *Münzberg*, S. 273, sieht zwischen den von ihm angenommenen Interessen „an der Handlungs- und Bewegungsfreiheit" und „am ungestörten Ablauf und an der vernünftigen Fortentwicklung sozial notwendiger Lebensäußerungen" Zusammenhänge.

142 Zur Kritik dieser Lehre vgl. z. B. *Fischer*, S. 226 f.; *Kraushaar*, GA 1965, 1 (16); *Lenckner*, Notstand, S. 50 ff., 70 ff.; *Eb. Schmidt*, ZStW 49, 369 ff.

143 Zur Entwicklung *Heinitz*, FS f. *Eb. Schmidt*, S. 266 ff.

wurden später die sog. Interessen als Wertbildungsfaktoren angesehen, die nun allerdings gegen rein private abgegrenzt werden mußten. Im Anschluß an *Münzberg*[144] sollen sie hier als von der Rechtsordnung „anerkannte Interessen" bezeichnet werden[145]. Deren genauer Inhalt läßt sich kaum bestimmen. Zum einen werden darunter alle Rechtsgüter verstanden, zum anderen wird für den klassischen Bereich der Lehre vom erlaubten Risiko z. B. auf den „Fortschritt"[146] abgestellt. Indessen sind nicht alle Interessen als Fortschritt der Technik oder der wirtschaftlichen und kulturellen Entwicklung zu verstehen. Neben dem Gedanken des sozialen Nutzens ist in dem erwähnten Ausdruck auch der Gesichtspunkt enthalten, daß „die Rechtsordnung gewisse üblich gewordene Lebensäußerungen nicht verbieten kann", da sie sich „allmählich zu einem selbstverständlichen Bestand menschlicher Zivilisation und Kultur entwickelt haben"[147]. *Münzberg* spricht daher allgemeiner vom „Interesse (der Rechtsordnung) am ungestörten Ablauf und an der vernünftigen Fortentwicklung sozial notwendiger Lebensäußerungen"[148]. Auch in der Definition der sozialen Adäquanz sind diese Erwägungen enthalten[149]. Auf die Begriffe kommt es aber nicht entscheidend an, sie haben hier überwiegend nur systematischen Wert. Festzuhalten ist, daß nicht allein der anerkannte soziale Nutzen i. e. S., sondern auch die anerkannte soziale Üblichkeit[150] als Interessen beachtet werden müssen.

In dieser Begriffsbestimmung kommt weiterhin zum Ausdruck, daß es bei der Bewertung der Handlung mit Hilfe dieser Interessen nicht immer auf den ganz konkreten, gewissermaßen zählbaren Nutzen gerade dieser Handlung ankommen kann. Die Gefahr für das Leben des Bergmanns A ist nicht etwa in Vergleich zu setzen zu der von ihm an diesem Tag geförderten Kohlenmenge und deren Bedeutung für die Allgemeinheit. In diesen Fällen ist vielmehr auf den Wert des gesamten sozialen Komplexes abzustellen, in dessen Rahmen die Handlung vorgenommen wird. Die Notwendigkeit des Zusammenwirkens vieler Menschen, insbesondere im Bereich der Wirtschaft, zur Erreichung von

---

144 S. 272.

145 Die Ausdrücke „berechtigte Interessen", „rechtmäßige Interessen" oder „geschützte Interessen" (*Jescheck*, Lehrbuch, S. 269) sind für einen Teil von ihnen bereits zu stark (*Münzberg*, S. 272 und Fußn. 530). Sie sind weder allein Recht noch von der Rechtsordnung besonders geschützt. Vielmehr werden sie in der Interessenkollision nur berücksichtigt. Der Ausdruck, „zu berücksichtigende Interessen" ist sprachlich unglücklich; der Begriff der „öffentlichen Interessen" (*Rehberg*, S. 198, 202) schillernd und daher mißverständlich.

146 *Nagler*, FS f. *Binding* II, S. 273 (322).

147 *Münzberg*, S. 277.

148 Ebd., S. 273.

149 Vgl. *Kienapfel*, Körperliche Züchtigung, S. 102, Fußn. 117.

150 Ähnlich auch *Maurach*, Strafrecht AT, 3. Aufl., S. 144 f. („soziale Wertung und Sozialüblichkeit") sowie *Kienapfel*, ebd.

Erfolgen, die dann für die Gemeinschaft wichtig sind, zwingt zu einer abstrahierenden Bestimmung des Interesseninhalts, was aber nicht für alle Fälle des erlaubten Risikos gilt. Für die Operation durch einen Arzt kommt es in der Regel[151] allein auf den konkreten Nutzen für den Patienten an. Hier zeigt sich auch die begrenzte Bedeutung jenes von einem Teil der Lehre in den Begriff des erlaubten Risikos generell eingefügten Merkmals des „gestatteten Handlungskomplexes"[152] und der „Rechtmäßigkeit des Gesamtbetriebs"[153]. Diese Elemente können zwar in bestimmten Fällen der erwähnten Abstrahierung des Nutzens einer Handlung für die Gemeinschaft dienen. Sie sind aber als generelle Kriterien jeglichen erlaubten Risikos abzulehnen. Versteht man nämlich unter „gestattetem Handlungskomplex" im Sinne *Rehbergs* Handlungen mit gleichartigen Zielen und mit gleichartigen Mitteln[154], so wird eigentlich nur die generelle Bedeutung des erlaubten Risikos wie die der generellen Sorgfaltspflicht angedeutet. Versteht man dagegen den „erlaubten Gesamtbetrieb" im Sinne *Maurachs* enger, so müßten dadurch die Fälle des Einzelinteresses unberücksichtigt bleiben. Die so bestimmten Interessen müßten in den in Frage kommenden Fällen außerdem auch in die Beurteilung der Rechtmäßigkeit oder Rechtswidrigkeit der einzelnen Handlung miteinbezogen werden.

Das anerkannte Interesse kann nun aber nicht isoliert neben der Handlung stehen. Wie für die negative Bewertung der Handlung die Gefahr für das Rechtsgut herangezogen wird, muß die Handlung zum Gewinn oder zur Erhaltung eines Interesses geeignet[155] sein. Insoweit spricht man von Chance oder Verringerung der Gefahr. Dieser Aspekt wird meist übersehen und allein[156] das anerkannte Interesse überhaupt geprüft, während eine genaue Differenzierung der Gefahr für das zu schützende Rechtsgut vorgenommen wird. Ob das Leben eines Menschen für eine geringe oder große Chance in bezug auf ein bestimmtes Interesse gefährdet wird, ist jedoch von entscheidender Bedeutung. Eine weitere Frage ist, ob als Voraussetzung des Überwiegens der sozial billigenswerten Handlungsinhalte neben dieser objektiven[157] auch eine subjektive Beziehung notwendig ist. Schon in der Darstellung der dogmengeschichtlichen Entwicklung wurde aufgezeigt, daß gelegentlich auch ein subjektives Anstreben des sozial billigenswerten Zwecks ver-

---

151 Anders etwa bei Forschungsvorhaben.

152 *Rehberg*, S. 44 f.

153 *Maurach*, Strafrecht AT, S. 548 ff.

154 *Rehberg*, S. 44 f.

155 *Münzberg*, S. 283, geht von einem wertungsfreien Begriff der „Eignung" aus, die er als Prinzip auffaßt (S. 144 f.).

156 Vgl. *Meckel*, S. 58 ff. (62 ff.).

157 *Binding*, Normen IV, S. 446 Anm. 44; *Engisch*, Vorsatz und Fahrlässigkeit, S. 287; *M. L. Müller*, S. 39, verlangen nur einen „objektiven Zweck".

langt wurde[158]. Der bereits erwähnte § 169 des StGB der DDR setzt ebenfalls subjektiv voraus, daß der Täter z. B. gehandelt haben muß, „um einen bedeutenden wirtschaftlichen Nutzen herbeizuführen ...“[159]. Diese Frage soll hier jedoch zunächst offenbleiben, da sie im Zusammenhang mit den subjektiven Rechtfertigungselementen bei den Rechtfertigungsgründen zu prüfen sein wird[160]. Der positiven Bewertung der Handlungsfreiheit stehen die durch Straftatbestände geschützten Handlungsobjekte gegenüber, deren Verletzung oder Beeinträchtigung durch die Vornahme einer Handlung droht. Bei der Interessenabwägung ist nicht ein konkretes Rechtsgut als Gegenwert einzusetzen. Vielmehr kommt es entscheidend auf den Wert des Handlungsobjekts und die Größe des möglichen Erfolgs an. Daneben müssen aber auch die Nähe des Erfolgseintritts[161] und die oben erörterte Größe der möglichen Auswirkung im Erfolg berücksichtigt werden. Bei der Abwägung dieser Interessen kann es ferner darauf ankommen, daß ein Wert nicht nur überhaupt, sondern wie beim rechtfertigenden Notstand „wesentlich“[161] oder bei der Sorgfaltspflicht zumindest bei einer vom Täter veranlaßten Gefahr „deutlich“[162] überwiegt. Zudem ist in vielen Fällen, wiederum nicht in allen, notwendig, daß die Handlung, die das Rechtsgut zu beeinträchtigen droht, zur Wahrung der überwiegenden Handlungsfreiheit auch erforderlich ist[163]. Weiterhin ist zu berücksichtigen, daß die Wahrnehmung des einen Interesses zu Lasten des anderen auch angemessen ist[164]. Läßt sich nach der Vornahme dieser Abwägung feststellen, daß die positiven Wertfaktoren den Ausschlag geben, so handelt der Täter gemäß seiner generellen Pflicht, seine Handlungsfreiheit als sozialer Wert überwiegt. Fehlt der Handlungsunwert, so steht zugleich fest, daß sich die Handlung des Täters objektiv positiv als Nutzung der als sozialer Wert anerkannten Handlungsfreiheit darstellt. Wie bei der Adäquanz muß daher das Verhältnis von Handlungsunwert und Erfolgsunwert, wenn der erste fehlt, auch in diesem Fall als Wertkollision zwischen Handlungsfreiheit und eingetretener Auswirkung im Erfolg aufgefaßt werden, wobei die Handlungsfreiheit überwiegt, gleichgültig ob sich die Auswirkung im Erfolg im Rahmen des Erkennbaren und der vom Täter zu berücksichtigen Wertungen gehalten hat oder nicht. Die Handlungsfreiheit zwingt als Wert dazu, ihr auch dann den Vorrang einzuräumen, wenn ihre Ausübung einen mißbilligten Erfolg

---

158 *Exner*, Fahrlässigkeit, S. 202: „Ziel, das der Täter anstrebt“.

159 Lehrkommentar zum StGB DDR, § 169 Anm. 2.

160 Vgl. unten V, 1, e.

161 Für viele *Jescheck*, Lehrbuch, S. 269.

162 *Münzberg*, S. 321.

163 Für viele hinsichtlich der Rechtfertigungsgründe: *Jescheck*, Lehrbuch, S. 269; *Armin Kaufmann*, Normenlehre, S. 253 ff.

164 *Gallas*, ZStW 80, 1 (26 .f.); *Jescheck*, Lehrbuch, S. 269.

zur Folge hat, sobald die Handlung im Zeitpunkt ihrer Vornahme als dem einzigen Moment, in dem sie vom Täter beeinflußt werden kann, positiv bewertet wurde. Fehlt der Handlungsunwert im Zeitpunkt der Vornahme der Handlung, so fehlt daher auch der Erfolgsunwert. Nochmals sei betont, daß der „personale“ Erfolgsunwert ein Element des Täterunrechts ist und daher nicht mit dem beim Verletzten eingetretenen Schaden gleichzusetzen ist. Damit ist erwiesen, daß der Unwert des Erfolgs in den Fällen des erlaubten Risikos als Schaden für die Beurteilung des Unrechts und der Schuld des Täters keine Rolle spielt und als personaler Erfolgsunwert durch die Handlungsfreiheit aufgehoben wird. Der Erfolg ist daher weder ein Argument gegen eine Lösung der Fälle des erlaubten Risikos in der Rechtswidrigkeit noch muß er durch Begriffe wie Zufall oder Unglück rein formal aus dem Unrecht ausgeklammert werden.

IV. Das erlaubte Risiko und das eigene Verhalten des Verletzten (Fallgruppen 1 bis 4)

Neben diesen Bewertungsfaktoren im Zusammenhang mit der Handlungsfreiheit ist auch das eigene Verhalten des Verletzten für das Unrecht bedeutsam. Der Begriff des eigenen Verhaltens des Verletzten soll hier nur als Zusammenfassung für alle Möglichkeiten des Einflusses des Verletzten auf das Unrecht des Täters dienen.

Betrachtet man die Fälle des erlaubten Risikos, so ist festzustellen, daß stets entweder ein eigenes Handeln des Betroffenen zu Gefahr und Erfolg beigetragen hat oder daß zusätzlich oder allein die Kenntnis oder sogar das Wollen von Gefahr und Erfolg seitens des Betroffenen eine Rolle gespielt haben. Wer sich operieren läßt, veranlaßt dies, kennt zugleich das Risiko und nimmt es in einem bestimmten Umfang auf sich. Auch wer in einem Bergwerk arbeitet oder sich an Sport und Spiel beteiligt, verursacht Gefahr und Erfolg selbst mit und kennt sie. Ob er sie auch billigt, ist nicht ohne weiteres zu sagen. Wer am Straßenverkehr teilnimmt, setzt ebenfalls eine Ursache für Gefahr und Erfolg selbst und wird diese mindestens erkennen können. Schickt A den B bei Gewitter in den Wald und wird B dort vom Blitz tödlich getroffen, so hat auch er Gefahr und Erfolg mitverursacht, die er zudem mindestens erkennen konnte. Der „Eigenanteil“ des Betroffenen kann also durchaus unterschiedlich sein. Was bereits oben[1] für die Auswirkung im Erfolg durch das Verhalten des Täters ausgeführt wurde, gilt entsprechend auch für das Verhalten des Verletzten, der selbst eine Ursache für den Eintritt des Erfolgs setzt. Der sich daraus ergebende

---

[1] Vgl. oben III, 2, a.

Erfolgsanteil ist dem Täter grundsätzlich nicht zuzurechnen. Das ist aber kein Problem des erlaubten Risikos, sondern eine direkte Begrenzung des Erfolgsunwerts.

Dogmatisch wird das eigene Verhalten des Verletzten darüber hinaus hinsichtlich des verbleibenden Teils des Unrechts mit Hilfe der Einwilligung, dem Handeln auf eigene Gefahr bzw. der Risikoübernahme und der sozialen Adäquanz zu erfassen versucht. Soweit z. B. der Betroffene auf eigene Gefahr handelt, soll dieser „Teil der Gefahr" dem Täter nicht zugerechnet werden. Er soll aus der Interessenabwägung ausscheiden[2]. Auf der anderen Seite finden sich Auffassungen wie die von *Baumann*[3], der das gesamte Problem des erlaubten Risikos als eine Frage der Rechtfertigung durch Einwilligung in die Gefahr der Handlung ansieht. Lediglich das verkehrsrichtige Verhalten soll als Sonderfall daneben bestehen bleiben. *Meckel* untersucht z. B. die Einwilligung in die Verletzung und die Gefährdung sowie die Handlung auf eigene Gefahr mit unterschiedlichen Folgerungen[4] für das erlaubte Risiko. *Zipf*[5] löst einen Teil der Fälle der „Gefahrübernahme" durch den Betroffenen mit Hilfe der sozialen Adäquanz als Tatbestandsbegrenzung, so vor allem im Bereich des Sports. Im folgenden soll geprüft werden, ob und in welchem Umfang das eigene Verhalten des Verletzten bei der Lösung der Fälle des erlaubten Risikos erforderlich und brauchbar ist.

1. Die Einwilligung und das erlaubte Risiko

Von den erwähnten dogmatischen Konstruktionen liegt die Einwilligung am nächsten, da sie in § 226 a StGB zumindest für die vorsätzliche Körperverletzung ausdrücklich anerkannt wird. Für die hier zu erörternde Frage der Einwilligung bei fahrlässigen Delikten enthält das StGB keine besondere Regel, obwohl die Bedeutung der Einwilligung in beiden Deliktsarten unterschiedlich ist. Teilweise wurde die Einwilligung für fahrlässige Taten überhaupt abgelehnt[6], was aber auf einer zu engen Sicht der Einwilligung als „Erklärung der Übereinstimmung meines Willens mit dem Willensakt eines anderen"[7] beruht, die von der Einwilligung her begrifflich gar nicht notwendig ist. Für die Willenseinstellung des Betroffenen muß es genügen können, daß

---

[2] *Meckel*, Die strafrechtliche Haftung für riskante Verhaltensweisen, S. 92 f.; *Münzberg*, S. 305.
[3] S. 258, 306 f.
[4] *Meckel*, S. 89 ff.
[5] Einwilligung, S. 77 f.
[6] *Gerland*, VDA II, S. 487 (492); *M. E. Mayer*, S. 291, Fußn. 15.
[7] *Kessler*, Die Einwilligung des Verletzten, S. 26.

der Betroffene ganz allgemein gesagt die Tat billigt[8]. Jedoch muß unbedingt an dem Element der Billigung der Tat des anderen[9] festgehalten werden, wenn man die Einwilligung nicht zu einem falschen Etikett machen will. Weit wichtiger ist dann die Frage nach dem Gegenstand der Einwilligung. In einem langen Streit haben sich dazu zwei grundsätzliche Theorien entwickelt. Folgt man den Vertretern der sog. Handlungstheorie[10], so soll sich die Einwilligung nur auf die Handlung beziehen, während die Vertreter der Erfolgstheorie[11] die Billigung des Erfolgs voraussetzen. Daneben werden auch beide Theorien kombiniert vertreten[12]. In sehr vielen Fällen aus dem Bereich des erlaubten Risikos bei fahrlässigen Delikten bereitet insbesondere die Feststellung der Billigung eines Erfolgs unüberwindliche Schwierigkeiten. Kann wirklich eine Einwilligung in den tödlichen Ausgang einer Operation[13] oder in eine Verletzung oder gar Tötung bei Sport und Spiel[14] oder im Straßenverkehr angenommen werden, ganz abgesehen von der Zulässigkeit einer solchen Einwilligung im Hinblick auf § 216 StGB[15]?

Der Patient will keinesfalls die Tötung, der Fußballspieler und in der Regel der Boxer[16] ebensowenig wie der Mitfahrer in einem Pkw, dessen Fahrer infolge Trunkenheit fahruntauglich ist[17], die eigene Körperverletzung oder Tötung. Um diesen Schwierigkeiten zu entgehen, wird zum einen versucht, das Wollen auszudehnen, zum anderen wird der Gegenstand der Einwilligung vorgezogen, so daß die Einwilligung in die Gefahr oder in die Handlung (Handlungstheorie) genügen soll.

---

[8] *Hansen*, Die Einwilligung des Verletzten bei Fahrlässigkeitstaten, S. 108; *Welzel*, Strafrecht, S. 95.

[9] *Hansen*, S. 40 f.

[10] *Kessler*, S. 26, 52, 98; *Mezger*, GS 89, 207 (279), sowie die bei *Schrey*, Der Gegenstand der Einwilligung des Verletzten, S. 37 ff., Genannten; wohl auch *Baumann*, S. 315: Einwilligung rechtfertigt das Handeln des Täters.

[11] Vgl. z. B. *Gerland*, VDA II, S. 487 (492) und die bei *Schrey*, S. 33 ff., Genannten, sowie *Geppert*, ZStW 83, 947 (974).

[12] *Jescheck*, Lehrbuch, S. 283, 446 f.; *Maurach*, Strafrecht AT, S. 342, 553 f.; *Schönke/Schröder*, vor § 51 Anm. 36, § 226 Anm. 3, für Vorsatzdelikte; *Eb. Schmidt*, JZ 1954, 369 (372), für alle Delikte.

[13] So *Baumann*, S. 307.

[14] So *Baumann*, S. 307; *Jescheck*, Lehrbuch, S. 446; *Maurach*, Strafrecht AT, S. 554; *Eb. Schmidt*, JZ 1954, 369 (372); *Schönke/Schröder*, § 226 a Anm. 3.

[15] Vgl. *Exner*, FS f. *Frank* I, 569 (590); *Jescheck*, Lehrbuch, S. 446; *Maurach*, Strafrecht AT, S. 553; *Mezger/Blei*, Kurzlehrbuch AT, S. 124; *Schönke/Schröder*, § 222, Anm. 3; *Zipf*, Einwilligung, S. 73 f.; BGHSt 7, 112 (114); BGHSt 4, 88 (93); BGHSt 23, 261 (265); OLG Hamburg, NJW 1969, 336 (337).

[16] Vgl. auch *Münzberg*, S. 307; *Stoll*, Handeln auf eigene Gefahr, S. 255 f., 260 ff.

[17] *Jescheck*, Lehrbuch, S. 446; *Eb. Schmidt*, JZ 1954, 369 (373).

a) Die Bestimmung des in der Einwilligung enthaltenen Willenselements

Einige Autoren wollen anscheinend die Kenntnis vor allem einer nahen Erfolgsmöglichkeit in Verbindung mit dem freiwilligen Eingehen der Gefahr als Billigung des Erfolgs ansehen. Dieser Gedankengang zeigt sich besonders deutlich in einer Auseinandersetzung zwischen Eb. *Schmidt*[18] und *Hartung*[19] zur Frage der Einwilligung bei Schlägermensuren. Während Eb. *Schmidt* ein tatsächliches „Wollen des Verletztwerdens"[20] verlangt, das bei Zweikämpfen schon deshalb zu verneinen ist, da sich jeder der Beteiligten gerade bemüht, nicht verletzt zu werden, bedeutet für *Hartung* das Eingehen dieses erkannten Risikos ein Inkaufnehmen des möglichen Mißerfolgs, zumal wenn er „greifbar nahe" liege. Wer etwas im Bewußtsein wage, daß es auch schiefgehen kann, müsse notwendigerweise auch diese Möglichkeit billigen.

Hinter dem Meinungsstreit erkennt man leicht eine bei aller Unterschiedlichkeit beider dogmatischer Begriffe ähnliche Problematik[21] wie die zur Abgrenzung des bedingten Vorsatzes von der bewußten Fahrlässigkeit. Auch dort geht es unter anderem um die Frage, ob die Kenntnis einer bestimmten Wahrscheinlichkeit der Tatbestandsverwirklichung, der Gefahr, bedingten Vorsatz und damit den erforderlichen Willen begründet, wie die Vertreter der sog. Wahrscheinlichkeitstheorie annehmen[22]. Doch wird dieser Lehre zu Recht vorgehalten, daß trotz hoher Wahrscheinlichkeit der Täter auf das Ausbleiben des Erfolgs vertraut haben kann. Nicht immer ist das Bewußtsein einer konkreten Gefahr notwendig bedingter Vorsatz[23]. Das Wollenselement wird zu stark vernachlässigt. Dasselbe muß nun für die Einwilligung insofern gelten, als das Bewußtsein von einer bestimmten hohen Wahrscheinlichkeit das Element der Billigung nicht zu begründen vermag. Es ist vielleicht sogar gerechtfertigt, für die Einwilligung, die sich auf fremde Erfolgsverursachungen bezieht, noch größere Voraussetzungen hinsichtlich der Billigung zu verlangen, etwa in Richtung auf die sog. Ein-

---

[18] JZ 1954, 369.

[19] NJW 1954, 1225 (1226). — Zu Unrecht vermischt *Hansen*, S. 88, bei der Einordnung der Auffassung *Hartungs* diesen Gedanken mit der Einwilligung in die Gefahr als Zustand.

[20] JZ 1954, 369 (372).

[21] Auch in einigen Entscheidungen des Bundesgerichtshofs wird diese Ähnlichkeit betont: BGH, NJW 1961, 655 (656); BGH VersR 1961, 427, 518. Vgl. auch *Hansen*, S. 98 f.; *Stoll*, S. 261; und *Geppert*, ZStW 83, 947 (977 f.).

[22] *Sauer*, S. 176 ff.

[23] Für viele *Jescheck*, Lehrbuch, S. 224; *Mezger/Blei*, Kurzlehrbuch AT, S. 190; *Welzel*, Strafrecht, S. 70; *Maurach*, Strafrecht AT, S. 263; *Schmidhäuser*, Lehrbuch, S. 343.

willigungstheorie[24], die ebenfalls im Rahmen der Abgrenzung von bedingtem Vorsatz und Fahrlässigkeit vertreten wird. Aber selbst wenn man weitergehende Formulierungen wie etwa von *Jescheck* heranziehen würde, wonach bedingter Vorsatz vorliegen soll, wenn „der Täter die Verwirklichung des gesetzlichen Tatbestands ernstlich für möglich hält und sich mit ihr abfindet“[25], und diese auf die Einwilligung übertragen würde, könnte in vielen Fällen des erlaubten Risikos nicht von einer Einwilligung gesprochen werden. Der Patient, der sich einer lebensgefährlichen Operation unterzieht, um weiterleben zu können, findet sich mit seinem Tod infolge der Operation gerade nicht ab. Er vertraut darauf, nicht zu sterben. Ebensowenig ist anzunehmen, daß sich ein Boxer mit einem unter Beachtung der Regeln zustande gekommenen Bruch des Nasenbeins oder einer Verletzung der Augenbraue abfindet. Dies ist zwar denkbar, aber in der Regel vertraut er darauf, derartige Verletzungen vermeiden zu können, und handelt im Sinne *Jeschecks*[26] lediglich leichtsinnig gegenüber sich selbst, was für die bewußte Fahrlässigkeit typisch ist. Die mehr oder weniger große Wahrscheinlichkeit ist also allenfalls ein Indiz für das Vorliegen einer Einwilligung. Je geringer die Gefahr, desto weniger spricht für eine Einwilligung, weil der Zwang zum Entschluß, dem Hauptkriterium des Willens[27], gering ist und umgekehrt. Lediglich in Grenzfällen etwa des beinahe sicheren Erfolgseintritts könnte diesem Indiz größere Bedeutung zugemessen werden[28]. Ob auch im umgekehrten Fall geringster Wahrscheinlichkeit ein Wollen zugunsten eines Wissens oder nur Wünschens verneint werden kann, erscheint fraglich[29]. Immerhin hätte dies für die Einwilligung zur Folge, daß dann der erforderliche Wille fehlen würde. Welche Abgrenzung des Willens man auch immer wählt, allen Fällen des erlaubten Risikos wird man nicht generell gerecht.

b) Die Einwilligung in die Gefahr

Nach der wohl heute herrschenden Meinung[30] soll es genügen, wenn sich die Einwilligung mindestens bei den Fahrlässigkeitsdelikten[31] nur

---

[24] Vgl. mit Ausnahme *Welzels* zum bedingten Vorsatz die in Fußnote 23 Genannten, sowie BGHSt 14, 240 (256); 19, 101 (105); 22, 67 (74).

[25] Lehrbuch, S. 222.

[26] Lehrbuch, S. 223.

[27] *Remplein*, S. 271, 275.

[28] *Jescheck*, Lehrbuch, S. 223; vgl. auch *Welzel*, Strafrecht, S. 70.

[29] *Welzel*, Strafrecht, S. 70, hält auch dann Vorsatz für möglich.

[30] *Baumann*, S. 307; *Jescheck*, Lehrbuch, S. 446; *Maurach*, Strafrecht AT, S. 553; *Nowakowski*, Jur. Bl. 1972, 19 (28); *Welzel*, Strafrecht, S. 97; BGH, MDR 1962, 1001 (1002); OLG Oldenburg, NJW 1966, 2132 (2133); BayObLG, NJW 1968, 665.

[31] Vgl. zur unterschiedlichen Behandlung der Einwilligung bei den Vorsatzdelikten die zunächst oben Fußn. 12 Genannten.

auf die Gefahr erstreckt. Indessen bedarf diese Lehre zunächst einer Überprüfung dahin, ob überhaupt von einer Einwilligung in die Gefahr im Unterschied zu der in den Erfolg gesprochen werden kann. Die Gefahr wird für den vorliegenden Zusammenhang allgemein rein objektiv als Zustand verstanden, in welchem der Eintritt des Erfolgs nach objektivem Urteil wahrscheinlich ist, wobei unterschiedliche Grade der Wahrscheinlichkeit denkbar sind[32]. Tragendes Element dieser Wahrscheinlichkeitsbeurteilung ist dann aber gerade der Erfolg. Ohne ihn wäre die Wahrscheinlichkeit als reine Relation sinnlos. Zieht man indessen auch insoweit einen Vergleich zur Vorsatzlehre, so ergibt sich, daß ein Gefährdungsvorsatz zwar allgemein anerkannt wird[33], daß sein Inhalt jedoch im einzelnen umstritten ist. Während z. B. das LG Bochum[34] den Gefährdungsvorsatz verneint hat, weil der Täter den Erfolg nicht billigend in Kauf genommen habe, hat der BGH[35] diese Auffassung mit der Begründung verworfen, daß es genüge, wenn der Täter die Umstände kenne, welche die Schädigung als naheliegende Möglichkeit erscheinen ließen, und „den Eintritt der Gefahrenlage zumindest billigend in Kauf nimmt". Das sei anzunehmen, wenn er die von ihm willentlich verursachte, einen anderen bedrohende Gefahr bewußt als Mittel einsetze, um einen anderen zu nötigen. Untersucht man diese Entscheidung nach dem Gegenstand der billigenden Inkaufnahme, so kommen allein die für die Beurteilung der Gefahr notwendigen Tatsachen in Frage. Nur die „Gefahren*lage*" müsse gebilligt werden. Eine „*willentlich verursachte* Gefahr" sei notwendig. Dadurch wird das Wahrscheinlichkeitsurteil praktisch aus dem Willenselement des Vorsatzes ausgeklammert, und allein die Kenntnis der die Gefahr begründenden Tatsache soll insoweit genügen[36]. Die Billigung der Wahrscheinlichkeit, die ohne Einbeziehung des Erfolgs nicht gegeben sein kann, wird nicht geprüft. Diese Aufspaltung des Gefahrbegriffs in zugrundeliegende Tatsachen und Wahrscheinlichkeitsurteil mag vielleicht für die Vorsatzlehre vertretbar sein, denn der Vorsatz, z. B. in bezug auf das Merkmal „rücksichtslos" in § 315 c StGB, braucht ebenfalls die darin enthaltene Wertung[37] nicht zu umfassen. Auf die Einwilligung läßt sich der Gedanke aber nicht übertragen, denn der eigentliche Grund für die strafbarkeitseinschränkende oder -ausschließende Wirkung der Einwilligung liegt darin, daß der Betroffene Inhaber des zu verletzenden

---

[32] *Hansen*, S. 76; *Mezger/Blei*, Kurzlehrbuch AT, S. 96 f.; *Schröder*, ZStW 81, 1 (8); *Welzel*, Strafrecht, S. 47.

[33] *Jescheck*, Lehrbuch, S. 218 f.; *Mezger/Blei*, Kurzlehrbuch AT, S. 193; *Welzel*, Strafrecht, S. 296.

[34] Zitat in BGHSt 22, 67 (73).

[35] BGHSt 22, 67 (74); vgl. auch *Schönke/Schröder*, § 315 c Anm. 35.

[36] Ähnlich differenziert *Hansen*, S. 114, bei der Einwilligung: Diese muß „alle Umstände, die der Täter als Ursache setzt", mitumfassen.

[37] BayObLG, NJW 1969, 565 (566).

Rechtguts ist und sich selbst für eine Verletzung entscheidet[38]. Mithin ist für ihn der Erfolg als Wert das wichtigste Element, und der Bezug auf diesen muß gebilligt sein. Nur deshalb spielt auch die Frage nach den „einwilligungsfähigen“ Rechtsgütern eine so wichtige Rolle[39]. Die erforderliche Billigung[40] der Gefahr muß notwendig in auch noch so schwacher Form zugleich Billigung des Erfolgs sein[41], oder es ist eben keine Einwilligung[42]. Da die Einwilligung stets im voraus erteilt werden muß — die Genehmigung wird im Strafrecht nicht anerkannt[43] —, besteht immer ein Moment der Ungewißheit, über das der Betroffene nicht mit seinem Willen hinweg kann, ohne irreal zu werden, so daß sich die Einwilligung in den Erfolg von der in die Gefahr prinzipiell auch gar nicht unterscheiden läßt, wenn auch der Grad der Wahrscheinlichkeit unterschiedlich sein kann[44]. Selbst wenn Handlung und Auswirkung im Erfolg weitgehend zusammenfallen, wie etwa bei einem vorsätzlichen Messerstich, so bliebe für den Einwilligenden noch immer eine Unsicherheit darin, ob der Täter auch handelt, da die Einwilligung vor der Handlung erteilt werden muß. Schon aus diesen Gründen ist die Konstruktion der Einwilligung in die Gefahr keine Lösung für die Probleme des erlaubten Risikos.

Selbst wenn man aber einmal unterstellt, daß die Einwilligung in den Erfolg und die in die Gefahr[45] als dogmatische Institute dadurch zu unterscheiden wären, daß die Gefahr als Zusammenfassung gegebener Tatsachen aufgefaßt wird und sich die Billigung des Betroffenen

---

[38] *Noll*, Übergesetzliche Rechtfertigungsgründe, S. 74: Anerkennung der subjektiven Wertung des Verletzten im Bereich seiner Rechtsgüter.

[39] Für viele *Jescheck*, Lehrbuch, S. 280 f.; *Maurach*, Strafrecht AT, S. 338 ff.; *Schönke/Schröder*, vor § 51 Anm. 37, § 315 c Anm. 33; *Welzel*, Strafrecht, S. 96; *Zipf*, Einwilligung, S. 72 ff.

[40] Ohne damit das Wollenselement der Einwilligung im einzelnen näher zu bestimmen, soll dieser Ausdruck dafür im weiteren verwendet werden. Auf die genaue Abgrenzung kommt es im vorliegenden Zusammenhang nicht an.

[41] So auch *Eb. Schmidt*, JZ 1954, 369 (372) und *Zipf*, Einwilligung, S. 20 ff. — Wie unklar der Gegenstand der Billigung bei der Einwilligung in die Gefahr bestimmt wird, zeigt sich z. B. in der Entscheidung des BayObLG, NJW 1968, 665: Der Einwilligende müsse „mit der ihn gefährdenden Handlung einverstanden“ sein „und das mit dieser verbundene Risiko einer daraus möglicherweise entstehenden Eigenverletzung in Kauf“ nehmen.

[42] Diese Folgerung des Textes übersieht *Geppert*, ZStW 83, 947 (983 ff.).

[43] Für viele vgl. *Jescheck*, Lehrbuch, S. 282, und BGHSt 17, 359 (360).

[44] Aus dieser rein quantitativen Abstufung leitet *Zipf*, Einwilligung, S. 71, einen Unterschied zwischen der Einwilligung als aktueller und potentieller Rechtsgutspreisgabe her, um die Einwilligung in die Gefährdung bei den konkreten Gefährdungsdelikten von der in den Erfolg zu differenzieren, was jedoch keine Folgen hat.

[45] Für eine Trennung von Einwilligung in den Erfolg und in die Gefahr vgl. die oben in Fußn. 30 Genannten, sowie *Exner*, Fahrlässigkeit, S. 590; *Geerds*, S. 56; *Mahling*, S. 68, 73; LK *(Mezger)*, 8. Aufl., vor § 51, Anm. 10 e aa; aber auch *Hartung*, NJW 1954, 1225 (1226).

nur darauf erstreckt, bliebe das Problem der Rechtfertigung des Erfolgsunwerts. Der als „mittelbar“ aus der Gefahr ausgeklammerte Erfolg[46] soll seinen Unwert dann dadurch verlieren, daß von der Einwilligung in die Gefahr auf die Billigung des Erfolgs geschlossen wird[47]. Diese Auffassung, die mit Recht bekämpft wird, führt letztlich dazu, daß die zunächst zwischen Einwilligung in die Gefahr und in den Erfolg gesehenen Unterschiede (mittelbarer Erfolg, mittelbare Gefahr, Gefahrenurteil und Gefahrenlage) nachträglich wieder eingeebnet werden, um auch den Unwert des Erfolgseintritts zu rechtfertigen. Es wäre zudem lebensfremd anzunehmen, daß jeder, der sich in eine Gefahr begibt und eventuell diesen gerade gegebenen Zustand ohne Rücksicht auf den Erfolg billigt, auch in den Erfolg einwilligen muß[48]. Ein Autofahrer billigt noch lange nicht seine Verletzung, selbst wenn er die Möglichkeit dafür erkannt hat und das Autofahren „billigt“.

Auch die oben entwickelte Begrenzung des Erfolgsunwerts durch Abwägung zwischen Handlungsfreiheit und Erfolg, indem für den Handlungsunwert die Einwilligung in die Gefahr bejaht wird und diese Handlungsfreiheit die tatsächliche Erfolgsauswirkung überwiegt, kann hier nicht herangezogen werden, denn es fehlt die Berechtigung dafür, den in sich widersprüchlichen Willen des Betroffenen durch eine solche Abwägung zu umgehen, wenn die Rechtfertigung gerade auf dem Willen des Verletzten beruhen soll.

Außerdem besteht bei Bejahung einer Einwilligung in die Gefahr das Problem, ob auch die Lebensgefährdung gebilligt werden kann[49], wovon stillschweigend ausgegangen wird. Hier zeigt sich wieder die Bedeutung des Erfolgs. Aus § 216 StGB ist zu entnehmen[50], daß die

---

[46] KG, JR 1954, 428 (429): „Der Erfolg ist in dem Vorhaben nicht mit eingeschlossen“, das der Betroffene billigt.

[47] Dies geschieht entweder stillschweigend oder mit der Argumentation, der Gesetzgeber sollte die Einwilligung zu einer riskanten Handlung als Entschluß des Betroffenen dahingehend respektieren, die Einwilligung in die Gefährdung als Einwilligung in die mögliche Verletzung „gelten zu lassen“ (*Rost*, Die Rechtfertigungsgründe bei Fahrlässigkeitsdelikten, S. 80; *Hartung*, NJW 1954, 1225 [1226 f.]), bzw. die Einwilligung sei zu vermuten (*Baumann*, S. 307).

[48] *Hansen*, S. 92 ff.; *Münzberg*, S. 307; *Noll*, Übergesetzliche Rechtfertigungsgründe, S. 98; *Eb. Schmidt*, JZ 1954, 369 (372); *Stoll*, Handeln auf eigene Gefahr, S. 261; *Zipf*, Einwilligung, S. 74 ff.; OLG Hamm, VRS 4, 39 (43).

[49] Außer den oben in Fußn. 15 genannten Gegnern, die aber z. Teil im Ergebnis doch die Hinnahme von Lebensgefahren durch den Betroffenen zulassen, etwa bei der Operation auf Tod und Leben, vgl. *Schönke/Schröder*, § 59 Anm. 167, 196; § 222, Anm. 3; RGSt 57, 172 (173); BGHSt 4, 88 (93); OLG Karlsruhe, NJW 1967, 2321 (2322); auch BGHSt 6, 232 (234 f.) sowie *Berz*, GA 1969, 148; *v. Bubnoff*, GA 1968, 71; *Kallmann*, FamRZ 1969, 573 f.; *Langrock*, MDR 70, 982 (984); *Rost*, ebd. (mit Einschränkung für Fälle des erlaubten Risikos der Fallgruppe 1).

[50] Für viele BGHSt 7, 112 (114); *Jescheck*, Lehrbuch, S. 280, 391; *Maurach*, Strafrecht AT, S. 340.

Einwilligung in eine Tötung nicht rechtfertigt. Besteht zwischen der für den gemäß § 216 StGB Einwilligenden möglichen Tötung und der Lebensgefahr nun wirklich ein so erheblicher Unterschied, daß letztere erlaubt sein muß? Dieses Problem vermag die Lehre von der Einwilligung in die Gefahr auch deshalb nicht überzeugend zu lösen, weil häufig Leibes- und Lebensgefahr gar nicht getrennt werden können[51].

In vielen Fällen dieser sog. Einwilligung in die Gefahr kommt es zudem gar nicht auf den individuellen Willen des Betroffenen an. Für das erlaubte Risiko beim Sport werden generelle Regeln aufgestellt, die die rechtmäßigen Verletzungen von den rechtswidrigen ohne Rücksich auf die tatsächliche Einstellung des Betroffenen abgrenzen. So soll der Sportler in alle Folgen der Einhaltung und Übertretung der Sportregeln eingewilligt haben, mit Ausnahme von Roheitsakten und vorsätzlichen Regelverstößen[52]. Nach einer anderen Abgrenzung „sind durch Einwilligung gedeckt“[53] fahrlässige Verletzungen im Rahmen der Regeln und solche bei geringfügigen Regelverstößen[54]. Der Umfang der Einwilligung wird auf diese Weise generalisiert, was dazu führt, daß ein individueller Wille, sei er billigend oder entgegengesetzt, nicht mehr beachtet wird. Dessen Berücksichtigung wäre im übrigen für die anderen Mitspieler auch weitgehend unmöglich. Eine generelle Begrenzung des Umfangs des Instituts der Einwilligung läßt sich nur aus der in § 226 a StGB erwähnten Formel der Sittenwidrigkeit herleiten, die aber in den hier interessierenden Fällen stets versagt, weil eine Einwilligung in eine Verletzung beim Sport über den angegebenen Umfang hinaus nicht notwendig sittenwidrig ist[55].

Einen zusätzlichen Aspekt liefert auch die Vorstellung einer eigentlich konsequent anzunehmenden mutmaßlichen Einwilligung in die Gefahr. Nach welchen Gesichtspunkten wäre hier zu entscheiden? Setzt die Einwilligung in die Gefahr nur die Billigung der Gefahrenlage voraus, so ist unklar, nach welchen besonderen personalen Gesichtspunkten diese Billigung für den Betroffenen entschieden werden sollte, wenn die Entscheidung in bezug auf den Erfolg, das den Betroffenen einzig interessierende Element, ausgeklammert bleibt.

---

[51] Vgl. hierzu den Sachverhalt und die Begründung OLG Karlsruhe, NJW 1967, 2321.

[52] *Mahling*, S. 68, 73.

[53] *Jescheck*, Lehrbuch, S. 446.

[54] BayObLG, NJW 1961, 2072 (2073); *Maurach*, Strafrecht BT, S. 83; LK *(Mezger)*, 8. Aufl., 1. Band, Vor § 51 Anm. 10 e aa; *Schönke/Schröder*, § 226 Anm. 9; auch BayObLG, JR 61, 72.

[55] Zur Ablehnung der Sittenwidrigkeit als Grenze der Einwilligung *Zipf*, Einwilligung, S. 33; a. A. z. B. *Kohlrausch/Lange*, § 226 a, Anm. IV 1, der damit die Wirkung der Einwilligung bei vorsätzlichen und gewissenlos leichtfertigen Regelverletzungen beim Sport verneint.

Soweit also zur Lösung des erlaubten Risikos am Gedanken der Einwilligung in den Erfolg oder die Gefahr festgehalten wird, läuft dies in den meisten Fällen mittelbar oder unmittelbar darauf hinaus, daß entweder eine Einwilligung unterstellt wird oder daß dieser Begriff dem gegebenen Sachverhalt infolge des fehlenden Willensmoments nicht gerecht wird[56].

c) Die Einwilligung in die Handlung

Gelegentlich wird die Betonung auch weniger auf die Einwilligung in die Gefahr als auf die Einwilligung in die Handlung gelegt. So geht das KG in einer Entscheidung[57], auf die in der Rechtsprechung bis heute immer wieder Bezug genommen wird[57a], davon aus, daß die Einwilligung Billigung des beabsichtigten Verhaltens sei, wodurch bei Vorsatzdelikten infolge der Billigung des gesamten Vorsatzes auch der Erfolg vom Einwilligenden gewollt sei. Bereits dieser Ausgangspunkt ist, wie oben angedeutet, fraglich. Die Einwilligung ist nicht immer Willensübereinstimmung zwischen Täter und Betroffenem, sondern allein eine Zustimmung des Betroffenen zur Tat[58], dabei kann allerdings im Einzelfall eine solche Willensübereinstimmung vorhanden sein. Das KG prüft dann weiter die Frage, ob bei den Fahrlässigkeitstaten, eine der Einstellung des Täters entsprechende Stellungnahme des Betroffenen für eine Bejahung der Einwilligung ausreicht, ob es genügt, „wenn der Verletzte das Vorhaben (Tun oder Unterlassen) des Täters billigt, den Erfolg jedoch ablehnt“[59], was dann im folgenden bejaht wird. Die Einwilligung sei im Anschluß an *Mezger*[60] „Preisgabe des Rechtsschutzwillens“[61], dessen Inhalt durch die konkrete Verbotsnorm, den Unrechtstatbestand im Falle des § 230 StGB bestimmt werde. Entbinde der Betroffene den Täter von der durch diese Norm gebotenen Rücksichtnahme, so gebe er den Rechtsschutzwillen preis, worin die Einwilligung zu sehen sei[62]. Auch bei dieser Argumentation liegt das entscheidende Problem in der Bedeutung des Erfolgs für die Einwilligung. Durch die Verknüpfung von Verbotsnorm und Rechtsschutzwillen soll praktisch

---

[56] So auch *Münzberg*, S. 306 f.; *Zipf*, S. 74 ff.; BGH NJW, 1961, 655: „Fiktion“.

[57] JR 1954, 428.

[57a] OLG Celle, NJW 1964, 736; OLG Karlsruhe, NJW 1967, 2321; BayObLG, NJW 1968, 665; auch *Maurach*, Strafrecht AT, S. 553 f.

[58] *Hansen*, S. 108; *Geppert*, ZStW 83, 947 (972 f.).

[59] JR 1954, 428 (429).

[60] LK *(Mezger)*, 8. Aufl., 1. Band, Vor § 51 Anm. 10 e aa.

[61] a. A. *Jescheck*, Lehrbuch, S. 279. Diese Frage kann im vorliegenden Zusammenhang nicht vertieft werden, da sie für die Arbeit nicht entscheidend ist.

[62] KG, ebd. Ähnlich sieht auch *Hansen*, S. 109, die Wirkung der Einwilligung in der Befreiung von der Verbotsnorm.

der Handlungsunwert ohne Billigung des Erfolgs und dadurch auch der Erfolgsunwert selbst entfallen. Der Unrechtstatbestand etwa des § 230 StGB enthält nun aber auch nach der vom KG vertretenen Auffassung[63] Elemente der Fahrlässigkeit, womit nur die Verletzung der generellen Sorgfaltspflicht oder Vorhersehbarkeit gemeint sein kann. Beide Merkmale sind ohne Bezug auf einen bestimmten Erfolg, der im Gefahrelement zum Ausdruck kommt, nicht zu bestimmen. In der „Preisgabe des Rechtsschutzwillens" als Einschränkung der Verbotsnorm muß also wie bei der Einwilligung in die Gefahr in noch so schwacher Form auch eine Billigung der Verletzung des Rechtsgutsobjekts enthalten sein. Materieller Grund für die Möglichkeit des Betroffenen, durch Einwilligung das Unrecht des Täters zu beeinflussen, ist die Tatsache, daß der Betroffene Träger des Rechtsgutsobjekts ist und sich für dessen Verletzung durch den Täter entschieden hat. Die Handlung des Täters als solche geht den Betroffenen ebensowenig etwas an, wie die sonstiger Personen. Er kann in eine „Handlung" eines anderen gar nicht einwilligen[64]. Deshalb gibt es auch keine Einwilligung bei abstrakten Erfolgsdelikten, bei denen der Eintritt eines bestimmten konkreten Erfolgs vom Tatbestand nicht verlangt wird. Der Begriff der Einwilligung in die Handlung dient nur als Umschreibung für die von ihr ausgehenden möglichen Erfolge[65]. Daher kann auch die Verbotsnorm in derartigen Fällen nur über die Einwilligung in den möglichen Erfolg als Element der Sorgfaltspflicht begrenzt werden, und die Billigung des Betroffenen muß sich auf den Erfolg erstrecken. Der Handlungsunwert entfällt nicht, weil die Handlung des Täters vom Betroffenen gebilligt

---

63 JR 1954, 428 (429): „Der in § 230 StGB normierte Unrechtstatbestand schützt die körperliche Unversehrtheit vor *fahrlässiger* Verletzung."

64 *Zipf*, Einwilligung, S. 20 ff., versucht dies Ergebnis mit dem Hinweis darauf zu begründen, daß bei Handlungen des Täters, die sowohl ein Individualgut als auch ein Rechtsgut der Allgemeinheit verletzen, nur in die Verletzung des ersteren eingewilligt werden könne, so daß die Handlung trotz Einwilligung insgesamt rechtswidrig bleibe. Da die Handlung nur entweder rechtswidrig oder rechtmäßig sein könne, sei sie also nicht Gegenstand der Einwilligung. Zwar ist es richtig, daß die formelle Rechtswidrigkeit einer Handlung nicht aufgespalten werden kann. Es bleibt aber die Möglichkeit in der materiellen Rechtswidrigkeit, und zwar auch im Handlungsunwert, zu differenzieren, was in der Strafzumessung — etwa bei Einwilligung zu § 315 c StGB — deutlich wird. Die Strafminderung ist nicht nur auf den teilweisen Wegfall des Erfolgsunwerts und eine sich daraus ergebende Verringerung der Tatschuld zurückzuführen, wie *Zipf*, S. 57 f., meint, sondern auch auf den verminderten Handlungsunwert, was theoretisch ebenfalls mit dem Gedanken der Einwilligung in die Handlung begründet werden könnte.

65 Da der Einwilligende Träger des Rechtsgutsobjekts ist, kann er diese Stellung dazu benutzen, um über Bedingungen auf die Handlungen des Täters Einfluß zu nehmen. Dies gilt z. B. für das Beispiel bei *Maurach*, Strafrecht AT, S. 342, in dem der Neffe eine Uhr seines Onkels mit dessen Einwilligung zwar an seine Braut, nicht aber an eine Prostituierte soll verschenken dürfen.

wird, sondern weil die Einwilligung in den möglichen Erfolg die Sorgfaltspflichtverletzung und damit den Handlungsunwert beseitigen kann[66]. Außerdem würde ebenso wie für die Einwilligung in die Gefahr auch für die Einwilligung in die Handlung das Problem zu lösen sein, wie auch der Erfolg als gebilligt angesehen werden kann.

Da die Einwilligung in die Gefahr und diejenige in die Handlung beide mit dem erfolgsbezogenen Gefahrbegriff verknüpft sind, lassen sie sich auch kaum unterscheiden[67]. In Rechtsprechung[68] und Literatur[69] werden beide Begriffe vermischt verwendet. Die oben zur Einwilligung in die Gefahr vorgetragenen Argumente gelten daher auch hier. Damit ist aber der Versuch endgültig als gescheitert anzusehen, über eine Einwilligung in Gefahr oder Handlung die Billigung des Erfolgs durch den Betroffenen umgehen und der Einwilligung dennoch rechtfertigende Wirkung beimessen zu können.

Entfällt aber der Erfolgsunwert direkt, so es handelt sich dann nicht mehr um die erwähnten Fälle des erlaubten Risikos, bei denen der Erfolgsunwert erst über die Abwägung der Handlungsfreiheit, die im fehlenden Handlungsunwert zum Ausdruck kommt, mit dem eingetretenen Erfolg aufgehoben wird.

2. Das Handeln auf eigene Gefahr und das erlaubte Risiko

Scheidet die Einwilligung somit als Lösungselement für die Fälle des erlaubten Risikos aus, da, wenn sie vorliegt, nicht nur das Risiko, sondern auch der Erfolg gestattet ist, so ist die Strafrechtsordnung gezwungen[70], andere unrechtsbegrenzende Elemente anzuerkennen, wenn nicht z. B. Fälle der Fallgruppe 4, wie die Tötung eines Schmugglers, der auf Geheiß seines Bandenchefs über die Grenze fährt und dabei durch Schüsse der Zöllner getroffen wird, strafbar, und in den übrigen Fällen des erlaubten Risikos, wie etwa bei der Operation auf Leben und Tod und beim Sport die Elemente der Freiwilligkeit der Handlung des später

---

[66] Daher kommt es auch nicht auf die Bejahung der Erfolgs- oder Handlungstheorie an, um zu begründen, daß eine Einwilligung nach der Vornahme der Handlung unwirksam ist (a. A. BGHSt 17, 359). — Zur Frage, ob bei Unkenntnis von der Einwilligung der Handlungsunwert erhalten bleibt *Jescheck*, Lehrbuch, S. 284, und *Zipf*, Einwilligung, S. 50, einerseits, sowie *Maurach*, Strafrecht AT, S. 344 f., andererseits.

[67] Zum „Erfolgsunwert der Handlung" z. B. *Nowakowski*, Jur. Bl. 1972, 19 (26 f.).

[68] z. B. KG, JR 1954, 428 (429); BayObLG, NJW 1968, 665.

[69] z. B. LK *(Mezger)*, 8. Aufl., 1. Band, vor § 51 Anm. 10 e aa; *Maurach*, Strafrecht AT, 3. Aufl., S. 471 (in der 4. Aufl., S. 533, wird eine Einwilligung in die Risikohandlung angenommen); *Rost*, S. 81.

[70] Vgl. hierzu bereits den Versuch von *Exner*, FG f. *Frank* I, S. 569 (590), aus der Straflosigkeit der Beihilfe zur vorsätzlichen Selbstverletzung Folgerung für die Straflosigkeit eines entsprechenden Verhaltens bei Fahrlässigkeit zu ziehen, sowie die Entscheidung des BGH, NJW 1972, 1207.

Verletzten unberücksichtigt bleiben sollen[71]. Nur weil das KG in der erörterten Entscheidung meinte, einen anderen Gesichtspunkt nicht finden zu können, wurde jene „Einwilligung in das Vorhaben" konstruiert[72]. Eb. *Schmidt* wollte die Lücke mit den Grundsätzen der Zwecktheorie schließen, die er auch auf die Fälle gefährlicher Betriebe anwandte[73]. Für die Lösung einzelner Fälle ist diese Theorie, wie er selbst betont, zu allgemein[74]. Die möglichen unterschiedlichen Inhalte dieser „formalen ausfüllungsbedürftigen Wertformel"[75] werden erst durch weitere konkretisierende Überlegungen ausreichend deutlich. Für die vorliegende Problematik bietet sich vor allem die Lehre vom Handeln auf eigene Gefahr an. Da ihr entscheidendes Kennzeichen gegenüber der Einwilligung darin besteht, daß ein individueller Wille des Betroffenen in bezug auf den Erfolg in der Regel[76] nicht erforderlich ist, könnten dadurch die mit Hilfe der Einwilligung nicht zu lösenden Fälle erfaßt werden. Diese Lehre wird indessen im Strafrecht nur wenig beachtet. In den führenden Lehrbüchern fehlt sie ganz, entweder weil der Gedanke der Einwilligung zu weit ausgedehnt wird[77] oder weil erlaubtes Risiko[78] bzw. rechtfertigender Notstand[79] angenommen werden. Bei *Welzel*[80] und *Jescheck*[81] findet sich ein Hinweis auf die im Zivilrecht verbreitete Lehre. In letzter Zeit hat aber *Münzberg* das Handeln auf eigene Gefahr für das Zivil- und Strafrecht erörtert, und *Zipf*[82] ist auf „die Problematik der Einwilligung bei der Risikoübernahme" im Strafrecht ausführlicher eingegangen.

---

71 Wie dogmatisch unklar die Äußerungen in diesen Fällen sind, zeigt sich z. B. darin, daß *v. Bubnoff*, GA 1968, 65 (71), hinsichtlich der mit einer Operation zum Zweck der Entnahme von Organen bei einem freiwilligen Spender verbundenen Lebensgefahr davon spricht, daß „die Pflichtensituation des Arztes" „durch die Einwilligung in Kenntnis gewisser Risiken ..., maßgeblich mitbestimmt" werde. Vgl. ebenso *Schönke/Schröder*, § 59, Anm. 196, § 222, Anm. 3; BGH bei *Dallinger*, MDR 1953, 722.

72 JR 1954, 428 (430).

73 JZ 1954, 369 (373); *v. Liszt/Schmidt*, S. 213, 216 f.

74 *Jescheck*, Lehrbuch, S. 242 f.; *Maurach*, Strafrecht AT, S. 296.

75 *v. Liszt/Schmidt*, S. 188, Fußn. 20.

76 Anders wenn sich Einwilligung und Handeln auf eigene Gefahr auf verschiedene Rechtsgutsobjekte beziehen, wie z. B. bei der ärztlichen Operation (Einwilligung in die Körperverletzung, Handeln auf eigene Gefahr für die Todesgefahr).

77 *Baumann*, S. 307; *Jescheck*, Lehrbuch, S. 446; *Maurach*, Strafrecht AT, S. 553 f.; *Schönke/Schröder*, § 59, Anm. 167.

78 z. B. *Jescheck*, Lehrbuch, S. 447.

79 *Mezger/Blei*, Kurzlehrbuch AT, S. 220 f.

80 Strafrecht, S. 98; vgl. auch die Andeutungen bei *Hartung*, NJW 1954, 1225 (1226 f.) und LK (*Mezger*), 8. Aufl., 1. Bd., vor § 51, Anm. 10 e aa.

81 Lehrbuch, S. 447; vgl. *Wessels*, S. 54.

82 *Münzberg*, S. 305; *Zipf*, Einwilligung, S. 64 ff.; vgl. auch *Geppert*, ZStW 83, 947 (988 ff.).

Meckel[83] verwendet ebenfalls diesen Gedanken im Strafrecht, wenn auch ohne besondere Begründung neben der Einwilligung in die Gefahr. *Hansen*[84] geht infolge der Bejahung einer Einwilligung in die Gefahr ablehnend darauf ein.

a) Das Handeln auf eigene Gefahr im Zivilrecht

Im Zivilrecht wird das Handeln auf eigene Gefahr seit längerem erörtert[85]. Zunächst wurde hier im Anschluß an *Flad*[86] ebenfalls eine rechtfertigende Einwilligung des Betroffenen angenommen, eine Auffassung, die — wie bereits oben bei der Behandlung der Einwilligung im Strafrecht dargelegt — zur Problematik der meist nicht vorhandenen Billigung des Erfolgs[87], der fehlenden Möglichkeit der Einwilligung in die Tötung[88] und der nicht erklärbaren Generalisierung des Einwilligungsumfangs führt. Später wurde diese Konstruktion aufgegeben und neben der Begrenzung der Sorgfaltspflichten in bestimmten Fällen ein Handeln auf eigene Gefahr über die Vorschriften der §§ 254 oder 242 BGB berücksichtigt[89]. Besonders ausführlich hat sich *Stoll*[90] mit diesem Problem befaßt. Er geht davon aus, daß ein Handeln auf eigene Gefahr dem Typus nach vorliege in „Ausnahmesituationen, in welchen die Grenze zwischen pflichtwidriger Gefährdung (unerlaubtes Risiko) und hinzunehmender Gefahr zum Nachteil gewisser schutzbedürftiger Personengruppen verschoben wird, denen in höherem Maße als dies sonst zulässig wäre, zugemutet werden darf, sich vor erkennbaren typischen Gefahren selbst zu sichern". Dabei soll zwischen echtem Handeln auf eigene Gefahr und unechtem unterschieden werden[91]. Jenes verhindere die Annahme einer Pflichtwidrigkeit, während dieses gerade die Pflichtwidrigkeit voraussetze und nur ermögliche, die Selbstgefährdung über den Gedanken des § 254 BGB im Rahmen der Haftung zu berücksichtigen. Zu den Umständen, die bei der Beurteilung der Pflichtwidrigkeit entscheidend seien, gehöre das Gefährdungs-

---

83 S. 92 f.

84 S. 128 ff., 148 ff.

85 Vgl. schon RG, JW 1906, 710, und zur gesamten Entwicklung *Stoll*, Handeln auf eigene Gefahr, S. 14 ff.

86 *Flad*, Recht 1919, Sp. 13 ff.; RGZ 141, 262 (265).

87 So mit dem Vorwurf der Fiktion bereits *Böhmer*, MDR 1958, 77 (78); auch *Esser*, S. 331 f.; *Flume*, S. 90 f.; *Larenz*, Schuldrecht I, S. 371; *Münzberg*, S. 305 f.; *Stoll*, Handeln auf eigene Gefahr, S. 306; ders., Anm. zu BGH JZ 1964, 60 (61); OLG Karlsruhe, NJW 1959, 1589 (1590).

88 Diese Frage bleibt offen in BGHZ 2, 159 (162).

89 Vgl. die in Fußn. 87 Genannten, sowie *Stoll*, Handeln auf eigene Gefahr, S. 367; BGHZ 34, 355 (363 ff.); BGH, JZ 1964, 60.

90 Handeln auf eigene Gefahr.

91 Ebd., S. 247, 253.

bewußtsein. In einigen Fällen genüge bereits die Erkennbarkeit der Gefahr, während manchmal sogar deren Billigung zu verlangen sei[92].

Es liegt nahe, den Gedanken des Handelns auf eigene Gefahr auch im Strafrecht zu berücksichtigen. Indessen ist eine solche Übertragung aus dem Zivilrecht in das Strafrecht nicht in toto möglich, weil das Strafrecht z. B. die Einrichtung des Mitverschuldens nur im Rahmen der Strafzumessung kennt. Im folgenden ist daher zu prüfen, wie der Gedanke des Handelns auf eigene Gefahr für das Strafrecht begründet und sinnvoll verwendet werden kann.

b) Das Handeln auf eigene Gefahr im Strafrecht

Die Rechtsordnung würde dem Täter eine sehr große Verantwortung aufbürden und jedem Träger von Rechtsgutsobjekten einen geringen Spielraum eigener Verantwortung belassen, wenn die Möglichkeit zu eigenverantwortlichem rechtmäßigem Einsatz der Rechtsgutsobjekte durch den Betroffenen im Bereich von Handlungen Dritter allein bei einer bewußten und willensgetragenen Stellungnahme für die Verletzung jener Rechtsgüter gegeben wäre. Genau dies würde der Anerkennung allein der Einwilligung als unwertausschließendem Faktor für diesen Bereich entsprechen. Einige Fälle des erlaubten Risikos, wie z. B. die Operation auf Tod und Leben zeigen aber deutlich, daß die Verantwortung des Täters durch die Eigenverantwortung des Betroffenen auch dann begrenzt werden muß, wenn sich dieser nicht für die Verletzung des Rechtsgutsobjekts entschlossen hat oder dies auch nicht wirksam tun kann.

Da die Verantwortung die Möglichkeit zu eigenem Schutz voraussetzt, müssen beim Fehlen des Verletzungswillens beim Betroffenen zumindest die Kriterien der Möglichkeit zum eigenen Schutz vorliegen.

Der Betroffene muß danach zunächst freiwillig handeln. Was bei der Einwilligung in die Gefahr oder Handlung oft als Billigung der Handlung des Täters aufgefaßt wurde, ist rechtlich meist nur als eigenes freiwilliges Verhalten erheblich[93]. Die Handlung des anderen geht den Betroffenen an sich nichts an. Wichtig ist, daß er sich freiwillig in deren Bereich befindet. In den erwähnten Fällen wird daher trotz der teilweise falschen Erörterung unter dem Gesichtspunkt der Einwilligung in die Handlung zur Beschreibung der Situation meist auch vom bewußt eingegangenen Risiko[94], von der „Risikoübernahme"[95] gesprochen.

---

[92] Ebd., S. 248, 251.

[93] *Stoll*, Handeln auf eigene Gefahr, S. 261, der betont, daß Teilnehmer einer Sportveranstaltung nur „in die Teilnahme" einwilligen.

[94] z. B. *Hansen*, S. 87.

[95] *Zipf*, Einwilligung, S. 64 ff.

Daraus ergibt sich weiter, daß die Kenntnis der Gefahr, der Möglichkeit des Erfolgs, Voraussetzung für ein freiwilliges Handeln des Betroffenen ist.

Bevor auf die sonstigen Grenzen eines Handelns auf eigene Gefahr näher eingegangen wird, muß zunächst die Frage nach der Art und Weise der Wirkung dieses Gedankens im Unrecht untersucht werden. Während das Vorliegen einer Einwilligung zum direkten Ausschluß des Erfolgsunwerts führt, da die Entscheidung des Betroffenen für eine Verletzung seines Rechtsgutsobjekts dem Erfolgsunwert die Bedeutung als Unrechtsfaktor für den Täter nehmen kann, ist diese Überlegung für das Handeln auf eigene Gefahr nicht möglich, da die Entscheidung des Betroffenen für eine Verletzung gerade fehlt, und die zwar auch dann gegebene Handlungsfreiheit des Betroffenen in Kenntnis der Verletzungsmöglichkeit nicht ausreicht, um den Wert des verletzten Rechtsgutsobjekts zu überwiegen. Das Handeln auf eigene Gefahr kann also nicht primär über den Erfolgsunwert wirksam werden. Vielmehr ist nur die vom Täter herbeigeführte Gefahr im Einzelfall nicht von diesem, sondern vom Betroffenen selbst zu tragen. Eine derartige Gefahrenbegrenzung kann nur solange wirksam werden, wie die vom Täter ausgehende Gefahr besteht, d. h. bis zum Eintritt des Erfolgs. Das Handeln auf eigene Gefahr kann also theoretisch im Handlungsunwert oder bis zum Erfolgseintritt eingreifen. Das ermöglicht auch den Versuch *Stolls*, einen besonderen „Sachverhaltsunwert“ anzuerkennen und zu begrenzen. Da der Erfolgsunwert nicht in Frage kommt, bleibt scheinbar nur die Möglichkeit, ein besonderes „Gefährdungsunrecht“ als Sachverhaltsunwert anzunehmen, das bei Verletzung sog. objektiver Verkehrspflichten vorliegen soll[96]. Beim Handeln auf eigene Gefahr sei dann umgekehrt die Gefährdung erlaubt[97]. Diese objektiven Verkehrspflichten werden streng von der objektiven Fahrlässigkeit des § 276 Abs. 1 S. 2 BGB unterschieden. Während erstere zum Ausschluß der Rechtswidrigkeit führen sollen, werden letztere allein als Schuldelement verstanden. Dieser Kompromiß zwischen den jeweils allein erfolgs- oder handlungsbezogenen Unrechtslehren, der an die Versuche der Ausklammerung von sozialer Adäquanz und erlaubtem Risiko als besonderer Rechtfertigungsgründe aus der Sorgfaltspflicht als Schuldmerkmal wie z. B. bei *Schröder*[98] erinnert, ist jedoch in mehrfacher Hinsicht fraglich. Abgesehen davon, daß sich das im Verkehr erlaubte Risiko (als Verkehrspflicht) von der im Verkehr erlaubten Handlung

---

[96] Vgl. zu ähnlichen, aber in entscheidenden Punkten abweichenden Überlegungen für das Strafrecht: *Nowakowski*, Jur. Bl. 1972, 19 (26 f.); *Schmidhäuser*, Lehrbuch, S. 170, 183 ff.; *Münzberg*, S. 63 ff., 122 ff., 144 ff.

[97] Handeln auf eigene Gefahr, S. 282 f., 367 f., Ziff. 8, 9.

[98] *Schönke/Schröder*, vor § 51, Anm. 49, § 59, Anm. 165, 168.

meist inhaltlich nicht trennen läßt, mithin in diesen Fällen stets eine Handlungsbewertung vorgenommen und daher eine Art des Handlungsunwerts bestimmt werden muß, lassen sich Sorgfalts- und objektive Verkehrspflicht entgegen *Stoll* auch in ihren personalen Elementen nicht sinnvoll unterscheiden. „Von der Individualität der Pflichtigen" völlig „unabhängig"[99] sind die Verkehrspflichten im Unterschied zu den Sorgfaltspflichten gerade nicht. Gewiß lassen sich Pflichten, die jedermann treffen, von denen für Vertreter bestimmter Berufsgruppen in Ausführung ihres Berufs, wenn auch praktisch nicht immer klar, so doch wenigstens theoretisch ebenso unterscheiden wie Pflichten mit mehr generellem Inhalt von solchen mit mehr individuellem. Dies gilt jedoch für die objektive Verkehrspflicht ebenso wie für die generelle Sorgfaltspflicht. Handelt es sich aber bei beiden Pflichten(!) nur um mehr oder weniger große Generalisierungen, so bleibt die Frage offen, wie diese voneinander abzugrenzen sind, und vor allem, wie aus jener quantitativen Unterscheidung die qualitative Differenzierung zwischen einerseits Sachverhaltsunwert (objektive Verkehrspflicht) und andererseits handlungsbezogener Schuld (generelle Sorgfaltspflicht) sachlich hergeleitet werden soll[100]. Es bleibt nur die Möglichkeit, einen Handlungsunwert[101] anzuerkennen oder nicht. Ein Zwischending wie die objektiven Verkehrspflichten als Sachverhaltsunwert ist dogmatisch wenig brauchbar, es sei denn als eine von der Rechtswidrigkeit eines Erfolgsdelikts unabhängige Haftungsvoraussetzung im Zivilrecht, ähnlich den Voraussetzungen bei der Gefährdungshaftung. Zudem ergibt sich aus der Übernahme der Gefahr durch den Betroffenen noch lange keine Verletzungsbefugnis. Gerade *Stoll* weist immer wieder auf diesen Unterschied hin[102], dennoch unterläßt er es, der Frage nach dem Erfolgsunwert nachzugehen. Gibt das Handeln auf eigene Gefahr dem Täter eine Gefährdungsbefugnis, so ist damit noch nicht zwangsläufig der eingetretene Erfolg von der Rechtsordnung gebilligt.

Scheidet sowohl eine direkte Begrenzung des Erfolgsunwerts als auch die Lösung *Stolls* über den Gefährdungsunwert aus, so bleibt nur die Möglichkeit, auch hier über den Handlungsunwert zum Ziel zu kommen.

Wenn der Betroffene die vom Täter herbeizuführende Gefahr übernimmt, so ist darunter weder der bereits zur Auswirkung im Erfolg

---

99 *Stoll*, Handeln auf eigene Gefahr, S. 284.

100 Die Aufspaltung der Sorgfaltspflicht in generelle und individuelle ist nicht allein quantitativ, sondern auch durch den im Rechtsverkehr notwendigen Vertrauensschutz begründet. Vgl. oben S. 124 ff.

101 Darin kann allerdings auch ein Erfolgsunwert gesehen werden (*Nowakowski*, Jur. Bl. 1972, 19 [26 f.]).

102 Handeln auf eigene Gefahr, S. 262 f., 368 Ziff. 9.

erörterte, rein objektive[103], noch der für den Täter objektiv personale Gefahrbegriff zu verstehen. Vielmehr kann es sich hier nur um einen objektiv personalen Gefahrbegriff vom Standpunkt des Betroffenen aus handeln, da die rechtliche Anerkennung der Gefahrübernahme von seinem Verhalten in Kenntnis der Gefahr abhängt. Der für den Handlungsunwert des Täters entscheidende objektiv personale Gefahrbegriff unterscheidet sich davon aber nicht, da das im Einzelfall gegebene — nicht das noch zu erörternde generalisierte — Handeln auf eigene Gefahr spätestens im Zeitpunkt der Handlung des Täters vorliegen muß und der Betroffene die objektiv personale Gefährlichkeit der Handlung in ihren wesentlichen Elementen nicht besser kennen muß und nicht schlechter kennen darf als der Täter selbst. Soll jemand operiert werden, so darf bei Handeln auf eigene Gefahr die bewußt übernommene objektiv personale Lebensgefahr für den Betroffenen im wesentlichen nicht anders zu bestimmen sein als für den Arzt. Sind daher beide Gefahrbegriffe insoweit inhaltlich gleich, so kann durch das Handeln auf eigene Gefahr der Handlungsunwert der gefährlichen Handlung des Täters durch eine Einschränkung der generellen Sorgfaltspflicht begrenzt werden. Da umgekehrt diese wiederum das Handeln auf eigene Gefahr begrenzt, läßt sich mit Recht sagen, daß die Grenzen des übernommenen Risikos mit den Grenzen der generellen Pflichten des möglichen Täters koinzidieren[104]. Das Handeln auf eigene Gefahr ist nur ein Gesichtspunkt zur Bestimmung der generellen Sorgfaltspflicht des Täters. Wird die Verletzung dieser Pflicht verneint, so steht dem Täter insoweit Handlungsfreiheit zu, die, wie bei der generellen Sorgfaltspflicht allgemein, auch den eintretenden Erfolg überwiegen muß, wenn die Freiheit zur Eingehung dieses Risikos nicht nachträglich ihre Bedeutung als Wert verlieren soll. Damit entfällt auch hier der täterpersonal gesehene Erfolgsunwert.

Wie bereits oben angedeutet, bedeutet eine Anerkennung des Handelns auf eigene Gefahr im Bereich des Unrechts mit den erwähnten Voraussetzungen noch nicht, daß es im übrigen grenzenlos zu beachten ist. Schon bei der Einwilligung, der intensivsten Form der Selbstbestimmung mit Wirkung für das Handeln des Täters, bei der sich der Willensentschluß sogar auf die eintretende Verletzung des Rechtsgutsobjekts bezieht, hat der Gesetzgeber durch die Einführung des Merkmals der Sittenwidrigkeit, des Verbots der Tötung bei Einwilligung und über die Voraussetzungen der Dispositionsbefugnis[105] über das Rechts-

103 Vgl. oben S. 115 ff.

104 So *Stoll*, Handeln auf eigene Gefahr, S. 243 f., für die „generellen Pflichten", die sich von den generellen Sorgfaltspflichten unterscheiden sollen. — Vgl. zum Ergebnis auch *Hirsch*, ZStW 74, 78 (97), *Schönke/Schröder*, § 59, Anm. 196, § 222, Anm. 3, sowie OLG Karlsruhe, NJW 1967, 2321 (2322).

105 Zum Verhältnis dieser Merkmale siehe auch *Zipf*, Einwilligung, S. 33 ff.

gutsobjekt Grenzen der Anerkennung der Eigenverantwortlichkeit gesetzt. Erblickt man darin einen wenn auch in der Formulierung nicht immer gelungenen Ausfluß der materiellen Rechtswidrigkeit[106], so wird verständlich, daß für die Anerkennung der unrechtsbegrenzenden Wirkung des Handelns auf eigene Gefahr ebenfalls Grenzen vorhanden sein müssen[107]. So handelt der Schmuggler hinsichtlich einer möglichen Verletzung durch den Zöllner gegenüber seinem Chef, der ihn losschickt, eventuell in diesem Sinne auf eigene Gefahr, nicht aber unbedingt gegenüber den Zöllnern, für die die Rechtmäßigkeit des Handelns anders begründet werden muß, da es um staatlich autorisiertes Handeln geht. Sind die erwähnten subjektiven Voraussetzungen hinsichtlich der Anerkennung der Selbstbestimmung des Betroffenen beim Handeln auf eigene Gefahr gegenüber denen der Einwilligung in den Erfolg geringer, so ist es auch einleuchtend, daß der Anerkennung des Handelns auf eigene Gefahr objektiv engere Grenzen gezogen werden müssen als es bei der Einwilligung in den Erfolg notwendig ist. So macht etwa *Schröder*[108] die Wirksamkeit eines Handelns auf eigene Gefahr — er selbst spricht allerdings von der Einwilligung in ein Risiko — davon abhängig, ob das Handeln des Täters nicht trotz dieser „Einwilligung" durch eine das Rechtsgut schützende Norm verboten ist. Das OLG Karlsruhe[109] spricht in ähnlichem Sinn von „speziellen Pflichten". Die Grenzen der Beachtlichkeit des Handelns auf eigene Gefahr sind aber nicht so starr wie die bei der Einwilligung in den Erfolg. Auch aus diesem Grunde ist die sich bei der Anerkennung einer Einwilligung in die Gefahr stets anbietende Parallele zur Einwilligung in den Erfolg gefährlich. Sie führt z. B. dazu, daß wie bei der Einwilligung in den Erfolg beim Totschlag die Möglichkeit eines Handelns auf eigene Gefahr bei Lebensgefahren generell verneint wird[110]. Übersehen wird dabei, daß eine für die vorsätzliche Tötung bei vorliegender Billigung dieses Erfolgs durch den Betroffenen richtige generelle Regel in dieser Form nicht ohne weiteres auf nach Graden differenzierbare Lebensgefahren übertragen werden kann. Im übrigen sind ohne eine grundsätzliche Anerkennung des Handelns auf eigene Gefahr auch bei Lebensgefahren bestimmte Fälle, wie z. B. ärztliche Operationen, die stets mehr oder weniger große Lebensgefahren mit sich bringen, bei eingetretenem Tod nicht befriedigend zu lösen. Der insoweit herange-

---

106 *Münzberg*, S. 314 ff. (315).

107 Beispielhafte Gesichtspunkte für die Grenzziehung bei *Geppert*, ZStW 83, 947 (994).

108 *Schönke/Schröder*, § 59, Anm. 167; *Stoll*, Handeln auf eigene Gefahr, S. 366 f.

109 NJW 1967, 2321 und schon RG JW 1925, 2250; BGHSt 4, 88 (90); 6, 232 (235).

110 OLG Karlsruhe, NJW 1967, 2321; *Jescheck*, Lehrbuch, S. 446; *Maurach*, Strafrecht AT, S. 553; *Mezger/Blei*, Kurzlehrbuch AT, S. 124.

zogene Gedanke der sozialen Adäquanz beruht hier entscheidend auch auf dem Handeln auf eigene Gefahr. Im Straßenverkehr könnte ein Risiko nicht einmal in bezug auf eine Körperverletzung übernommen werden, da sich Leibes- und Lebensgefahren gar nicht ausreichend trennen lassen[111]. Es empfiehlt sich daher, auch bei Lebensgefahren die bereits erwähnte Abgrenzung zu beachten, ob die Rechtsordnung die Einhaltung einer generellen Sorgfaltspflicht selbst bei Handeln auf eigene Gefahr seitens des Betroffenen gebietet, ob dem Täter auch insoweit eine Garantie auferlegt ist[112].

Bei der Bestimmung der Pflichten, die selbst bei Handeln auf eigene Gefahr noch einzuhalten sind, ergeben sich große Schwierigkeiten. Das Gesetz enthält — wie für die generellen Sorgfaltspflichten überhaupt — auch hierzu keine ausdrücklichen Regeln. Die Bedeutung des Handelns auf eigene Gefahr kann daher nur im Rahmen der materiellen Rechtswidrigkeit bestimmt werden.

Besonders problematisch sind dabei die von *Stoll* als „unechtes Handeln auf eigene Gefahr", von *Hirsch*[113] teilweise auch als „sozialinadäquates erlaubtes Risiko" bezeichneten Fälle, mit denen sich die Rechtsprechung häufig zu befassen hat[114]. Es handelt sich dabei vor allem um „riskante Touren", denen ein billigenswerter Zweck fehlt[115], wie z. B. die Teilnahme an Autofahrten eines infolge Alkoholgenusses fahruntauglichen Fahrers. Während die Rechtsprechung zum Zivilrecht überwiegend lediglich ein Mitverschulden bei gegebener Rechtswidrigkeit annimmt[114], neigt die Rechtsprechung im Strafrecht in ähnlichen Fällen[116] eher zur Verneinung der Rechtswidrigkeit entweder über den Gesichtspunkt der Einwilligung in die Gefahr oder der Begrenzung der Sorgfaltspflicht. Hält man entsprechend der hier vertretenen Auffassung die erstere Lösung für ungeeignet, so bleiben allein die Voraussetzungen eines Handelns auf eigene Gefahr, nämlich freiwilliges Handeln in Kenntnis der Gefahr[117]. Ähnliches gilt für den bereits erwähnten Schmugglerfall.

---

111 Den Ausführungen des OLG Karlsruhe, NJW 1967, 2321, kann daher grundsätzlich nicht zugestimmt werden.

112 Daher wird zum Teil trotz Verneinung der Bedeutung der Einwilligung bei § 222 StGB entweder die Sorgfaltspflicht begrenzt oder ein Rechtfertigungsgrund des erlaubten Risikos angenommen. RGSt 57, 172 (173); BGHSt 4, 88 (93); *Schönke/Schröder*, § 222, Anm. 3; vgl. auch *v. Bubnoff*, GA 1968, 65, (71).

113 ZStW 74, 78 (95).

114 Zum Zivilrecht BGHZ 34, 355; BGH, JZ 1964, 60 mit Anm. *Stoll*.

115 *Stoll*, Handeln auf eigene Gefahr, S. 313.

116 BGH, MDR 1959, 856; BGHSt 4, 88 (93); 6, 232 (234 f.); OLG Schleswig, DAR 1961, 310 (312); OLG Köln, NJW 1966, 895 (896); OLG Hamm, VRS 4, 39; BayObLG, VRS 23, 113 (114); OLG Celle, VRS 26, 292 (294).

117 So z. B. BayObLG, VRS 23, 113 (114); BayObLG, VRS 35, 121 (123).

Bei der Erörterung dieser und ähnlicher Fälle in der Literatur wird zum Teil versucht, ein Handeln auf eigene Gefahr als Begrenzung der generellen Pflicht mit Hilfe bestimmter Kriterien zu verneinen. So kennzeichnet *Stoll*[118] das nur über § 254 BGB zu berücksichtigende Handeln auf eigene Gefahr als riskante Tour ohne billigenswerten Zweck. Ähnlich sieht wohl *Zipf*[119] im Handeln auf eigene Gefahr nur ein Problem der sozialen Adäquanz, die er mit den „anerkannten sozialen Verhaltensnormen" gleichsetzt, was für einen Teil der erwähnten Fälle, z. B. den Schmugglerfall, ebenfalls nicht zutreffen dürfte. Vor allem blieben jene Fälle der Körperverletzung eines Mitfahrers bei einem Unfall durch den infolge Alkoholgenusses fahruntauglichen Fahrer, würden sie ins Strafrecht übertragen, selbst dann strafbar, wenn der Betroffene die Gefahrenlage klar erkannt hatte.

Der Begriff des „billigenswerten Zwecks" ist zwar relativ klar, indessen bleiben bei seiner Anerkennung als Entscheidungskriterium viele Fälle rechtswidrig, für die eine solche Folge eigentlich nicht gerechtfertigt erscheint. Die Freiheit zu eigenverantwortlichem Einsatz der eigenen Rechtsgüter würde dadurch zu eng begrenzt. Diese vor allem auch für den Betroffenen wichtige Seite des Problems wird nicht immer richtig gesehen. Ist der Täter nur dann straflos, wenn er seine riskante Handlung zu einem billigenswerten Zweck vornimmt, so ist nicht nur die Handlungsfreiheit des Täters begrenzt, sondern auch die Freiheit des Betroffenen, der sein Rechtsgutsobjekt eben nicht in dieser Weise einsetzen kann[120], wenn der Täter nicht strafbar werden soll. Es muß aber grundsätzlich möglich sein, ein individuelles Rechtsgutsobjekt auch bei Verfolgung eines nicht gerade billigenswerten Zwecks oder außerhalb des Bereichs sozial anerkannter Verhaltensnormen einzusetzen. Schickt der Chef einer Schmugglerbande seine Leute mit einem Boot los und wird einer von ihnen beim Überqueren der Grenze — was vorhersehbar war — erschossen[121], so ist das Verhalten des Bandenchefs wohl als Zollvergehen strafbar, aber nicht notwendig auch als fahrlässige Tötung. Würde man in derartigen Fällen wegen Verstoßes gegen § 222 StGB bestrafen, so wäre der sozial nicht zu billigende Zweck des Schmuggelns über § 222 StGB strafbegründend miterfaßt. Die fahrlässige Tötung allein wäre straflos, im Zusammenhang mit einer sozialethisch negativ bewerteten Handlung aber strafbar. Zusätzliche positive Ziele können zwar den strafrechtlichen Schutz eines bestimmten Rechtsguts entfal-

---

118 Handeln auf eigene Gefahr, S. 313 im Anschluß an *Flad*, Recht 1919, 13 ff.; vgl. auch *Rost*, S. 84 ff. (86 f.).

119 *Zipf*, Einwilligung, S. 77 ff.

120 So deutlich für die Einwilligung *Noll*, Übergesetzliche Rechtfertigungsgründe, S. 75, *Jescheck*, Lehrbuch, S. 280.

121 *Hirsch*, ZStW 74, 78 (95).

len lassen, andere im Tatbestand nicht erkennbare negative Ziele ihn aber nicht grundsätzlich erweitern, da sonst das System der Straftatbestände gesprengt werden würde. Die Frage nach dem Stellenwert jener Selbstverantwortung zwingt dazu, das Problem des Handelns auf eigene Gefahr genereller zu sehen.

Für das eigene Verhalten führt die Anerkennung der Selbstverantwortung stets zur Straflosigkeit des Betroffenen, wenn nur seine Rechtsgutsobjekte in Rede stehen. Auch fahrlässige Selbsttötung ist straflos. Fraglich ist allein, ob der Täter für die von seinem Handeln ausgehenden Gefahren bei Selbstverantwortung des Betroffenen dennoch seinerseits verantwortlich ist oder dem Betroffenen Selbstschutz oder Eigenverantwortung zumuten darf[122]. Die Fremdverantwortung richtet sich nach der Antwort auf die Frage, wann der Täter verpflichtet ist, trotz eigenverantwortlichen Verhaltens des Betroffenen dennoch nicht zu handeln[123]. Genau dieses Problem dürfte *Schröder* mit den oben[124] erwähnten speziellen schützenden Normen im Auge haben. Die erwähnten Schmuggler handeln gegenüber ihrem Bandenchef auf eigene Gefahr, nicht aber gegenüber den auf sie schießenden Zöllnern, weil diese nur im Rahmen ihrer Amtsbefugnisse handeln dürfen. Entsprechendes gilt für ein Vorgehen der Polizei gegenüber sonstigen Straftätern. In einer Flugzeugfirma darf zwar einem erfahrenen Testpiloten, nicht aber einem Flugschüler, selbst wenn dieser noch so sehr „auf eigene Gefahr" handelt, ein neues Flugzeugmodell zu einem Probeflug übergeben werden. In diesen Beispielen wird deutlich, welche Überlegungen bei der Untersuchung der nach § 222 StGB zu beachtenden Sorgfaltsgebote unter dem besonderen Aspekt anzustellen sind, inwieweit dabei ein Handeln auf eigene Gefahr eine Rolle spielen kann. So gesehen ist die Behauptung, bei Trunkenheitsfahrten komme ein Handeln auf eigene Gefahr durch den Mitfahrer für § 222 StGB nie in Frage, darin liege, stets ein Verstoß gegen ein „spezielles Rechtsverbot"[125], zu undifferenziert. Das Verbot von Trunkenheitsfahrten (§ 316 StGB) betrifft in erster Linie den Schutz der Allgemeinheit, d. h. unbeteiligter Verkehrsteilnehmer, die sich gegen derartige besondere Gefahren nicht schützen können. Ob Entsprechendes auch für Mitfahrer zu gelten hat, ist schon fraglich. Auf jeden Fall kann aber für § 222 StGB nicht entscheidend sein, ob ein derartiges Verhalten auf Grund anderer Vorschriften (z. B. § 316 StGB) verboten ist. § 222 StGB schützt gerade nicht in erster Linie die Allgemeinheit, sondern das

---

[122] *Stoll*, Handeln auf eigene Gefahr, S. 247.

[123] Bereits *Exner*, FG f. *Frank* I, S. 568 ff. (590 f.), hat ein „bedenkliches Bevormundungssystem" erwartet, wenn man „bei Strafe verpflichtet wird", auf das Wohl des anderen mehr bedacht zu sein, als dieser selbst es ist".

[124] *Schönke/Schröder*, § 59, Anm. 167.

[125] OLG Karlsruhe, NJW 1967, 2321.

Leben als individuelles Rechtsgut. An Hand des sich aus dieser Vorschrift an sich ergebenden Verbots muß geprüft werden, ob es gegenüber einem Handeln auf eigene Gefahr des Betroffenen zurückweicht, es also zuläßt. Wenn man wie das OLG Karlsruhe[126] nur danach entscheidet, ob ein anderes generelles Verbot besteht, so liegt darin letztlich eine Anwendung des Gedankens vom Versari in re illicita im Bereich der generellen Pflichtverletzung und ihre Begrenzung durch die Eigenverantwortlichkeit bei einem Erfolgsdelikt. Noch weniger verständlich ist es, die Berücksichtigung des Handels auf eigene Gefahr dann zu verneinen, wenn ohne diesen Gesichtspunkt eine generelle Sorgfaltspflichtverletzung zu bejahen ist. Dann wird die Frage durch sich selbst beantwortet. Es soll ja gerade die Grenze der generellen Sorgfaltspflicht bei Handeln auf eigene Gefahr geprüft werden. Die erwähnten Trunkenheitsfälle sind für § 222 StGB mithin gedanklich so zu prüfen, als ob die Alkoholfahrt außerhalb des Straßenverkehrs auf einem Privatplatz stattgefunden hätte. Dann fällt die Beantwortung zugunsten der Straflosigkeit erheblich leichter. In neuerer Zeit wird daher im Strafrecht in derartigen und ähnlichen Fällen, wenn auch unter dem falschen Etikett der Einwilligung in die Gefahr, zunehmend die Rechtswidrigkeit verneint[127]. Die „billigenswerte(n) Zweck(e)" im Sinne *Stolls* entsprechen in Wirklichkeit dem überwiegenden sozialen Interesse bei der Fallgruppe 1 des erlaubten Risikos. Dadurch wird zwar deutlich, daß ein Handeln auf eigene Gefahr mit diesen positiven Erwägungen zusammentreffen kann und daß es nur ein Element der Bestimmung der generellen Pflicht ist. Das Überwiegen sozialer Interessen in diesem Sinne ist aber wie gezeigt nicht stets erforderlich und die Anforderungen an das Handeln auf eigene Gefahr können unterschiedlich sein.

Die Rechtsprechung setzt voraus, daß „der Täter bei der Ausführung der riskanten Handlung seiner allgemeinen Sorgfaltspflicht voll genügt"[128] oder die „schuldige Sorgfalt"[129] beachtet haben muß. Mit Hilfe dieses Kriteriums soll die Entscheidung des RG[130] betreffend eine Memelüberfahrt unter erhöhten Risiken als Ausnahmefall erscheinen. Es kann sich, wie dargelegt, bei den erwähnten Pflichten aber nicht um die für den Normalfall gemeinten Sorgfaltspflichten handeln, denn diese sind bei grundsätzlich möglicher Einschränkung durch das Handeln auf eigene Gefahr nicht mehr anwendbar. Die Pflichten eines Fährmanns

---

[126] NJW 1967, 2321 f.

[127] Vgl. oben die in Fußn. 116 angegebenen Zitate.

[128] OLG Karlsruhe, NJW 1967, 2321 (2322); vgl. auch RGSt 57, 172 (173); BGHSt 4, 88 (93).

[129] RG, JW 1925, 2250.

[130] RGSt 57, 172.

bei schönem Wetter sind eben andere als bei Sturm und Handeln auf eigene Gefahr der Passagiere. Mithin ist es fehlerhaft, auf die allgemeinen Sorgfaltspflichten ohne Berücksichtigung des Handelns auf eigene Gefahr abzustellen. Selbst wenn z. B. die Polizei in bestimmten Notfällen ein Handeln auf eigene Gefahr grundsätzlich akzeptieren darf, so ist damit noch lange nicht gesagt, daß dies beliebig weit geht. Die Grenzen der Erforderlichkeit und Verhältnismäßigkeit wären wohl auch dabei zu beachten, was sich aus der staatlichen Funktion der Polizei ergibt. Schwieriger gelagert sind insoweit Fälle zwischen Privaten. Darf ein Fährmann grundsätzlich ein Handeln auf eigene Gefahr akzeptieren, so bleibt die Frage nach den unter diesen Umständen zu beachtenden Pflichten. Gelegentlich wird auf ein Verhalten in „sachgemäßer Weise“[131] abgestellt.

Welches Verhalten z. B. eines angetrunkenen Fahrers ist aber sachgemäß? Für den Fährmann lassen sich bestimmte auf Erfahrung beruhende Verhaltensweisen für eine Überfahrt bei Sturm und Handeln auf eigene Gefahr finden. So dürfen die Fahrgäste nicht stehen, sie müssen belehrt werden etc. Es sind dies besondere Pflichten. Für den fahruntauglichen Fahrer eines Pkw lassen sich ebenfalls bestimmte alkoholbedingte Fehlverhaltensweisen und der Grad der Alkoholisierung als Grenze der akzeptierbaren Gefahr feststellen, allerdings erheblich schwieriger.

Hinzu kommt außerdem, daß in allen diesen Fällen Gefahrenkenntnis beim Betroffenen vorliegen muß. So betont die Rechtsprechung immer stärker, daß genau zu prüfen sei, ob der Betreffende die Gefahr erkannt hat[132]. Auch insoweit ist die Wirksamkeit des Handelns auf eigene Gefahr differenzierbar[133]. Ist A angetrunken und nimmt B in seinem Pkw mit, wobei B davon ausgeht, daß A trotz des Alkoholgenusses generelle Verkehrsregeln beachten kann, so ist ein Unfall infolge Wendens auf der Autobahn, bei dem B verletzt wird, rechtswidrig. Derartige Feststellungen zum Umfang der Kenntnis sind naturgemäß ebenfalls nur begrenzt möglich, da für die Bestimmung der Gefahr verschiedenste Faktoren eine Rolle spielen, die sich aus der Person des Täters oder aus objektiven Umständen ergeben können. Entsprechend groß ist auch die Möglichkeit von Irrtümern bei den Betroffenen. Außerdem ergeben sich wie bei allen subjektiven Merkmalen große Schwierigkeiten in der Beweisbarkeit einer bestimmten Kenntnis des später Verletzten. Indessen muß am Erfordernis der Kenntnis der Gefahr festgehalten und die Rechtmäßigkeit bei Unkenntnis der für die

[131] RG, JW 1925, 2250.
[132] z. B. BGHSt 4, 88 (93): „klar erkennt“; OLG Köln, NJW 1966, 895 (896).
[133] Hierzu allgemein *Rost*, S. 87 ff.

Gefahrbeurteilung erheblichen Faktoren, mögen sich diese auf die Person des Täters oder auf außerhalb liegende Umstände beziehen, verneint werden. Das hat im Einzelfall auch dann zu gelten, wenn der Fehler in der Erkenntnis gerade beim Betroffenen liegt, der eventuell selbst angetrunken ist. Indessen kann durch allgemeine Regeln nicht bestimmt werden, was der Betroffene in jedem Einzelfall kennen muß, um seinem freiwilligen Handeln unrechtsbeseitigende Kraft beizulegen. Der Fährmannfall ist wie folgt zu beurteilen: Es sind keine Gesichtspunkte dafür erkennbar, daß der Fährmann das Handeln auf eigene Gefahr grundsätzlich nicht akzeptieren durfte. Da er seine Mitfahrer ausdrücklich über die Gefahren und das Verhalten bei der Überfahrt belehrt und alles unter den Umständen Erforderliche getan hatte, hielt er sich auch objektiv in den Grenzen des akzeptierbaren Risikos, und dieses war auch den Beteiligten bekannt. Die generelle Sorgfaltspflicht ist so durch das Handeln auf eigene Gefahr eingeschränkt, der Fährmann verhielt sich rechtmäßig, da der Handlungsunwert fehlte und die sich daraus ergebende Handlungsfreiheit den Unwert des eintretenden Erfolgs überwog.

Bei diesen Überlegungen hat sich zum wiederholten Mal gezeigt, daß die Bestimmung der generellen Sorgfaltspflicht im Einzelfall mit großen Schwierigkeiten verbunden ist. Indessen ist es notwendig, deren Struktur genauer zu erkennen, um nicht mit Begriffen zu arbeiten, die den Kern der Sache nicht treffen und die Bestimmung der generellen Sorgfaltspflicht eher unmöglich machen. Sowohl die sog. Einwilligung in die Gefahr als auch die erwähnten „allgemeinen Pflichten" beim Handeln auf eigene Gefahr führen, wie die Entscheidung des OLG Karlsruhe zeigt, zu fehlerhaften Erwägungen und neuen unbrauchbaren Begriffen wie gerade zu dem der „speziellen Pflicht".

3. Die generalisierte Berücksichtigung des eigenen Verhaltens und das erlaubte Risiko

In einer Reihe von Fällen der Fallgruppen 1 und 2 kommt es bei der Bewertung der Handlung irgendwie auch auf das eigene Verhalten des Betroffenen an, obwohl dabei weder eine genaue Kenntnis der Gefahr noch die Freiwilligkeit der Gefahrübernahme seitens des Betroffenen erforderlich erscheint, was unbedingte Voraussetzung des oben anerkannten Handelns auf eigene Gefahr ist. Weder bei erlaubt gefährlichem Verhalten beim Sport noch bei solchem im Straßenverkehr[134]

---

[134] Weitere Beispiele bei *Zipf*, Einwilligung, S. 65 f., der allerdings auch die Fälle des Handelns auf eigene Gefahr, wie es oben bestimmt wurde, unter dem Begriff der Gefahrübernahme zusammenfaßt (vgl. die auf S. 66 f. unter 2., 3. und 4. erwähnten Fälle). Siehe auch *Stoll*, Handeln auf eigene Gefahr, S. 262.

wird danach gefragt, ob der Verletzte die Gefahr genau kannte und sie auch im Einzelfall freiwillig eingegangen ist. Sogar ein ausdrücklich entgegenstehender Wille bei der Teilnahme am Straßenverkehr bleibt für die Bewertung der Verletzungshandlung ebenso unberücksichtigt wie die Unkenntnis dieser Gefahren etwa bei einem Ausländer. In diesen und ähnlichen Beispielsfällen ist die soziale Billigung des Handlungskomplexes unter Berücksichtigung der Eigenverantwortung so selbstverständlich, daß die tatsächliche Einstellung des Betroffenen zur jeweiligen Gefahr weitgehend vernachlässigt werden kann. So sieht auch *Zipf*[135] in den erlaubt gefährlichen Handlungen beim Sport Fälle der sozialen Adäquanz, die hier als eine Erwägung zur Bestimmung der Grenzen der generellen Sorgfalt angesehen wurde. Wie beim Handeln auf eigene Gefahr geht es um den Handlungsunwert. Indessen sollten derartige Fälle wegen der unterschiedlichen Voraussetzungen getrennt betrachtet werden[136]. Beim Handeln auf eigene Gefahr kommt es wie bei der Einwilligung, die auch nicht in der sozialen Adäquanz aufgehen darf, entscheidend auf subjektive Merkmale beim Betroffenen an, während in den hier erörterten Fällen Freiwilligkeit und Gefahrenkenntnis des Betroffenen nur noch generell im Rahmen der Bestimmung der Grenzen der generellen Sorgfalt z. B. als objektive Erkennbarkeit der Gefahr berücksichtigt werden. Die Anforderungen an die Möglichkeit des Selbstschutzes für den Betroffenen sind hier geringer.

4. Das mutmaßliche Handeln auf eigene Gefahr und das erlaubte Risiko

Entsprechend der mutmaßlichen Einwilligung, bei der ein tatsächlicher Wille des Betroffenen in bezug auf die Verletzung des Rechtsgutsobjekts fehlt, ist für eine Gruppe von Fällen des Handelns auf eigene Gefahr auch ein mutmaßliches Handeln auf eigene Gefahr denkbar, bei dem es ebenfalls um die Ersetzung fehlender subjektiver Elemente beim Betroffenen geht[137]. Zu denken ist etwa an den Fall, daß ein Schwerkranker bewußtlos ist und nur durch eine gefährliche, nachts mit erhöhter Geschwindigkeit durchzuführende Fahrt zum Arzt gerettet werden kann. Die Transportgefahr ist eindeutig erheblich geringer als die, ohne Arzt zu sterben. In diesem dem rechtfertigenden Notstand nahestehenden Fall schafft nicht der Täter eine Gefahr, in die sich der Betroffene hineinbegibt, sondern dieser befindet sich bereits in einer Gefahr, aus der er durch eine vom Täter verursachte andere Gefahr ge-

---

135 Einwilligung, S. 93 ff.

136 Anders *Zipf*, Einwilligung, S. 77 ff., der alle Fälle ohne Unterschied mit Hilfe der sozialen Adäquanz löst.

137 Auch deshalb sollte zwischen dem Handeln auf eigene Gefahr und der nur generellen Berücksichtigung eigenen Verhaltens im Rahmen der generellen Sorgfaltspflicht unterschieden werden.

rettet werden soll. Einerseits bezieht sich der billigenswerte Aspekt des Verhaltens des Täters auf dasselbe Handlungsobjekt wie die Gefahr, zum anderen fehlt die Möglichkeit zu einem freiwilligen Handeln des Betroffenen in Kenntnis der Gefahr. Dieser Fall entspricht also der bei der mutmaßlichen Einwilligung von *Jescheck* als „interne Güter- und Interessenkollision"[138] bezeichneten Fallkonstellation. Wenn der Betroffene noch freiwillig in Kenntnis der Gefahr handeln kann, wobei nur positive Kenntnis ausreicht, so muß der Täter dies zulassen. Selbst wenn die Gefahren deutlich unterschiedlich sind, kann der Täter nicht ohne weiteres seine Entscheidung an die Stelle der Entscheidung des Betroffenen setzten. Es geht eben allein um sein Rechtsgutsobjekt, für das grundsätzlich nur er selbst zuständig ist. Anderenfalls droht eine „Bevormundung durch ungebetene Nothelfer"[139]. Ist der Betroffene aus irgendwelchen Gründen zur Entscheidung nicht in der Lage, obwohl er sie fällen müßte, weil er sich z. B. aus lähmender Angst oder infolge Bewußtlosigkeit nicht entscheiden kann, so muß diese Entscheidung des Betroffenen durch eine Entscheidung des Dritten im mutmaßlichen Sinne des Betroffenen ersetzt werden können. Sie geht aber nicht weiter als die des Betroffenen selbst. Käme wie hier für ihn ein Handeln auf eigene Gefahr in Frage, so hat der Helfer auch nur insoweit zu entscheiden. Mithin könnte von einem mutmaßlichen Handeln auf eigene Gefahr gesprochen werden. Es ist wie die mutmaßliche Einwilligung nur eine „Vertretung eines anderen in seiner Entscheidungsfreiheit"[140].

Für die mutmaßliche Entscheidung des Betroffenen ist die Interessenlage von größter Bedeutung. Während der Betroffene in den bisher erörterten Fällen nur entscheiden konnte, ob er die Gefahr eingeht oder nicht, hätte er hier zu berücksichtigen, daß er auch dann gefährdet ist, wenn er die sich anbietende ihrerseits gefährliche Rettungshandlung ausschlägt. Lassen sich die Gefahren in der Größe klar unterscheiden, so treten dabei keine besonderen Probleme auf. Im übrigen sind die für die mutmaßliche Einwilligung entwickelten Gesichtspunkte entsprechend zu berücksichtigen. Erkennt man das mutmaßliche Handeln auf eigene Gefahr an, so bleiben für die mutmaßliche Einwilligung nur die Fälle, in denen der Täter mit Sicherheit ein Rechtsgut verletzt, worin vor allem der Betroffene nur einwilligen könnte, wie in den Fällen geringen Interesses am zu verletzenden Rechtsgutsobjekt.

In diesen Zusammenhang gehören auch diejenigen Fälle, in denen eine Entscheidung des Betroffenen deshalb unmöglich ist, weil er die Gefahren nicht erkennt und der Täter zu ihm auch keinen Kontakt auf-

---

138 Lehrbuch, S. 286.

139 So *H. Mayer*, Strafrecht AT 1953, S. 168, und *Jescheck*, Lehrbuch, S. 287, für die mutmaßliche Einwilligung.

140 *Jescheck*, Lehrbuch, S. 286, für die mutmaßliche Einwilligung.

nehmen kann, um die Gefahrenlage zu beseitigen oder eine Entscheidung des Betroffenen herbeizuführen.

5. Zusammenfassung

Die Einwilligung in den Erfolg scheidet als Lösung des Problems des erlaubten Risikos aus, da bei ihrem Vorliegen der Erfolgsunwert direkt entfällt.

Die Einwilligung in die Gefahr oder Handlung ist keine besondere Einwilligung, da entweder infolge der Billigung des in der Gefahr enthaltenen Erfolgs eine Einwilligung in diesen vorliegt, oder die Einwilligung in die Gefahrenlage bzw. Handlung nicht mit den die Einwilligung allein tragenden Wertungsgesichtspunkten begründet werden kann. Die Gefahrenlage und die Handlung des Täters stehen ohne Rücksicht auf den Erfolg nicht zur Disposition des Rechtsgutsinhabers. Mit Hilfe einer Einwilligung in die Gefahr kann bei Erfolgsdelikten daher auch weder der Wegfall des Erfolgsunwerts, noch die Nichtanwendung des Gedankens aus § 216 StGB auf Tötungsgefahren, noch die vom individuellen Willen im Einzelfall unabhängige Generalisierung des Rechtfertigungsumfangs etwa bei Sportverletzungen erklärt werden.

In Wahrheit ist die „Einwilligung in die Gefahr“ meist ein freiwilliges Handeln in Kenntnis der Gefahr, das im Zivilrecht als Handeln auf eigene Gefahr und im Strafrecht — wenn es dort erörtert wird — auch als „Gefahrübernahme“ bezeichnet wird.

Dieser Gesichtspunkt ist als Begrenzung der Rechtswidrigkeit unentbehrlich, wenn die Gefahr nur freiwillig und in Kenntnis ihrer Größe übernommen wird — wie z. B. bei der Operation auf Tod oder Leben.

Das Handeln auf eigene Gefahr ist ein besonderer Gesichtspunkt zur Begrenzung des Handlungsunwerts. Es kann dabei mit billigenswerten Interessen zusammentreffen. Wie bei der generellen Sorgfaltspflicht allgemein überwiegt dann die bei fehlendem Handlungsunwert gegebene Handlungsfreiheit den Erfolgsunwert, so daß dieser entfällt.

Die Grenzen des Handelns auf eigene Gefahr sind schwer zu bestimmen. Für die Berücksichtigung des Handelns auf eigene Gefahr im Rahmen der generellen Sorgfaltspflicht kommt es nicht immer auf die Verfolgung billigenswerter Interessen an, sondern darauf, ob die Rechtsordnung im konkreten Fall ein Zurücktreten der generellen Sorgfaltspflicht bei Handeln auf eigene Gefahr zuläßt. Entscheidend ist dafür der Stellenwert der Eigenverantwortung einerseits und die Begrenzung der Akzeptierung des Handelns auf eigene Gefahr aus anderen Gesichtspunkten andererseits, wobei das Zusammentreffen mit besonderen sozialen Interessen an der Vornahme der Handlung zu einer weiteren Einschränkung der generellen Sorgfaltspflicht führen kann. Ob das

Handeln des Täters generell abstrakt verboten ist, kann nicht der entscheidende Gesichtspunkt sein. Ebensowenig ist ein Handeln auf eigene Gefahr bei Lebensgefahr generell ausgeschlossen. Die Grenze der Wirksamkeit ist danach zu bestimmen, welche Pflichten trotz des Handelns auf eigene Gefahr noch zu beachten sind. Diese müssen als Gefahr für den Betroffenen notfalls nach Belehrung tatsächlich erkannt worden sein.

In anderen Fällen des Handelns auf eigene Gefahr — wie z. B. bei erlaubten gefährlichen Handlungen beim Sport — kommt es wegen der selbstverständlichen Anerkennung der Handlung in der Regel auf die Freiwilligkeit und Kenntnis der Gefahr seitens des konkret Betroffenen nicht an. Diese Fälle sind von denen des Handelns auf eigene Gefahr wegen der unterschiedlichen subjektiven Voraussetzungen zu trennen. Das eigene Verhalten des Betroffenen wird hier nur generalisiert als Abwägungsfaktor im Rahmen der sozialen Adäquanz als Element zur Bestimmung der Grenzen der generellen Sorgfaltspflicht wirksam.

Entsprechend der mutmaßlichen Einwilligung gibt es auch ein mutmaßliches Handeln auf eigene Gefahr. Dabei wird nicht die Billigung des Erfolgs, sondern allein die beim Betroffenen fehlende Freiwilligkeit der Handlung in Kenntnis der Gefahr durch den Täter ersetzt. Einwilligung in den Erfolg und Handeln auf eigene Gefahr können auch in bestimmten Fällen verbunden auftreten, wobei sich beide auf verschiedene Rechtsgutsobjekte beziehen.

V. Das erlaubte Risiko und die Rechtfertigungsgründe

Die bisherigen Untersuchungen haben ergeben, daß die Fälle des erlaubten Risikos bei Unvorhersehbarkeit, überwiegenden sozialen Interessen und Handeln auf eigene Gefahr im Bereich der Rechtswidrigkeit zu lösen sind. Stets ließ sich die generelle Sorgfaltspflicht als Handlungsunwert begrenzen und die damit gewährte Handlungsfreiheit überwog den Erfolgsunwert. Unberücksichtigt blieb dabei aber, daß die herrschende Meinung die Prüfung des Unrechts einer Tat in zwei Verbrechensmerkmalen, dem Tatbestand und der Rechtswidrigkeit, vornimmt. Bereits *Torp*[1] und später vor allem *Welzel*[2] haben deutlich gemacht, daß auch der dogmatische Gedanke des erlaubten Risikos von dieser Aufspaltung, wie auch immer sie vorzunehmen ist, betroffen wird. Ob das erlaubte Risiko als Tatbestandsausschluß oder Rechtfertigungsgrund zu verstehen ist, spielte in der Diskussion besonders nach dem Ende des zweiten Weltkriegs eine große Rolle. Beide Ver-

---

1 ZStW 23, 84 (100).
2 ZStW 58, 491 (517).

brechensmerkmale wurden jedoch nicht immer wie z. B. von *Welzel* als „besondere Wertungsstufen des Rechts" verstanden[3]. Von den Vertretern der Lehre von den negativen Tatbestandsmerkmalen wurde die Bedeutung dieser Differenzierung zum Problem der Zweckmäßigkeit innerhalb der Gesetzgebungstechnik degradiert, wodurch ein großer Teil der sachlichen Bedeutung der Unterscheidung entfiel[4].

Sie wird insbesondere für zwei Probleme wichtig. Einmal soll die Lösung der Irrtumsfragen von der Aufspaltung in Tatbestand und Rechtswidrigkeit abhängig sein[5], zum anderen aber wird von der herrschenden Meinung ein subjektives Rechtfertigungselement nur für Rechtfertigungsgründe, nicht aber für einen Tatbestandsausschluß verlangt[6]. Zumindest für den zuletzt erwähnten Aspekt ist auch für die Fälle des erlaubten Risikos die Untersuchung der Abgrenzung von Tatbestandsausschluß und Rechtfertigungsgrund erforderlich, und zwar auch dann, wenn man die Lehre von den negativen Tatbestandsmerkmalen zugrunde legt, auf die daher in diesem Zusammenhang nicht näher eingegangen zu werden braucht.

Bereits oben wurde angedeutet, daß gelegentlich ein Anstreben etwa des sozial billigenswerten Zwecks durch den Täter[7] als Voraussetzung der Rechtfertigung eines Handelns in erlaubtem Risiko verlangt wird. Die Erörterung dieser Frage im Bereich der subjektiven Rechtfertigungselemente liegt nahe.

1. Die Abgrenzung von Tatbestandsausschluß und Rechtfertigungsgrund

a) Die formalen Abgrenzungen

Wenn die subjektiven Rechtfertigungselemente mit den Rechtfertigungsgründen gekoppelt sein sollen, so können sich diese vom Tatbestand nur materiell unterscheiden. Es müssen daher von vornherein alle formalen Abgrenzungskriterien, die einer materiellen Begründung entbehren, außer Betracht bleiben. Weder die lediglich förmliche Unterscheidung zwischen Unrechtsbegründung und Unrechtsausschluß mit der Orientierung an der negativen oder positiven Ausprägung des Unrechts[8]

---

[3] ZStW 67, 196 (211); vgl. auch *Jescheck*, Lehrbuch, S. 240 f.

[4] *Baumann*, S. 266 f.; *Mezger/Blei*, Kurzlehrbuch AT, S. 122; LK *(Mezger)*, 8. Aufl., § 59, Anm. 2 (S. 488 f.); *Roxin*, Offene Tatbestände, S. 174 ff.; *Schaffstein*, MDR 1951, 199; *Schönke/Schröder*, § 59, Anm. 21.

[5] z. B. *Hirsch*, Negative Tatbestandsmerkmale, S. 17 ff.; *Maurach*, Strafrecht AT, S. 286. — Für eine Trennung beider Probleme *Noll*, ZStW 77, 5 f., *Schmidhäuser*, FS f. *Engisch*, S. 433 (455).

[6] Für viele *Jescheck*, Lehrbuch, S. 245; *Maurach*, Strafrecht AT, S. 301; *Welzel*, Strafrecht, S. 83 ff.

[7] *Exner*, Fahrlässigkeit, S. 202; § 169 StGB DDR.

[8] *Sauer*, Strafrechtslehre, S. 63 f.

noch die Unterscheidung zwischen Regel und Ausnahme[9], sei es nach der Fassung oder auch auf der Basis statistischer Erkenntnisse, können zur Lösung des Problems beitragen. Derartige Abgrenzungen vermögen kaum sachliche Bedeutung im Strafrecht zu erlangen und sind eigentlich Kriterien einer Lehre von der Gesetzgebungstechnik und selbst dann überwiegend an der formalen Logik orientiert. Hierher würde etwa auch eine Abgrenzung danach gehören, ob der Gesetzgeber die Wertung selbst entschieden oder sie weitgehend dem Richter überlassen hat.

b) Die Abgrenzung vom Inhalt des Tatbestands her

Demgegenüber nehmen in der Literatur Versuche, Tatbestand und Rechtfertigungsgründe materiell abzugrenzen, einen breiten Raum ein.

aa) Der Unrechtstypus und die atypische Erlaubnissituation

Gallas geht davon aus, daß der Tatbestand „diejenigen Merkmale umfaßt, die die jeweilige Verbrechensart als solche kennzeichnen“[10]. Ein derartiger als „Verkörperung des Deliktstypus“ verstandener Tatbestand sei wertbezogen, da Sinn und Tragweite nur aus den Wertgesichtspunkten verstanden werden könnten, die die Strafwürdigkeit bestimmten[11]. Er lasse erkennen, weshalb die konkrete Tat Totschlag, nicht aber ob diese Tat durch außerhalb des Typus liegende Unrechts- oder Schulderwägungen rechtmäßig oder schuldlos sei. Mithin kennzeichne der Tatbestand als Deliktstypus ein Verbrechen nur unter dem Vorbehalt einer negativen Korrektur an Hand der allgemeinen Begriffe von Unrecht und Schuld[12]. Daraus ergebe sich, daß der Tatbestand zu verneinen sei, wenn der für die betreffende Deliktsart typische Unrechtsgehalt fehle[13], während ein Rechtfertigungsgrund demgegenüber eine atypische Erlaubnissituation darstelle und daher nicht als negatives Tatbestandsmerkmal verstanden werden könne[14].

Diese Lehre zu einer für den Einzelfall brauchbaren Abgrenzung von Tatbestand und Rechtswidrigkeit zu verwenden, ist schon deshalb kaum möglich, weil der Typusgedanke sehr kompliziert in das Verbrechenssystem eingebaut wird[15]. Typisches Unrecht und atypische

---

[9] z. B. *Mezger*, Lehrbuch, S. 205; *Mezger/Blei*, Kurzlehrbuch AT, S. 122.
[10] ZStW 67, 1 (16).
[11] Der Typusgedanke findet sich im Zusammenhang mit dem Tatbestand auch bei *Beling*, Die Lehre vom Tatbestand, S. 1 ff.; *Würtenberger*, FS f. *Rittler*, S. 125 (129 f.).
[12] ZStW 67, 1 (19).
[13] Ebd., S. 21.
[14] Ebd., S. 27.
[15] Zu welchen Ungenauigkeiten die Verwendung dieses Typusgedankens führt, zeigt sich deutlich in einer Auseinandersetzung zwischen *Gallas* und *Schmidhäuser*, FS f. *Engisch*, S. 433 (440 f.), in der dieser die Lehre vom

Erlaubnis enthalten einen doppelten Gegensatz. Der Tatbestandsausschluß ist nicht etwa typisch Erlaubtes gegenüber dem Rechtfertigungsgrund als atypisch Erlaubtem, wohl weil sich das typisch Erlaubte noch erheblich schwieriger feststellen läßt als typisches Unrecht. Sollen daher Unrechtstypus und atypische Erlaubnissituation nicht als völlig heterogene Gebilde nebeneinanderstehen, was im übrigen der Verwendung des Typusgedankens widersprechen würde, so muß als gemeinsamer Bezugspunkt für beide Begriffe die Unrechtsgrenze angesehen werden, auf die typisches Unrecht und atypisch Erlaubtes gewissermaßen von beiden Seiten einwirken. Diese Sicht ist aber auch deshalb nicht besonders praktikabel, weil die Bestimmung des materiellen Inhalts beider Begriffe sehr schwierig ist. *Gallas*[16] führt zwar mit starker Betonung der materiellen Anknüpfung aus, daß „die den *besonderen* Unrechtstypus ... *begründenden* Merkmale" den „*negativen* Folgerungen ..., die sich für die atypische Situation aus jenen *allgemeinen* Begriffen (Unrecht und Schuld) ergeben", gegenüberstehen. Aber dennoch bleibt an dieser Stelle die materielle Begründung zunächst merkwürdig ungenau. Wann geht es um die typische, wann um die atypische Grenze des Unrechts? Welche Bedeutung und Inhalt haben Typus und Atypus hier? Abgesehen von der eben erwähnten Äußerung, die zwar die materielle Anknüpfung an das Unrecht betont, aber die nähere Bestimmung offen läßt, sieht *Gallas* in den Deliktstypen Sinneinheiten, die von Lebensvorgängen abgezogen seien, nicht juristische Kunstprodukte[17]. Auch mit diesem Gedanken läßt sich aber der materielle Gehalt des Tatbestands nur begrenzt bestimmen, und für die Abgrenzung zu den Rechtfertigungsgründen ist damit deshalb wenig gewonnen, weil sich sofort die Frage stellt, welche Lebensvorgänge als Sinneinheit angesehen werden müssen und nach welchen Kriterien dies zu geschehen hat. Raum, Zeit oder die geschichtliche Entwicklung verbieten sich als alleinige Erwägung dazu von selbst. Stellt man auf die soziale Bedeutung und Begrenzung eines Lebensvorgangs ab, so wäre der Deliktstypus jeder sozialen Veränderung ausgesetzt, ohne daß normative Erwägungen berücksichtigt werden könnten. Mithin bleibt allein die Möglichkeit, an den Inhalt der materiellen Rechtswidrigkeit anzuknüpfen. Dann wäre die „unerträgliche Verletzung der Gemeinschaftsordnung"[18] in ihrer Bedeutung für die Abgrenzung des Deliktstypus zu untersuchen. Zwar

---

Unrechtstypus als Tatbestand mit dem Hinweis auf die Vertypung auch der Rechtfertigungsgründe abzulehnen versucht. Es geht aber nicht um die Unterscheidung zwischen Vertypung und Nichtvertypung, sondern um den Unrechtstypus im Gegensatz zur normativen Ausnahme, die ihrerseits formuliert durchaus vertypt sein kann.

16 ZStW 67, 1 (19).

17 ZStW 67, 1 (28).

18 *Jescheck*, Lehrbuch, S. 176.

läßt sich so vielleicht die Grenze zwischen dem solcherart verstandenen Typus und den Rechtfertigungsgründen als Atypus im Bereich der klassischen Strafrechtstatbestände wie Totschlag, Diebstahl im Verhältnis zur Notwehr etc. relativ klar bestimmen, da hier der Inhalt der materiellen Rechtswidrigkeit infolge der historisch gewachsenen Wertüberzeugung deutlich ist. Aber auch dort tauchen Fragen auf, die nicht so klar zu entscheiden sind, ob z. B. in bestimmten Fällen Einverständnis oder Einwilligung anzunehmen ist[19]. Entsprechendes gilt auch für die hier interessierenden Fälle der Fahrlässigkeitsdelikte. Wann ein Wertungsgesichtspunkt noch den typischen Unrechtsgehalt etwa einer generell sorgfaltswidrigen Körperverletzung beeinflußt und wann es sich bereits um Erwägungen im Bereich der Rechtfertigungsgründe handelt, kann bei dieser Verwendung des Typusgedankens nicht klar genug entschieden werden, wenn auch die Frage, ob Sorgfaltspflichten überhaupt zum Tatbestand zu rechnen sind, mit der Lehre von *Gallas*[20] noch zu beantworten sein mag. Da sich insoweit nicht einmal der Typus materiell genau bestimmen läßt, bleibt auch die atypische Erlaubnissituation unbestimmt. Diese begriffliche Antithese hat überhaupt zum Vorwurf geführt, daß die Rechtfertigungsgründe bei *Gallas* nur aus dem Gegensatz leben und nicht selbst in ihrer materiellen Struktur plastisch hervortreten[21]. Dies ist insofern berechtigt, als *Gallas* seine Thesen so formuliert. Indessen sieht er die Notwendigkeit zu einer näheren materiell strukturellen Bestimmung der Rechtfertigungsgründe, die über den reinen Gegensatz zum materiell bestimmten Tatbestand hinausgeht, sehr wohl, geht ihnen aber nur an einigen Stellen nach. So versucht er die Lehre vom Unrechtstypus bei der Erörterung der sozialen Adäquanz mit einem strukturellen Kriterium auszufüllen. Es soll für die Frage, ob ein Tatbestandsausschluß oder ein Rechtfertigungsgrund anzunehmen ist, darauf ankommen, ob eine Einschränkung desselben Rechtsguts oder eine Interessenkonkurrenz vorliege[22]. Ob dieses Strukturelement richtig und vor allem von allgemeiner Bedeutung für alle Streitfälle ist, soll hier dahingestellt bleiben; es ist auch bei *Gallas* nicht weiter erörtert.

Auf jeden Fall ist die inhaltliche Bestimmung des Tatbestands als Unrechtstypus für eine Abgrenzung zu den Rechtfertigungsgründen

---

[19] *Goldmann*, Die behördliche Genehmigung als Rechtfertigungsgrund, S. 38, hat mit Recht darauf hingewiesen, daß diese Differenzierung auch gerade dort nicht vorgenommen werden kann, wo es sich wie z. B. oft bei der behördlichen Genehmigung um Tatbestände handelt, bei denen der Unwertgehalt nicht so deutlich bestimmt werden kann.

[20] ZStW 67, 1 (25 f.).

[21] *Goldmann*, S. 38; *Spriestersbach*, Neue Kritik der Lehre vom Tatbestand, S. 116; *Schweikert*, Die Wandlungen der Tatbestandslehre seit Beling, S. 136, Fußn. 174.

[22] ZStW 67, 1 (21 f.).

nur bedingt zu verwenden. Zumindest der materielle Inhalt der Rechtfertigungsgründe bedürfte weitergehender Klärung.

bb) Die Lehre von der Verbotsmaterie

Auch *Welzel* betont die sachliche Eigenbedeutung des Tatbestands. Er sei Verbotsmaterie im Sinne einer sachlichen Beschreibung des verbotenen Verhaltens[23], dem Norminhalt. Demgegenüber sollen die Rechtfertigungsgründe Erlaubnissätze, Gewährungen sein, die als selbständige Regeln neben die Normen treten. Die Normverwirklichung als Tatbestandserfüllung sei mithin normwidrig, aber nicht ohne weiteres rechtswidrig. Erst die negativ verlaufende Prüfung der Erlaubnissätze ermögliche dies Prädikat als Verstoß gegen die Rechtsordnung als Ganzer und nicht nur gegen die Norm. Greife indessen ein Rechtfertigungsgrund ein, so verhindere er, daß die allgemein abstrakte Norm für den Täter zu konkreter Rechtspflicht werde[24].

Auch die Bedeutung dieser Tatbestandsauffassung für die Abgrenzung zu einzelnen Rechtfertigungsgründen hängt davon ab, ob sich die Verbotsmaterie materiell klar bestimmen läßt. Zum einen setzt *Welzel* den Tatbestand und die Norm, die dem Strafgesetz logisch vorangeht, inhaltlich gleich und zum anderen bestimmt er den Norminhalt als „strafrechtlich relevante Verhaltensweisen". Sie sollen „aus den geschichtlichen Ordnungen des Soziallebens schwerwiegend herausfallen"[25]. Der Tatbestand wird so als Norminhalt zur materiellen Rechtswidrigkeit in Bezug gesetzt. Indessen gelingt es *Welzel* ebensowenig wie *Gallas*, diesen Norminhalt im Rahmen der materiellen Rechtswidrigkeit, die ja auch für die Rechtfertigungsgründe gilt, inhaltlich abzugrenzen. Die Frage, wann einem Verhalten strafrechtliche Relevanz zukommt, ist mit dem Begriff der Verbotsmaterie allein weitgehend nicht zu beantworten. Die inhaltlichen Hinweise auf die Ordnung des Soziallebens beziehen sich nämlich auf das rechtswidrige Verhalten, wobei die Frage nach Tatbestandsbegrenzung oder Rechtfertigungsgrund keine Rolle spielt. So spricht *Welzel* an den erwähnten Stellen von der Handlung als „Verbrechen"[26], von dem Verhalten, das unter Strafe gestellt wird[27]. Im Hinblick auf die Vielzahl normativer Überlegungen ist es von vornherein unmöglich, eine gemeinsame Definition zu finden, die in ihrer notwendigen Abstraktheit dennoch in der Lage ist, konkrete Grenzen des Tatbestandsinhalts der Verbotsmaterie zu bestimmen, was *Welzel*

---

[23] Strafrecht, S. 54.
[24] Ebd., S. 50 f.
[25] Ebd., S. 55.
[26] Ebd., S. 48.
[27] Ebd., S. 49.

wohl auch gar nicht beabsichtigt. Mit Hilfe der materiellen Rechtswidrigkeit kann eben weder das Unrecht inhaltlich völlig bestimmt, noch Tatbestand und Rechtswidrigkeit abgegrenzt werden. Sie dient mehr der Erklärung und Rechtfertigung[28]. Für *Gallas* und *Welzel* muß es also weiterhin darum gehen, strukturelle Unterschiede in bezug auf die materielle Rechtswidrigkeit aufzuzeigen. Diese können sehr unterschiedlich sein und sind hier vor allem auf ihren Abgrenzungswert hin zu untersuchen.

c) Die Abgrenzung nach der unterschiedlichen Struktur des Tatbestands bzw. der Rechtfertigungsgründe

aa) Die abstrakt-generelle Norm — die Verhinderung der Entstehung einer konkreten Rechtspflicht

Welzel sieht im Anschluß an Armin *Kaufmann* im strukturellen Wesen der Norm einen Unterschied zum Erlaubnissatz insofern, als die Norm generell-abstrakt[29] sei, der Erlaubnissatz dagegen verhindere, daß daraus eine konkrete Rechtspflicht entstehe[30]. Es ist jedoch unmöglich, das Generell-Abstrakte aus sich selbst zu begrenzen, da beide Begriffe quantitativ in der Weise steigerbar sind, daß man zwischen mehr oder weniger starker Generalisierung unterscheiden und von einem oder mehreren Elementen unbestimmt viele Abstrahierungen vornehmen kann. Ein klarer Gegensatz besteht nur zum völlig Individuell-Konkreten, was aber als Abgrenzung hier ausscheiden muß, da dem Schuldbereich noch die Berücksichtigung individueller Momente vorbehalten ist und selbst dort nicht auf die tatsächliche Individualität abgestellt werden kann[31]. Es kommt also nicht auf den strukturellen Unterschied zwischen generell und individuell, sondern auf das für den bestimmten Zweck erforderliche Maß der Generalisierung[32] und seine Begründung an. In Wahrheit wird man also der Unterscheidung mit diesen Begriffen nur annähernd gerecht. Wie wenig generell und wie umstritten der Grad der Generalisierung im Bereich der Norm sein kann, zeigt sich auch deutlich bei der individuellen Handlungsfähigkeit als Merkmal der Gebotsnorm bei den Unterlassungsdelikten[33]. Auch die Abgrenzungsschwierigkeiten zwischen genereller und individueller Sorgfaltspflicht

---

[28] *Schweikert*, S. 146; vgl. auch *Jescheck*, Lehrbuch, S. 176.

[29] Strafrecht, S. 50.

[30] *Armin Kaufmann*, Normenlehre, S. 138 ff., 248 ff.; *Welzel*, Strafrecht, S. 50 f.; *Wessels*, S. 41.

[31] *Jescheck*, Lehrbuch, S. 320 f.

[32] Gegenüber einer Generalklausel ist die Norm „konkretisiert" (*Welzel*, Strafrecht, S. 49), gegenüber einem Rechtfertigungsgrund ist sie abstrakt. Daran zeigt sich deutlich die Relativität dieser Begriffe.

[33] Vgl. einerseits das Beispiel bei *Welzel*, Strafrecht, 10. Aufl., S. 205 (es fehlt in der 11. Aufl.) und andererseits *Jescheck*, Lehrbuch, S. 446.

zeigen, wie wenig brauchbar diese Kriterien sind. Im übrigen lassen sich „konkret-individuelle“ Abwägungen als Tatbestandsbegrenzungen sogar in gesetzlichen Regelungen nachweisen, wenn z. B. in § 1 StVO als Ordnungswidrigkeit nur die „nach den Umständen unvermeidbar(e)“ Behinderung tatbestandsmäßig ist. Die Notwehrvorschrift ist demgegenüber kaum „konkreter“ oder „individueller“. Die Begriffe generell-abstrakt sind also selbst, wenn man sie auf das Unrecht bezieht, nicht geeignet, Tatbestand und Rechtfertigungsgründe klar abzugrenzen, zumal eine Begründung für die Verwendung gerade dieser an sich formellen Kriterien fehlt.

bb) Der Rechtfertigungsgrund als Gewährung

Daneben wird von *Welzel* als struktureller Unterschied weiterhin hervorgehoben, daß die Verbotsnorm, deren Materie dem Tatbestand entsprechen soll, als Regelung von anderer Art sei als die Erlaubnis oder Gewährung, die selbständige Bedeutung hätten[34]. Danach erscheint es möglich, aus dem Wesen der Rechtfertigungsgründe eine Unterscheidung zu finden, die für deren Abgrenzung gegenüber dem Tatbestand brauchbar ist. Der Begriff der Gewährung vermag dies allein gewiß nicht. Die dahinterstehenden normativen Überlegungen könnten jedoch eine Unterscheidung ermöglichen.

aaa) Die Rechtfertigungsgründe völlig unabhängig von der Norm

Es ist schon fraglich, ob die Gewährungen so selbständig sind, wie es nach manchen Äußerungen erscheint[35]. Würden erstere tatsächlich mit den Normen in „ein freies Konkurrenzverhältnis“[36] treten, so wäre nicht zu erklären, worauf gerade Armin *Kaufmann* hinweist, daß die Gewährungen sich gegenüber den Normen weitgehend nur soweit „erforderlich“ durchsetzen[37]. Wären Norm und Gewährung völlig selbständig, müßte die letztere auch ohne dieses Bezugskriterium, das eine grundsätzliche Beachtlichkeit der Norm andeutet, erfolgreich sein.

bbb) Die Rechtfertigungsgründe als subjektive Rechte

Möglich wäre aber, daß die Gewährungen als gegenüber dem Tatbestand abweichende Wertkonstellationen normativ selbständig begründet sind. Darauf deuten auch einige Begriffe hin, die im Laufe der Zeit für die Rechtfertigungsgründe verwendet worden sind. Bereits *Binding*[38]

---

[34] *Welzel*, Strafrecht, S. 50; vgl. auch *Jescheck*, Lehrbuch, S. 240.

[35] *Kunert*, Die normativen Merkmale der strafrechtlichen Tatbestände, S. 84; *Schweikert*, S. 37, 136, Fußn. 174.

[36] *Schweikert*, S. 37.

[37] Normenlehre, S. 248 ff.; *Goldmann*, S. 55, 67 ff.

[38] Normen I, S. 130.

sprach von der Befugnis, *Fischer*[39] von der Einwirkungsmöglichkeit und der Begriff Erlaubnis wird von vielen[40] angewendet. In gleicher Weise wird auch von der Gewährung gesprochen, einem Begriff der ebenfalls bereits bei *Binding* und *Fischer*[41] zu finden ist, worauf *Welzel* Bezug nimmt. Die Frage, ob mit diesen Formulierungen nun materiell subjektive Rechte gemeint sind, bedürfte angesichts der hierzu eindeutigen ablehnenden Stellungnahmen der erwähnten Autoren eigentlich keiner besonderen Begründung, wenn nicht in letzter Zeit gerade bei der Untersuchung des erlaubten Risikos von *Rehberg* — auch *Maurach* äußert sich in ähnlichem Sinne[42] — die Auffassung vertreten worden wäre, daß ein Rechtfertigungsgrund ein „Recht zur Vornahme der Handlung“[43], eine Berechtigung zur Verletzung, ein Eingriffsrecht sei. Infolgedessen könne das erlaubte Risiko kein Rechtfertigungsgrund sein, da es kein Recht zur Verletzung mit der Folge der Aufhebung des Erfolgsunwerts gebe[44].

Auf die Streitfrage einzugehen, ob es überhaupt subjektive Rechte gibt und wie sie zu fassen sind[45], ist hier nicht erforderlich. Sieht man nämlich die Rechtfertigungsgründe insgesamt als subjektive Rechte, als Einwirkungsrechte an, so wird damit eine rechtliche Zuordnung vorgenommen, die für eine Erklärung der Rechtfertigungsgründe im Strafrecht gar nicht erforderlich ist. Versteht man dort das Unrecht allein als Aktunwert, so ist für die Rechtfertigungsgründe entscheidend, daß eine Unterlassungspflicht bzw. Handlungspflicht für den Täter in diesen Fällen nicht besteht[46]. Ob es sich dabei nur um einen Reflex anderer Pflichten, oder um subjektive Rechte oder eine Zwischenform handelt, ist eine zweite Frage, die nicht von vornherein mit der fehlenden Pflicht verknüpft ist. Nun wird die Theorie der Rechtfertigungsgründe als Eingriffsrechte aber gerade von denjenigen aufgestellt, die, wie im Prinzip auch hier angenommen wurde, zumindest zusätzlich den Erfolg als Unrechtselement bejahen. Soll der Erfolgsunwert danach eine negativ zu bewertende Beeinträchtigung des Opfers, eine Verursachung einer Rechtsgüterverletzung[47] sein, so bleibt er nicht nur im Falle des Nichtvorliegens des Handlungsunwerts im Tatbestand bestehen, sondern er kann infolge seiner, von der Wertung als Rechtsgut abgesehen,

---

[39] *Fischer*, S. 193.
[40] z. B. *Jescheck*, Lehrbuch, S. 240 f.; *Schweikert*, S. 37; *Welzel*, Strafrecht, S. 80 f.
[41] *Binding*, Normen I, S. 107; *Fischer*, S. 46.
[42] *Maurach*, Strafrecht AT, S. 292; *Wessels*, S. 43.
[43] Erlaubtes Risiko, S. 86; vgl. auch S. 152 f.
[44] *Maurach*, Strafrecht AT, S. 548 f.; *Rehberg*, S. 152 ff.
[45] Vgl. hierzu *Enneccerus/Nipperdey*, S. 428 ff., *Larenz*, Allgemeiner Teil, S. 155 ff.
[46] *Münzberg*, S. 330.
[47] *Rehberg*, S. 104; *Wimmer*, NJW 1958, 521.

naturalistischen Betrachtungsweise konsequent auch dann nicht entfallen, wenn Rechtfertigungsgründe als Eingriffsrechte wirksam werden. Eine solche Bestimmung des Erfolgsunwerts läßt nämlich die Person des Täters außer Acht.

Oben[48] wurde bereits ausgeführt, daß nicht die gesamte verursachte Verletzung am geschützten Rechtsgutsobjekt den Erfolgsunwert ausmacht. Er ist stärker normativ zu bestimmen. Dabei kann der Erfolgseintritt nur als notwendige, aber nicht als hinreichende Bedingung für einen „personalen" Erfolgsunwert verstanden werden. Zum einen ist weitere Voraussetzung die Begrenzung der Zurechnung des Erfolgs auf die Auswirkung im Erfolg und zum anderen hängt der Erfolgsunwert von den in der Person des Täters zusammenlaufenden Wertbeziehungen ab, unter denen insbesondere die Handlungsfreiheit eine große Rolle spielt, so daß der Erfolgsunwert durch Wertung entfallen kann, da er selbst ein normativer Begriff ist. Dies ist immer dann anzunehmen, wenn die Handlungsfreiheit überwiegt. Da diese Frage aber eng mit der nach der Handlungspflicht zusammenhängt, gilt das obige Argument, daß es beim Vorliegen eines Rechtfertigungsgrundes nur auf das Fehlen des Handlungsunwerts und jetzt auch des Erfolgsunwerts ankommt, aber nicht notwendig darauf, daß diese Begrenzung der Unwerte gerade aus einem subjektiven Recht hergeleitet wird.

Nun könnte es allerdings sein, daß ein subjektives Recht im Strafrecht begrifflich nicht nötig ist, daß die Rechtfertigungsgründe aber stets solche sind. Auch das wäre ein Unterschied. Indessen ist dies eine Auffassung, die nach dem oben Ausgeführten einer neuen Begründung bedürfte, war doch diese Konstruktion gerade unter der Voraussetzung eines naturalistischen Erfolgsunwerts vertreten worden. Weshalb sollte aber, nachdem diese Notwendigkeit weggefallen ist, nicht auch ein Rechtfertigungsgrund möglich sein, der nicht subjektives Recht ist. Die durch einen Rechtfertigungsgrund gegebene „Einwirkungsmöglichkeit kann ein subjektives Recht sein, braucht es aber nicht zu sein"[49]. Bei der Relativierung des größten Teils der Rechtfertigungsgründe durch das Merkmal „erforderlich" wäre die Annahme eines subjektiven Rechts zudem von äußerst zweifelhaftem Wert[50].

Wenn auch nicht alle Rechtfertigungsgründe subjektive Rechte sein müssen, so besteht dennoch die Möglichkeit, „Gewährungen" anzuneh-

---

48 Vgl. oben III, 2, a.

49 *Fischer*, S. 193. Hier kann daher auch offen bleiben, ob die Notwehr ein subjektives Recht verleiht. Dafür z. B. *Binding*, Handbuch I, S. 733 und Fußn. 7; *Fischer*, S. 208 f.; *Löffler*, ZStW 21, 538 (538); dagegen z. B. *Münzberg*, S. 412.

50 *Münzberg*, Verhalten und Erfolg, S. 413.

men[51]. *Welzel* gibt nicht an, was darunter genau verstanden werden soll. Aus seinen Verweisungen auf *Binding* und *Fischer* läßt sich aber entnehmen, daß Rechtssätze gemeint sind, die — anders als die Normen — nicht verpflichten, sondern berechtigen[52]. Sie sollen aber objektives Recht bleiben[53]. Das ist der entscheidende Unterschied zu der eben erörterten Auffassung vom Rechtfertigungsgrund als subjektivem Recht. Von dieser allgemeinen Bestimmung der Gewährungen macht *Welzel* nun entscheidende Abstriche. Er verwendet den Begriff nicht für die gesamte Rechtsordnung, sondern nur im Strafrecht und auch dort nur für die Rechtfertigungsgründe. So gibt es im tatbestandsfreien Raum keine Gewährungen. Es ist aber vom Standpunkt *Fischers* aus nicht einzusehen, weshalb gewährende Rechtssätze auf Rechtfertigungsgründe beschränkt sein müssen. So könnte z. B. auch eine tatbestandsausschließende behördliche Genehmigung eine Gewährung sein. Während also bei *Fischer*[54] Gewährung und Verbot voneinander unabhängig gesehen werden, verkoppelt *Welzel* beide und macht das Verbot zur Voraussetzung der Gewährung[55]. Damit hat diese aber erst recht ihre Selbständigkeit verloren, und eine Unterscheidung zwischen Rechtfertigungsgrund und Tatbestand aus dem Wesen des Rechtfertigungsgrundes allein wird unmöglich[56]. Die Gewährung wäre nur durch das Verbot zu verstehen. Sie würde aus dem Verbot leben und wäre allein eine Wertungskonstellation, die von der der Norm zugrunde liegenden abweicht. Sie unterscheidet sich daher grundlegend von der Gewährung oder der Befugnis bei *Binding*[57], die nur eine Gruppe von Rechtfertigungsgründen erfaßt.

Damit ist aber auch dieser Abgrenzungsversuch wiederum auf die Begrenzung der Norm des Tatbestandes verwiesen, um von daher die abweichende Wertung zu bestimmen. Das angeblich unterschiedliche Wesen der Gewährung führt nicht weiter.

ccc) Der Rechtfertigungsgrund als Handlungsbefugnis — die soziale Adäquanz als generelle Handlungspflicht

Zipf[58] sieht in den Rechtfertigungsgründen Handlungsbefugnisse, von denen der Täter Gebrauch machen „kann", im Gegensatz zur tat-

---

[51] *Jescheck*, Lehrbuch, S. 240 f.; *Welzel*, Strafrecht, S. 50, 81 f.
[52] *Binding*, Normen I, S. 107 f.
[53] *Fischer*, S. 46, 48.
[54] Die Rechtfertigungsgründe werden dann von ihm auch nicht generell als Gewährung angesehen (S. 187 ff., 192 f.: Ein Verbot ist niemals ergangen). Rechtfertigungsgründe liegen vor, wo der Gedanke an die Rechtswidrigkeit sehr nahe liegt (S. 194).
[55] Strafrecht, S. 80 ff.
[56] Es besteht also kein freies Konkurrenzverhältnis, wie *Schweikert*, S. 37, annimmt.
[57] Normen I, S. 130.
[58] ZStW 82, 633 (646).

bestandsausschließenden sozialen Adäquanz, die generelle Handlungspflichten schafft, denen der Täter nachkommen „muß". Die Handlungsfreiheit wäre aber unerträglich eingeschränkt, wenn in dem von *Zipf* als soziale Adäquanz bezeichneten Bereich tatsächlich immer nur ein ganz bestimmtes Verhalten geboten und damit nicht rechtswidrig wäre. In den meisten Fällen ist der Täter nur zu einem mehr oder weniger bestimmten Verhalten verpflichtet, wenn er sich einmal entschlossen hat, z. B. am Straßenverkehr teilzunehmen oder ein Bergwerk zu betreiben. Selbst dann bleibt ihm nämlich noch die Möglichkeit, den Bereich des sozial Adäquaten nicht voll auszunutzen. Er könnte etwa viel mehr Sicherheitsvorkehrungen treffen, als für den Betrieb eines Bergwerks oder für die Teilnahme am Straßenverkehr nach den Regeln des erlaubten Risikos notwendig wären. Eine entsprechende Lage ist aber z. B. auch bei der Notwehr gegeben. Entschließt sich der Täter, von der Möglichkeit zur Notwehr Gebrauch zu machen, so ist er zwar entsprechend an die Grenzen der Notwehrausübung gebunden, es steht aber bei ihm, ob er die zulässige Verteidigung in vollem Umfang ausnutzen will. Außerdem gibt es umgekehrt gerade Rechtfertigungsgründe, die nur ein ganz bestimmtes Verhalten erlauben und den Täter dazu verpflichten. So ist für das Vorliegen einer rechtfertigenden Pflichtenkollision erforderlich, daß der Täter der Entscheidung dieser Kollision nicht ausweichen kann[59]. Er ist also verpflichtet, die wertmäßig niedrigere Pflicht zu verletzen. Sein Verhalten ist von der Rechtsordnung „geboten" und dennoch „nur" gerechtfertigt. Da das Gebotene die Kehrseite des Verbotenen ist, weil allein die Erhöhung der Verbote in einem bestimmten Handlungsbereich schließlich irgendwann zu einem Gebot in diesem Sinne führt, kann mit Hilfe dieser rein quantitativen Differenzierung keine brauchbare und überzeugende Abgrenzung zwischen Rechtfertigungsgrund und Tatbestandsausschluß vorgenommen werden. Eine Gebots- oder Verbotsformulierung im Gesetz ist schon erst recht kein geeignetes Kriterium. Die Frage, wann sachlich genügend Verbote vorhanden sind, um ein Gebot anzunehmen, dessen Erfüllung dann „sozial wertvoll" sein soll[60], bleibt letztlich offen.

d) Die Abgrenzung nach der Art der Wertung

Wenn sich aus Inhalt und Struktur des Tatbestands bzw. der Rechtfertigungsgründe Abgrenzungskriterien nicht gewinnen lassen, so bleibt die bereits angedeutete Möglichkeit einer strukturell normativen Abgrenzung von Tatbestand und Rechtfertigungsgründen, die ebenfalls

---

[59] *Jescheck*, Lehrbuch, S. 270. — Im übrigen ist es sehr fraglich, ob sich ein Arzt stets rechtmäßig weigern darf, im Falle der medizinischen Indikation die Leibesfrucht abzutöten (so z. B. im Notdienst).

[60] *Zipf*, ZStW 82, 633 (647).

nach dem oben Ausgeführten von der Norm auszugehen hat. Versucht man, die normative Struktur der fertigen Norm allgemeingültig zu erfassen, so steht man vor den gleichen Schwierigkeiten wie beim Versuch, den Inhalt der Norm zu bestimmen.

aa) Der Tatbestand als vorangehende Wertung

Der Tatbestand oder die Norm wird als eine im Verhältnis zu den Rechtfertigungsgründen „negative Vorbewertung“[61], als ein „der primären und elementaren Rechtswertung zuwiderlaufend(er)“ ... „Verhaltenstypus“[62], eine „schematische Umreißung präsumtiven Unrechts“[63] bezeichnet, um nur einige der Formulierungen zu erwähnen, die solche Strukturelemente[64] enthalten. Es ist offensichtlich, daß mit ihrer Hilfe eine klare Bestimmung der Norm und damit eine ebenso klare Abgrenzung zum Rechtfertigungsgrund nicht gefunden werden kann. Diese Begriffe sollen auch gar nicht diese Funktion erfüllen. Sie stellen in Wirklichkeit nur Beschreibungen dar, was darin deutlich wird, daß niemand ernsthaft versucht, mit Hilfe dieser Formulierungen abzugrenzen.

Sieht man den Tatbestand als primäre oder gar erste negative Wertung, so scheint dies eine brauchbare Abgrenzung zu sein. Müßte sich nicht feststellen lassen, was die erste und was die weitere Wertung ist? Es geht aber nicht um die erste Wertung, denn das wäre wohl die Bestimmung des Rechtsguts[65], sondern lediglich um die vorangehende Wertung. Die Norm geht als Wertung der weiteren Wertung unter Einbeziehung des Rechtfertigungsgrundes voran. Die Norm kann aber nur bestimmt werden, wenn feststeht, wie diese vorangehende Wertung abzugrenzen ist. Das aber ist gerade das Problem.

bb) Die Berücksichtigung von Gegeninteressen nur in Rechtfertigungsgründen

Anders ist es mit der Ansicht, daß die Norm bzw. der Tatbestand „einseitig an der Rechtsgutsbeeinträchtigung orientiert“[66] sei und eine Berücksichtigung berechtigter Gegeninteressen nicht stattfinde.

---

[61] *Goldmann*, S. 75; *Kienapfel*, Körperliche Züchtigung, S. 15: „erstes selbständiges Unwerturteil“.

[62] *Goldmann*, S. 45.

[63] *Maurach*, Strafrecht AT, S. 286.

[64] Vgl. außerdem *Maihofer*, FS f. *Rittler*, S. 141 (150 f.): „Leitbild“, „an sich gesperrter Handlungsraum“; *Binding*, Normen I, S. 45: „Richtschnur“.

[65] Zu den Wertungsstufen, die der Norm vorangehen: *Armin Kaufmann*, Normenlehre, S. 69 ff.; *Welzel*, Strafrecht, S. 4 f.

[66] *Goldmann*, S. 46; *Maihofer*, FS f. *Rittler*, S. 141 (150); vgl. auch *Schmidhäuser*, Lehrbuch, S. 157, 226.

So hat etwa *Gallas*[67], wie bereits erwähnt, in einem besonderen Fall Tatbestand und Rechtfertigungsgründe danach abzugrenzen versucht, ob sich die einschränkende Erwägung auf dasselbe Rechtsgut[68] beziehe oder ob ein Fall der Interessenkonkurrenz gegeben sei. So verweist er die Fälle der sozialen Adäquanz in die Rechtswidrigkeit. Diese Überlegung wendet *Schmidhäuser*[69] generell für die Unterscheidung aller Rechtfertigungsgründe zum Tatbestand an. Während dieser als Rechtsgutsverletzung, d. i. die „Verletzung des vom Rechtsgut ausgehenden Achtungsanspruchs durch ein Willensverhalten“[70], aufgefaßt wird, sollen die Rechtfertigungsgründe stets auf Güterkollisionen beruhen. Indessen kann nicht generell davon ausgegangen werden, daß der Tatbestand von möglichen Gegenwertungen absehe, da auch im Tatbestand Gegeninteressen über die Rechtsgutswertung hinaus eine Rolle spielen. Es soll hier nicht auf die Fälle sozialer Adäquanz oder des erlaubten Risikos hingewiesen werden, um nicht ein Ergebnis mit sich selbst zu begründen. Deutliche Beispiele lassen sich vor allem im Nebenstrafrecht aufzeigen, da dort die gesetzgeberischen Erwägungen deutlicher bereits im Text zum Ausdruck kommen[71]. So enthält § 16 JArbSchG ein grundsätzliches Verbot, Jugendliche nachts zu beschäftigen. Dies gilt jedoch schon tatbestandlich nicht für Gastwirtschaften und Bäckereien. Was man auch immer als dahinterstehenden Gegenwert ansehen will, ob mehr das Hergebrachte oder die notwendige Versorgung der Bevölkerung, auf jeden Fall sind hier bereits im Tatbestand besondere Gegenwerte berücksichtigt, bei denen es sich nicht nur um die allgemeine Handlungsfreiheit handelt. Auch ein tatbestandsmäßiger Verstoß gegen § 1 StVO setzt voraus, daß ein anderer mehr als „nach den Umständen unvermeidbar“ behindert oder belästigt wird.

Zwar ist eine derartige Abgrenzung relativ klar, sie hat aber zur Folge, daß viele Selbstverständlichkeiten, so vor allem einige Fälle des erlaubten Risikos, zu besonderen Rechtfertigungsgründen umgeformt werden müssen, die zudem regelmäßig ein subjektives Rechtfertigungselement voraussetzen, dessen Notwendigkeit wiederum in vielen Fällen des erlaubten Risikos nicht zu begründen ist. Eine generelle Abgrenzung danach, ob es sich um Gegeninteressen in bezug auf dasselbe Rechtsgut handelt oder ob es andere Interessen sind, ist daher abzulehnen. Die obigen Beispiele zeigen dies deutlich. Man könnte zwar versuchen, diesen Gedanken insoweit aufrecht zu erhalten, als wenigstens ein Tatbestandsausschluß immer dann anzunehmen ist,

---

[67] ZStW 68, 1 (21 f.).

[68] Hierzu auch *Engisch*, ZStW 58, 6; ders., ZStW 70, 592; *Kienapfel*, Körperliche Züchtigung, S. 112 ff.

[69] FS f. *Engisch*, S. 433 (450 ff.); Lehrbuch, S. 226.

[70] FS f. *Engisch*, S. 433 (445).

[71] *Goldmann*, S. 38.

wenn es sich um dasselbe Rechtsgut handelt. Dabei bliebe aber offen, warum es bei einer Interessenkollision nicht so ist. Es wäre ein nur partielles Kriterium gefunden, dessen Verbindung zur generellen Abgrenzung unbegründet bliebe.

cc) Die Erforderlichkeit als Merkmal der Rechtfertigungsgründe

Armin *Kaufmann*[72] hat die Abgrenzung von Tatbestandsausschluß und Rechtfertigungsgründen nach einem anderen normativ strukturellen Gesichtspunkt vorgenommen. Ein rechtfertigendes Werturteil soll nach ihm dann vorliegen, wenn die Handlung „zur Erreichung des gebilligten Zwecks erforderlich"[73] sei. Die Erforderlichkeit sei keine „tatsächliche Voraussetzung", sondern sie enthalte „das für die Rechtfertigung maßgebende Werturteil", sie sei „Wertattribut"[73] der Rechtfertigungsgründe.

Nach den obigen Untersuchungen ist es eigentlich verblüffend, daß nun doch mit Hilfe eines relativ bestimmten Kriteriums, wie der Erforderlichkeit, über Rechtfertigungsgrund oder Tatbestandsbegrenzung sollte entschieden werden können. Dieses Kriterium läßt sich dann auch nicht nur innerhalb der Wertung der Rechtfertigungsgründe, sondern auch im Bereich des Tatbestands z. B. bei der „erforderlichen" Sorgfalt aufzeigen. Der Begriff hat dort zwar insofern eine andere Bedeutung, als es um die Feststellung dessen geht, was zur Bewahrung eines Rechtsguts erforderlich ist, während es bei den Rechtfertigungsgründen gerade auf die Erforderlichkeit der Verletzung ankommt. Das ist jedoch letztlich eine Frage der Formulierung, die sachlich begründet werden müßte. Dieser Vergleich zeigt deutlich, welche Bedeutung dem Merkmal „Erforderlichkeit" zukommt. Es zieht eine Grenze bei Wertkollisionen, z. B. bei der Sorgfaltspflicht zwischen Rechtsgut und Handlungsfreiheit, eventuell auch weiteren Gegenwerten, und hier bei den Rechtfertigungsgründen zwischen Rechtsgut, Handlungsfreiheit und ebenfalls anderen Gegenwerten. Es ist ein Beziehungsbegriff, dessen normativer Eigenwert nur darin besteht, daß für diese Begrenzung der Werte gerade der Begriff der Erforderlichkeit herangezogen wird und nicht etwa eine andere Abstufung wie z. B. „auf andere Weise nicht zu beseitigen" in §§ 52, 54 StGB in der Schuld oder „über ein nach den Erkenntnissen der medizinischen Wissenschaft vertretbares Maß hinaus" in § 6 ArzneimG als Tatbestandsbegrenzung. Der Begriff „erforderlich" selbst erscheint daher abgewandelt z. B. auch im Tatbestand des § 5 AtomG: „die nach dem Stand von Wissenschaft und Technik erforderliche Vorsorge gegen Schäden durch die Aufbewahrungen von

---

[72] Normenlehre, S. 248 ff.
[73] Normenlehre, S. 254; ihm hat sich *Goldmann*, S. 68 ff., angeschlossen.

Kernbrennstoffen ... ist zu gewährleisten." Nun könnte die unterscheidende Wirkung zwar gerade darin liegen, daß bei den Rechtfertigungsgründen stets der Gesichtspunkt der Erforderlichkeit verwendet wird. Es gibt aber bereits im Gesetz Rechtfertigungssituationen, in denen wie z. B. in § 1 TierSchG auf ein anderes Merkmal nämlich „unnötig" abgestellt wird. Ein wichtiges Beispiel für eine zur Erforderlichkeit analoge Tatbestandsbegrenzung ist auch die Formulierung „mehr als unvermeidbar" in § 1 StVO, einer Vorschrift, die zwar heute zum Recht der Ordnungswidrigkeiten gehört, die aber, soweit es hier interessiert, dem § 1 Luftverkehrsordnung, einem Straftatbestand, entspricht. Diese unterschiedlichen Formulierungen bedeuten nicht dasselbe, sie wirken sich mehr oder weniger zu Lasten des eingeschränkten Interesses aus. Aber auch diese Differenzierung nach mehr oder weniger vermag die Unterscheidung in Tatbestandsausschluß und Rechtfertigungsgrund nicht zu begründen, da z. B. der im Schutz des Rechtsguts gegenüber „erforderlich" schwächere Begriff „unnötig" in einem Rechtfertigungsgrund verwendet wird.

Gegen das von *Kaufmann* angenommene Unterscheidungskriterium spricht weiter, daß der nach seiner Auffassung darin enthaltene wichtige Zwang zur Abwägung nicht notwendig mit diesem Begriff verbunden ist[74]. Einerseits ist z. B. die Anzeigepflicht in §§ 11 a, 12 GeschlKrG, §§ 3 ff., 69 BSeuchG gegenüber § 300 StGB ein Rechtfertigungsgrund[75], bei dem Erforderlichkeit nach dem Ob sowie der Art und Weise bereits vom Gesetzgeber klar entschieden ist. Andererseits wird bei der „im Verkehr erforderlichen Sorgfalt" eine Abwägung durch den Täter nicht verlangt, obwohl sie auch insoweit praktisch doch angestellt werden muß. Es mag sein, daß es sinnvoll ist, alle Rechtfertigungsgründe so aufzubauen, daß der Täter tatsächlich eine Abwägung vornehmen muß. Jedoch präsentiert auch der Tatbestand nicht stets fertige Wertungen[76]. Mithin kann das Merkmal „erforderlich" nicht in allen Fällen zur Abgrenzung verwendet werden, zumal auch die jeweiligen Anforderungen an dieses Kriterium unterschiedlich sind. Während bei der Notwehr die Verteidigung objektiv erforderlich sein muß, genügt bei amtlichem Handeln „subjektive" Erforderlichkeit[77]; der Täter muß hier vom Vorliegen der objektiven Voraussetzungen nur ausgegangen sein.

---

74 Wegen dieser Funktion des Merkmals „erforderlich" kann man es auch nicht wie *Geppert*, ZStW 83, 947 (962), zur Begründung der Einordnung der Einwilligung als Rechtfertigungsgrund einfach auf die legislatorische Ebene heben, weil eine Reihe strafrechtlich geschützter Rechtsgüter in der für die Einwilligung erforderlichen Abwägung stets der Handlungsfreiheit unterliegen.

75 *Maurach*, Strafrecht BT, S. 176; *Schönke/Schröder*, § 300, Anm. 8, 11.

76 a. A. *Goldmann*, S. 66.

77 *Maurach*, Strafrecht AT, S. 351; *Schönke/Schröder*, vor § 51, Anm. 18.

Armin *Kaufmann* begnügt sich auch nicht allein mit der Verwendung des Begriffs, sondern meint eigentlich die besondere Art der Wertung, die dahintersteht, deren Bedeutung für eine Abgrenzung indessen schon durch die obigen Argumente begrenzt wird. Der „zweite Ausgangspunkt des Werturteils ‚gerechtfertigt'" seien „die Möglichkeiten und Fähigkeiten des Täters in der Ausnahmesituation"[78]. Das Urteil müsse lauten, „daß der Täter statt seiner Handlung nicht eine andere hätte vornehmen können, welche die Rechtsgüter gar nicht oder in geringerem Ausmaß verletzt hätte"[79]. Zwar ist es denkbar, daß anders als bei der Sorgfaltspflicht, bei der lediglich die generelle Sorgfaltspflicht als Unrechts- und die individuelle Sorgfaltspflicht als Schuldmerkmal anzusehen sind, auch die individuellen Fähigkeiten des Täters bereits bei der Prüfung des Rechtfertigungsgrundes zu beachten sind. Für den gelähmten Großvater ist z. B. nur ein Schlag mit der Eisenstange als Verteidigungshandlung gegenüber dem Kirschendieb möglich und daher erforderlich. Die Notwehr ist aber, wie die Entwicklung und Anwendung des Verhältnismäßigkeitsprinzips in Extremfällen zeigt, nicht grenzenlos. Ein tötender Schuß darf im obigen Beispiel nicht fallen. Darin liegt aber bereits eine entscheidende Beschränkung hinsichtlich der Berücksichtigung individueller Momente. Noch fragwürdiger wird diese These beim Züchtigungsrecht, das nach h. M. ein Rechtfertigungsgrund ist[80]. Weder derjenige Lehrer, der infolge von Gicht nur einen Besenstiel greifen kann, darf damit züchtigen, noch derjenige darf schlagen, der dies stets tun muß, weil er infolge mangelnder pädagogischer Fähigkeiten sich nicht anders durchzusetzen vermag. Man müßte daher die Züchtigung als Tatbestandsausschluß auffassen, was ebenfalls häufig vertreten wird[81].

Es bleibt vielleicht die Überlegung, daß es bei den Rechtfertigungsgründen jedenfalls stets auf die konkrete Situation ankommt. Jedoch ist bei den Fahrlässigkeitsdelikten die Sorgfaltspflicht im Tatbestand gerade deshalb begrifflich relativ unklar gefaßt[82], weil die jeweils konkrete Situation erfaßt werden soll, was dem Gesetzgeber selbst unmöglich ist. Mithin kann auch darin kein allgemeines Kriterium zur Abgrenzung von Tatbestandsausschluß und Rechtfertigungsgründen gefunden werden[83].

---

78 *Goldmann,* S. 68; *Armin Kaufmann,* Normenlehre, S. 255.
79 *Goldmann,* S. 68.
80 Vgl. hierzu die Angaben bei *Kienapfel,* Körperliche Züchtigung, S. 41, Fußn. 1.
81 *Graf zu Dohna,* Rechtswidrigkeit, S. 90; *Kienapfel,* Körperliche Züchtigung, S. 121; sowie die bei *Kienapfel,* ebd., S. 43 ff., Genannten.
82 *Welzel,* Strafrecht, S. 131, faßt die Fahrlässigkeitsdelikte als „offene ‚Tatbestände' " auf.
83 Ablehnend im Ergebnis auch *Roxin,* Offene Tatbestände, S. 127.

dd) Der Tatbestandsausschluß als generelle Ausnahme von der Norm, der Rechtfertigungsgrund als Wertabwägung im Einzelfall

Jescheck und *Zipf*[84] verstehen die Rechtfertigungsgründe als „Wertabwägungen im Einzelfall" im Gegensatz zu den „generellen Ausnahmen von der Norm" als Tatbestandsausschluß. Auch hier wird wie bei *Welzel* zwischen generell und Einzelfall unterschieden, wenn auch genauer auf den Wertungsvorgang abgestellt wird. Indessen lassen sich dieselben Einwände auch hier vorbringen. Es mag sein, daß diese Abgrenzung in einzelnen Fällen brauchbar ist, als allgemeine Unterscheidung muß sie versagen, da zwischen generell - individuell und abstrakt - konkret nur quantitative Unterschiede bestehen, was sich darin zeigt, daß Einzelfallabwägungen auch als Tatbestandsausschluß (vgl. z. B. § 1 StVO „mehr als unvermeidbar") und generelle Wertungsfaktoren bei Rechtfertigungsgründen eine Rolle spielen. Im übrigen fehlt eine Begründung dafür, weshalb gerade diese Kriterien richtig sein sollen, wenn man nicht wieder auf das Wesen der Norm rekurrieren will, worauf bereits oben[85] eingegangen wurde.

ee) Der Tatbestandsausschluß als Bewertung der überwiegenden positiven Faktoren in einer Grundsituation als sozial selbstverständlich

In allen materiellen Abgrenzungsversuchen kam in der einen oder anderen Weise zum Ausdruck, daß der Tatbestand als Wertungsstufe eine besondere Bedeutung hat. Es sei die primäre, elementare Wertung, die Verbotsmaterie, der Unrechtstypus, um nur einige Formulierungen zu wiederholen. Dieselbe Feststellung läßt sich auch mit den einzelnen verwendeten Kriterien begründen. Das Merkmal der Erforderlichkeit soll durch seine begrenzende Wirkung gerade die wertungsmäßige Besonderheit des Tatbestands zum Ausdruck bringen. Die Berücksichtigung von Gegeninteressen erst in den Rechtfertigungsgründen und der Rechtfertigungsgrund als Gewährung sollen die Vorbewertung des Tatbestands durchbrechen. Da der Tatbestand, wenn auch wegen des eigentlich formalen Grundsatzes „nulla poena sine lege", vom Gesetzgeber aufgestellt wird, ist die dahinterstehende Wertung auch die des Gesetzes[86]. Daran haben sich Auslegung und Begrenzung des Tatbestands primär zu orientieren, denn dieser Wertung ist verhältnis-

---

[84] *Jescheck*, Lehrbuch, S. 189; *Zipf*, ZStW 82, 633 (645); ders., Einwilligung, S. 58 ff.

[85] Vgl. oben II, 4, a.

[86] Dieser Grundsatz hat insoweit auch materielle Bedeutung bei der Abgrenzung von Tatbestand und Rechtfertigungsgründen (vgl. *Welzel*, Strafrecht, S. 49). Dabei darf nicht übersehen werden, daß er auch in seiner ersteren Bedeutung für die Rechtfertigungsgründe wichtig ist (*Würtenberger*, FS f. *Rittler*, S. 125 [132 ff.]).

mäßig mehr Gewicht beizulegen als den ungeschriebenen Sozialregeln[87]. Dies muß auch dann in irgendeiner Weise zum Ausdruck kommen, wenn der Gesetzgeber die Aufgabe der Bestimmung der Tatbestandsgrenzen der Rechtsprechung überlassen hat, wie z. B. bei den Fahrlässigkeitsdelikten. Daher kann nicht jeder den Wert des tatbestandlich geschützten Interesses überwiegende Gegenwert zur Tatbestandsbegrenzung führen. Die Abwägung zugunsten des Gegenwerts muß vielmehr von besonderer Überzeugungskraft sein. Dabei wird an der materiellen Rechtswidrigkeit, den sozialethischen Anschauungen oder einem Maßstab — wie immer er auch im einzelnen zu bezeichnen sein mag[88] — gewertet.

Der Unterschied zwischen diesem Ansatz und den Versuchen einer Bestimmung des Tatbestandsinhalts — sei es auch nur strukturell — liegt darin, daß hier allein das zugunsten des Täters positive Ergebnis der Wertung ins Auge gefaßt wird. Die Abgrenzung zwischen Tatbestand und Rechtfertigungsgründen wird nicht von innen — vom Unrecht oder der Norm her — zu bestimmen versucht, sondern gewissermaßen von außen. Nur das aus Tatbestand und Rechtswidrigkeit Herausfallende, die dazu führenden Wertungen, werden verglichen[89]. Was eine Inhaltsbestimmung des Tatbestands für dessen Abgrenzung gegenüber der Rechtswidrigkeit nie zu leisten vermochte, da er materiell gleichermaßen durch Gesichtspunkte, die den Tatbestand ausschließen und durch Rechtfertigungsgründe eingeschränkt wird, soll hier durch Vergleich der begrenzenden Wertungen und ihrer normativen Struktur von „außen" erfolgen.

Der Gesichtspunkt der besonderen Überzeugungskraft kommt deutlich im Gedanken der sozialen Adäquanz bzw. der sozialen Kongruenz zum Ausdruck, worunter *Welzel*[90] ein Verhalten versteht, das sich „völlig im Rahmen der ‚normalen' geschichtlich gewachsenen Ordnung des Lebens" bewegt.

Welzel selbst hat eine Zeitlang[91] gemeint, der Gesichtspunkt der sozialen Adäquanz verhindere, daß die Verwirklichung des Tatbestands die Rechtswidrigkeit indiziere. Sie solle „der in der sozialethischen Ordnung des Gemeinschaftslebens wurzelnde (gewohnheitsrechtliche) Rechtfertigungsgrund tatbestandsmäßigen Verhaltens"[92] sein, der sich von den übrigen nur durch die „Normalität" der zugrundeliegenden Situation unterscheidet[93]. Zwar ist diese Auffassung mit Recht kritisiert

---

87 *Münzberg*, S. 326 f., 330.
88 *Münzberg*, S. 324 f.
89 Insoweit ähnlich *Jescheck*, Lehrbuch, S. 192, und *Zipf*, ZStW 82, 633 (649).
90 Strafrecht, S. 56.
91 Strafrecht, 3. Aufl., S. 61; Neues Bild, 2. Aufl., S. 25.
92 Neues Bild, 2. Aufl., S. 25; Strafrecht, 6. Aufl., S. 74.
93 *Gallas*, ZStW 67, 1 (22); *Hoppe*, S. 86.

worden[94], und *Welzel* hat diese Sicht der sozialen Adäquanz auch aufgegeben[95]. Das strukturelle Unterscheidungskriterium der Normalität, des völlig Normalen[96], mußte aber davon unberührt bleiben. Indessen hat *Welzel* daraus keine grundsätzlichen Folgerungen für die Abgrenzung von Tatbestandsbegrenzung und Rechtfertigungsgründen gezogen, was daran liegen dürfte, daß er den Begriff der sozialen Adäquanz dogmatisch mehrfach unterschiedlich eingeordnet hat. Zum einen verstand und versteht er heute darunter „die Folie der strafrechtlichen Tatbestände"[97], die soziale Adäquanz — bzw. soziale Kongruenz — bleibt also ohne Bedeutung für die Rechtfertigungsgründe. Zum anderen wurde sie auch selbst als Rechtfertigungsgrund angesehen. Diese mehrfachen Meinungsänderungen haben wohl dazu geführt, daß der Gedanke der Normalität der sozialen Wertung auch heute bei *Welzel* Bedeutung nur dann gewinnt, wenn die Unrechtsbegrenzung selbst inhaltlich zunächst mit Hilfe der sozialen Adäquanz — bzw. sozialen Kongruenz — bestimmt werden muß. So verwendet *Welzel* diesen Gedanken zwar bei der Abgrenzung zum tatbestandsfreien Raum, etwa bei den Tatbeständen der §§ 211, 222 StGB etc.[98], aber nicht generell zur Abgrenzung von Tatbestand und Rechtswidrigkeit. Nur soweit der Tatbestand mit Hilfe der sozialen Adäquanz begrenzt ist, wird die dann „sozial *normale* Handlungsfreiheit" von der durch Rechtfertigungsgründe gewährten „Handlungs-‚Freiheit'" unterschieden[99]. Ist aber eine Unrechtsbegrenzung im Gesetz vorgesehen wie etwa in Fällen der Einwilligung oder ist für einen bestimmten Gesichtspunkt von der Lehre ein selbständiges dogmatisches Institut entwickelt worden, so kommt die soziale Adäquanz — bzw. soziale Kongruenz — bei *Welzel* überhaupt nicht zur Anwendung, weil eben der Grundgedanke der Einwilligung im Bereich des Tatbestands keiner besonderen Begründung durch die soziale Adäquanz bedarf. Aber gerade dann, wenn die Einordnung der Einwilligung als Tatbestandseinschränkung oder Rechtfertigungsgrund zweifelhaft ist, vermag vielleicht die Unterscheidung mit Hilfe des Gesichtspunkts der sozial völlig normalen Wertung zu helfen. Könnten mit dem von *Welzel* verwendeten Kriterium des sozial „völlig ... normalen" im Prinzip Tatbestandsbegrenzungen und Rechtfertigungsgründe unterschieden werden, so würde auch die oben aufgestellte Voraussetzung der Gleichrangigkeit zwischen der gesetzlichen

---

94 *Hirsch*, ZStW 74, 78 (80 f.); *Lange*, JZ 1953, 9 (13).

95 Vgl. jetzt Strafrecht, S. 55 ff.

96 Zur medizinischen Indikation als Rechtfertigungsgrund hat *Welzel*, Niederschriften VII, S. 118, 121, von der „tiefen Problematik einander widerstreitender Wertungsgesichtspunkte" gesprochen, was in etwa dem Gegensatz zum völlig Normalen entsprechen würde.

97 Strafrecht, S. 57.

98 Strafrecht, S. 55 ff.

99 Strafrecht, S. 57.

Wertung des Tatbestands und der der Tatbestandseinschränkung eingehalten. Ist die einschränkende Wertung „völlig normal", so muß die gesetzliche Wertung des Tatbestands dieser erhöhten Überzeugungskraft der Gegenwertung weichen können, wo der Gesetzgeber nicht unbedingt auf jener beharrt.

Alle bisher erörterten Abgrenzungsversuche haben gezeigt, daß man für die materielle Unterscheidung zwischen Tatbestandsbegrenzung und Rechtfertigungsgrund nicht auf den Vergleich der beiden unterschiedlichen Bewertungen des konkret gegebenen Falls abstellen kann. So ließ sich das Kriterium der Erforderlichkeit der Sache nach sowohl im Bereich der Tatbestandsbegrenzung als auch bei den Rechtfertigungsgründen feststellen, und die Lehre von *Gallas* hat gerade bei weniger historisch ausgeprägten Straftatbeständen versagt. Daher liegt es nahe, nicht den konkreten Fall bis ins Einzelne zu bewerten, da sich gerade dann immer wieder zeigt, daß das Recht dort Grenzen zieht, wo nur Übergänge vorhanden sind, so daß sich die konkrete Grenzziehung für das hier vorliegende Problem kaum sachlich scharf genug begründen läßt. Vielmehr müßte eine Differenzierung in einer der Bewertung der konkreten Tat vorgelagerten Wertungsstufe vorgenommen werden. Auch dafür bietet sich die soziale Adäquanz bzw. soziale Kongruenz an, da dieser Gesichtspunkt gerade nicht auf eine bestimmte konkrete Tat bezogen werden kann, sondern nur als eine je nach Sachverhalt mehr oder weniger und in verschiedener Weise generelle Vorbewertung eines Lebenssachverhalts anzusehen ist. Beim sog. sozialadäquaten Risiko (Fallgruppe 1) ging es um die generelle Vorbewertung der Tat an Hand des Nutzens und Schadens eines bestimmten Lebenssachverhalts für die Gemeinschaft, woraus sich in bestimmten Bereichen generelle vom konkreten Erfolg unabhängige Gefährdungserlaubnisse entwickelt haben.

Die Verwendung des Gedankens der sozialen Kongruenz an dieser Stelle muß jedoch klar von der oben[100] erörterten Anwendung desselben Gedankens unterschieden werden. Dort fielen die Fälle sozialer Inadäquanz wie z. B. die vom Bandenchef verursachte Tötung eines Schmugglers durch Zöllner an der Grenze aus den sozialadäquaten Handlungen heraus, weil die Handlung ohne besondere Rücksicht auf die Wertungssituation des einzelnen Straftatbestands am sozial normalen Verhalten überhaupt gemessen wurde. Demgegenüber ist im vorliegenden Zusammenhang deutlich geworden, daß für das Urteil sozialnormal hauptsächlich die Gesichtspunkte ins Auge zu fassen sind, auf die es für die Verneinung des Unrechts ankommt. Bei der Feststellung, daß die Tötung des erwähnten Schmugglers kein Unrecht im Sinne des § 222 StGB für den Bandenchef ist, kommt es wegen des Handelns

[100] Vgl. oben II, 3.

auf eigene Gefahr auf das an sich sozialwidrige Schmuggeln nicht an. Daher ist dieser Gesichtspunkt auch nicht bei der Abgrenzung von Tatbestandsausschluß und Rechtfertigungsgrund zu berücksichtigen. Das sozial Normale wird also nicht pauschal von sozialen Verhaltensnormen her bestimmt, sondern nur im Rahmen der für die Unrechtsverneinung im Einzelfall zu beachtenden Gesichtspunkte. Die Bewertung als sozial normal wird auf die Wertungssituation des bereits als erlaubt erkannten Verhaltens begrenzt.

Diese Abgrenzung ist auch dann anwendbar, wenn die Verneinung des Unrechts bereits vom Gesetzgeber festgelegt worden ist, die dogmatische Einordnung als Tatbestandsgrenze oder Rechtfertigungsgrund aber offenblieb. Stets muß nur versucht werden, die Vorbewertung so weit wie möglich aus dem Gesetz selbst herzuleiten.

Dies kann nun mit Hilfe vieler normativ struktureller Kriterien geschehen, die bereits oben erörtert worden sind, dort allerdings als allein entscheidende Abgrenzungsgesichtspunkte abgelehnt werden mußten. So kann die soziale Kongruenz im hier erörterten Sinne gerade deshalb fehlen, weil der Gegenwert nur im Rahmen des Erforderlichen überwiegt, wie z. B. bei der Notwehr, oder gegeben sein, weil sich die Abwägung auf dasselbe Rechtsgut bezieht, mithin keine Kollision verschiedener Interessen vorliegt, wie z. B. bei der Einwilligung.

Aus dem Ausgeführten ergibt sich auch, daß die Sozialkongruenz als Kriterium für das Vorliegen eines Tatbestandsausschlusses nicht etwa so zu verstehen ist, daß die Bewertung der einzelnen Handlung und ihrer Folgen sozial völlig normal ist und daß deshalb die Grenze zwischen Tatbestand und tatbestandsfreiem Raum stets ganz offensichtlich zu erkennen ist. Vielmehr ist allein darauf abzustellen, ob bei zunächst feststehender Rechtmäßigkeit der Tat die überwiegenden unrechtsverneinenden Gesichtspunkte generell in dem jeweiligen Tätigkeitskomplex als sozialkongruent zu bewerten sind.

Bei dieser Unterscheidung zwischen Tatbestandsausschluß und Rechtfertigungsgrund lassen sich dann auch die subjektiven Rechtfertigungselemente bei den Rechtfertigungsgründen verstehen. Fällt die Tat in einen im obigen Sinn als sozial normal vorbewerteten Bereich, so wäre nicht zu verstehen, daß der Täter auch noch subjektiv z. B. den positiven Aspekt seiner Tat anstreben müßte. Anders ist es bei den Rechtfertigungsgründen, die zwar ebenfalls durch ein Überwiegen der positiven Wertung gekennzeichnet sind, bei denen die entsprechende Wirkung aber nicht sozial selbstverständlich ist, so daß es vertretbar erscheint, die rechtfertigende Wirkung von einem zusätzlichen subjektiven Rechtfertigungselement abhängig zu machen[101].

---

[101] Mit dieser Abgrenzung läßt sich auch die Schuldtheorie, wie sie *Welzel*, Strafrecht, S. 164 ff., vertritt, vereinbaren, wenn man ihr folgen will. Ist die

Im folgenden soll an einigen Beispielen die Anwendung der hier gewonnenen Unterscheidung deutlich gemacht und insbesondere auf deren Folgen für das erlaubte Risiko hingewiesen werden.

e) Die Abgrenzung an Beispielen

aa) Die Einwilligung und das Einverständnis

Unabhängig davon, welche Theorie der Einwilligung und deren Wirkung im Unrecht zugrunde gelegt wird, kann die Abgrenzung zwischen Tatbestandsausschluß und Rechtfertigungsgrund nach dem oben Ausgeführten nur normativ vorgenommen werden. So ergibt sich die sozial selbstverständliche Wertung in den Fällen der Einwilligung bei Willensdelikten, für die schon von der herrschenden Meinung zu Recht ein Tatbestandsausschluß angenommen wird, daraus, daß es sich um ein und dasselbe Rechtsgutsobjekt handelt, nämlich den Willen des Betroffenen. Selbst wenn unterschiedliche Interessen ein und desselben Rechtsgutträgers kollidieren, bleibt die Grunderwägung dieselbe, solange nur Individualinteressen im Spiel sind. Greift ein darüber hinausgehendes soziales Interesse an der Erhaltung der Rechtsgutsobjekte ein, so könnte dies, wie bei der Körperverletzung (§ 226 a StGB), dazu führen, daß das Ergebnis der einschränkenden Abwägung bei der Einwilligung nicht mehr sozialkongruent ist und diese daher nur als Rechtfertigungsgrund wirksam würde, was der h. M.[102] entspricht. Es ist jedoch nicht zu verkennen, daß die Selbstbestimmung in bezug auf Individualrechtsgüter so stark rechtlich anerkannt ist, daß man durchaus von sozialer Kongruenz sprechen kann, wobei sich diese Vorbewertung bereits auf einen sehr generellen Aspekt bezieht. Daß auch die Grenzen des § 226 a StGB zu beachten sind, vermag diese Überlegung nicht zu beeinträchtigen, da es sich insoweit um Grenzen der Einwilligung im Einzelfall handelt, die bei der generellen Vorbewertung nicht zu berücksichtigen sind. Die Einwilligung sollte daher bei allen Straftatbeständen als Tatbestandsausschluß angesehen[103] werden. Ob die fehlende Kenntnis des Täters von dem Einverständnis bzw. der Einwilligung dann zur Bestrafung wegen untauglichen Versuchs führt[104], ist an sich ein spezielles Problem des Vorsatzes in bezug

---

Vorbewertung der Situation der Rechtfertigungsgründe nicht sozial selbstverständlich, so kann man auch die Auffassung vertreten, daß ein Irrtum über tatsächliche Voraussetzungen eines Rechtfertigungsgrundes nicht als Irrtum entsprechend § 59 StGB sondern als Verbotsirrtum zu behandeln ist.

[102] Für viele *Jescheck*, Lehrbuch, S. 279 ff.; *Maurach*, Strafrecht AT, S. 338 ff., sowie zuletzt *Geppert*, ZStW 83, 947 (968).

[103] So im Ergebnis mit anderer Begründung *Kientzy*, S. 138 f., *Schmidhäuser*, Lehrbuch, S. 213 ff., FS f. *Engisch*, S. 432 (441 ff.); sowie *Zipf*, Einwilligung, S. 28 ff. (31), der bei Einwilligung eine strafrechtserhebliche Verletzungsmöglichkeit verneint.

[104] *Jescheck*, Lehrbuch, S. 279, 284; *Zipf*, Einwilligung, S. 50.

auf den Erfolg, das nur bei der Einwilligung als Rechtfertigungsgrund in den Problemkreis der subjektiven Rechtfertigungselemente eingeordnet wird. Die von *Gallas*[105] für einen Einzelfall aufgestellte Behauptung, einen Tatbestandsausschluß bei Interessenkollision in bezug auf ein und dasselbe Rechtsgut anzunehmen, erweist sich so gesehen ebenfalls als ein Gesichtspunkt zur Bestimmung der sozial selbstverständlichen Wertung.

bb) Die generelle Vorhersehbarkeit

Dieses Merkmal läßt sich ebenfalls mit Hilfe der sozialen Kongruenz leicht als Tatbestandsausschluß einordnen, wenn man den entscheidenden Gehalt im Überwiegen des mangelnden Könnens als Element der Handlungsfreiheit gegenüber dem jeweils eintretenden Erfolg sieht. Auch die Begrenzung auf die generelle Vorhersehbarkeit läßt sich auf diesem Wege begründen. Die Erwägung, daß das Unrecht nicht nur auf den Täter hin zu bestimmen ist, sich vielmehr auch Dritte auf die Einhaltung bestimmter Verhaltensregeln verlassen müssen, und daß es daher nur ein genereller Ausschluß des Unrechts sein kann, ist eine sozial selbstverständliche Vorbewertung.

cc) Die generelle Sorgfaltspflicht und die Rechtfertigungsgründe

Oben wurde dargelegt, daß die Fälle des erlaubten Risikos bei überwiegendem sozialen Nutzen und bei Handeln auf eigene Gefahr im Rahmen der generellen Sorgfaltspflicht zu lösen sind. Die Verneinung dieser Pflicht aus dem einen oder anderen Grund läßt sich nun mit Hilfe der sozialen Kongruenz aufgliedern.

Nicht immer ist das Überwiegen des sozialen Nutzens auch sozial selbstverständlich. Zwar verhält sich ein Bergwerksunternehmer, der jeden Tag Arbeiter unter Tage schickt, bei grundsätzlich rechtmäßigem Verhalten sozialkongruent, wenn ein Arbeiter dort verunglückt, nicht aber ohne weiteres dann, wenn er bei einem teilweise eingestürzten Stollen Arbeiter zu Rettungsarbeiten einsetzt. Hier wäre außerdem noch ein Handeln auf eigene Gefahr zu berücksichtigen. Daß jeder Verkehrsteilnehmer die Risiken des Straßenverkehrs eingeht, ist in Verbindung mit dem sozialen Interesse am Straßenverkehr sozialkongruent.

Auch der Gedanke des Handelns auf eigene Gefahr spielt für den Tatbestandsausschluß wie für die Rechtfertigungsgründe eine Rolle, und zwar läßt sich wie bei der Einwilligung sagen, daß ein Handeln auf eigene Gefahr aus ähnlichen Erwägungen sozialkongruent ist. Für

---

[105] ZStW 67, 1 (21 f.).

den erwähnten Bandenchef, der Schmuggler zu einer gefährlichen Fahrt losschickt, bei der einer von Zöllnern getötet wird, ist daher ein Tatbestandsausschluß anzunehmen[106], so daß auch ein subjektives Rechtfertigungselement nicht erforderlich ist[107]. Übernimmt aber jemand in einem brennenden Haus das Risiko eines Stoßes durch den Feuerwehrmann, um nicht selbst in das Sprungtuch springen zu müssen, so ist das Verhalten des Feuerwehrmanns zwar rechtmäßig, aber in der Vorbewertung nicht sozialkongruent. Auch ein Arzt, der in der Kriegsgefangenschaft oder auf der Straße bei einem Unfall eine Operation nicht kunstgerecht vornehmen kann, obwohl sie durchgeführt werden muß[108], handelt nicht im Rahmen eines als sozialkongruent vorbewerteten Sachverhalts. Er ist beim Tod des Patienten aber gerechtfertigt. Eine einfache Operation unter normalen Verhältnissen, die trotz aller erforderlichen Sicherheitsvorkehrungen zum Tode des Patienten führt, ist dagegen als sozialkongruent im obigen Sinne anzusehen. Treffen besondere soziale Interessen mit dem Handeln auf eigene Gefahr zusammen, so ist nicht auf jedes Element einzeln abzustellen, sondern der Gesamtkomplex auf seine Sozialkongruenz hin zu untersuchen.

Ist das erlaubte Risiko in Tatbestandsausschluß und Rechtfertigungsgründe aufzuspalten, so wird auch deutlich, daß jener allgemeine Rechtfertigungsgrund des verkehrsrichtigen Verhaltens unhaltbar ist, da er diese Unterschiede gerade verdeckt, um die Lehre vom Erfolg als entscheidendem Unrechtskriterium aufrechterhalten zu können. Deshalb fehlt bei dieser Lehre auch eine Begründung dafür, daß ein subjektives Rechtfertigungselement nicht beim „Rechtfertigungsgrund“ des verkehrsrichtigen Verhaltens, aber bei anderen Rechtfertigungsgründen erforderlich ist.

f) Zusammenfassung

Schon infolge der Verknüpfung der Rechtfertigungsgründe mit zusätzlichen subjektiven Rechtfertigungselementen lassen sich Tatbestand und Rechtfertigungsgründe nur materiell unterscheiden.

Eine Differenzierung kann weder vom Tatbestandsinhalt (Unrechtstypus, Verbotsmaterie) her gewonnen werden, da dieser nicht immer

---

[106] Die Fälle „sozialinadäquaten Risikos“ konnten oben (vgl. S. 96) mit dem Gedanken der sozialen Kongruenz nicht erfaßt werden, weil die „Einwilligung in die Gefahr“ bzw. wie hier angenommen das Handeln auf eigene Gefahr aus dem Gesichtspunkt der sozialen Kongruenz als selbständige, unrechtsausschließende Gesichtspunkte ausgenommen waren. Hier geht es indessen um eine Unterscheidung innerhalb des Handelns auf eigene Gefahr danach, ob dessen positive Aspekte des Tätigkeitskomplexes als sozial selbstverständlich anzusehen sind oder nicht.

[107] Zum gleichen Ergebnis kommt *Hirsch*, ZStW 74, 78 (95 f.).

[108] Weitere Beispiele bei *Mezger/Blei*, Kurzlehrbuch AT, S. 218, sowie *Jescheck*, Lehrbuch, S. 447.

genau genug abgegrenzt ist, noch liefert die Struktur des Tatbestands (abstrakt generell) oder der Rechtfertigungsgründe (subjektives Recht, Gewährung, Einzelabwägung) allein brauchbare Unterscheidungskriterien, da sich entweder eine besondere selbständige Struktur der Rechtfertigungsgründe nicht generell feststellen läßt, oder die Struktur des Tatbestands zur Abgrenzung nicht genügt.

Entscheidend ist vielmehr die Differenzierung nach der Art der Wertung, die aber nur dann deutlich wird, wenn nicht das Unrecht des Tatbestands, sondern der Tatbestandsausschluß den Rechtfertigungsgründen gegenübergestellt wird. Ein Tatbestandsausschluß liegt vor, wenn die Vorbewertung der für die Unrechtsverneinung entscheidenden Gesichtspunkte der Tat in der konkreten Interessenkollision „sozial selbstverständlich", „sozialkongruent" ist, während dies für die entsprechende Vorbewertung bei den Rechtfertigungsgründen nicht gilt. Unterscheidungskriterium ist die besondere soziale Verwurzelung der positiven Vorbewertung, zu deren Feststellung unter anderem auch die Gesichtspunkte der Erforderlichkeit oder der fehlenden andersartigen Gegeninteressen heranzuziehen sind.

Auf diese Weise läßt sich die Einwilligung, die generelle Vorhersehbarkeit als Lösung des erlaubten Risikos der Fallgruppe 2 und die generelle Sorgfalt einschließlich eines Handelns auf eigene Gefahr als Lösung eines Teils der Fälle des erlaubten Risikos der Fallgruppen 1 und 4 als Tatbestandsbegrenzung bestimmen. Im übrigen liegt ein Rechtfertigungsgrund vor.

Es gibt also tatbestandsbegrenzendes und rechtfertigendes erlaubtes Risiko. Der „Rechtfertigungsgrund des verkehrsrichtigen Verhaltens" verdeckt diese Unterscheidung zu Unrecht.

2. Das erlaubte Risiko als Rechtfertigungsgrund

Mit der Erkenntnis, daß sich die Fälle des erlaubten Risikos entweder über die generelle Sorgfaltspflicht oder Vorhersehbarkeit im Tatbestand oder über Rechtfertigungsgründe lösen lassen, steht zwar fest, daß zumeist Straflosigkeit mangels Tatbestandserfüllung eintritt, offen ist indessen, wie jene verbleibenden Fälle eines Rechtfertigungsgrunds in das System der vom Gesetz oder von der Rechtsprechung anerkannten Rechtfertigungsgründe einzuordnen sind und ob wenigstens in diesen Grenzen ein besonderer Rechtfertigungsgrund „erlaubtes Risiko" anzuerkennen ist[109] oder nicht.

---

[109] *Jescheck*, Lehrbuch, S. 297 ff.

a) Das erlaubte Risiko im Rahmen der anerkannten Rechtfertigungsgründe mit Ausnahme des rechtfertigenden Notstands

Zwar sind die meisten Rechtfertigungsgründe, wie z. B. Notwehr (§ 53 StGB), Sachwehr (§ 228 BGB), Aggressionsnotstand (§ 904 BGB), Amtsrecht und Dienstpflichten, ebenso wie die Einwilligung in den Erfolg als Tatbestandsbegrenzung, grundsätzlich keine Lösungen der Fälle des erlaubten Risikos, da sie in der Regel den eingetretenen Erfolg unmittelbar rechtfertigen. Wehrt jemand einen Angriff mit einem erforderlichen Messerstich vorsätzlich oder fahrlässig ab, so ist nicht nur die Handlung, sondern auch die Körperverletzung des Angreifers gerechtfertigt. Der Gedanke des erlaubten Risikos setzt aber voraus, daß zwar die gefährliche Handlung, nicht aber der eintretende Erfolg unmittelbar gebilligt ist.

Derartige Fälle lassen sich allerdings auch im Rahmen jener erwähnten Rechtfertigungsgründe bilden. *Welzel*[110] führt das Beispiel an, daß jemand angegriffen wird und zu seiner Verteidigung einen Schuß auf weite Entfernung abgeben muß, der den Angreifer ungewollt tötet, obwohl es genügt hätte, ihn kampfunfähig zu machen. Die für das Leben des Angreifers gefährliche Handlung ist hier zwar von der Notwehr gedeckt, da sie erforderliche Verteidigung war, der Erfolg ist aber nicht erforderlich und daher eigentlich mißbilligt. Dennoch ist die gesamte Tat gerechtfertigt, da die dem Täter durch die Notwehrvorschrift über die Grenzen der Erfolgsbilligung hinaus zugestandene besondere Handlungsfreiheit einschließlich der Berücksichtigung des begrenzten Könnens den eingetretenen Erfolg überwiegen muß, wenn die Notwehr ihre Bedeutung nicht weitgehend verlieren soll. Genau das sind aber die oben zum erlaubten Risiko angestellten axiologischen Überlegungen. Sieht man dieses Ergebnis als bereits in der Vorschrift des § 53 StGB enthalten an, so ist dort ein Fall des erlaubten Risikos gesetzlich geregelt, indem nur auf die Erforderlichkeit der Verteidigungshandlung abgestellt wird[111]. Das erlaubte Risiko als Notwehr ist aber andererseits u. a. dadurch begrenzt, daß Verletzungen Dritter in derselben Situation nach h. M. nicht gerechtfertigt sind[112], so daß die gefährliche Handlung bei Gefahren für Dritte nicht erlaubt ist und, wenn sie dennoch vorgenommen wird, nur bei fehlendem Erfolgseintritt und nicht wegen erlaubten Risikos eventuell straflos bleiben könnte.

---

[110] Strafrecht, S. 86; vgl. auch LK *(Baldus)*, 9. Aufl., § 53, Anm. 23; *Jescheck*, Lehrbuch, S. 255, 445 f.; *Maurach*, Strafrecht AT, S. 553; *Niese*, Finalität, S. 46; *Schönke/Schröder*, § 53, Anm. 18; *Schmidhäuser*, Lehrbuch, S. 275.

[111] Vgl. die in Fußn. 110 Genannten.

[112] *Maurach*, Strafrecht AT, S. 318; *Schmidhäuser*, Lehrbuch, S. 274; *Welzel*, Strafrecht, S. 87.

Entsprechendes gilt für die anderen erwähnten Rechtfertigungsgründe. Bricht z. B. ein Gerichtsvollzieher auf Grund seines Amtsrechts eine Tür auf, so ist der Erfolg direkt gebilligt. Auch hier gibt es jedoch Fälle, in denen zwar die Vornahme der gefährlichen Handlung erlaubt, der dann eintretende Erfolg aber eigentlich mißbilligt ist, etwa wenn ein Polizist im Rahmen der zulässigen Anwendung unmittelbaren Zwangs zwar erlaubt auf die Beine schießen darf, womit stets bei einer gewissen Entfernung auch eine Lebensgefahr verbunden ist, die Tötung des Verfolgten aber eigentlich mißbilligt ist. Tritt der Tod dennoch ein, so liegt ein Fall des erlaubten Risikos vor, der in den jeweiligen Vorschriften dadurch gelöst werden kann, daß gesetzestechnisch allein auf die Rechtmäßigkeit der Handlung im Zeitpunkt ihrer Vornahme abgestellt wird[113]. Begründung für den Wegfall des Erfolgsunwerts ist dann auch hier das Überwiegen der gewährten Handlungsfreiheit. Im Grunde handelt es sich in den erwähnten Fällen stets um solche der Fallgruppe 1.

b) Das erlaubte Risiko und der rechtfertigende Notstand sowie das tatsächliche und mutmaßliche Handeln auf eigene Gefahr (Fallgruppen 1 und 4)

Neben den erwähnten Fällen des erlaubten Risikos in gesetzlich anerkannten Rechtfertigungsgründen gibt es weitere Fälle, die damit nicht erfaßt werden können. Landet ein Pilot auf einer zu kurzen Landebahn, weil der eigentliche Zielflughafen wegen Schneefalls gesperrt ist und der Treibstoff auszugehen droht, so muß dies gefährliche Verhalten einschließlich der eintretenden Verletzungen und Todesfolgen gerechtfertigt sein. Diese und andere Fälle des erlaubten Risikos[114] werden von einigen Autoren dem Rechtfertigungsgrund des rechtfertigenden Notstands zugeordnet[115]. Meist geht die Diskussion dabei auch um die Wahrnehmung berechtigter Interessen, worauf unten[116] bei der Erörterung des erlaubten Risikos bei Vorsatzdelikten eingegangen werden soll.

Von der Rechtsprechung[117] wurde der Rechtfertigungsgrund des rechtfertigenden Notstands zuerst in Fällen angewandt, in denen die

---

[113] Vgl. z. B. §§ 38 ff. PolG B-W, wo aber im Gegensatz zur Notwehr die Verletzung Unbeteiligter nicht generell verboten ist (§ 39 Abs. 2) sondern nur, wenn eine „hohe Wahrscheinlichkeit“ der Verletzung besteht. Beim „Einschreiten gegen eine Menschenmenge“ sind wiederum andere Grenzen zu beachten (§ 39 Abs. 2).

[114] Weitere Beispiele bei *Hirsch*, ZStW 74, 78 (99 f.), *Jescheck*, Lehrbuch, S. 447, und *Mezger/Blei*, Kurzlehrbuch AT, S. 218, 220 f.

[115] *Hirsch*, ZStW 74, 78 (100); *Mezger/Blei*, Kurzlehrbuch AT, S. 220 f.; auch *Lenckner*, Notstand, S. 142, Fußn. 183.

[116] Vgl. unten 3. Abschnitt, III, 3.

[117] RGSt 61, 242 (254); 62, 137 (138).

Verletzung eines der beiden kollidierenden Rechtsgüter, wie bei der sog. medizinischen Indikation, sicher war. Unter anderem aus diesem Abstellen auf den Erfolg, der als entscheidender Unrechtsfaktor angesehen wurde, läßt sich wohl auch jene alleinige Gegenüberstellung des abstrakten bzw. konkreten Werts[118] der Rechtsgüter im Sinne der sog. Güterabwägungstheorie[119] erklären. Meist wurde allerdings der Gesichtspunkt der Gefahr in die Beurteilung mit einbezogen[120], wenn auch zuerst nur auf der Seite des zu rettenden Wertes. In diesen Fällen handelte es sich aber nicht um erlaubtes Risiko, da der sicher eintretende Erfolg direkt gebilligt ist. Eine Unterscheidung zwischen gerechtfertigter Gefahr und gerechtfertigtem Erfolg ist nicht möglich. Die Konkurrenz zwischen erlaubtem Risiko und rechtfertigendem Notstand ergab sich erst, als auch diejenigen Fälle ins Auge gefaßt wurden, bei denen nicht die Verletzung des Rechtsgutsobjekts, sondern nur die Gefährdung als gerechtfertigt erschien. *Hirsch*[121] erwähnt z. B. die Kriegsproduktion bei schadhaften Sicherheitsanlagen sowie das Ablassen giftiger Gase mit Gefahr für vorübergehende Gesundheitsschäden, wenn sonst die Fabrik zu explodieren droht. In diesen Fällen kann die Rechtfertigung des Erfolgs nur eintreten, weil die mit der Billigung der Handlung gewährte Handlungsfreiheit als Wert auch den eintretenden Erfolg überwiegen muß. Wie bei den anderen Rechtfertigungsgründen besteht kein Anlaß, diese Fälle des erlaubten Risikos als besonderen Rechtfertigungsgrund neben dem rechtfertigenden Notstand anzuerkennen, solange nur die unterschiedliche normative Struktur erkannt wird.

Von den eben erwähnten Fällen zu trennen ist jedoch eine weitere Gruppe, die teilweise[122] ebenfalls mit Hilfe des rechtfertigenden Notstands gelöst wird. Nimmt ein Arzt aus Zeitmangel oder in einer von der Außenwelt durch eine Lawine abgesperrten Ortschaft eine erforderliche Operation ohne zureichende Sicherheitsvorkehrungen vor, und stirbt der Patient, so stehen sich zwar ebenfalls zwei Gefahren gegenüber, aber hier für ein und dasselbe Rechtsgutsobjekt. Daraus ergibt sich eine gänzlich andere normative Struktur dieses Rechtfertigungsgrundes. Handelt es sich um Rechtsgutsobjekte verschiedener Rechtsgutsträger, so ist von dem Grundsatz auszugehen, daß niemand an sich berechtigt ist, einen ihm drohenden Schaden stets auf andere abzuwälzen[123]. Die Rechtsordnung muß daher nach den Grundsätzen der Interessenabwägung entscheiden. Bei einer entsprechenden Situation für

[118] Hierzu *Lenckner*, Notstand, S. 54 f.
[119] RGSt 61, 242 (254).
[120] OGHSt 1, 49 (52); BGHSt 12, 299 (304 f.).
[121] ZStW 74, 78 (99).
[122] *Mezger/Blei*, Kurzlehrbuch AT, S. 220.
[123] *Lenckner*, Notstand, S. 111.

Werte ein und desselben Rechtsgutsträgers ist aber grundsätzlich dessen Einstellung in bezug auf das zu rettende Rechtsgutsobjekt zu berücksichtigen. Beide Wertungen unterscheiden sich grundlegend[124]. Im letzten Fall ist eine eindeutige Entscheidung durch die Rechtsordnung meistens nicht nur nicht erforderlich, sondern wäre sogar eine Mißachtung der Eigenverantwortlichkeit des Rechtsgutsträgers. Mithin kommt es im obigen Arztbeispiel entscheidend auf die Stellungnahme des Gefährdeten an, und zwar in Form des Handelns auf eigene Gefahr, da eine Einwilligung in die Tötung abgesehen von der rechtlichen Zulässigkeit schon rein tatsächlich nicht vorliegt. Ist der Patient zum freiwilligen Eingehen des einen oder anderen Risikos mangels Kenntnis oder Entscheidungsfreiheit nicht in der Lage, so sind die Grundsätze über das mutmaßliche Handeln auf eigene Gefahr anzuwenden. Wie die dem Einverständnis entsprechende mutmaßliche Einwilligung nur Rechtfertigungsgrund sein kann[125], muß das mutmaßliche Handeln auf eigene Gefahr ebenfalls stets als Rechtfertigungsgrund angesehen werden. Da häufig die Kenntnis des Willens des Betroffenen fehlt, laufen die dabei vom Täter vorzunehmenden Erwägungen auf die Feststellung hinaus, was man normalerweise unter Berücksichtigung der bekannten Tatsachen über den Betroffenen in der konkreten Situation tun würde.

Neben dem objektiv positiven Zweck der Handlung des Täters kommt es also entscheidend auf das eigenverantwortliche Handeln des Betroffenen an, das als Handeln auf eigene Gefahr hier positive Kenntnis der Erfolgsmöglichkeit beim Handeln und beim Unterlassen des Täters voraussetzt. Dieses Element wird bei *Jescheck* nicht ganz deutlich, wenn er im Fall der Notlandung auf einer zu kurzen Landebahn allein darauf abstellt, was bei Abwägung aller Umstände vernünftigerweise versucht werden mußte[126]. Zwar sind das die letztlich entscheidenden Kriterien, offen bleibt aber, weshalb die Eigenverantwortlichkeit der betroffenen Flugzeugpassagiere, um deren Lebensgefährdung es je nach Entscheidung des Flugkapitäns in jedem Fall geht, unberücksichtigt bleibt. Auch hier liegt ein Handeln auf eigene Gefahr vor, indem die Passagiere bei Betreten des Flugzeugs in bezug auf derartige Gefahren das Risiko übernehmen, allerdings in den Grenzen vernünftiger Entscheidungen des Flugkapitäns. Bei mutmaßlichem Handeln auf eigene Gefahr kommen zwar die vorzunehmenden Abwägungen denen des rechtfertigenden Notstands nahe, der Unterschied liegt aber wie bei der mutmaßlichen Einwilligung[127] darin, daß die Interessenkollision nicht durch die Rechtsordnung generell entschieden wird, sondern daß

---

124 Ebd., S. 127.

125 *Jescheck*, Lehrbuch, S. 286, Fußn. 35.

126 *Jescheck*, Lehrbuch, S. 447.

127 *Jescheck*, Lehrbuch, S. 285; *Maurach*, Strafrecht AT, S. 347 f.

ein Dritter grundsätzlich unter Beachtung etwa bekannter persönlicher Interessen des oder der Betroffenen entscheidet.

Es empfiehlt sich daher, diese Fälle aus dem Rechtfertigungsgrund des rechtfertigenden Notstands herauszunehmen und sie einem eigenen Rechtfertigungsgrund zuzuordnen. Indessen erscheint es nicht zweckmäßig, mit *Jescheck*[128] dafür die Bezeichnung „erlaubtes Risiko" zu wählen, da z. B. auch der rechtfertigende Notstand Fälle des erlaubten Risikos enthält, und der Unterschied zu diesen nicht deutlich wird. Der entscheidende Gesichtspunkt für die rechtfertigende Wirkung dieses Rechtfertigungsgrundes liegt im Handeln auf eigene Gefahr bzw. dem mutmaßlichen Handeln auf eigene Gefahr, so daß sich eine dementsprechende Bezeichnung empfiehlt.

c) Das erlaubte Risiko (Fallgruppe 3) als Rechtfertigungsgrund

Während in den zuletzt erwähnten Fällen die infolge des einen oder anderen Verhaltens des Täters mehr oder weniger große Gefahr für das Rechtsgut noch bestimmbar war, gibt es aber auch Fälle, in denen sich ein solcher Unterschied mangels Tatsachenkenntnis vom Täter nicht sicher feststellen läßt. *Jescheck*[128] hat diese Fälle riskanter Rettungshandlungen bei den Vorsatzdelikten als besondere Gruppe des Rechtfertigungsgrundes „erlaubtes Risiko" herausgestellt. So soll ein Feuerwehrmann gerechtfertigt sein, der bei einem Großbrand einem zögernden Menschen einen Stoß gibt, damit dieser in das aufgespannte Sprungtuch fällt, selbst wenn er vielleicht noch auf weniger gefährliche Weise hätte gerettet werden können. Daß diese Fälle nicht mit Hilfe des rechtfertigenden Notstands zu lösen sind, ergibt sich bereits aus den obigen Ausführungen. Auch hier geht es nur um Rechtsgutsobjekte oder gar um ein und dasselbe Rechtsgutsobjekt des Betroffenen. Ein Unterschied zu den erwähnten Fällen des Handelns auf eigene Gefahr bzw. mutmaßlichen Handelns auf eigene Gefahr besteht nur darin, daß die Größe der jeweiligen Gefahren für den Täter nicht genau genug erkennbar ist. Auch hier liegt aber der entscheidende Gesichtspunkt in der Eigenverantwortung des Betroffenen. Hat dieser bessere Möglichkeiten zum Erkennen der Gefahren, so darf der Täter nur handeln, wenn der Betroffene im Verhältnis zum Täter auf eigene Gefahr handelt. Dies gilt grundsätzlich auch dann, wenn beide gleich gute Kenntnis der Gefahren oder der Täter sogar eine bessere hat. Kann aber der Betroffene aus irgendwelchen Gründen nicht eigenverantwortlich handeln, sei es aus lähmender Angst oder infolge Bewußtlosigkeit oder weil er die Gefahrenlage nicht erkennt, so kommt mutmaßliches Handeln auf eigene Gefahr in Betracht. Eine Parallele läßt sich zur mutmaßlichen

---

128 Ebd., S. 297 ff.

Einwilligung ziehen. *Jescheck* will den Unterschied zwischen derartigen und den hier zu erörternden Fällen darin erblicken, daß hier keine Verletzung, sondern gerade die Rettung des gefährdeten Rechtsguts beabsichtigt sei[129]. Gewiß gilt diese Feststellung für die mutmaßliche Einwilligung in den Erfolg, obwohl auch dort stets zumindest ein anderer Wert gerettet werden soll, da es sich hier nur um die von *Jescheck*[130] als „interne Güter- und Interessenkollision" bezeichnete Fallgruppe handelt. Dabei ist aber die Verletzung des Rechtsgutsobjekts selbst gebilligt, denn die mutmaßliche Einwilligung entspricht der Einwilligung in den Erfolg. Darum geht es hier aber nicht. Vielmehr fehlt dogmatisch eine der auch von *Jescheck* anerkannten Einwilligung in die Gefahr entsprechende mutmaßliche Einwilligung in die Gefahr, die hier als mutmaßliches Handeln auf eigene Gefahr angesehen wurde. Diese hätte konsequent zur Voraussetzung, daß der Täter nur die Eingehung der Gefahr durch den Betroffenen will, nicht aber den Erfolg. Genau das ist aber die Sachlage in den von *Jescheck* mit dem Rechtfertigungsgrund „erlaubtes Risiko" gelösten Fällen. Seine Abgrenzung zur mutmaßlichen Einwilligung in den Erfolg umgeht daher die entscheidende Frage nach der Abgrenzung zur mutmaßlichen Einwilligung in die Gefahr in seinem Sinne bzw. dem mutmaßlichen Handeln auf eigene Gefahr.

Für den Rechtfertigungsgrund des Handelns auf eigene Gefahr oder mutmaßlichen Handelns auf eigene Gefahr kommt es nun nicht darauf an, ob der Täter die größere Rettungschance sicher erkennen konnte oder nicht. Die vom Täter vor allem beim mutmaßlichen Handeln auf eigene Gefahr anzustellenden Überlegungen sind denen gleich, die der Betroffene anstellen müßte. Daher erscheint es nicht gerechtfertigt, die bereits oben erwähnten Fälle des Rechtfertigungsgrundes des Handelns auf eigene Gefahr von den hier erörterten des erlaubten Risikos der Fallgruppe 3 zu trennen. So soll es nach *Jescheck* bei diesen Fällen auf die „gewissenhafte Prüfung aller Umstände", das „Interesse des Betroffenen" sowie auf das „zumutbare Maß an eigener Gefährdung" ankommen[131], während für das Handeln des Täters in den obigen Fällen entscheidend sein soll, was „bei Abwägung aller Umstände vernünftigerweise versucht werden mußte"[132]. Bei genauer Prüfung laufen diese Überlegungen aber auf dasselbe hinaus. In beiden Fallgruppen ist auf das Interesse des Betroffenen abzustellen, was eben dem mutmaßlichen Handeln auf eigene Gefahr entspricht. Danach haben die Fälle des erlaubten Risikos der Fallgruppe 3 keine besondere dog-

[129] Ebd., S. 299.
[130] Ebd., S. 285.
[131] Ebd., S. 299.
[132] Ebd., S. 447.

matische Struktur, sondern sind in Wirklichkeit Fälle des Handelns auf eigene Gefahr bzw. mutmaßlichen Handelns auf eigene Gefahr als Rechtfertigungsgrund.

d) *Zusammenfassung*

Die durch einen Rechtfertigungsgrund zu lösenden Fälle des erlaubten Risikos sind teilweise bereits in gesetzlich geregelten Rechtfertigungsgründen, wie z. B. in § 53 StGB und in den Amtsrechten enthalten. Entsprechendes gilt für den rechtfertigenden Notstand in Fällen der Kollision von Interessen verschiedener Rechtsgutsträger. Kollidieren indessen zwei Gefahren für ein und dasselbe Rechtsgutsobjekt oder für Rechtsgutsobjekte eines Betroffenen, scheidet der rechtfertigende Notstand als Lösung aus, da die Entscheidung dieser Kollision nach anderen Aspekten, vor allem unter Berücksichtigung der Eigenverantwortung des Betroffenen, vorzunehmen ist. Für diesen besonderen Rechtfertigungsgrund dürfte sich der Ausdruck „Handeln auf eigene Gefahr" bzw. „mutmaßliches Handeln auf eigene Gefahr" empfehlen, da der von *Jescheck* für einige Sonderfälle verwendete Begriff des Rechtfertigungsgrundes „erlaubtes Risiko" zu allgemein ist und weder die besonderen Wertungsaspekte dieser Fälle zum Ausdruck bringt, noch begrifflich eine Unterscheidung zu den mit Hilfe des rechtfertigenden Notstands zu lösenden Fällen des erlaubten Risikos ermöglicht.

3. Abschnitt

Das erlaubte Risiko bei den vorsätzlichen Erfolgsdelikten

Trotz der unterschiedlichen dogmatischen Struktur der fahrlässigen Erfolgsdelikte gegenüber den vorsätzlichen wird auch bei diesen das erlaubte Risiko für alle eingangs erwähnten Fallgruppen erörtert. Ein Bergwerksunternehmer schickt einen ihm mißliebigen Arbeiter in sein ordnungsgemäß geführtes Bergwerk, damit dieser dort umkommt (Fallgruppe 1)[1]. Beinahe klassisch zu nennen, ist der bereits erwähnte Fall des Neffen, der seinen Erbonkel zum fleißigen Benutzen der Eisenbahn anhält, damit dieser bei einem Zugunglück stirbt (Fallgruppe 2)[2]. Ein Feuerwehrmann stößt bei einem Großbrand eine aus Angst zögernde Frau in ein Sprungtuch, obwohl eventuell noch eine weniger gefährliche Rettungsmöglichkeit zur Verfügung steht (Fallgruppe 3)[3]. Ein Arzt führt eine notwendige Operation de lege artis durch, mit dem Willen, daß der von ihm gehaßte Patient von seiner Hand stirbt (Fallgruppe 4)[4]. In allen Fällen kommt das Opfer auch tatsächlich um.

Durch die besonderen subjektiven Tatelemente der vorsätzlichen Erfolgsdelikte sowie infolge der bei diesen Delikten nach dem Gesetz vorgesehenen Unterscheidung zwischen Täterschaft und Teilnahme verändert sich die Problemstellung für das erlaubte Risiko entscheidend. Außerdem besteht im Unterschied zu den fahrlässigen Erfolgsdelikten bei den vorsätzlichen noch nicht einmal Einigkeit darüber, ob eine vorsätzliche riskante Handlung unabhängig von einer Mißbilligung des Erfolgs gebilligt werden soll oder nicht.

I. Die grundsätzliche Ablehnung der rechtlichen Billigung vorsätzlicher „objektiv sozialadäquater" Handlungen (Fallgruppe 1)

Roeder und *Zipf*[1] messen dem Vorsatz einen so großen negativen Stellenwert zu, daß alle objektiv sozialadäquaten riskanten Handlun-

---

1 *Rehberg*, S. 92.

2 *H. Mayer*, Strafrecht 1936, S. 212; *Rehberg*, S. 92 f.; *Welzel*, ZStW 58, 491 (517); *Radbruch*, VDA II, S. 227 (239).

3 *Jescheck*, Lehrbuch, S. 299.

4 *Rehberg*, S. 90 f.

1 *Roeder*, Sozialadäquates Risiko, S. 40; *Zipf*, ZStW 82, 633 ff.; auch *Rehberg*, S. 85.

gen, wenn sie mit Erfolgsvorsatz vorgenommen werden, zu mißbilligen sind, und ein „sozialadäquates Risiko" bei Vorsatzdelikten daher überhaupt nicht in Frage kommen kann[2]. „Wer bereit ist, das Risiko eines verpönten Erfolges selbst im Falle hypothetischer *Gewißheit*[3] auf sich zu nehmen, bekundet damit eine Gleichgültigkeit, ja Rücksichtslosigkeit gegenüber den geschützten Rechtsgütern, die jede Privilegierung ausschließt[4]." Sozialadäquanz sei kein „Deckmantel für absichtliche Rechtsverletzungen"[5].

Bereits hier wird deutlich, daß die Frage nach der strafbegründenden Wirkung des Vorsatzes bei objektiv ordnungsgemäßen Handlungen nur durch eine wertende Betrachtung beantwortet werden kann. Die Lösung *Roeders* ist jedoch in mehrfacher Hinsicht angreifbar. Der Vorsatz soll eine angeblich in diesem Zusammenhang besonders negative Bedeutung dadurch gewinnen, daß er mit bestimmten verwerflichen Gesinnungen wie „Rücksichtslosigkeit" und „Gleichgültigkeit" verbunden wird[6]. Der Unwert des Vorsatzes — nach *Roeder* sogar ein strukturell ethisch wertfreier Begriff[7] — ergibt sich aber allein daraus, daß durch ihn die Tat auf einen negativen Erfolg hin gesteuert wird. Insoweit sind etwa beim Täter vorhandene besondere Gesinnungen völlig unbeachtlich. Sie machen den Vorsatz weder selbst zum Gesinnungsmerkmal noch erhält dieser dadurch eine höhere negative Wertigkeit, die im subjektiven Tatbestand bzw. der Schuld zu berücksichtigen wäre. Mit derartigen Erwägungen kann daher auch nicht die generelle Strafbarkeit einer vorsätzlichen, wenn auch objektiv gebilligten Handlung begründet werden. Wird der Vorsatz mit zusätzlichen im Gesetz nicht vorgesehenen Gesinnungsmerkmalen beschwert, so führt dies, was *Welzel*[8] bereits für die entsprechenden im Gesetz ausdrücklich erwähnten Merkmale festgestellt hat, dann zu einer Gesinnungsbestrafung, wenn objektiv strafrechtlich unerhebliches Verhalten vorliegt. Be-

---

[2] *Zipf*, ZStW 82, 633 (635 f.), nimmt nur Fälle aus, in denen auch die Verletzung des Rechtsgutsobjekts selbst sozialadäquat ist. Dann handelt es sich aber nicht um Fälle des erlaubten Risikos.

[3] Obwohl *Roeder*, Sozialadäquates Risiko, S. 38, 40, den Bereich des bedingten Vorsatzes durch die „hypothetische Gewißheit" im Verhältnis zu anderen Abgrenzungen einschränkt, ist er dennoch gezwungen, mit tatsächlichen Unterstellungen zu argumentieren. Der operierende Arzt „darf nicht mit dolus eventualis handeln. Ist es doch einmal der Fall, so bleibt *Roeder* eine Lösung schuldig und verweist auf Vorschläge anderer Autoren (ebd., S. 39, Fußn. 31), ohne darzulegen, weshalb der Zusammenhang zu dem von ihm erörterten Thema fehlt.

[4] *Roeder*, Sozialadäquates Risiko, S. 40.

[5] *Zipf*, ZStW 82, 633 (635).

[6] *Roeder*, Sozialadäquates Risiko, S. 40.

[7] Sozialadäquates Risiko, S. 102 f.

[8] Strafrecht, S. 80.

schränkt man sich auf den Vorsatz als den auf die Verwirklichung des Tatbestands bezogenen Willen, so läßt sich derselbe Vorwurf nicht überzeugend erheben, da die für eine Bestrafung erforderliche objektive Realisierung — etwa beim Versuch die Ausführungshandlung — sich wohl von den erwähnten Gesinnungsmerkmalen wie Rücksichtslosigkeit etc. getrennt, nicht aber ohne den Vorsatz bestimmen läßt. Diese Wechselbezüglichkeit zwischen Vorsatz und objektiver Ausführungshandlung schließt aus, bei objektiv erlaubtem Verhalten und gegebenem Vorsatz eine Bestrafung schon als Gesinnungsstrafrecht abzulehnen. *Roeders* Argumentation ist daher nicht überzeugend. Die Bedeutung des Vorsatzes bei einer objektiv sozialadäquaten Handlung bleibt bei ihm letztlich offen.

Zipf versucht seine Behauptung, derartige vorsätzliche Handlungen überschritten den „Rahmen der sozialen Handlungsfreiheit" durch Beispiele zu belegen[9]. Wer als Autofahrer bewußt einen Unfall „arrangiere", soll sich nicht auf verkehrsrichtiges Verhalten berufen dürfen. Das stelle bereits § 1 StVO klar. Diese Vorschrift ist jedoch deshalb nicht beweiskräftig, weil nach ihr vorsätzliches und fahrlässiges Verhalten als Ordnungswidrigkeit anzusehen ist und gerade keine Differenzierung nach objektiv richtigem (nicht fahrlässigem) und objektiv ebenfalls richtigem, in bezug auf den Erfolg aber vorsätzlichem Verhalten vorgenommen wird. Wer einen Unfall arrangiert, handelt also entweder objektiv falsch, weil er gegen Verkehrsregeln verstößt, dann wird schon dadurch eine Ordnungswidrigkeit begangen, oder er beachtet alle Verkehrsregeln einschließlich der des § 1 StVO, indem er z. B. mehr als nötig am Straßenverkehr mit der Absicht teilnimmt, durch das Verhalten eines anderen könnte ein Unfall und damit eine Beschädigung an beiden Fahrzeugen herbeigeführt werden. Dann ist aber keinesfalls offensichtlich, weshalb dieses Verhalten allein wegen des Vorsatzes mißbilligt werden sollte. Ob der Vorsatz die Gefahr für andere erhöht, zu deren Abwendung die Verkehrsregeln allein dienen, muß erst bewiesen werden. Das positive Wissen des Täters darüber, daß die Beobachtung einer „sozial anerkannten Verhaltensweise" gerade zur Verletzung eines Rechtsgutsobjekts führt, hat entgegen *Zipf*[10] nichts mit der Frage nach der Bedeutung des Vorsatzes bei objektiv richtigem Verhalten zu tun. Das Wissen ist schon nicht das für den Vorsatz entscheidende Element[11]. Fraglich ist hier allein, ob die Verhaltensweise

---

[9] ZStW 82, 633 (634).
[10] ZStW 82, 633 (635 f.).
[11] Für viele *Jescheck*, Lehrbuch, S. 218.

trotz dieser Kenntnis richtig[12] oder vielmehr nur scheinbar sozial anerkannt und in Wirklichkeit falsch war[13].

II. Die Bedeutung des Vorsatzes für das erlaubte Risiko als Unrechtsproblem

Erwiesen sich die Argumente für eine generelle Ablehnung des erlaubten Risikos bei vorsätzlichen Erfolgsdelikten (Fallgruppe 1) als nicht stichhaltig, so soll im folgenden versucht werden, mit Hilfe der in der Literatur für Fälle der Fallgruppen 1 und 2 vorgetragenen dogmatischen Lösungen und deren Begründungen das Problem des erlaubten Risikos bei vorsätzlichen Erfolgsdelikten genauer zu erfassen. Je nachdem ob der Vorsatz als Schuldelement oder als subjektives Tatbestandsmerkmal aufgefaßt wird, lassen sich Fälle des erlaubten Risikos in den Verbrechensmerkmalen der Schuld oder des Tatbestands lösen. Daher muß zunächst die dogmatische Einordnung des Vorsatzes als Unrechts- oder Schuldelement untersucht werden.

1. Der Vorsatz als Schuld- oder Unrechtsmerkmal

Wegen der Vielzahl der Stellungnahmen zu diesem Problem kann unmöglich im Rahmen dieser Arbeit auf alle Argumente eingegangen werden. Einerseits sollen die wichtigsten Gründe der Vertreter einer objektiven Unrechtslehre, deren Zahl mehr und mehr abnimmt[1], erörtert werden. Andererseits ist zu prüfen, ob sich die Stellung des Vorsatzes als Unrechtselement positiv begründen läßt[2].

---

[12] Das Wissen des Täters in bezug auf die künftige Entwicklung erhöht nicht die Gefahr und ist im Unterschied zur Kenntnis von Tatsachen, die bereits eingetreten sind, bei der Frage nach der Billigung der Handlung nicht zu berücksichtigen.

[13] Auch die weiteren Beispiele von *Zipf*, ZStW 82, 633 (634), sind nicht überzeugend. Wenn der Fall der Schwängerung einer lungenkranken Ehefrau (ob das Beispiel medizinisch noch haltbar ist, mag hier offen bleiben) gegenüber dem des Neffen, der seinen Onkel zum häufigen Eisenbahnfahren anhält, beides Mal mit Tötungsvorsatz und Todeserfolg, deshalb straflos sein soll, weil die Kausalwirkung nicht von den Entscheidungsmöglichkeiten des Täters abhängt, so bleibt offen, weshalb die Wahrscheinlichkeit des Todes des Onkels geringer sein soll, als die des Todes der Ehefrau, bei der weder der Eintritt einer Schwangerschaft, noch der Tod infolge der Lungenkrankheit sicher ist. Auch das von *Zipf* erwähnte Beispiel des Boxers, der durch einen regelrechten Schlag absichtlich tötet, ist nicht selbstverständlich im Sinne der Strafbarkeit zu entscheiden, da die Boxregeln derartige Schläge mit entsprechenden Gefahren gerade zulassen. Ob sie durch den Vorsatz gefährlicher werden, bleibt zu prüfen. Der Kampfgeist kann auch auf andere Weise ohne Tötungsvorsatz ebenso gesteigert werden.

[1] Vgl. *Kienapfel*, JZ 1972, 569 ff.

[2] Die grundsätzlich von dieser Gegenüberstellung abweichende Auffassung von *Schmidhäuser*, Lehrbuch, S. 170, 302 ff., der den herkömmlichen Vorsatzbegriff aufspaltet, spielt für die vorliegende Untersuchung keine besondere Rolle, da auch er das hier wichtige Willenselement im Tatbestand einordnet.

Neben anderen Argumenten[3] wird der objektive Inhalt des Unrechts hauptsächlich mit der Aufgabe des Rechts zu begründen versucht, „ein äußerlich geordnetes Zusammenleben zu gewährleisten“[4]. So folgerte früher *Nowakowski*[5] aus dem „Schutzobjekt“ als „Gegebenheit außerhalb der Täterpsyche“ und dessen „Artung“, daß es nur durch „außenweltliche Wirksamkeit“ verletzt wird, und auch *Würtenberger*[6] kommt von der „objektiven Ordnung des sozialen Lebens“ ausgehend zum gleichen Ergebnis. Täterpsychischen Tatsachen sollen nur Ursache des Rechtswidrigkeitsmoments sein, dieses aber nicht herstellen[7].

Selbst wenn die „Schutzobjekte“ der Strafrechtsordnung nur im obigen Sinne verstanden werden könnten[8], muß sich das Unrecht dennoch nicht in deren Verletzung erschöpfen. *Nowakowski*[9] hat selbst darauf hingewiesen, daß ebenso die Herbeiführung zum Unrecht gehöre, zu der nahezu alle subjektiven Elemente als Eigenschaften der Handlung gerechnet werden könnten. Wegen der sich ergebenden Schwierigkeiten bei der Abgrenzung von Rechtswidrigkeit und Schuld bezog er damals diese Faktoren jedoch nicht in das Unrecht mit ein[10]. Nur mit

---

[3] So begründet z. B. *Mezger* seine Auffassung auch damit, daß das „Schwert des Rechts“ „schartig“ werden kann, wo ein übertriebener Subjektivismus seine Eigenart zerstöre (GS 89, 207 [242]). Dadurch wird zwar zu Recht auf die Bedeutung des objektiven Inhalts des Rechts für seine Anerkennung und die Rechtssicherheit hingewiesen. Daß der Inhalt des Unrechts ausschließlich oder auch nur hauptsächlich objektiv sein müsse, läßt sich daraus jedoch nicht folgern. Es muß lediglich eine klare objektiv bestimmte Grenze des Unrechts vorhanden sein. Andererseits vermag die Argumentation *Mezgers* auch deshalb nicht zu überzeugen, weil Voraussetzung für die Anerkennung des Rechts und die Rechtssicherheit nicht nur das Unrecht, sondern die Strafbarkeit einschließlich der Schuld ist. (Vgl. auch *Krauss*, Zurechnung, S. 55.) Zu weiteren Argumenten für das österreichische Strafrecht *Kienapfel*, JZ 1972, 569 (575 f.).

[4] *Mezger*, GS 89, 207 (242). — Vgl. auch *Nowakowski*, ZStW 63, 287 (315 ff.); *Oehler*, Das objektive Zweckmoment, S. 165 ff.; *Rittler*, S. 121 ff.

[5] *Nowakowski*, ZStW 63, 287 (310 f.); ähnlich auch *Rittler*, S. 116. Heute anders *Nowakowski*, Jur. Bl. 1972, 19 (22 f.).

[6] *Würtenberger*, Die geistige Situation, S. 59; *Nagler*, FS f. *Binding*, S. 273 (332).

[7] *Nowakowski*, ZStW 63, 287 (312).

[8] Faßt man den Rechtsgutbegriff weiter als *Nowakowski* es tut, oder versteht man unter Rechtsordnung nicht nur die objektive Ordnung — Lösungen die zum Rechtsgutbegriff gerade auch von *Mezger*, ZStW 57, 675 (679), angedeutet wurden —, so ist die dargestellte Argumentation ebenfalls nicht mehr überzeugend. So versteht *Lampe*, Personales Unrecht, S. 54 ff., 210 ff., den Rechtsfrieden als Oberbegriff für Handlungs- und Erfolgsunwert, wodurch subjektive Elemente zur Störung des Rechtsfriedens objektiviert werden. Indessen wird dieser weite Rechtsgutbegriff wiederum mit der Begründung abgelehnt, Rechtswidrigkeit und Schuld seien nicht mehr zu trennen (*Welzel*, ZStW 58, 491 [512, Fußn. 30]: „Sonst kommen wir in die Nacht, wo alle Kühe schwarz sind.“).

[9] ZStW 63, 287 (311 f.); *Krauss*, Zurechnung, S. 54.

[10] So auch *Würtenberger*, Die geistige Situation, S. 57. Heute a. A. *Nowakowski*, Jur. Bl. 1972, 19 (22 f.)

Hilfe der Lehre vom objektiven Unrechtsinhalt sei Unrecht und Schuld klar zu trennen, sei Unrecht und Schuld denkbar[11]. Wegen dieser angeblichen Konfundierung klammert auch *Maihofer*[12] in seiner objektiv personalen Unrechtslehre den Vorsatz aus dem Unrecht aus, indem er nicht auf den Täter als Individualperson, sondern auf seine Pflichtenstellung als Sozialperson abstellt. Das behauptete Ergebnis trifft aber bereits dann nicht zu, wenn Unrecht und Schuld auch mit Hilfe anderer, nicht rein objektiver Unrechtslehren überhaupt und klar getrennt werden können. Welche Differenzierung im einzelnen richtig ist, kann hier dahingestellt bleiben.

Faßt man den Vorsatz als zusätzliches Unrechtselement auf, so lassen sich beide Verbrechensmerkmale klar nach dem Gegenstand der in ihnen enthaltenen Werturteile unterscheiden. Das Unwerturteil der Rechtswidrigkeit befaßt sich dann mit dem Willensinhalt, das der Schuld mit der Art der Willensbildung[13]. Der damit gegenüber der objektiven Unrechtslehre verbundene geringe Verlust an Klarheit ist nicht so erheblich, daß sich daraus im Hinblick auf die für das Strafrecht so wichtige Garantiefunktion ein beachtliches materielles Argument herleiten ließe. So gesehen läßt sich dann auch verstehen, weshalb *Mezger* die Frage nach dem Inhalt des Unrechts von Anfang an nur als ein Problem der Zweckmäßigkeit, „der praktischen Einsicht" angesehen und seinen objektiven Ausgangspunkt auch nie rein durchgeführt hat[14]. Zwar stellte er beide Auffassungen schroff gegenüber und verknüpfte seine Lehre vom objektiven Inhalt des Unrechts mit der Trennung zwischen Bewertungs- und Bestimmungsnorm, für ihn konnte der Streit aber nur darum gehen, ob das Unrecht „in erster Linie"[15] objektiv zu verstehen ist.

Roeder[16] versucht die Stellung des Vorsatzes als Schuldelement damit zu begründen, daß der Vorsatz als konstituierendes Merkmal für das Verbrechen insgesamt nur Schuldelement sein könne, da die Schuld gegenüber allen übrigen Deliktsmerkmalen ein „logisches (richtiger axiologisches) Prius" sei. Indessen wird dabei die weitere „logische" Möglichkeit übersehen, daß der Vorsatz — wie *Welzel* mit Recht betont[17] — sowohl für die Rechtswidrigkeit wie auch für die Schuld kon-

---

11 *Mezger*, GS 89, 207 (247); vgl. auch *Mezger/Blei*, Kurzlehrbuch AT, S. 105; *Würtenberger*, Die geistige Situation, S. 57 (hinsichtlich eines individualen ethischen Aktunwerts).
12 FS f. *Rittler*, S. 141 (145 ff. und Fußn. 27).
13 *Engisch*, Vorsatz und Fahrlässigkeit, S. 476; *Jescheck*, Lehrbuch, S. 166, 281; *Lampe*, Personales Unrecht, S. 234; *Welzel*, Strafrecht, S. 138; vgl. auch *Busch*, S. 11 ff.
14 GS 89, 207 (242, 259 ff.).
15 Kurzlehrbuch AT, 6. Aufl., S. 85.
16 Sozialadäquates Risiko, S. 59.
17 Neues Bild, S. 41; vgl. auch *Mezger/Blei*, Kurzlehrbuch AT, S. 105.

stitutiv sein kann[18], womit nicht einmal behauptet wird, daß der Vorsatz nur oder auch nur vorwiegend ein Element des Unrechts ist. Seine dogmatische Einordnung an dieser Stelle wirkt in der Schuld fort und der Vorsatz könnte axiologisch dort überhaupt erst die größte Bedeutung haben. Nur weil es nach h. M. keine Schuld ohne Unrecht gibt[19], beginnt der Verbrechensaufbau mit dem Tatbestand und der Rechtswidrigkeit[20].

Darüber hinaus läßt sich das Unrecht ohne subjektive Elemente in vielen Fällen gar nicht bestimmen.

Bei der Erörterung der Bedeutung eines allgemeinen Handlungsbegriffs für die Lösung von Fällen des erlaubten Risikos hat sich gezeigt, daß alle allgemeinen Handlungsbegriffe, auch die, die der objektiven Unrechtslehre meist zugrundegelegt werden, nur dann zu konkreten Fallösungen führen, wenn der Täter im Schlaf oder infolge eines Reflexes, also bei fehlendem willensgetragenem Verhalten, „handelt"[21]. Obwohl also das Ob des willensgetragenen Verhaltens auch von *Mezger* und *Maihofer* als subjektives Element bereits in dem Unrecht und Schuld vorgelagerten Handlungsbegriff anerkannt wird, soll der Willensinhalt selbst dennoch nicht im Tatbestand und nicht in der Rechtswidrigkeit, sondern grundsätzlich erst in der Schuld Bedeutung gewinnen.

Indessen wird in neuerer Zeit[22] immer stärker hervorgehoben[23], daß für das Unrecht bei Absichts-, Tendenz- und Ausdrucksdelikten[24], beim

---

18 Zu Versuchen, dem Vorsatz im Unrecht und in der Schuld Bedeutung beizumessen: *Gallas*, ZStW 67, 1 (44 ff.); *Schmidhäuser*, Lehrbuch, S. 146; *Wessels*, S. 21 f.; *Mezger*, Lehrbuch, S. 172 Anm.; LK *(Mezger)*, 8. Aufl., 1. Band, S. 15.

19 Vgl. zur h. M. für viele *Jescheck*, Lehrbuch, S. 280; *Schmidhäuser*, Lehrbuch, S. 284.

20 *Gallas*, ZStW 67, 1 (32), betont zwar, wie *Roeder* zitiert, daß die Stellung des Vorsatzes ein Wertungsproblem sei. Das ist aber keinesfalls zwingend dahin zu verstehen, daß die dogmatische Einordnung nach axiologischen Erwägungen gerade im Sinne *Roeders* zu erfolgen hat. — Auch die Behauptung *Roeders*, Sozialadäquates Risiko, S. 104, daß der ethisch normativ farblose Vorsatz und die entsprechende Fahrlässigkeit als notwendige Begleiterscheinungen schuldhaften Verhaltens nur Elemente der Schuld sein könnten, ist nicht zwingend, da sonst alles, was Begleiterscheinung eines schuldhaften Verhaltens ist, wie z. B. das gesamte Unrecht, Schuldmerkmal zumindest sein könnte.

21 Vgl. oben 1. Abschnitt.

22 Zur Entwicklung *Fischer*, S. 288; *Mezger*, GS 89, 207 (208 ff.).

23 Im Hinblick auf die weitgehende Anerkennung dieser Merkmale auch in den Reihen der Vertreter einer objektiven Unrechtslehre (*Baumann*, S. 93; *Mezger/Blei*, Kurzlehrbuch AT, S. 102) sei es hier gestattet, für die Begründung und Widerlegung gegenteiliger Lehren (*Rittler*, S. 121 ff.; *Schmidhäuser*, Lehrbuch, S. 357 ff.) grundsätzlich auf die Ausführungen von *Lampe*, Personales Unrecht, S. 64 ff., zu verweisen.

24 *Jescheck*, Lehrbuch, S. 237 ff.

Versuch und den gerechtfertigten Tatbestandsverwirklichungen subjektive Unrechtsmerkmale zu berücksichtigen sind[25]. Entscheidend ist daher für die Vertreter der erwähnten Unrechtslehre heute allein, weshalb nur einige subjektive Elemente als Ausnahmen von der Regel zum Unrecht gehören sollen[26]. Diese Frage wird bei der angeblich unterschiedlichen Stellung des Vorsatzes im versuchten und im vollendeten Delikt besonders deutlich.

Ist der Vorsatz beim Versuch anerkanntermaßen ein Tatbestandsmerkmal[27], so läßt sich bereits rein logisch feststellen, daß das gleiche Merkmal beim vollendeten Delikt ebenfalls zum Tatbestand gehören *kann*[28]. „Entscheidend(es)" Argument[29] ist für *Mezger* eine Schlußfolgerung aus § 59 StGB[30], wonach der dort verwendete Begriff „zuzurechnen" die persönliche Zurechnung und damit die Schuld betreffe. Abgesehen davon, daß dieser Begriff auch als Zurechnung im Bereich des Unrechts verstanden werden kann, ist bei der Auslegung des § 59 StGB zu berücksichtigen, daß der Vorsatz zur Zeit der Entstehung dieser Vorschrift als Element der allgemeinen Zurechenbarkeit verstanden wurde.

Mezger[31] weist aber dann weiter mit Recht darauf hin, daß es prinzipiell möglich sein muß, für das Unrecht des Versuchs auch an den Vorsatz als subjektives Element anzuknüpfen, für das des vollendeten Delikts aber allein an objektive Voraussetzungen. *Engisch*[32] geht in der Konkretisierung weiter und stellt darauf ab, welcher Elemente das Rechtswidrigkeitsurteil zu seiner Begründung „bedarf". Beide Begründungen sind jedoch letztlich formal. *Mezger* betont allein einen formallogisch richtigen Satz, während sich *Engisch* mit der Feststellung des Widerspruchs gegen das Recht bzw. des Minimums an Unrechtselementen begnügt und dieses als den gesamten Unrechtsgehalt einer Straftat unterstellt. Dies wäre als These ebensowenig angreifbar wie die gegenteilige Behauptung, wenn nicht dahinter die materiellen Fragen nach der Abgrenzung des Unrechts von der Schuld sowie der Abstufung des

---

25 Zuletzt etwa *Krauss*, Zurechnung, S. 60 ff., und *Lampe*, Personales Unrecht, S. 64 ff., sowie *Jescheck*, Lehrbuch, S. 237 ff.; *Maurach*, Strafrecht AT, S. 229 ff.; *Stratenwerth*, Strafrecht AT, S. 87, 108 ff.; *Welzel*, Strafrecht, S. 77 ff.

26 *Mezger*, Kurzlehrbuch AT, 6. Aufl., S. 85.

27 *Jescheck*, Lehrbuch, S. 388; *Lampe*, Personales Unrecht, S. 57 ff.; *Maurach*, Strafrecht AT, S. 492 ff.; *Mezger/Blei*, Kurzlehrbuch AT, S. 239 ff.; *Schönke/Schröder*, vor § 43, Anm. 4, § 43, Anm. 2 ff.; *Stratenwerth*, Strafrecht AT, S. 185 f.

28 *Lampe*, Personales Unrecht, S. 63, betont gegenüber *Krauss*, ZStW 76, 19 (54), das „kann".

29 LK, 8. Aufl., 1. Band, S. 13 ff., 297.

30 Daneben führt er historische und sprachliche Gründe an (LK, 7. Aufl., 1. Band, S. 262 ff.), deren Überzeugungskraft für die gestellte dogmatische Frage nicht besonders groß ist.

31 LK, 8. Aufl., 1. Band, S. 14.

32 FS f. *Rittler*, S. 165 (176 f.).

Unrechts stünden[33], die durch das Anknüpfen an formale Gesichtspunkte wie das Unrechtsminimum oder den Widerspruch gegen das Recht ebenfalls formal mitentschieden werden. Verzichtet man durch diese formale Begrenzung auf die Steigerung des Unrechts[34], so wird dadurch zwangsläufig auch die Schuld rein formal mitbestimmt. Das ist aber mit der Forderung nach einer materiellen Unterscheidung zwischen Unrecht und Schuld nicht vereinbar.

Läßt sich also eine überzeugende Begründung für die unterschiedliche Behandlung des Vorsatzes beim versuchten und vollendeten Delikt nicht finden, so kann der Schluß gezogen werden, daß der Vorsatz stets die gleiche dogmatische Stellung hat[35]. Darüber hinaus gilt hier der Einwand, der auch gegenüber der objektiv personalen Unrechtslehre *Maihofers* erhoben wird, daß ohne den Vorsatz in vielen Fällen auch beim vollendeten Delikt gar nicht festgestellt werden kann, welchen Tatbestand der Täter mit seinem objektiven Tun verwirklicht hat[36]. Im folgenden ist daher davon auszugehen, daß der Vorsatz ein Unrechtselement ist[37].

2. Das erlaubte Risiko als Begrenzung des objektiven Teils der tatbestandsmäßigen Handlung

Trotz der Anerkennung des Vorsatzes als Tatbestandsmerkmal kommt wie bei den fahrlässigen Erfolgsdelikten auch hier als dogmatischer Lösungsansatz für die Fälle des erlaubten Risikos zunächst eine Begrenzung der objektiven Tathandlungselemente in Betracht.

a) Die grundsätzliche Ablehnung dieser Lösung

Hiergegen wendet sich im Anschluß an *Mezger* grundsätzlich *Rehberg*[38], indem er darauf hinweist, daß einige Rechtsgüter gegen jede

---

[33] *Krauss*, ZStW 76, 19 (54); *Nowakowski*, JZ 1958, 335 (336, Fußn. 7); *Stratenwerth*, Natur der Sache, S. 15, 17, 19; *Welzel*, Strafrecht, S. 61.

[34] Zwar liegt in der Differenzierung des Unrechtsgehalts von versuchtem und vollendetem Delikt ein „Übergang vom geplanten zum verwirklichten Unrecht", es handelt sich für die objektive Unrechtslehre aber nicht um eine Steigerung des Unrechtsgehalts, wie *Lampe*, Personales Unrecht, S. 63, annimmt, sondern um ein aluid, um einen anderen Inhalt des Unrechtsminimums, das immer nur das gerade Notwendige umfaßt. Versuch und Vollendung sind so gesehen konsequent nicht zwei Formen eines Delikts, sondern praktisch zwei verschiedene Delikte, nämlich Gefährdungs- und Erfolgsdelikt, die im Grunde nur zufällig das gleiche Rechtsgut schützen. So spricht *Engisch*, FS f. *Rittler*, S. 165 (173), von Strafausdehnung und *Lange*, ZStW 63, 468, von der Vorverlegung des Rechtsgutsschutzes.

[35] *Bockelmann*, S. 150 ff.; *Jescheck*, Lehrbuch, S. 216, 388; *Krauss*, ZStW 76, 19 (54); *Lampe*, Personales Unrecht, S. 63 f.; *Stratenwerth*, Natur der Sache, S. 15, 17, 19; *Welzel*, Strafrecht, S. 60 f.; *Nowakowski*, Jur. Bl. 1972, 19 (22 f.).

[36] *Welzel*, Strafrecht, S. 60 f.; *Krauss*, Zurechnung, S. 55 ff. Vgl. zu weiteren Argumenten *Nowakowski*, ebd.

[37] Vgl. die in Fußn. 35 genannten Autoren sowie *Gallas*, ZStW 67, 1 (31 ff.), und *Fukuda*, ZStW 71, 38.

[38] Erlaubtes Risiko, S. 83 f.

Art von Beeinträchtigung — also auch durch „an und für sich zulässige" Kausalfaktoren — geschützt seien. Dieser Auffassung liegt der von *Mezger* und Eb. *Schmidt*[39] entwickelte extensive Täterbegriff zugrunde, der vom Gedanken der Gleichwertigkeit aller Ursachen ausgehend jede Verursachung des Erfolgs als objektive Täterhandlung genügen läßt. Die Frage nach den Grenzen des Tatbestands vorsätzlicher Erfolgsdelikte ist eng mit dem Täterbegriff verknüpft, was auch bei der von einigen Autoren in diesem Zusammenhang angewendeten Tatherrschaftslehre[40] deutlich wird, die ihrerseits auf dem restriktiven Täterbegriff aufbaut[41]. Es ist daher zumindest einseitig, wenn *Rehberg* allein diejenige Ansicht darstellt, die für die tatbestandsmäßige Handlung etwa des § 212 StGB jede vorsätzlich kausale Handlung genügen läßt. Wäre dies richtig, so könnten die Vorsatztaten über die im Gesetz enthaltenen objektiven Begrenzungen der Tathandlung hinaus nur subjektiv eingeschränkt werden, wie dann auch der extensive Täterbegriff in seiner generellen Anwendung zur subjektiven Abgrenzung von Täterschaft und Teilnahme führt[42]. *Rehberg* löst das Problem des erlaubten Risikos für einen Teil der Fälle daher auch im Vorsatz. Der Verwirklichungswille soll ausgeschlossen sein, da beim Täter, etwa dem auf Tod und Leben operierenden Arzt, ein Vermeidungswille anzunehmen sei, solange er „Mittel wählt und einsetzt, von denen er weiß, daß sie der Erfolgsabwendung dienen"[43]. Diese Lösung zeigt aber bereits, daß *Rehberg* selbst den rein kausalen Ansatz bei der Bestimmung der Handlung des objektiven Tatbestands etwa des § 212 StGB nicht durchhalten kann. Soll der Vermeidungswille davon abhängen, ob der Täter weiß, daß er objektive Mittel einsetzt, die der Vermeidung des Erfolgs dienen, so sind die Ursachen dann nicht mehr gleichwertig, sondern je nach ihrer objektiven Eignung in erlaubte und verbotene getrennt. Zudem verwendet *Rehberg* an anderer Stelle[44] die Lehre von der Tatherrschaft zur Abgrenzung des tatbestandsmäßigen vom „strafrechtlich irrelevanten Handeln" und zieht die Grenze an Hand der für den Versuch entscheidenden Ausführungshandlung, die aber ebenfalls sehr stark objektiv bestimmt ist. So wird von der Rechtsprechung z. B. auf die unmittelbare Gefährdung des Rechtsguts abgestellt[45]. Läßt sich jeden-

---

39 *Mezger*, Lehrbuch, S. 415 f.; *Eb. Schmidt*, FG f. *Frank* II, S. 106.

40 *Hermann Bruns*, S. 72 f.; *Gallas*, Materialien zur Strafrechtsreform I, S. 121 ff.; *Hirsch*, ZStW 74, 78 (101); *Lange*, Moderner Täterbegriff, S. 42 ff., 46 ff.; vgl. auch *Rehberg*, S. 93 ff.

41 *Jescheck*, Lehrbuch, S. 495; *Roxin*, Täterschaft und Tatherrschaft, S. 306.

42 *Jescheck*, Lehrbuch, S. 493.

43 S. 91.

44 S. 95.

45 Vgl. z. B. BGHSt 1, 115 (116); 2, 380 f.; 7, 291 (292). Den aufgezeigten Widerspruch in den Ausführungen *Rehbergs* vermag auch der Hinweis auf die mögliche Rechtswidrigkeit einer Vorbereitungshandlung auf Grund eines besonderen Tatbestands (S. 84) nicht zu lösen, da die Frage, ob eine Hand-

falls mit dieser Begründung eine objektive Begrenzung der tatbestandsmäßigen Handlung eines vorsätzlichen Erfolgsdelikts nicht grundsätzlich verneinen, so müssen im folgenden die einzelnen Lösungsvorschläge untersucht werden.

b) Die objektive Begrenzung der tatbestandsmäßigen Handlung im einzelnen

aa) Die Adäquanz und die generelle Sorgfaltspflicht

Daß die Lehre von der Adäquanz entgegen der Auffassung ihrer Begründer keine Kausal-, sondern eine normative Zurechnungslehre ist, wurde bereits erwähnt. So wird dieser Gedanke heute im Rahmen der Dogmatik der vorsätzlichen Erfolgsdelikte entweder als Element des allgemeinen Handlungsbegriffs[46] oder des Unrechts vorsätzlicher Taten angesehen[47].

Oben wurde bereits nachgewiesen, daß ein allgemeiner Handlungsbegriff auch in der von *Engisch* gewählten Fassung einschließlich der Adäquanz nicht in der Lage ist, konkrete Einzelfälle zu lösen, wenn man den Erfolg abstrakt faßt. Bezieht man aber die Handlung auf näher bestimmte Erfolge, so wird aus dem allgemeinen Handlungsbegriff ein Begriff der tatbestandsmäßigen Handlung. In Wahrheit wird daher die Adäquanz stets als Tatbestandsbegrenzung in bezug auf den jeweiligen Erfolg verwendet. Im weiteren ist daher auch hier allein diese Lösung zu untersuchen. Wenn *Frank*[48] gegen die Anwendung der Adäquanz in diesem Zusammenhang einwendet, daß bei ihrer Verneinung doch stets der Versuch bejaht werden müßte, so geht er von der Vorstellung der Kausaltheorie aus. Sieht man aber in der Adäquanz eine Begrenzung der tatbestandsmäßigen Handlung, so muß dies auch für den Beginn der Ausführungshandlung beim Versuch gelten[49]. Ein Ausweichen in eine subjektive Lösung ist deshalb jedenfalls nicht erforderlich[50].

---

lung überhaupt in irgendeiner Strafvorschrift verboten ist, streng davon zu trennen ist, ob sie im Hinblick auf eine Verletzung eines Rechtsgutsobjekts bei einem Erfolgsdelikt als erlaubt oder verboten erscheint und damit den Unrechtsgehalt gerade dieses Delikt erreicht. Auch das Beispiel des untauglichen Versuchs ist als Sonderfall nicht beweiskräftig.

46 *Engisch*, FS f. *Kohlrausch*, S. 161.

47 *Jescheck*, Lehrbuch, S. 214 f.

48 § 59, Anm. IX, 2.

49 Hier zeigt sich erneut, daß die Adäquanz oder Vorhersehbarkeit nicht nur ein Element des Erfolgsunwerts sein kann, was *Jescheck*, Lehrbuch, S. 386 ff., für die fahrlässigen Erfolgsdelikte annimmt. Dies würde bei den Erfolgsdelikten, die mit Vorsatz begangen werden, dazu zwingen, die Ausführungshandlung beim Versuch auf andere Weise abzugrenzen.

50 So aber *Mezger*, Lehrbuch, S. 339, Fußn. 2, und *Radbruch*, VDA II, S. 227 (239).

Erheblich problematischer ist es, eine Begründung für die Verwendung des Adäquanzgedankens im Tatbestand der Vorsatzdelikte zu finden. Zum Teil wird vorgetragen, daß „Kausalfaktoren, auf die es für die strafrechtliche Beurteilung unter keinen Umständen ankommen kann, weil sie völlig untypisch sind, auf einer möglichst frühen Stufe" ausgeschieden werden sollen[51]. Zum einen zeigt sich darin die begrenzte Anwendbarkeit der Adäquanz auf unwahrscheinliche Kausalverläufe. Ist etwa wie in dem erwähnten Bergwerksfall die Adäquanz zu bejahen, so scheidet eine darüber hinausgehende Unrechtsbegrenzung aus. Zum anderen ist das erwähnte Ziel Anliegen jeder Zurechnungslehre und vermag keinesfalls zu begründen, weshalb gerade die Adäquanz dafür allein geeignet oder allein richtig ist[52]. Bereits oben[53] wurde aufgezeigt, daß die Adäquanz als generelle, allein an der Wahrscheinlichkeit orientierte Formel keine Berechtigung hat, daß vielmehr die dahinterstehende Abwägung zwischen der Handlungsfreiheit des Täters und den Rechtsgutsobjekten des Verletzten über die Grenze des Unrechts entscheidet. Selbst wenn die Adäquanz so verstanden wird, bleibt, daß diese reine objektive Begrenzung der Tatbestandshandlung nicht ohne besondere Begründung auf Delikte übertragen werden kann, deren Unrechtsgehalt wesentlich auch durch subjektive Elemente, vor allem den Vorsatz, mitbestimmt ist. Diese zusätzliche Begründung war solange unnötig, als die Adäquanz im Sinne einer Kausaltheorie verstanden wurde. Schon *Torp*[54] hat aber die Frage gestellt, „ob das Gebiet der Rechtswidrigkeit dadurch über die normalen Grenzen hinaus erweitert werden kann, daß der Betreffende gerade in der Absicht, Schaden zuzufügen (dolus), gehandelt hat". Gerade diese Frage nach der Begründung der Strafbarkeit mit Hilfe des Vorsatzes wird, wenn man diesen als Schuldelement ansieht, infolge der Trennung von objektiver und subjektiver Tatseite völlig verdeckt.

Dieselbe Problematik ergibt sich aber auch für diejenigen Autoren, die für alle Vorsatzdelikte eine Verletzung der generellen Sorgfaltspflicht voraussetzen[55]. Mit dieser Lehre wird versucht, das Vorsatzdelikt ebenfalls objektiv mit Hilfe der Sorgfaltspflicht einzuschränken. Die tatbestandsmäßige Handlung soll verneint werden, wenn sich das Verhalten im Rahmen der im Verkehr erforderlichen Sorgfalt hält, „unabhängig von den persönlichen Absichten, Vorstellungen und Beweg-

---

[51] *Jescheck*, Lehrbuch, 1. Aufl., S. 193; etwas anders 2. Aufl., S. 214.

[52] So ist z. B. auch die von *Mezger* vertretene Relevanztheorie auf dasselbe Ziel ausgerichtet (*Jescheck*, Lehrbuch, 1. Aufl., S. 193).

[53] Vgl. 2. Abschnitt, B, III, 2, b, bb.

[54] ZStW 23, 84 (97).

[55] *Jescheck*, Lehrbuch, S. 173; *Krauss*, ZStW 76, 19 (47 ff., 66); *Maihofer*, FS f. *Rittler*, S. 141 (156 ff.); *Münzberg*, S. 60, Fußn. 118, S. 162, Fußn. 320.

gründen“ des Täters[56]. Indessen wird die darin zum Ausdruck kommende generelle Trennung zwischen den objektiven und subjektiven Elementen des Unrechts bereits von einigen Vertretern dieser Auffassung selbst durchbrochen, wenn etwa *Krauss*[57] betont, zur Bestimmung der Handlungspflichten ohne die vom Täter „verfolgten (subjektiven) Handlungsziele“ nicht auskommen zu können. Das ist jedoch nicht der entscheidende Punkt. In Wirklichkeit geht es auch hier wieder um die Bedeutung des Vorsatzes für die Strafbarkeit. Dessen grundsätzliche Einordnung im Bereich des Unrechts wird — wie auch hier angenommen — von keinem der erwähnten Autoren, mit Ausnahme *Maihofers*, angezweifelt. Ist aber die vorsätzliche Verwirklichung einer Straftat nur im Rahmen der für die Fahrlässigkeit entscheidenden generellen Sorgfaltspflichtverletzung möglich, so kann dem Vorsatz bei den Erfolgsdelikten nur unrechtserhöhende, nicht unrechtsbegründende Wirkung zukommen. Hier zeigt sich wiederum die Verbindung zu jener von *Torp* gestellten Frage, ob der dolus die Rechtswidrigkeit über die normalen Grenzen hinaus erweitern kann[58].

Ist der Vorsatz ein Unrechtselement, so muß er, um nicht völlig sinnlos zu sein, wenigstens unrechtssteigernde Wirkung haben. Anders wäre die Straflosigkeit der fahrlässigen Sachbeschädigung ebensowenig zu erklären wie die grundsätzliche Strafbarkeit des Versuchs einer Vorsatztat. Fraglich ist jedoch, ob diese Unrechtssteigerung nur auf der Verletzung einer generellen Sorgfaltspflicht vertikal aufbaut oder ob auch über die Grenzen dieser Pflichtverletzung hinaus das Unrecht gewissermaßen horizontal ausgedehnt oder unabhängig davon bestimmt wird. Schon *Torp* hat sich zu dieser Frage sehr vorsichtig und differenziert geäußert[59]. Von ihrer Beantwortung hängt z. B. auch ab, ob das Vorsatzdelikt und das Fahrlässigkeitsdelikt eine voneinander völlig unabhängige Unrechtsstruktur aufweisen. Die These von der allein und stets unrechtserhöhenden Wirkung des Vorsatzes wird mit Hilfe einer grundsätzlich objektiven Unrechtsauffassung mit zusätzlichen subjektiven Elementen begründet[60]. *Münzberg* und *Krauss* stellen dabei auf den primären Zweck der Rechtsnorm, den Rechtsgüterschutz ab. Nur deshalb werde die Rechtspflicht aufgestellt, werde ein Andershandeln geboten[61]. Gegen den Seelenzustand des Täters solle nicht vorgegangen werden. Diese bekannte These[62] ist aber nur dann richtig,

---

[56] *Jescheck*, Lehrbuch, S. 191.
[57] ZStW 76, 19 (66); auch *Münzberg*, S. 155 f. und Fußn. 311.
[58] Dies gilt auch für andere Lehren von der objektiven Zurechnung, wie z. B. *Wessels*, S. 39, und die dort angeführten Autoren.
[59] ZStW 23, 84 (97 ff.).
[60] *Münzberg*, S. 141 ff.
[61] *Münzberg*, S. 156; ZStW 76, 19 (47).
[62] *Engisch*, Vorsatz und Fahrlässigkeit, S. 63; *Würtenberger*, Geistige Situation, S. 65.

wenn damit gemeint sein soll, daß das Strafrecht am Seelenzustand des Täters nicht interessiert sein kann, solange sich dieser Zustand nicht in einer Tat realisiert. Die Behauptung, daß der Vorsatz, wenn er realisiert wird, nur unrechtserhöhend nicht auch unrechtsbegründend wirken kann, ist damit nicht zu begründen. Soweit der Gesetzgeber selbst unrechtserweiternde subjektive Merkmale, wie z. B. Absichten, verwendet, sind diese ebenso vom Gedanken des Rechtsgüterschutzes getragen. Gegen sie müßte derselbe Einwand der Unbeachtlichkeit des Seelenzustands des Täters durchgreifen.

bb) Die objektive Begrenzung der Tathandlung durch Sprachgebrauch und Rechtsüberlieferung

H. *Mayer*[63] versuchte die Tatbestandshandlung unter scharfer Ablehnung des Verursachungsdogmas durch den „gewöhnlichen Sprachgebrauch und die Rechtsüberlieferung“ zu bestimmen. Abgesehen von der großen Unsicherheit einer solchen Begrenzung verdeckt sie zudem die dahinterstehende Wertung. Nicht auf den Sprachgebrauch, sondern auf die Wertung kommt es entscheidend an, mag ersterer auch im Einzelfall von letzterer beeinflußt sein. Zudem läßt sich auch bei dieser objektiven Begrenzung nicht erklären, weshalb die tatbestandsmäßige Handlung bei einer vorsätzlichen Tat nicht weiter gefaßt werden kann als bei einer gleichartigen fahrlässigen[64]. Dies ergibt sich für H. *Mayer* wiederum nebenbei aus der Trennung von objektivem Tatbestand und Vorsatz als Schuldmerkmal.

Die Versuche einer objektiven Begrenzung der tatbestandsmäßigen Handlung vorsätzlicher Erfolgsdelikte zur Lösung einiger Fälle des erlaubten Risikos scheitern an der fehlenden Begründung für die Bedeutungslosigkeit des Vorsatzes zur Bestimmung der Grenzen des Unrechts. Damit ist nicht gesagt, daß die eine oder andere objektive Lösung im Ergebnis mit anderer Begründung nicht richtig sein kann.

3. Das erlaubte Risiko als Begrenzung des Vorsatzes

Es liegt daher nahe, sich den Versuchen zur Abgrenzung im subjektiven Bereich zuzuwenden.

a) Die Abgrenzung des Wollens vom Wünschen

In der Literatur[65] wird häufig der Versuch unternommen, allein mit Hilfe einer Unterscheidung zwischen Wünschen und Wollen die Fälle

---

63 Strafrecht 1936, S. 184; Kurzlehrbuch 1967, S. 67 für „Töten“ im Rahmen des § 212 StGB.

64 Auch *Oehler*, FS f. *Eb. Schmidt*, S. 232 (236), Das objektive Zweckmoment, S. 71 ff., tritt für die gleiche objektive Abgrenzung der Handlung bei vorsätzlichen und fahrlässigen Erfolgsdelikten mit Hilfe des Gesichtspunkts der „objektiven Bezweckbarkeit“ ein.

65 Vgl. die in 1. Kapitel, III, 2, in Fußn. 186 Genannten, sowie *Radbruch*, VDA II, S. 227 (239), sowie auch *v. Bar*, Causalzusammenhang, S. 15 f.

des erlaubten Risikos zu lösen. Dahinter verbergen sich allerdings verschiedene Überlegungen.

Zunächst kann diese Abgrenzung psychologisch in dem Sinne verstanden werden, daß das Wollen im Gegensatz zum Wünschen einen Entschluß voraussetzt, „ein zielhaftes Streben nach Realisierung“[66]. So differenziert etwa *Welzel* zwischen Wünschen und „verwirklichen wollen“[67]. Diese Abgrenzung ist grundsätzlich mit dem Entschluß des Täters gekoppelt. Liegt dieser auch bei geringer Wahrscheinlichkeit vor, so muß der Vorsatz bejaht werden. *Welzel* erläutert den Verwirklichungswillen dahin, daß sich der Täter eine Einwirkungsmöglichkeit auf das reale Geschehen zuschreiben muß. Aber auch diese Präzisierung hilft in den hier interessierenden Fällen nicht weiter. Wer einen anderen in den Wald schickt, kann sich trotz Sonnenscheins vorstellen, daß bald ein Gewitter ausbrechen wird, und wollen, daß die Aufforderung an den anderen eine Einwirkung im obigen Sinne ist, selbst wenn er weiß, daß der Blitz unabhängig von seinen Vorstellungen einschlägt. Der Vorsatz wäre zu bejahen, sobald nur gewollte äquivalente Kausalität vorliegt. Kausalität ist gerade das Verhältnis zwischen Ursache und Wirkung[68]. Eine derartige Abgrenzung versagt daher in den meisten hier interessierenden Fällen des erlaubten Risikos.

Eine weitergehende Differenzierung kann nur so vorgenommen werden, daß innerhalb des Willens nach der objektiven Intensität der Einwirkung oder nach der Wahrscheinlichkeit unterschieden wird. Derartige „subjektive“ Abgrenzungen erfolgen aber in Wahrheit an Hand objektiver Kriterien, indem gefragt wird, ob nach der Rechtsordnung eine Einwirkung vorliegt, die in ihrer subjektiven Entsprechung als Vorsatz und nicht nur als Wunsch verstanden werden soll. Diese beiden Seiten einer subjektiven Lösung des Problems, psychologischer und normativer Ansatz, werden von den meisten Autoren nicht deutlich getrennt. Der Vorsatz soll entfallen, weil sich ein derartiger Erfolg nicht voraussehen, sondern nur wünschen lasse[69], oder es wird aus dem unterstellten Wünschen gefolgert, daß der Vorsatz fehle[70]. Die entscheidende Frage, die nur normativ beantwortet werden kann, ist aber

---

[66] *Remplein*, S. 271.

[67] Strafrecht, S. 66.

[68] Mithin kann auch der Behauptung bei *Mezger/Blei*, Kurzlehrbuch AT, S. 18, nicht gefolgt werden, daß der Täter in solchen Fällen keinen Einfluß auf das Geschehen hat.

[69] *Frank*, Kommentar, S. 197.

[70] *Mezger/Blei*, Kurzlehrbuch AT, S. 188: „Wo der Täter nur wünsche, daß der Erfolg eintreten möge, hat er ihn noch nicht vorsätzlich herbeigeführt. Wer den Erbonkel zum ... spazierengehen animiert, ... hat ihn nicht vorsätzlich getötet.“ Zur Begründung dieses Ergebnisses wird dann wie bei anderen Autoren die Behauptung aufgestellt, der Täter habe „keinen Einfluß“, womit eigentlich erst das entscheidende Problem angesprochen wird.

gerade, ab welchem Grad Wahrscheinlichkeit oder Einwirkung sich nur noch wünschen läßt bzw. der Täter „keinen Einfluß“[71] mehr hat[72]. Es mag dahingestellt bleiben, welche Abgrenzung im Einzelfall richtig ist, jedenfalls wird deutlich, daß der Vorsatz durch die wertende Bestimmung seines möglichen objektiven Inhalts begrenzt wird[73]. Es ist in Wahrheit kein Problem des Vorsatzes, sondern allein die Widerspiegelung jener bereits erörterten objektiven Lösungsvorschläge, vor allem der Adäquanz, in den subjektiven Vorsatzelementen. Da die Frage nach der Bestrafung des Versuchs nicht auftritt, wenn in diesen Fällen die Adäquanz als Begrenzung des Unrechts verstanden wird[74], erscheint es aber sinnvoller, das Problem deutlich als solches des objektiven Unrechtsinhalts zu erörtern. Ob dann aber in diesem Sinne subjektiv oder objektiv abgegrenzt wird, stets bleibt die Frage, weshalb der Vorsatz keinen Einfluß auf die Begründung des Unrechts gewinnen soll. Die oben erörterte subjektive Lösung verdeckt das Problem, weil es unmöglich wird, überhaupt etwas anderes zu erwägen, da der Vorsatz keinen Einfluß auf seinen objektiven Inhalt gewinnen kann.

b) Der gleichzeitige Verwirklichungs- und Vermeidungswille

Einen weiteren Lösungsvorschlag im Bereich des Vorsatzes bringt *Rehberg*. Der Unternehmer, der seine Arbeiter mit Tötungswillen in das Bergwerk schickt, soll — wie bereits erwähnt — so lange keinen Verwirklichungswillen und daher keinen Vorsatz haben, als er den Betrieb mit den erforderlichen Sicherheitsvorkehrungen zum Schutze der Arbeiter versieht, da er dadurch einen den Verwirklichungswillen ausschließenden Vermeidungswillen äußere[75]. Zunächst fällt auf, daß dieser Vermeidungswille aus objektiven Tatsachen, der Vornahme bestimmter Handlungen, abgeleitet wird. Ob er subjektiv tatsächlich vorliegt, was Voraussetzung für einen Vorsatzausschluß wäre, ist damit nicht gesagt. Keinesfalls muß die Tendenz einer Handlung, soweit man eine solche objektiv überhaupt feststellen kann, der inneren Einstellung

---

[71] *Mezger/Blei*, Kurzlehrbuch AT, S. 188.

[72] Diese Unterscheidung zwischen dem psychologischen und dem normativen Ansatz wird bereits in einer Auseinandersetzung zwischen *Krug* und *v. Bar*, Causalzusammenhang, S. 15, Fußn. 16, deutlich, wenn *Krug* eine Beabsichtigung mit der Begründung verneint, das „kann“ der Täter nicht beabsichtigt haben, und *v. Bar* mit Recht darauf hinweist, daß diese Frage nicht nach dem Grade der Wahrscheinlichkeit beantwortet werden könne. — Der normative Aspekt wird ebenfalls bei *v. Liszt/Schmidt*, Lehrbuch, S. 254, erkennbar, wenn der Täter den Eintritt von zusätzlichen Umständen bestimmt erwarten können muß.

[73] *Kohlrausch*, zitiert in *Lange*, Moderner Täterbegriff, S. 47: „Zum Vorsatz gehört ferner, daß das Kausalwerden der Handlung für den Erfolg in generell berechenbarer Weise erfolgte.“

[74] Vgl. oben S. 102 f.

[75] Erlaubtes Risiko, S. 91 ff.

zu dem objektiv intendierten Ziel entsprechen. Es ist nicht so, daß der Täter gleichzeitig dasselbe will und nicht will, was in der Tat ein Widerspruch wäre, vielmehr will er in den erwähnten Fällen die Verletzung erreichen, und zwar mit Mitteln, die ihn straflos lassen. Daß diese eventuell eine objektive Tendenz zur Vermeidung haben, ist eine andere Frage. Der Vorsatz ist deshalb nicht ausgeschlossen, die Wirksamkeit der angewendeten Mittel ist nur begrenzt. Zudem müssen Verwirklichungs- und Vermeidungswille nicht zur gleichen Zeit vorliegen, was gerade in dem erwähnten Bergbaubeispiel deutlich wird. Der Unternehmer könnte die Sicherheitsvorkehrungen mit einer Art allgemeinem Vermeidungswillen angebracht haben und später dennoch einen Verletzungswillen in bezug auf einen bestimmten Arbeiter bilden. Der Vorsatzbegriff von *Rehberg* ist daher insoweit fehlerhaft[76].

4. Das erlaubte Risiko als objektiv-subjektive Begrenzung der Tathandlung

Nach den bisherigen Erörterungen liegt es nahe, die Frage nach der Unrechtsbegründung durch den Vorsatz bei einheitlicher Betrachtung von subjektiven und objektiven Tathandlungselementen zu prüfen.

a) Die Lehre von der Tatherrschaft

Zunächst bietet sich die von mehreren Autoren in diesem Zusammenhang herangezogene Lehre von der Tatherrschaft an. Vor allem Hermann *Bruns*, *Gallas*, *Hirsch* und *Lange*[77] haben sich für deren Anwendung auch in den hier erörterten Fällen ausgesprochen. Diesen eigentlich zur Abgrenzung der Täterschaft von der Teilnahme entwickelten Gedanken[78] hat Hermann *Bruns* von Anfang an auch zur Begrenzung der Zurechnung bzw. der Tathandlung verwendet[79]. Obwohl die Lehre von der Tatherrschaft bei der Abgrenzung von Täterschaft und Teilnahme überwiegend als Mischung aus objektiven und subjektiven Elementen angesehen wird[80], bleibt in den hier interessierenden Fällen diese Verbindung meist unbeachtet. Eine Begrenzung der Alleintäterschaft wird lediglich durch die Einbeziehung der Adäquanz, eines ob-

---

76 So im Ergebnis auch *Baumann*, S. 307.

77 *Hermann Bruns*, S. 72 f.; *Gallas*, Sonderheft der ZStW 1957, S. 16 f.; *Lange*, Moderner Täterbegriff, S. 42 ff., 46 ff.; vgl. auch *Hirsch*, ZStW 74, 78 (101) und *Rehberg*, S. 93 ff.

78 Vgl. zur Entwicklung allgemein *Roxin*, Täterschaft und Tatherrschaft, S. 60 ff.

79 *Hermann Bruns*, S. 72 f.

80 *Jescheck*, Lehrbuch, S. 495; *Kohlrausch/Lange*, S. 160 ff.; *Lobe*, S. 123; *Maurach*, Strafrecht AT, S. 659; *Roxin*, Täterschaft und Tatherrschaft, S. 306 ff.; *Sax*, ZStW 69, 412 (430 ff.); *Welzel*, Strafrecht, S. 100.

jektiven Gesichtspunkts, verwirklicht[81], der an sich mit dem Begriff der Tatherrschaft in der Teilnahmelehre nur wenig zu tun hat. Die Adäquanz gilt, wenn man sie als entscheidendes Kriterium anerkennt, für Täter und Teilnehmer[82]. Mithin kann aus dem so verstandenen Gedanken der Tatherrschaft infolge seiner für die hier interessierenden Fälle allein objektiven Ausrichtung keine andere, bessere Antwort auf die Frage nach der unrechtsbegründenden Wirkung des Vorsatzes gefunden werden. Die Tatherrschaft ist für diese Fälle infolge der Verknüpfung des schon schwer zu bestimmenden Gedankens der Tatherrschaft[83] mit der Adäquanz eher ungeeigneter[84] und teilt zudem mit der Adäquanz die begrenzte Anwendung auf Fälle unwahrscheinlicher Kausalität[85].

b) Die soziale Adäquanz bzw. Kongruenz

Fehlt den bisher erörterten Lösungen stets eine materielle Begründung, so daß sie letztlich auf behauptete Ergebnisse hinauslaufen, so liegt es nahe, einen Lösungsansatz zu suchen, der das entscheidende Problem der Bewertung des Vorsatzes als unrechtsbegründendem oder nur -erhöhendem Element deutlich in sich aufnimmt. Hierfür bietet sich wiederum der Gedanke der sozialen Adäquanz bzw. Kongruenz an, der allerdings dann von vornherein nicht weiterführen kann, wenn man wie *Krauss* unter sozialer Adäquanz bzw. Kongruenz auch bei den Vorsatzdelikten nur die Umkehrung der Verletzung einer objektiven Sorgfaltspflicht versteht[86]. Diese Erwägung geht über den bereits oben erörterten Lösungsvorschlag, eine Verletzung der generellen Sorgfaltspflicht auch bei Vorsatzdelikten zu verlangen, nicht hinaus und teilt deren Begründungsmangel. Sieht man davon ab, so enthält die soziale Adäquanz insofern eine völlig andere Ansatzmöglichkeit, als hier nicht vom objektiven Inhalt des Unrechts ausgehend gefragt werden muß, ob der Vorsatz dieses Unrecht erweitern kann, sondern umgekehrt zu

---

81 *Hermann Bruns*, S. 72 f.; *Lange*, Moderner Täterbegriff, S. 42 ff., 46 ff.; sowie *Less*, JZ 1951, 550 (552), der allerdings nur einen objektiven Tatherrschaftsbegriff anerkennt.

82 *Roxin*, Täterschaft und Tatherrschaft, S. 457.

83 *Jescheck*, Lehrbuch, S. 495, Fußn. 25; *Engisch*, ZStW 66, 339 (383 f.).

84 *Roxin*, Täterschaft und Tatherrschaft, S. 457.

85 Dem Gedanken der Tatherrschaft entspricht es an sich, wenn *Rehberg*, S. 95, zur Lösung der Fälle des erlaubten Risikos die Täterschaft mit der Tatbestandshandlung derart verbindet, daß Tatherrschaft nur bei Vorliegen einer „Ausführungshandlung" im Sinne des Versuchs gegeben sein soll. Für den vorliegenden Zusammenhang ergibt sich dabei aber nur ein Zirkelschluß, da zwar Tatherrschaft bei Vornahme der Tatbestandshandlung anzunehmen wäre, aber die Bestimmung der Tatbestandshandlung selbst offen bliebe, wenn man nicht auch noch z. B. die generelle Sorgfaltspflicht in den Gedanken der Tatherrschaft mit einbeziehen will. Diese Konstruktion läßt die gestellte Frage nach der unrechtsbegründenden Wirkung des Vorsatzes offen.

86 *Krauss*, ZStW 76, 19 (47 f.), unter Bezugnahme auf *Engisch*, FS 100 Jahre DJT I, S. 401 (418).

fragen ist, ob die Begrenzung des Unrechts durch den Gedanken der sozialen Adäquanz bzw. Kongruenz gewissermaßen „von außen" auch dann eingreift, wenn vorsätzlich gehandelt wird. Diese Untersuchung des Problems vom Tatbestands- oder Rechtswidrigkeitsausschluß statt von der Rechtswidrigkeit her hat sich bereits bei der Abgrenzung von Tatbestandsbegrenzung und Rechtfertigungsgrund bewährt[87]. Hier ermöglicht derselbe Ansatz die ganzheitliche Betrachtung von Vorsatz und objektiven Unrechtselementen. Mit Recht stellt daher auch *Rehberg*[88] die entscheidende Frage zur Bedeutung der sozialen Adäquanz bei den Vorsatzdelikten nicht dahin, ob die Handlung objektiv — ohne Vorsatz — sozialadäquat ist und wie sich der Vorsatz als ein scheinbar völlig anderes Merkmal dazu verhält — dieses Problem konnte mit Hilfe der bereits erwähnten Theorien gerade nicht gelöst werden —, sondern er fragt, ob sich die vorsätzliche Handlung insgesamt innerhalb der sozialethischen Ordnung des Gemeinschaftslebens bewegt. Allein diese Sicht läßt eine unvoreingenommene Bewertung aller Handlungselemente zu[89].

Bereits oben[90] wurde ausgeführt, daß sich die soziale Adäquanz beim erlaubten Risiko der Fahrlässigkeitsdelikte als Grenzelement der generellen Sorgfaltspflicht von den entsprechenden ebenfalls positiven Wertungsergebnissen der Rechtfertigungsgründe — etwa dem erlaubten Risiko im Rahmen des übergesetzlichen Notstands — dadurch unterscheidet, daß im ersteren Fall die Bewertung der überwiegenden positiven Faktoren in einem Tätigkeitskomplex sozialkongruent ist, während die Bejahung eines Rechtfertigungsgrundes insoweit normativen Ausnahmecharakter aufweist. Daher ist die Tatbestandsbegrenzung im Recht stärker verwurzelt, und ihr positives Wertungsergebnis erhält eine besondere Bedeutung. Schickt der Unternehmer eines Tunnelbaus Arbeiter in einen bereits vorangetriebenen Stollen, so ist die Bewertung der überwiegenden positiven Faktoren für diesen Tätigkeitskomplex sozialkongruent, und das unvorsätzliche Handeln des Unternehmers findet bei Einhaltung der erforderlichen Sorgfalt im einzelnen auch eine größere Billigung. Demgegenüber ist die entsprechende Situation beim erlaubten Risiko als Rechtfertigungsgrund, z. B. des rechtfertigenden Notstands, keinesfalls sozialkongruent, obwohl auch derartige Handlungen gebilligt werden.

---

[87] Vgl. oben 2. Abschnitt, B, V, 1, d, ee.

[88] S. 85.

[89] Bei *Welzel*, der den Gedanken der sozialen Adäquanz entwickelt hat, wird diese Wendung nicht ganz deutlich begründet. Indessen versteht er die soziale Adäquanz ganz allgemein als „werthaften Ordnungsbegriff" (ZStW 58, 491 [517, Fußn. 38]), aus dem der Vorsatz keinesfalls ausgeschlossen ist.

[90] Vgl. oben 2. Abschnitt, B, V, 1, e, cc.

Diese normative Differenzierung innerhalb der Billigung eines objektiven Verhaltens hat nun auch Auswirkungen für die Bewertung einer Handlung einschließlich des Vorsatzes. Sind die objektiven Handlungselemente als sozialkongruent zu bewerten, so vermag das Willensmoment des Vorsatzes in bezug auch auf den Erfolg allein die in der Bewertung der objektiven Handlungselemente enthaltene, besonders intensive Billigung nicht zu überbrücken. Die Handlungsfreiheit ist in diesem Bereich so gesichert, daß innerhalb gewisser Grenzen ohne strafrechtliche Verfolgung selbst bei vorsätzlicher Begehung gehandelt werden kann[91]. Bleiben diese Handlungen innerhalb der generellen Sorgfalt trotz des beim Täter vorhandenen Vorsatzes zwar rechtmäßig, so könnte die Bewertung aber doch nicht mehr sozial selbstverständlich sein, mit der Folge, daß eventuell nur ein Rechtfertigungsgrund in Frage käme. Entsprechend könnte sich auch die Beurteilung folgender Fälle ändern: Operiert der Arzt in einer Notlage mit einem nichtsterilisierten Taschenmesser, und stirbt deshalb der Patient, so handelt der Arzt zwar gerechtfertigt, wenn er die überhaupt in dieser Situation gebotenen Sicherheitsvorkehrungen einhält und keinen Tötungsvorsatz hat. Bei vorhandenem Vorsatz könnte diese Handlung aber rechtswidrig sein.

Zur Ausfüllung des Gedankens der sozialen Adäquanz sind jedoch noch weitere Gesichtspunkte zu berücksichtigen, die für Fälle des erlaubten Risikos als Tatbestandsbegrenzung wie auch als Rechtfertigungsgrund gelten.

Die Billigung einer riskanten Handlung hängt entscheidend von ihrer Gefährlichkeit ohne Rücksicht auf den Vorsatz ab. Beim Handeln im erlaubten Risiko ist die Wahrscheinlichkeit des Erfolgseintritts von vornherein relativ gering, denn nur dann kann sich überhaupt, wie oben dargelegt[92], das Problem des erlaubten Risikos stellen, bei dem ein deutlicher Unterschied zwischen der Gefahr der Handlung und dem Erfolg vorausgesetzt ist, da anderenfalls eine unterschiedliche Bewertung dieser beiden Elemente unmöglich wird. Ist aber bereits die Wahrscheinlichkeit des Erfolgs im Zeitpunkt der Handlung relativ gering, so kann auch dem Vorsatz als Unrechtselement nur eine abgeschwächte Bedeutung zukommen, da dieser überhaupt nur bei einer Realisierung und selbst dann nur abgestuft Unrechtselement sein kann. Der Vorsatz als Steuerungselement der Handlung ist als negativer Wertungsfaktor nur mit dem Stellenwert in die Bewertung mit einzubeziehen, als in den Fällen des erlaubten Risikos auch objektive Möglichkeiten zur Steuerung vorhanden sind. Setzt der Täter vorsätzlich eine weit entfernte Ursache,

---

[91] *Torp*, ZStW 23, 84 (98).
[92] Vgl. oben S. 25.

die nur mit geringer Wahrscheinlichkeit zum Erfolg führt, so ist mit der objektiv begrenzten Steuerungsmöglichkeit auch der subjektive Steuerungsfaktor Vorsatz für die Unrechtsbewertung von geringerer Bedeutung. Diese Überlegung liegt wohl unausgesprochen den erörterten Lösungen von der Unterscheidung zwischen Wollen und Wünschen, der objektiven Sorgfaltspflicht sowie der Vorhersehbarkeit bzw. Adäquanz als Element auch der Vorsatzdelikte zugrunde. Hinzu kommt jener ebenfalls an dieser Stelle einzuordnende Gedanke *Rehbergs*[93], daß sich Verwirklichungs- und Vermeidungswille ausschließen, was in dieser Totalität für die Fälle des erlaubten Risikos — wie dargelegt — nicht zutrifft, aber deutlich macht, daß der Verletzungsvorsatz bei Handlungen, die objektiv im Rahmen der Erfolgsabwendung vorgenommen werden, nicht dieselbe unrechtsbegründende oder -erhöhende Kraft hat[94]. Die Steuerung durch den Vorsatz und damit die Bewertung des Willens zur Verwirklichung eines mißbilligten Erfolgs hängen entscheidend auch von den objektiv gegebenen Möglichkeiten ab. Außerdem ist für die Handlung eines vorsätzlichen Erfolgsdelikts Vorsatz in bezug auf den Erfolg notwendig; ein Gefährdungsvorsatz, wie immer er auch verstanden werden soll, genügt nicht. Der Übergang von der schwächsten Formulierung des Gefährdungsvorsatzes, der Kenntnis und Billigung der die Gefahr begründenden Tatsachenlage[95], zum Erfolgsvorsatz, der Billigung auch des möglicherweise eintretenden Erfolgs, ist aber so gering, daß auch deshalb in Verbindung mit den erwähnten Gesichtspunkten der Erfolgsvorsatz in den Fällen des erlaubten Risikos in der Wertung vernachlässigt werden kann. Dies Ergebnis erhält zusätzlich eine gewisse Bestätigung dadurch, daß bei Erfolgsdelikten, deren fahrlässige wie vorsätzliche Begehung unter Strafe gestellt ist und deren Tathandlung bereits gesetzlich genauer bestimmt ist, die Beschreibung der objektiven Tathandlung jeweils identisch ist[96]. Auf diese Weise läßt sich das Problem des erlaubten Risikos bei vorsätzlichen Erfolgsdelikten dogmatisch lösen, ohne daß zur Grundsatzfrage nach der unrechtserhöhenden oder auch unrechtsbegründenden Wirkung des Vorsatzes für alle Fälle Stellung genommen werden muß.

Die begrenzte Bedeutung des Vorsatzes hat zur Folge, daß ein erlaubtes Risiko bei vorsätzlichen Erfolgsdelikten im gleichen Umfang wie bei fahrlässigen berücksichtigt werden muß, und zwar auch insoweit, als es um die Frage der Abgrenzung von Tatbestandsausschluß und

---

[93] S. 92 f.

[94] Vgl. auch *Torp*, ZStW 23, 84 (98), der von einer „sehr wenig gefährlichen Gesinnung" spricht.

[95] *Schönke/Schröder*, § 315 c, Anm. 35; BGHSt 22, 67 (74).

[96] z. B. §§ 95; 97; 311 Abs. 1, 4, 5; 312; 313; 314; 315 Abs. 1, 4, 5; 315 a Abs. 1, 3; 315 b Abs. 1, 4, 5; 315 c Abs. 1, 3; 321; 324; 326; 345 Abs. 1, 2 StGB. Weitere Beispiele lassen sich unschwer im Nebenstrafrecht aufzeigen.

Rechtfertigungsgrund geht. Hält sich der vorsätzlich handelnde Täter in den Grenzen der generellen Sorgfalt, so ist sein Tun nicht tatbestandsmäßig[97]. Wäre es bei bewußt fahrlässigem Verhalten gerechtfertigt, muß es dies auch bei vorsätzlichem sein. Jener vorsätzlich handelnde Bergwerksunternehmer geht daher mangels Tatbestandserfüllung ebenso straflos aus wie der mit Tötungsvorsatz operierende Arzt, selbst wenn die jeweiligen Opfer tatsächlich sterben. Erst recht gilt dies für den mit Tötungsvorsatz handelnden Neffen. Problematisch ist allein der Fall der lungenkranken Ehefrau. Dies aber nicht deshalb, weil „die Sozialadäquanz nie ein Deckmantel für absichtliche Rechtsverletzungen sein kann"[98], sondern weil es bereits fraglich ist, ob der bewußt fahrlässig handelnde Ehemann die generelle Sorgfalt verletzen würde und welche Bedeutung einem Handeln auf eigene Gefahr seitens der Ehefrau zukäme.

Mit der obigen Begründung lassen sich nicht nur die Fälle der Fallgruppen 1 und 2 befriedigend lösen, sondern auch die der Fallgruppen 3 und 4. Das erlaubte Risiko beim tatsächlichen oder mutmaßlichen Handeln auf eigene Gefahr als Begrenzung der generellen Sorgfaltspflicht bzw. als Rechtfertigungsgrund setzt ebenfalls eine vom Erfolg deutlich zu trennende Gefahr voraus, so daß auch z. B. für den Chef der Schmugglerbande der Vorsatz in bezug auf die mögliche Tötung eines bestimmten Bandenmitglieds durch Zöllner bei der Unrechtsbewertung von geringerer Bedeutung ist und gegenüber der Sozialkongruenz der objektiven Handlung vernachlässigt werden kann. Entsprechendes gilt für das mutmaßliche Handeln auf eigene Gefahr.

5. Das erlaubte Risiko der vorsätzlichen Erfolgsdelikte und der Erfolgsunwert

Sind auf diese Weise vorsätzliche Handlungen im erlaubten Risiko als gebilligt anzusehen, entfällt also insoweit der Handlungsunwert, so gilt für den Erfolgsunwert nichts anderes als bei den fahrlässigen Erfolgsdelikten. Die einmal durch die Billigung der Handlung gewährte Handlungsfreiheit kann nicht nachträglich durch den Erfolgseintritt ihre Bedeutung verlieren. In der Abwägung zwischen der Handlungsfreiheit und dem eingetretenen Erfolg gebührt daher der Handlungsfreiheit der Vorrang.

---

[97] Diese Bestimmung der Tathandlung bei vorsätzlichen Erfolgsdelikten hat auch beim Versuch für die Unterscheidung von Vorbereitungs- und Ausführungshandlungen insofern Konsequenzen, als die Ausführungshandlung in Fällen des erlaubten Risikos ebenfalls durch die generelle Sorgfaltspflicht mitbestimmt wird.

[98] *Zipf*, ZStW 82, 633 (635).

III. Das erlaubte Risiko als Problem der Abgrenzung von Täterschaft und Teilnahme

Da im geltenden StGB bei vorsätzlichen Delikten zwischen Täterschaft und Teilnahme unterschieden wird, und infolge des Grundsatzes der Akzessorietät (§ 50 Abs. 1 StGB) eine Teilnahme an der Selbstverletzung oder Selbsttötung straflos bleibt, liegt es nahe, eine Lösung einiger Fälle des erlaubten Risikos auch auf diesem Weg zu finden. Andeutungen in dieser Richtung machen *Exner* und *Hirsch*[1]. Während *Exner* Fälle des gemeinsamen, bewußt gefährlichen Handelns mehrerer, wie z. B. eine gefährliche Bergtour, erörtert, versucht *Hirsch* die „Veranlassung zur Selbstgefährdung" über die Teilnahmelehre zu lösen.

Kommt es aber, wie bereits oben dargelegt[2], für die Lehre von der Tatherrschaft auch auf den objektiven Tatbeitrag an, um zwischen Täter und Teilnehmer zu differenzieren, so muß im konkreten Fall zumindest theoretisch eine Möglichkeit bestehen, die objektiven Tatbeiträge der Beteiligten zu unterscheiden. Das ist aber in den Fällen des erlaubten Risikos der Fallgruppen 1 und 2 deshalb unmöglich, weil sich wie z. B. das Fahren mit der Eisenbahn und das Veranlassen dazu objektiv nach der Bedeutung für den Ablauf der gesamten Tat nicht sinnvoll differenzieren lassen. Beide Beteiligten beherrschen zusammen die Tat viel zu wenig, als daß dieser Gesamtbeitrag noch in ein Mehr und Weniger deutlich genug aufgespalten werden könnte. Die Unterscheidung zwischen Täterschaft und Teilnahme nach der Lehre von der Tatherrschaft hat nur dann einen Sinn, wenn für einen der Beteiligten überhaupt die Grenzen der Täterschaft durch die Vornahme einer tatbestandsmäßigen Handlung erreicht sind, da diese Lehre auf dem restriktiven Täterbegriff aufbaut[3]. Wenn die Abwägung zwischen dem Wert der Handlungsfreiheit und dem des geschützten Rechtsgutsobjekts wie in den Fällen des erlaubten Risikos zugunsten der Handlungsfreiheit ausfällt, fehlt daher für den Erbonkel unabhängig vom Gesichtspunkt der Selbsttäterschaft eine tatbestandsmäßige Handlung. Mittelbare Täterschaft oder Mittäterschaft liegen ebenfalls nicht vor.

Geht man mit der Rechtsprechung des BGH[4] grundsätzlich von einer mehr subjektiven Abgrenzungstheorie aus, so ist zwar entsprechend der extensive Täterbegriff zu berücksichtigen. Wie bereits oben dargelegt, entfällt in den Fällen des erlaubten Risikos aber auch dann der Hand-

---

1 *Exner*, FG f. *Frank* I, S. 569 (590 f.); *Hirsch*, ZStW 74, 78 (101); *Schönke/Schröder*, § 59, Anm. 167.

2 Vgl. oben II, 4 a.

3 *Jescheck*, Lehrbuch, S. 495.

4 BGHSt 3, 349 (350); 8, 70 (73); 8, 390 (391); 13, 162 (166); 16, 12 (14); 18, 87 (89 f.); 23, 203 (207).

lungsunwert, so daß die tatbestandsmäßige Handlung begrenzt ist[5]. Die Frage nach Täterschaft oder Teilnahme stellt sich aber wiederum erst, wenn zumindest für einen der Beteiligten der Handlungsunwert des betreffenden Delikts bejaht werden kann. Die Unterscheidung zwischen Täterschaft und Teilnahme verliert bei fehlender tatbestandsmäßiger Handlung bei beiden Beteiligten in diesen Fällen generell ihre Bedeutung, so daß dieser Gesichtspunkt auch nicht zur Lösung des erlaubten Risikos herangezogen werden kann. Dies gilt erst recht für den noch weitergehenden Schluß von einer angenommenen straflosen Anstiftung zur Selbstgefährdung auf die Straflosigkeit der Anstiftung zur Selbstverletzung in den erwähnten Fällen.

IV. Die besonderen Fälle des erlaubten Risikos bei vorsätzlichen Erfolgsdelikten

Neben diesen oben erörterten Beispielen des erlaubten Risikos vorsätzlicher Erfolgsdelikte, deren fahrlässige wie vorsätzliche Begehung unter Strafe gestellt ist, werden Fälle des erlaubten Risikos auch bei vorsätzlichen Erfolgsdelikten angenommen, für die ein entsprechender Fahrlässigkeitstatbestand fehlt.

1. Das erlaubte Risiko im Rahmen der Tatbestände des § 266 StGB und entsprechender älterer Vorschriften des Nebenstrafrechts

Einige Autoren[1] nehmen bei Risikogeschäften einen Fall des erlaubten Risikos im Rahmen des Tatbestands der Untreue (§ 266 StGB) an, wenn z. B. der zur Vermögensbetreuung Verpflichtete im Wirtschaftsleben die Grenzen einer vorsichtigen Geschäftsführung überschreitet, weil ein bestimmtes Geschäft einen besonders hohen Gewinn ermöglicht. Diese Begrenzung der Untreuevorschrift des § 266 StGB[2] mußte bis zur Einführung des Merkmals der Pflichtverletzung durch das Gesetz zur Änderung strafrechtlicher Vorschriften vom 26. 5. 1933 (RGBl. I, S. 295) gegen den Wortlaut dieser Vorschrift vorgenommen werden[3]. Heute handelt es sich nach überwiegender Auffassung nur noch um die Auslegung eines gesetzlichen Tatbestandsmerkmals[4]. Indessen ist fraglich, ob es sich dabei wirklich um einen Fall des erlaubten Risikos handelt. Zwar wird auch hier die Treuepflicht und damit die tatbestands-

---

[5] Darin zeigt sich, daß dieser Täterbegriff nur eine Vorerwägung zur Bestimmung der Tathandlung sein kann.

[1] *Jescheck*, Lehrbuch, S. 301; *Kohlrausch/Lange*, S. 15 f.; *Schwinge/Siebert*, S. 46; *Schönke/Schröder*, § 266, Anm. 45.

[2] Vgl. auch die entsprechenden heute nicht mehr gültigen Vorschriften der § 294 AktG a. F. (aufgehoben durch das AktG vom 6. 9. 1965), § 81 a GmbHG, § 146 GenG (aufgehoben durch das Erste Gesetz zur Reform des Strafrechts vom 25. 6. 1969).

[3] *Schwinge/Siebert*, S. 45.

[4] *Kohlrausch/Lange*, S. 596; *Dreher*, § 266, Anm. 2 D; *Maurach*, Strafrecht BT, S. 346; *Schönke/Schröder*, § 266, Anm. 45.

mäßige Handlung begrenzt, indessen kann der für das erlaubte Risiko typische Bewertungsunterschied zwischen gebilligter Handlung und mißbilligtem Erfolg fehlen.

Ist „Nachteil“ im Sinne des § 266 StGB ebenso wie beim Betrug bereits eine konkrete Vermögensgefährdung[5], so fällt dieser Erfolg des § 266 StGB in aller Regel mit dem Eingehen des Risikogeschäfts zusammen, so daß beides nicht getrennt bewertet werden kann. Insoweit handelt es sich um eine direkte Begrenzung von Handlung und Erfolg. Die Möglichkeit, in derartigen Fällen ein erlaubtes Risiko im Rahmen des § 266 StGB zu sehen, ist damit aber noch nicht generell zu verneinen. Aus der riskanten Handlung kann sich über die Vermögensgefährdung hinaus ein endgültiger Vermögensschaden ergeben, wenn das eingegangene Risiko fehlschlägt. Das gleiche kommt auch in der Überlegung zum Ausdruck, daß die Vermögensgefährdung durch eine entsprechende Vermögensvermehrungschance aufgewogen sein kann, so daß der in der Gefährdung liegende Vermögensschaden zu verneinen wäre[6], wobei hier dahingestellt bleiben kann, wie der Zusammenhang zwischen Gefahr und Chance beschaffen sein müßte[7]. Auch dann bleibt aber ein Schaden, wenn das Risiko endgültig fehlschlägt[8]. So gesehen wäre eine unterschiedliche Bewertung von Handlung und Erfolg zumindest theoretisch möglich, so daß von erlaubtem Risiko gesprochen werden könnte. Indessen muß in diesen Fällen außer der Handlung auch der erwähnte endgültige Vermögensschaden als direkt gebilligt angesehen werden, da anders als bei den Rechtsgütern Leib und Leben wegen der geringeren Wertigkeit des Vermögens die in der Handlung liegende Vermögensgefährdung und der endgültig eingetretene Vermögensschaden nicht getrennt zu bewerten sind. Daher kommt es letztlich wiederum nur auf die Bestimmung der Grenzen der Pflicht durch Auslegung an, und das Problem des erlaubten Risikos stellt sich in diesem Zusammenhang nicht.

2. Sonstige Fälle der Begrenzung des Tatbestands vorsätzlicher Erfolgsdelikte unter dem Gesichtspunkt des erlaubten Risikos

Trotz der größeren Zahl vorsätzlicher Erfolgsdelikte gegenüber fahrlässigen werden in der Literatur neben dem erwähnten Beispiel zu § 266 StGB soweit ersichtlich keine Fälle des erlaubten Risikos als Tat-

[5] Für viele *Dreher*, § 263, Anm. 5 B a; *Kohlrausch/Lange*, S. 596; *Maurach*, Strafrecht BT, S. 345; *Welzel*, Strafrecht, S. 384.

[6] RG, JW 1934, 2923; JW 1936, 882; *Dreher*, § 266, Anm. 2 D; a. A. RGSt 61, 211 (212).

[7] RG, JW 1934, 2923; JW 1936, 882.

[8] RG, JW 1934, 2923; JW 1936, 882 (883).

bestandsbegrenzung bei anderen vorsätzlichen Erfolgsdelikten erörtert, deren fahrlässige Begehung nicht strafbar ist.

Dies liegt zunächst daran, daß viele Beispiele, die nach ihrer normativen Struktur zum Problemkreis des erlaubten Risikos zu rechnen wären, als selbstverständlich unerwähnt bleiben. Werden Rechtsgüter nur gegen Verletzung durch bestimmte Verhaltensweisen geschützt, wie z. B. das Vermögen, so läge hinsichtlich der davon nicht erfaßten Handlung bei dennoch eintretender Verletzung der Gedanke des erlaubten Risikos nahe, unabhängig davon, ob den einzelnen tatbestandlich erfaßten Handlungsweisen noch die Verletzung zusätzlicher Rechtgüter zugeordnet werden kann. Zum einen läßt sich aber auch hier gefährliches Verhalten und Vermögensschaden nicht getrennt bewerten, zum anderen ist das erlaubte Risiko nur dann problematisch, wenn die Grenzen der tatbestandsmäßigen, riskanten Handlung entweder im Gesetz nicht näher bestimmt oder nur durch besondere Auslegung im Einzelfall zu ermitteln sind. Wenn aber auch in diesem Rahmen keine weiteren Beispiele erörtert werden, so hat dies seine Ursache zusätzlich darin, daß für eine Reihe vorsätzlicher Erfolgsdelikte eine sozial selbstverständliche Handlungsbewertung zugunsten eines anderen Interesses weit entfernt liegt, sei es wegen der besonderen Bedeutung des geschützten Rechtsguts, wie z. B. bei § 107 StGB, sei es wegen der fehlenden Kollision mit anderen anerkannten Interessen, wie z. B. bei den §§ 242, 267 StGB, sei es weil nur besonders schwere Fälle im Rahmen des allgemeinen strafrechtlichen Schutzes eines Rechtsguts in selbständigen Tatbeständen erfaßt sind, wie z. B. bei den §§ 249, 315 ff. StGB. Insoweit greift auch meist ein Handeln auf eigene Gefahr als Tatbestandsgrenze nicht ein, da die Rechtsgüter entweder überhaupt nicht (§ 107 StGB) oder nicht allein (z. B. § 315 c StGB) zur Verfügung des einzelnen stehen, oder weil ein Handeln auf eigene Gefahr für eine positive Bewertung des Täterverhaltens nicht ausreicht (z. B. § 249 StGB). Bei anderen vorsätzlichen Erfolgsdelikten sind zwar sozial selbstverständliche Handlungsbewertungen zugunsten anderer Interessen denkbar, jedoch ist letztlich die Bewertung der Handlung — wie schon in den Fällen des § 266 StGB — nicht von der Bewertung des Erfolgs zu trennen. Dies gilt vor allem für Rechtsgüter, die als weniger schützenswert angesehen werden, wie z. B. das in § 263 StGB geschützte Vermögen. Die Verneinung des Vorspiegelns einer falschen Tatsache, nämlich des höheren Werts der Ware, bei der Forderung eines überhöhten Preises[9], ließe sich als Fall des erlaubten Risikos verstehen, wäre mit der Verneinung des Handlungsunwerts u. a. wegen des Interesses an

---

[9] Vgl. zu diesen Fällen z. B. OLG Stuttgart, NJW 1966, 990; *Jecht*, GA 1963, 41; *Dreher*, § 263, Anm. 2 A b.

einer freien Preisbildung nicht auch direkt der Vermögensschaden als gebilligt anzusehen. Auch bei der Nötigung fallen Handlungs- und Erfolgsbewertung zusammen. Entsprechendes gilt für die Sachbeschädigung, die den §§ 212, 223 StGB strukturell ähnlich ist. Will sich z. B. ein Rennfahrer an seiner Firma rächen, indem er sich mit einem besonders teuren Rennwagen völlig regelrecht an einem Rennen beteiligt, damit das Fahrzeug infolge eines Unfalls möglichst stark beschädigt wird, so fehlt nach dem oben zu den §§ 212, 223 StGB Ausgeführten der Handlungsunwert wegen fehlender Pflichtverletzung infolge Handelns auf eigene Gefahr. Da es sich aber um ein Rechtsgutsobjekt handelt, an dessen Erhaltung ein besonders erhebliches öffentliches Interesse nicht besteht, was hier auch im Antragserfordernis zum Ausdruck kommt, wird beim Handeln auf eigene Gefahr in diesem Fall auch der Erfolg direkt nicht mißbilligt und es bedarf nicht der aufgezeigten normativen Struktur des erlaubten Risikos, um den Erfolgsunwert zu verneinen. In anderen Fällen der Sachbeschädigung, die analog zu den Fällen des erlaubten Risikos bei den §§ 212, 223 StGB gebildet werden können, wie z. B. die vorsätzliche Beschädigung der Kleidung eines Bergarbeiters während der Arbeit untertage, ist meist eine Einwilligung in den Erfolg anzunehmen.

Bei den Äußerungsdelikten i. w. S. lassen sich im Hinblick auf den für die Tatbestandserfüllung erforderlichen Zugang allerdings ausgefallene Beispiele eines erlaubten Risikos bilden, wenn die jeweilige Äußerung schriftlich erfolgt. So handelt der Täter im erlaubten Risiko, wenn er einen Brief mit beleidigendem Inhalt an einen anderen schreibt, den Brief jedoch auf seinem Schreibtisch in seinem Zimmer offen liegen läßt, weil er sich noch überlegen will, ob er nicht einen besonders beleidigenden Satz herausstreichen soll, und wenn dann in seiner Abwesenheit die Zimmerwirtin den Brief liest, in den vorbereiteten Umschlag steckt und absendet. Der Gesichtspunkt des Schutzes der Privatsphäre läßt ein solches Verhalten des Täters noch als erlaubt erscheinen.

Sieht man von derartigen ausgefallenen Beispielen, die sich auch zu anderen Straftatbeständen bilden lassen, ab, so sind weitere Fälle des erlaubten Risikos als Tatbestandsbegrenzung bei überwiegenden Interessen oder Handeln auf eigene Gefahr bei Erfolgsdelikten, die nur vorsätzlich begangen werden können, kaum erkennbar.

3. Die Wahrnehmung berechtigter Interessen (§ 193 StGB) als gesetzlich geregelter Fall des erlaubten Risikos als Rechtfertigungsgrund

Neben den erwähnten Fällen der Tatbestandsbegrenzung wird in der Literatur[10] die Auffassung vertreten, daß die Wahrnehmung berechtigter

---

[10] *Gallas*, Niederschriften IX, S. 71 f.; *Heinitz*, FS f. *Eb. Schmidt*, S. 266 (282); *Hirsch*, ZStW 74, 78 (100, Fußn. 87 a); *Jescheck*, Niederschriften IX,

Interessen in § 193 StGB als Rechtfertigungsgrund ein gesetzlich geregelter Sonderfall des erlaubten Risikos sei[11]. Dabei wird dieser Gedanke zum Teil in scharfen Gegensatz zur Interessenabwägung gestellt[12].

Da das Problem des erlaubten Risikos nur bei Erfolgsdelikten Bedeutung hat, weil allein bei dieser Deliktsgruppe jener charakteristische Zwiespalt zwischen fehlendem Handlungsunwert und dennoch mißbilligtem Erfolgseintritt auftreten kann, müßte auch für die Fälle der Wahrnehmung berechtigter Interessen bei den §§ 185 ff. StGB ein besonderer Erfolg im Straftatbestand feststellbar sein. Sieht man in den §§ 186, 187 StGB abstrakte Gefährdungsdelikte[13], so wäre die Anwendung des Gedankens vom erlaubten Risiko eigentlich nach dem oben Gesagten[14] ausgeschlossen. Indessen wird die abstrakte Gefährdung der Ehre vom Erfordernis des Zugangs einer entsprechenden Erklärung, also einer Art Erfolg, abhängig gemacht, der vor allem bei schriftlichen Erklärungen weder tatsächlich noch in der Bewertung mit der Tathandlung zusammenfallen muß. Über dieses Tatbestandsmerkmal besteht jedoch in den Fällen der Wahrnehmung berechtigter Interessen in der Regel Gewißheit[15], so daß dieser Erfolg für ein erlaubtes Risiko im Rahmen des § 193 StGB nicht in Frage kommt. Entscheidende Besonderheit ist hier vielmehr die Unsicherheit über die Wahrheit der behaupteten Tatsachen. Daraus ist zu folgern, daß in diesem Zusammenhang nur die Tatbestände des § 186 StGB und des § 185 StGB, soweit dieser Tatsachenbehauptungen erfaßt, in Frage kommen[16].

S. 228; ders., Lehrbuch, S. 300 f.; *Lenckner*, FS f. *H. Mayer*, S. 165 (180); *Rehbinder*, S. 112 ff.; *Welzel*, Niederschriften XII, S. 167, XIII, S. 450; ders., Strafrecht, 10. Aufl., S. 301; etwas anders ders., Strafrecht, S. 320 ff.; ebenso *Schmidhäuser*, Lehrbuch, S. 210.

[11] Hier soll mit der h. M. (für viele: *Dreher*, § 193, Anm. 1; *Maurach*, Strafrecht BT, S. 156; *Schönke/Schröder*, § 193, Anm. 1; BGHSt 18, 182 [184]) davon ausgegangen werden, daß es sich bei der Wahrnehmung berechtigter Interessen überhaupt um eine Unrechtsfrage und nicht um ein Problem der Schuld (so z. B. *Erdsiek*, NJW 1966, 1385 [1386 ff.]; ders., JZ 1969, 311; sowie *Kern*, FG f. *Frank* II, S. 335 [353]) handelt, wodurch der Gedanke des erlaubten Risikos von vornherein anders zu beurteilen wäre. Vgl. auch *Roeder*, FS f. *Heinitz*, S. 237 ff.

[12] *Gallas*, Niederschriften IX, S. 71 f.; *Jescheck*, Niederschriften IX, S. 228; *Welzel*, Strafrecht, S. 320, verbindet neuerdings beide Gesichtspunkte.

[13] Vgl. z. B. *Jescheck*, Lehrbuch, S. 199; *Maurach*, Strafrecht BT, S. 136.

[14] Vgl. oben 1. Kapitel, I, 2.

[15] Zu Fällen des erlaubten Risikos im Zusammenhang mit dem Merkmal des Zugangs vgl. oben 2.

[16] Läßt man auch gegenüber Werturteilen einen sog. „Richtigkeitsbeweis" zu (*Hirsch*, Ehre und Beleidigung, S. 210 ff.; *Welzel*, Strafrecht, S. 317), so gilt dafür Entsprechendes. — Es kann hier dahingestellt bleiben, ob entgegen *Welzel*, Niederschriften XII, S. 167, Strafrecht, S. 321, auch bei § 187 StGB Fälle des § 193 StGB denkbar sind (*Rehbinder*, S. 119). Auch insoweit würden dann entsprechende Überlegungen gelten.

Es liegt nahe, die Struktur des § 186 StGB so zu sehen, daß eine Handlung und zwei „Erfolge“ vorausgesetzt werden. Theoretisch sind dann sowohl allein in bezug auf die Wahrnehmung durch Dritte als auch in bezug auf die Nichterweislichkeit der Wahrheit Fälle des erlaubten Risikos denkbar. Für die Untersuchung ist es nun gleichgültig, in welches Verbrechensmerkmal die Nichterweislichkeit der Wahrheit eingeordnet wird, ob als zusätzlicher, allerdings nicht notwendig vom Vorsatz umfaßter[17] Erfolg im Tatbestand oder als Unrechtsmerkmal in Form einer objektiven Bedingung der Strafbarkeit außerhalb des Tatbestandes. Die Struktur der Wahrnehmung berechtigter Interessen als Fall des erlaubten Risikos müßte an beiden Auffassungen gleich aufgezeigt werden können. Zu fragen ist also, ob durch diesen Gedanken zwar die vorsätzliche Kundgabe einer nicht sicher als wahr festzustellenden Tatsache[18] gebilligt erscheint, nicht aber direkt auch die Wahrnehmung der spätestens im Prozeß nicht als wahr erweislichen Tatsache durch Dritte. Nur dann kann überhaupt ein Fall des erlaubten Risikos angenommen werden und die Parallele zum gefährlichen Betrieb[19] oder zum Straßenverkehr[20] wäre zutreffend.

Die Nichterweislichkeit der Wahrheit einer behaupteten Tatsache ist in bezug auf die zu schützende Ehre nichts anderes als die Möglichkeit, diese verletzt zu haben. Während die Wahrnehmung der Äußerung einer sicher unwahren Behauptung eine abstrakte Gefährdung des Rechtsguts darstellt, da eine tatsächliche Beeinträchtigung des sozialen Geltungs- bzw. Achtungsanspruchs[21] vom Tatbestand nicht vorausgesetzt wird, handelt es sich bei der Nichterweislichkeit ebenso um ein Wahrscheinlichkeitsurteil, da die Nichterweislichkeit materiell nur die Möglichkeit einer Ehrverletzung ist. Dieses Urteil beruht aber nicht auf der fehlenden Erkennbarkeit z. B. der Kausalität des Zugangs, sondern darauf, daß die in der Wahrnehmung durch Dritte liegende mögliche abstrakte Gefährdung durch den fehlenden Wahrheitsbeweis wahrscheinlicher wird. Die Nichterweislichkeit der Wahrheit ist also die

---

17 Vgl. auch die von der bisher h. M. abweichende Auffassung von *Hirsch*, Ehre und Beleidigung, S. 168 ff., 203, und *Welzel*, Strafrecht, S. 313 f., die eine vorsätzlich ehrverletzende, eine mit Vorsatz auf die Unwahrheit begangene sowie eine sorgfaltswidrige üble Nachrede unterscheiden, was sich bei der hier zu erörternden Frage nicht auswirkt, da wegen der fehlenden Möglichkeit der unterschiedlichen Bewertung von Handlung und Erfolg bei der ersten Variante für diese kein erlaubtes Risiko in Frage kommt.

18 In der dogmatischen Sicht des § 186 StGB bei *Welzel*, Strafrecht, S. 313 f.: die in bezug auf die Wahrheit sorgfaltswidrige oder mit Vorsatz der Unwahrheit vorsätzliche Behauptung einer nicht sicher als wahr festzustellenden Tatsache.

19 *Gallas*, Niederschriften IX, S. 71.

20 *Rehbinder*, S. 112 ff.

21 Vgl. zum Rechtsgut der §§ 185 ff. StGB *Dreher*, § 185, Anm. 1 A; LK *(Herdegen)*, 9. Aufl., vor § 185, Anm. 1 ff.; *Maurach*, Strafrecht BT, S. 130 ff.

Bestätigung dafür, daß die in der Wahrnehmung durch Dritte liegende abstrakte Gefährdung des Geltungsanspruchs möglicherweise eingetreten sein kann, was bei einem gelungenen Wahrheitsbeweis ausgeschlossen wäre. Eine Konstruktion der Wahrnehmung berechtigter Interessen als Fall des erlaubten Risikos würde danach also voraussetzen, daß die bei Aufstellung der Behauptung bestehende Gefahr, später nicht deren Wahrheit beweisen zu können und dadurch eventuell eine auch dann noch nur mögliche Verletzung des Geltungsanspruchs zu begehen, als Element der Handlung zwar erlaubt wäre, nicht aber die dann infolge der Nichterweislichkeit der Wahrheit mögliche Verletzung des Geltungsanspruchs selbst. Schon diese kaum darstellbare geringe Unterscheidung legt es nahe, in diesen Fällen sowohl die Handlung als auch die dann eintretende mögliche Verletzung des Geltungsanspruchs gleichermaßen direkt als gebilligt anzusehen. Die Wahrnehmung berechtigter Interessen ist also kein Fall des erlaubten Risikos. Nicht jede „Rechtfertigung einer Risikohandlung" kann entgegen *Welzel*[22] stets als erlaubtes Risiko aufgefaßt werden.

Dies Ergebnis wird bestätigt, wenn man die angeführte Begründung der These von der Wahrnehmung berechtigter Interessen als Fall des erlaubten Risikos untersucht. Diese Einordnung wird hauptsächlich deshalb vorgenommen, weil der Gedanke der Wahrnehmung berechtigter Interessen in einzelnen Fällen nicht mit Hilfe der Interessenabwägung begründet werden könne, da der Ehrenschutz keinesfalls immer hinter dem verfolgten Interesse zurücktreten müsse[23]. Diese Begründung vermag die aufgestellte These jedoch nicht zu stützen, da sich das Problem des Nichtüberwiegens der verfolgten Interessen im Einzelfall, selbst wenn die Wahrnehmung berechtigter Interessen ein Fall des erlaubten Risikos wäre, nur in die Bewertung der Handlung verlagert. Dort ist dann zu fragen, weshalb der Täter diese Handlung mit der Möglichkeit der Ehrverletzung vornehmen darf, wenn das damit sonst verfolgte Interesse geringwertiger ist.

Für die entsprechenden Fälle des § 185 StGB, der Behauptung ehrenrühriger Tatsachen gegenüber dem Betroffenen selbst, kommt ein Fall des erlaubten Risikos bei Wahrnehmung berechtigter Interessen schon deshalb nicht in Betracht, weil dieser Tatbestand nach h. M.[24]

---

22 Strafrecht, S. 320.

23 *Gallas*, Niederschriften IX, S. 71; *Jescheck*, Lehrbuch, S. 300; vgl. auch *Schönke/Schröder*, § 193, Anm. 1.

24 BayObLG, NJW 1959, 57; OLG Köln, NJW 1964, 2121 (2122); *Dreher*, § 186, Anm. 2 D d; *Kohlrausch/Lange*, Vorbemerkung IV, § 185, Anm. V; *Maurach*, Strafrecht BT, S. 142; *Schönke/Schröder*, § 185, Anm. 3, 17, 21. — Folgt man der abweichenden Auffassung zu § 185 StGB von *Hirsch*, Ehre und Beleidigung, S. 204 ff., LK *(Herdegen)*, 9. Aufl., § 185, Anm. 22, und *Welzel*, Strafrecht, S. 310 f., so gilt das zu § 186 StGB bereits Ausgeführte hier entsprechend.

voraussetzt, daß die behauptete Tatsache unwahr ist und daß sich der Vorsatz auch darauf beziehen muß. Stellt sich der Täter die behauptete Tatsache als wahr vor, so fehlt bereits der Vorsatz und § 193 StGB kommt ebensowenig zur Anwendung, wie in dem Fall, daß der Vorsatz in bezug auf die Unwahrheit zwar gegeben ist, der Beweis der Unwahrheit aber nicht gelingt. Kennt der Täter die Unwahrheit und läßt sich diese auch nachweisen, so könnte zwar eine Wahrnehmung berechtigter Interessen in Frage kommen, ein Fall des erlaubten Risikos wäre es aber nicht, da sowohl die Handlung als auch die Unwahrheit gebilligt sein müßten.

Als Problem der Wahrnehmung berechtigter Interessen bleibt allein die vom Gedanken des erlaubten Risikos völlig unabhängige Frage, ob die Wahrnehmung berechtigter Interessen als ein Sonderfall der Interessenabwägung angesehen werden kann oder nicht[25].

---

[25] Bei der Wahrnehmung berechtigter Interessen versagt diese Abwägung in einem bestimmten Umfang, weil die in Frage kommenden Interessen, wie z. B. das Aufklärungsinteresse, als Werte so schwierig zu bestimmen sind, daß sie schon gar nicht mit der ebenfalls wertmäßig kaum zu bestimmenden Ehrverletzung kommensurabel erscheinen (*Liepmann* in Einleitung zu *Mattil*, Die Wahrnehmung berechtigter Interessen durch die Presse, S. 19 ff.). Vgl. auch *Bockelmann*, Niederschriften IX, S. 70, der die Möglichkeit der Güterabwägung generell in Zweifel zieht, die Hinweise in der Begründung zu § 178 des E 1962, S. 323, sowie auch *Roeder*, FS f. *Heinitz*, S. 239. Dieser Bereich wird daher generell der Straflosigkeit überlassen. —

Während es hier, wie beim sog. übergesetzlichen schuldausschließenden Notstand, um die Ungewißheit über die Wertmaßstäbe geht, fehlt bei den von *Jescheck*, Lehrbuch, S. 299, ebenfalls dem erlaubten Risiko zugeordneten Fällen die Gewißheit über die gefahrloseste Rettungsmöglichkeit. Diese Fälle sind über das Handeln auf eigene Gefahr im Unrecht, der übergesetzliche schuldausschließende Notstand in der Schuld zu lösen. Die Wahrnehmung berechtigter Interessen steht dazwischen, wenn auch mehr für die Annahme eines Rechtfertigungsgrundes spricht.

Zusammenfassung und Ergebnisse der Arbeit

Während es nach der Durchsicht der vielfältigen Anwendung des Begriffs erlaubtes Risiko in Literatur und Rechtsprechung zunächst so schien, als ob es sich dabei um einen uferlosen und schon deshalb dogmatisch völlig nutzlosen Begriff handelt, stellte sich beim Versuch der immer engeren Eingrenzung mit dem Ziel, den Kern einer solchen Lehre genauer zu erfassen, nur heraus, daß die Suche nach einem Verbrechenselement des erlaubten Risikos in Form eines speziellen Tatbestandsausschlusses, eines Rechtfertigungs- oder Schuldausschließungsgrundes keinen Erfolg haben konnte.

Wenn dogmatisch etwas für das erlaubte Risiko zunächst charakteristisch ist, so das Ziel, die Straflosigkeit des Täters für bestimmte gefährliche Handlungen primär durch die Verneinung des Handlungsunwerts zu erreichen. Da dies bei Handlungs- und abstrakten Gefährdungsdelikten in der Regel keine Probleme aufwirft, blieben als Anwendungsbereich die Erfolgsdelikte im weiteren Sinne und dort wiederum nur die Fälle, in denen der Erfolgsunwert nicht bereits direkt aus demselben Grund wie der Handlungsunwert zu verneinen ist. Selbst in dieser Begrenzung ließen sich aber für das erlaubte Risiko noch immer derartig viele, zudem innerhalb anderer Verbrechenselemente nur partielle Anwendungsmöglichkeiten feststellen, daß es sich dabei lediglich um einen zusammenfassenden Begriff für eine mehrfach auftretende normative Struktur, aber um kein spezifisches Verbrechenselement handeln kann.

Die historische Entwicklung bis in die jüngste Zeit, so vor allem noch die Begriffsbestimmungen in den Arbeiten von *Rehberg* und *Roeder*, legten es dann nahe, über die Sicht des erlaubten Risikos als normativer Struktur im Verhältnis von Handlungs- und Erfolgsunwert hinaus auch die besondere normative Begründung für die Verneinung des Handlungsunwerts zur weiteren Begrenzung heranzuziehen. Dabei bot sich in erster Linie an, die wegen des „sozialen Nutzens" erlaubte riskante Handlung ins Auge zu fassen und vor allem auf die Billigung des gesamten „Verhaltenskomplexes" abzustellen. Da es aber eine Reihe von Fällen auf andere Weise gebilligter gefährlicher Handlungen gibt, verlagerte sich dadurch der Schwerpunkt der Betrachtung vom überhaupt erlaubten Risiko zu dem auf bestimmte Weise erlaubten, mit der Folge, daß es auch dann kein spezifisches Verbrechenselement erlaubtes Risiko, sondern nur noch z. B. „sozialadäquates", „eingewilligtes" etc. Risiko gibt. So gesehen wird das „erlaubte Risiko" als Bezeichnung für einen Rechtfertigungsgrund wie z. B. bei *Jescheck* zu einem für die gemeinten Fälle viel zu weiten Begriff, weil die für die Billigung der angesprochenen Handlungen hier allein entscheidenden Faktoren nicht näher bestimmt werden bzw. sich wegen ihrer Komplexität vielleicht auch nicht immer ganz genau bestimmen lassen.

Die Verneinung des erlaubten Risikos als spezifisches Verbrechenselement führt aber zugleich dazu, die damit angesprochenen normativen Strukturen, sei es im Verhältnis von Handlungs- und Erfolgsunwert, sei es innerhalb der Verneinung des Handlungsunwerts, stärker zu untersuchen. In diesem Rahmen kommt dem Gedanken vom erlaubten Risiko nicht nur eine hintergründige systematische, weil zusammenfassende Funktion zu, vielmehr liegt die entscheidende Bedeutung einer solchen Lehre in dem von einem übergreifenden Gesichtspunkt ausgehenden Anstoß, dogmatische Einzelprobleme zu überprüfen und präziser zu lösen. Dies geht über die bereits von *Rehberg* festgestellte Rolle dieser Lehre als „Übergangsstufe" in der Dogmatik der Fahrlässigkeit von der psychischen Beziehung des Täters zum Erfolg zur objektiven Bewertung der Gefährdungshandlung, wie sich in dieser Arbeit gezeigt hat, weit hinaus.

Zunächst erwiesen sich die Fälle des erlaubten Risikos als Probleme im Bereich von Tatbestand und Rechtswidrigkeit. Weder Schuldlösungen noch solche mit Hilfe eines allgemeinen Handlungsbegriffs waren in der Lage, die volle Problematik zu erfassen, da in beiden Elementen der trotz erlaubt riskanter Handlung eingetretene Erfolg ausgeklammert ist, und die zur Lösung herangezogenen Merkmale nicht im Rahmen der Schuld, sondern der Rechtswidrigkeit einzuordnen sind. Der eingetretene Erfolg zwang weder dazu, die Rechtswidrigkeit trotz erlaubt riskanter Handlung zu bejahen, noch mußte er undogmatisch als Zufall, Unglück oder „rechtliches Neutrum" abgetan werden. Vielmehr entfällt der Unwert der Auswirkung der Handlung im eingetretenen Erfolg für das Strafrecht durch die Abwägung mit der dem Täter gewährten Handlungsfreiheit. Ist die riskante Handlung im Zeitpunkt ihrer Vornahme unter Berücksichtigung u. a. der Gefahren sowie der Grenzen des Könnens mit der Rechtsordnung vereinbar, dann muß wegen der Bedeutung der Handlungsfreiheit diese den Unwert der Auswirkung im nachträglich eingetretenen Erfolg überwiegen, so daß der Erfolgsunwert für das Strafrecht zu verneinen ist, der Schaden jedoch bestehen bleibt.

Die Überprüfung der dogmatischen Lösungen für die einzelnen Beispielsgruppen der Fälle des erlaubten Risikos hat einerseits gezeigt, daß kein Bedürfnis für die Anerkennung des erlaubten Risikos als Tatbestandsausschluß, Rechtfertigungs- oder Schuldausschließungsgrund besteht, da alle Beispielsfälle mit Hilfe anderer Verbrechenselemente gelöst werden können. Andererseits hat der Gedanke des erlaubten Risikos zu Folgerungen für einzelne dogmatische Lösungen der erwähnten Fälle geführt.

Bei den fahrlässigen Erfolgsdelikten sind die Beispielsfälle mit Hilfe der als Ergebnis einer Interessenabwägung zu verstehenden generellen Vorhersehbarkeit sowie durch die Bestimmung der Grenzen der generellen Sorgfaltspflichten im Rahmen der Rechtswidrigkeit zu lösen, wobei die normative Berücksichtigung des eigenen verantwortlichen Verhaltens des Verletzten sowie die Unterscheidung zwischen Tatbestandsbegrenzung und Rechtfertigungsgrund besondere Probleme aufwerfen.

Die Einwilligung kann zur Lösung dieser Fälle nicht herangezogen werden, weil sich die Billigung des später Verletzten nicht auf den eintretenden Erfolg beziehen darf, da es sich dann nicht mehr um Fälle des erlaubten Risikos handelt. Eine Einwilligung in die Gefahr oder Handlung mit der Wirkung der Verneinung des Unrechts gibt es nicht (vgl. 2. Kapitel, 2. Abschnitt, B, IV, 1 b). Vielmehr ist auch im Strafrecht ein Handeln auf eigene Gefahr anzuerkennen, das individuell im konkreten Fall oder auch generalisiert im Rahmen der generellen Sorgfaltspflicht oder als Rechtfertigungsgrund zu berücksichtigen ist. Dabei ist entsprechend auch ein mutmaßliches Handeln auf eigene Gefahr möglich.

Mangels gesetzlicher Regelung vor allem der generellen Sorgfaltspflichten sowie des tatsächlichen bzw. mutmaßlichen Handelns auf eigene Gefahr müssen Tatbestandsausschluß und Rechtfertigungsgrund besonders voneinander abgegrenzt werden. Ein Tatbestandsausschluß ist anzunehmen, wenn die Bewertung der entscheidenden positiven Faktoren einer im Ergebnis straflosen Tat in einer Grundsituation sozial selbstverständlich ist. Sonst kann nur ein Rechtfertigungsgrund angenommen werden (vgl. 2. Kapitel, 2. Abschnitt, B, V.).

Danach sind die Fälle überwiegenden sozialen Nutzens im Bereich der generellen Sorgfaltspflicht wie auch als Unterfälle des rechtfertigenden Notstands denkbar. Handelt es sich aber um die Abwägung von Interessen ein und desselben Rechtsgutsträgers, so ist dies als besondere Erwägung bei der Bestimmung der Grenzen der generellen Sorgfaltspflichten oder als Rechtfertigungsgrund des tatsächlichen oder mutmaßlichen Handelns auf eigene Gefahr zu berücksichtigen. Auch die von *Jescheck* mit dem Rechtfertigungsgrund „erlaubtes Risiko" gelösten Fälle gehören zumeist in diesen Zusammenhang.

Die Unsicherheit bei der Bestimmung der generellen Sorgfaltspflichten, vor allem wegen der Verbindung vieler Wertungsvorgänge zu einem Ergebnis, spiegelt sich in der Bestimmung der Rechtfertigungsgründe wider, wenn z. B. Elemente des Handelns auf eigene Gefahr mit solchen des rechtfertigenden Notstands zusammentreffen. Die Gewährleistung der Rechtssicherheit kann hier nur erzielt werden, wenn diese normativen Erwägungen auch stärker auf ihre axiologischen Grundlagen hin untersucht werden. Dies gilt ebenso für gesetzlich geregelte Rechtfertigungsgründe wie z. B. die Notwehr, in denen sich auch Fälle des erlaubten Risikos verbergen.

Bei den vorsätzlichen Erfolgsdelikten sind ebenfalls Fälle des erlaubten, insbesondere des sozialadäquaten Risikos entgegen *Roeder* anzuerkennen. Die Bedeutung des Vorsatzes für die Bestimmung der Grenzen erlaubt riskanter Handlungen läßt sich jedoch nur durch eine Gesamtbewertung der objektiven und subjektiven Elemente der vorsätzlichen Handlung mit Hilfe der sozialen Adäquanz feststellen. Dies führt im Ergebnis zur Verneinung des Handlungsunwerts, wenn der eingetretene Erfolg generell nicht vorhersehbar ist, oder wenn der Täter die generelle Sorgfaltspflicht nicht verletzt hat. Insoweit fehlt wegen der Bedeutung der Handlungsfreiheit auch der Erfolgsunwert für das Strafrecht.

Weder bei den Risikogeschäften im Rahmen des § 266 StGB noch bei den Fällen der Wahrnehmung berechtigter Interessen des § 193 StGB handelt es sich um Beispiele des erlaubten Risikos. Im zuletzt erwähnten Fall ist allein die normative Begründung der erlaubten Handlung problematisch.

Wegen der aufgezeigten Schwierigkeiten bei der genauen Bestimmung der Grenzen sollte von einer weiteren, besonderen gesetzlichen Regelung selbst eines Teilbereichs des erlaubten Risikos auch für die Rechtfertigungsgründe bis zu einer präzisen Klärung der dabei zugrundeliegenden normativen Erwägungen abgesehen werden. Ob eine genaue Tatbestandsabgrenzung für die im StGB enthaltenen Erfolgsdelikte mit nicht ausreichend umschriebener Tathandlung je gelingen kann, ist fraglich.

Literaturverzeichnis

Allfeld, Philipp, Lehrbuch des Deutschen Strafrechts, 8. Aufl., Leipzig, Erlangen 1922.

Almendingen, L. Harscher v., Untersuchung über das kulpose Verbrechen, Giessen 1804.

Bar, L. v., Die Lehre vom Causalzusammenhange im Rechte, insbesondere im Strafrechte, Leipzig 1871 („Causalzusammenhang").

— Gesetz und Schuld im Strafrecht, Band I, Berlin 1906, Band II, Berlin 1907, Band III, Berlin 1909 („Gesetz und Schuld").

Baumann, Jürgen, Strafrecht, Allgemeiner Teil, 5. Aufl., Bielefeld 1968.

Bekker, Ernst Immanuel, Theorie des heutigen Deutschen Strafrechts, 1. Band, 2. Lieferung, Leipzig 1859.

Beling, Ernst, Grundzüge des Strafrechts, 2. Aufl., Jena 1902, 8./9. Aufl., Tübingen 1925.

— Die Lehre vom Verbrechen, Tübingen 1906.

— Die Lehre vom Tatbestand, Tübingen 1930.

Berner, Albert Friedrich, Lehrbuch des Deutschen Strafrechts, 18. Aufl., Leipzig 1898.

Bernert, Günther, Zur Lehre von der „sozialen Adäquanz" und den „sozialadäquaten Handlungen", Marburg 1966.

Berz, Ulrich, Die Bedeutung der Sittenwidrigkeit für die rechtfertigende Einwilligung, GA 1969, S. 145 ff.

Binavince, Emilio S., Die vier Momente der Fahrlässigkeitsdelikte, Bielefeld 1969.

Binding, Karl, Handbuch des Strafrechts, Erster Band, Leipzig 1885.

— Die Normen und ihre Übertretung, Erster Band: Normen und Strafgesetze, 4. Aufl., Leipzig 1922, Zweiter Band: Schuld und Vorsatz, 2. Aufl., Leipzig 1914 - 1916, Vierter Band: Die Fahrlässigkeit, Leipzig 1919 („Normen I, II, 1, 2, IV").

— Die Schuld im deutschen Strafrecht, Leipzig 1919.

Birkmeyer, Karl v., Über Ursachenbegriff und Kausalzusammenhang, GS 37, S. 257 ff.

Bockelmann, Paul, Reform des Versuchsstrafrechts, Göttingen 1957.

Boldt, Gottfried, Zur Struktur der Fahrlässigkeitstat, ZStW 68, S. 335 ff.

Bruns, Hans-Jürgen, Zur neuesten Rechtsprechung über die Strafbarkeit der Volltrunkenheit, JZ 1958, S. 105 ff.

Bruns, Hermann, Kritik der Lehre vom Tatbestand, Bonn, Köln 1932.

Bubnoff, Eckhart v., Rechtsfragen zur homologen Organtransplantation aus der Sicht des Strafrechts, GA 1968, S. 65 ff.

Buchholz, Erich, *Heilborn*, *Knobloch*, Einige Probleme der Bestimmungen zum Schutze der Volkswirtschaft und des sozialistischen Eigentums, NJ 1967, S. 173 ff.

— *Kusicka*, Herbert, Buchbesprechung: *Seidel*, Dietmar, Risiko in Produktion und Forschung als gesellschaftliches und strafrechtliches Problem, Staat und Recht 1968, S. 1233 ff.

— *Seidel*, Dietmar, Zur Berücksichtigung des Wirtschaftsrisikos im Strafrecht der DDR, Staat und Recht, 1964, S. 1374 ff.

Burgstaller, Manfred, Zum Standort des erlaubten Risikos, ÖJZ 1970, S. 384 f.

Busch, Richard, Moderne Wandlungen der Verbrechenslehre, Tübingen 1949.

Cramer, Peter, Der Vollrauschtatbestand als abstraktes Gefährdungsdelikt, Tübingen 1962 („Vollrauschtatbestand").

— Straßenverkehrsrecht, Frankfurt 1971.

Dallinger, Wilhelm, *Lackner*, Karl, Kommentar zum Jugendgerichtsgesetz, 2. Aufl., München, Berlin 1965.

Deutsch, Erwin, Fahrlässigkeit und erforderliche Sorgfalt, Köln, Berlin 1963.

Dohmen, Heinz, Für und wider den Rechtfertigungsgrund des verkehrsrichtigen Verhaltens, Kölner Dissertation 1965.

Dohna, Alexander Graf zu, Die Rechtswidrigkeit als allgemeingültiges Merkmal im Tatbestande strafbarer Handlungen, Halle 1905 („Rechtswidrigkeit").

— Der Aufbau der Verbrechenslehre, 1. Aufl., Bonn 1936, 2. Aufl., Bonn 1941, 3. Aufl., Bonn 1947.

— Zum neuesten Stand der Schuldlehre, ZStW 32, S. 323 ff.

— Ein neuer Grundriß des Strafrechts. Besprechung zu *Hans Welzels* Grundriß des Allgemeinen Teils des Strafrechts, ZStW 60, S. 287 ff.

— Ein unausrottbares Mißverständnis, ZStW 66, S. 505 ff.

Dreher, Eduard, Kommentar zum Strafgesetzbuch, 33. Aufl., München 1972.

Engisch, Karl, Untersuchungen über Vorsatz und Fahrlässigkeit im Strafrecht, Berlin 1930 („Vorsatz und Fahrlässigkeit").

— Die Kausalität als Merkmal strafrechtlicher Tatbestände, Tübingen 1931 („Kausalität").

— Der finale Handlungsbegriff, Festschrift für *Eduard Kohlrausch*, S. 141 ff., Berlin 1944.

— Vom Weltbild des Juristen, Heidelberg 1950 („Weltbild").

— Die Idee der Konkretisierung in Recht und Rechtswissenschaft unserer Zeit, Heidelberg 1953 („Konkretisierung").

— Bemerkungen zu *Theodor Rittlers* Kritik der Lehre von den subjektiven Tatbestands- und Unrechtsmerkmalen, Festschrift für *Theodor Rittler*, S. 165 ff., Aalen 1957.

— Der Unrechtstatbestand im Strafrecht. Eine kritische Betrachtung zum heutigen Stand der Lehre von der Rechtswidrigkeit im Strafrecht, in: Hundert Jahre deutsches Rechtsleben, Festschrift zum hundertjährigen Bestehen des deutschen Juristentags 1860 - 1960, I, S. 401 ff., Karlsruhe 1960.

— Zur „Natur der Sache" im Strafrecht, Festschrift für *Eberhard Schmidt*, S. 90 ff., Göttingen 1961.

Engisch, Karl, Die Lehre von der Willensfreiheit in der strafrechtsphilosophischen Doktrin der Gegenwart, Berlin 1963 („Willensfreiheit").

— Bietet die Entwicklung der dogmatischen Strafrechtswissenschaft seit 1930 Veranlassung, in der Reform des allgemeinen Teils des Strafrechts neue Wege zu gehen?, ZStW 66, S. 339 ff.

— Tatbestandsirrtum und Verbotsirrtum bei Rechtfertigungsgründen, ZStW 70, S. 566 ff.

Enneccerus, Ludwig, *Nipperdey*, Hans Karl, Allgemeiner Teil des Bürgerlichen Rechts, 1. Halbband: Allgemeine Lehren, Personen, Rechtsobjekte, 15. Aufl., Tübingen 1959.

Erdsiek, Gerhard, Unvollkommenheiten des zivilrechtlichen Rechtsschutzes, NJW 1966, S. 1385 ff.

— Wahrnehmung berechtigter Interessen ein Rechtfertigungsgrund?, JZ 1969, S. 311 ff.

Eser, Albin, Wahrnehmung berechtigter Interessen als allgemeiner Rechtfertigungsgrund, Bad Homburg v. d. H., Berlin, Zürich 1969.

Esser, Josef, Schuldrecht. Ein Lehrbuch, 1. Band: Allgemeiner Teil, 4. Aufl., Karlsruhe 1970.

Exner, Franz, Das Wesen der Fahrlässigkeit, Leipzig, Wien 1910 („Fahrlässigkeit").

— Fahrlässiges Zusammenwirken, Festgabe für *Reinhard von Frank*, Band I, S. 569 ff., Tübingen 1930.

Feuerbach, Anselm Ritter v., Lehrbuch des gemeinen in Deutschland gültigen peinlichen Rechts, 12. Aufl., Giessen 1836 („Lehrbuch").

— Betrachtungen über Dolus und Culpa, Bibliothek für peinliche Rechtswissenschaft und Gesetzeskunde II, S. 193 ff.

Fischer, Hans Albrecht, Die Rechtswidrigkeit mit besonderer Berücksichtigung des Privatrechts, Neudruck Frankfurt a. M. 1966.

Flad, Handeln auf eigene Gefahr. Zugleich ein Beitrag zur Beurteilung von Gefälligkeitsfahrten, Das Recht 1919, S. 13 ff.

Flume, Werner, Allgemeiner Teil des Bürgerlichen Rechts, 2. Band: Das Rechtsgeschäft, Berlin, Heidelberg 1965.

Frank, Reinhard, Über den Aufbau des Schuldbegriffs, Festschrift für die Juristische Fakultät in Giessen zum Universitäts-Jubiläum, S. 519 ff., Giessen 1907.

— Das Strafgesetzbuch für das Deutsche Reich, 18. Aufl., Tübingen 1931 („Kommentar").

Freudenthal, Berthold, Schuld und Vorwurf, Tübingen 1922.

Fukuda, Taira, Vorsatz und Fahrlässigkeit als Unrechtselemente, ZStW 71, S. 38 ff.

Gallas, Wilhelm, Täterschaft und Teilnahme, Materialien zur Strafrechtsreform, Band I, Bonn 1954.

— Die moderne Entwicklung der Begriffe Täterschaft und Teilnahme im Strafrecht, Deutsche Beiträge zum VII. Internationalen Strafrechtskongreß, Sonderheft der ZStW 1957, S. 3 ff.

— Zum gegenwärtigen Stand der Lehre vom Verbrechen, ZStW 67, S. 1 ff.

— Der dogmatische Teil des Alternativ-Entwurfs, ZStW 80, S. 1 ff.

Geerds, Friedrich, Einwilligung und Einverständnis des Verletzten im Strafrecht, Kieler Dissertation 1953.

Geppert, Klaus, Rechtfertigende „Einwilligung" des verletzten Mitfahrers bei Fahrlässigkeitsstraftaten im Straßenverkehr?, ZStW 83, S. 947 ff.

Gerland, Heinrich, Die Selbstverletzung und die Verletzung des Einwilligenden, Vergleichende Darstellung des deutschen und ausländischen Strafrechts AT, Band II, S. 487 ff., Berlin 1908.

— Der Rauschmittelmißbrauch nach § 330 a StGB, ZStW 55, S. 784 ff.

Gimbernat Ordeig, Enrique, Die innere und die äußere Problematik der inadäquaten Handlungen in der deutschen Strafrechtsdogmatik. Zugleich ein Beitrag zum Kausalproblem im Strafrecht, Hamburger Dissertation 1962 („Adäquanz").

— Finalität und Vorsatz, NJW 1966, S. 533 ff.

Goldmann, Heinz Gerd, Die behördliche Genehmigung als Rechtfertigungsgrund, Freiburger Dissertation 1967.

Goldschmidt, James, Der Notstand, ein Schuldproblem, Österreichische Zeitschrift für Strafrecht 4, S. 129 ff.

— Normativer Schuldbegriff, Festgabe für *Reinhard von Frank*, Band I, S. 428 ff., Tübingen 1930.

Grethlein, Gerhard, *Brunner*, Rudolf, Jugendgerichtsgesetz, Kommentar, 3. Aufl., Berlin 1969.

Grinberg, M. S., Rechtswissenschaftlicher Informationsdienst 1954, Sp. 421.

— Probleme des Produktionsrisikos im Strafrecht, Berlin 1965 („Produktionsrisiko").

Grolmann, Karl, Grundsätze der Criminalrechtswissenschaft nebst einer systematischen Darstellung des Geistes der deutschen Criminalgesetze, 4. Aufl., Giessen 1825.

Hälschner, Hugo, Das gemeine deutsche Strafrecht systematisch dargestellt, Band I, Bonn 1881.

Hansen, Georg, Die Einwilligung des Verletzten bei Fahrlässigkeitstaten, insbesondere das bewußte Eingehen eines Risikos durch den Geschädigten, Bonner Dissertation 1963.

Hardwig, Werner, Die Zurechnung. Ein Zentralproblem des Strafrechts, Hamburg 1957.

— Studien zum Vollrauschtatbestand, Festschrift für *Eberhard Schmidt*, S. 459 ff., Göttingen 1961.

— Verursachung und Erfolgszurechnung, JZ 1968, S. 289 ff.

Hartung, Fritz, Schlägermensur und Strafrecht, NJW 1954, S. 1225 ff.

Heinitz, Ernst, Zur Entwicklung der Lehre von der materiellen Rechtswidrigkeit, Festschrift für *Eberhard Schmidt*, S. 266 ff., Göttingen 1961.

Henckel, Hans, Der Gefahrbegriff im Strafrecht, Breslau 1930.

Henkel, Heinrich, Zumutbarkeit und Unzumutbarkeit als regulatives Rechtsprinzip, Festschrift für *Edmund Mezger*, S. 249 ff., München, Berlin 1954.

Herrmann, Rudolf, *Lehmann*, Ulrich, Buchbesprechung: M. S. *Grinberg*, Probleme des Produktionsrisikos im Strafrecht, Staat und Recht 1963, S. 2066 f.

Hippel, Robert v., Vorsatz, Fahrlässigkeit, Irrtum, Vergleichende Darstellung des deutschen und ausländischen Strafrechts AT, Band III, S. 373 ff., Berlin 1908.

— Deutsches Strafrecht, Erster Band, Berlin 1925, Zweiter Band, Berlin 1930 („Strafrecht I, II").

Hirsch, Hans Joachim, Die Lehre von den negativen Tatbestandsmerkmalen. Der Irrtum über einen Rechtfertigungsgrund, Bonn 1960 („Negative Tatbestandsmerkmale").

— Ehre und Beleidigung, Karlsruhe 1967.

— Soziale Adäquanz und Unrechtslehre, ZStW 74, S. 78 ff.

Honig, Richard, Die Einwilligung des Verletzten, Teil 1: Die Geschichte des Einwilligungsproblems und die Methodenfrage, Mannheim, Berlin, Leipzig 1919.

— Kausalität und objektive Zuordnung, Festgabe für *Reinhard von Frank*, Band I, S. 174 ff., Tübingen 1930.

Hoppe, Gerhard, Die soziale Adäquanz im Strafrecht, ungedruckte Göttinger Dissertation 1959.

Jagusch, Heinrich, Straßenverkehrsrecht, 20. Aufl., München 1972.

Jakobs, Günther, Studien zum fahrlässigen Erfolgsdelikt, Berlin 1972.

Jecht, Hans, „Überhöhte" Preisforderung und Betrugstatbestand, GA 1963, S. 41 ff.

Jescheck, Hans-Heinrich, Das Menschenbild unserer Zeit und die Strafrechtsreform, Tübingen 1957.

— Der strafrechtliche Handlungsbegriff in dogmengeschichtlicher Entwicklung, Festschrift für *Eberhard Schmidt*, S. 139 ff., Göttingen 1961.

— Aufbau und Behandlung der Fahrlässigkeit im modernen Strafrecht, Freiburg 1965 („Fahrlässigkeit").

— Lehrbuch des Strafrechts. Allgemeiner Teil, 1. Auflage, Berlin 1969, 2. Auflage, Berlin 1972 („Lehrbuch").

— Aufbau und Stellung des bedingten Vorsatzes im Verbrechensbegriff, Festschrift für *Erik Wolf*, S. 473 ff., Frankfurt a. M. 1962.

Kallmann, Rainer, Rechtsprobleme bei der Organtransplantation, FamRZ 1969, 572.

Kaufmann, Armin, Lebendiges und Totes in Bindings Normentheorie, Göttingen 1954 („Normenlehre").

— Die Dogmatik der Unterlassungsdelikte, Göttingen 1959 („Unterlassung").

— Das fahrlässige Delikt, ZfRVgl. 1965, S. 41 ff.

Kaufmann, Arthur, Die Bedeutung hypothetischer Erfolgsursachen im Strafrecht, Festschrift für *Eberhard Schmidt*, S. 200 ff., Göttingen 1961.

— Die ontologische Struktur der Handlung, Festschrift für *Hellmuth Mayer*, S. 79 ff., Berlin 1965.

Kern, Eduard, Die Beleidigung, Festgabe für *Reinhard von Frank*, Band II, S. 335 ff., Tübingen 1930.

Kessler, R., Die Einwilligung des Verletzten in ihrer strafrechtlichen Bedeutung, Berlin, Leipzig 1884.

Kienapfel, Diethelm, Körperliche Züchtigung und soziale Adäquanz im Strafrecht, Karlsruhe 1961 („Körperliche Züchtigung").

— Das erlaubte Risiko im Strafrecht, Frankfurt a. M. 1966 („Erlaubtes Risiko").

— Zur gegenwärtigen Situation der Strafrechtsdogmatik in Österreich, JZ 1972, S. 569 ff.

Kintzy, Dieter, Der Mangel am Tatbestand infolge Einwilligung des Rechtsgutsträgers, Tübingen 1970.

Klee, K., Die fahrlässige Tötung in der preußischen Praxis 1792 - 1812, GA, Band 62, S. 394 ff.

Klug, Ulrich, Der Handlungsbegriff des Finalismus als methodologisches Problem, Festschrift für *Carl August Emge*, S. 33 ff., Wiesbaden 1960.

— Sozialkongruenz und Sozialadäquanz im Strafrechtssystem, Festschrift für *Eberhard Schmidt*, S. 249 ff., Göttingen 1961.

Köhler, August, Probleme der Fahrlässigkeit im Strafrecht, München 1912.

Kohlrausch, Eduard, *Lange*, Richard, Strafgesetzbuch mit Erläuterungen und Nebengesetzen, 43. Aufl., Berlin 1961.

Kraushaar, Reinhold, Die Rechtswidrigkeit in teleologischer Sicht, GA 1965, S. 1 ff.

Krauss, Detlef, Die Zurechnung des Erfolges im Unrechtstatbestand, Göttinger Dissertation 1963 („Zurechnung").

— Erfolgsunwert und Handlungsunwert im Unrecht, ZStW 76, S. 19 ff.

Kries, Johannes v., Über den Begriff der objektiven Möglichkeit und einige Anwendungen derselben, Vierteljahresschrift für wissenschaftliche Philosophie 12, S. 179, 287, 393.

Krümpelmann, Justus, Die Bagatelldelikte, Berlin 1966.

Kunert, Karl Heinz, Die normativen Merkmale der strafrechtlichen Tatbestände, Berlin 1958.

Lackner, Karl, *Maassen*, Hermann, Strafgesetzbuch, 7. Aufl., München 1972.

Lampe, Ernst-Joachim, Das personale Unrecht, Berlin 1967 („Personales Unrecht").

— Täterschaft bei fahrlässiger Straftat, ZStW 71, S. 579 ff.

Lang, Inwieweit ist bei Anwendung des § 330 a StGB die subjektive Seite der Rauschtat nachzuprüfen?, DJ 1937, S. 1217.

Lange, Richard, Der moderne Täterbegriff und der deutsche Strafgesetzentwurf, Berlin, Leipzig 1935 („Moderner Täterbegriff").

— Irrtumsfagen bei ärztlicher Schwangerschaftsunterbrechung, JZ 1953, S. 9 ff.

Langrock, Günter, Zur Einwilligung in die Verkehrsgefährdung — BGH MDR 1970, S. 689, MDR 1970, S. 982 ff.

Larenz, Karl, Allgemeiner Teil des deutschen Bürgerlichen Rechts, 2. Aufl., München, Berlin 1972 („Allgemeiner Teil").

— Lehrbuch des Schuldrechts, I. Band: Allgemeiner Teil, 10. Aufl., München, Berlin 1970, II. Band: Besonderer Teil, 10. Aufl., München 1972 („Schuldrecht I, II").

Lehmann, Heinrich, Begrenzung der Rechtswidrigkeit unter vergleichender Berücksichtigung des schweizerischen Rechts, Festschrift für *Justus Wilhelm Hedemann*, S. 177 ff., Berlin 1958.

— Allgemeiner Teil des Bürgerlichen Gesetzbuches, 12. Aufl., Berlin 1960 („Allgemeiner Teil").

Lehrkommentar zum StGB, Strafrecht der Deutschen Demokratischen Republik, Band I, II, 2. Aufl., Berlin 1970 („*Lehrkommentar* I, II").

Leipziger Kommentar, Strafgesetzbuch, 1. und 2. Band, 6./7. Aufl., Berlin 1944, 1951, 1954, 1. und 2. Band, 8. Aufl., Berlin 1957, 1. - 16. Lieferung, 9. Aufl., Berlin 1970 („LK").

Lenckner, Theodor, Der rechtfertigende Notstand, Tübingen 1965 („Notstand").

— Die Rechtfertigungsgründe und das Erfordernis pflichtgemäßer Prüfung Festschrift für *Hellmuth Mayer*, S. 165 ff., Berlin 1965.

Less, Günter, Gibt es strafbare mittelbare Täterschaft, wenn der Tatmittler rechtmäßig handelt?, JZ 1951, S. 550 ff.

Liepmann, Moritz, Einleitung in das Strafrecht, Berlin 1900.

Liszt, Franz v., Lehrbuch des Deutschen Strafrechts, 2. Aufl., Berlin, Leipzig 1884, 8. Aufl., Berlin 1897 („Lehrbuch").

— Strafrechtliche Aufsätze und Vorträge, Erster Band, Berlin 1905.

— *Schmidt*, Eberhard, Lehrbuch des Deutschen Strafrechts, 26. Aufl., Berlin, Leipzig 1932.

Lobe, Adolf, Einführung in den Allgemeinen Teil des Strafgesetzbuchs, Berlin, Leipzig 1933.

Löffler, Alexander, Die Schuldformen des Strafrechts in vergleichend-historischer und dogmatischer Darstellung, Leipzig 1895 („Schuldformen").

— Unrecht und Notwehr. Prolegomena zu einer Revision der Lehre von der Notwehr, ZStW 21, S. 537 ff.

Lorenz, Dieter, Der Maßstab des einsichtigen Menschen, Münchener Dissertation 1964.

Lorenz, Werner, Rechtsvergleichendes zur Haftung des Warenherstellers und die Lieferanten gegenüber Dritten, Festschrift für *Hermann Nottarp*, S. 59 ff., Karlsruhe 1961.

Lotheissen, Wolfgang, Die Problematik der strafrechtlichen Repression bei Verkehrsunfällen, Zeitschrift für Verkehrsrecht 1970, S. 1.

Luden, Heinrich, Abhandlungen aus dem gemeinen teutschen Strafrechte, Zweiter Band: Über den Thatbestand des Verbrechens nach gemeinem teutschen Rechte, Göttingen 1840.

Mahling, Guenter, Die strafrechtliche Behandlung von Sportverletzungen, Berlin 1940.

Maihofer, Werner, Der Unrechtsvorwurf. Gedanken zu einer personalen Unrechtslehre, Festschrift für *Theodor Rittler*, S. 141 ff., Aalen 1957.

— Der soziale Handlungsbegriff, Festschrift für *Eberhard Schmidt*, S. 156 ff., Göttingen 1961.

Mannheim, Hermann, Der Maßstab der Fahrlässigkeit im Strafrecht, Breslau 1912.

Mattil, F., Die Wahrnehmung berechtigter Interessen durch die Presse, mit Einleitung *Liepmann*, Moritz, Die Grundgedanken des § 193 Strafgesetzbuchs, Hamburg 1929.

Maurach, Reinhart, Schuld und Verantwortung, Wolfenbüttel, Hannover 1948.

— Deutsches Strafrecht, Allgemeiner Teil, 4. Aufl., Karlsruhe 1971, Besonderer Teil, 5. Aufl., Karlsruhe 1969 („Strafrecht AT, BT").

Mayer, Hellmuth, Das Strafrecht des Deutschen Volkes, Stuttgart 1936 („Strafrecht 1936").

— Strafrecht. Allgemeiner Teil, Stuttgart, Köln 1953 („Strafrecht AT 1953"),

— Strafrecht, Allgemeiner Teil, Stuttgart, Berlin, Köln, Mainz 1967 („Kurzlehrbuch 1967").

Mayer, Max Ernst, Der Allgemeine Teil des Deutschen Strafrechts, 2. Aufl., Heidelberg 1923.

Meckel, Fritz, Die strafrechtliche Haftung für riskante Verhaltensweisen, Gießener Dissertation 1968.

Mergenthaler, Frank, Das „verkehrsrichtige Verhalten", JZ 1962, S. 53 ff.

Merkel, Rudolf, Die Kollision rechtmäßiger Interessen und die Schadensersatzpflicht bei rechtmäßigen Handlungen, Straßburg 1895.

Mezger, Edmund, Die subjektiven Unrechtselemente, GS 89, S. 207 ff.

— Die Straftat als Ganzes, ZStW 57, S. 675 ff.

— Strafrecht. Ein Lehrbuch, 3. Aufl., Berlin, München 1949 („Lehrbuch").

— Moderne Wege der Strafrechtsdogmatik. Eine ergänzende Betrachtung zum Lehrbuch des Strafrechts in seiner 3. Auflage, Berlin, München 1950 („Moderne Wege").

— Wandlungen der strafrechtlichen Tatbestandslehre, NJW 1953, S. 2 ff.

— Strafrecht, I. Allgemeiner Teil, 6. Aufl., München, Berlin 1955, 7. Aufl., München, Berlin 1957, 9. Aufl., München, Berlin 1960, 14. Aufl., fortgeführt von Hermann *Blei*, München 1970 („Kurzlehrbuch AT").

— *Blei*, Hermann, Strafrecht II, Besonderer Teil, 7. Aufl., 1966 („Kurzlehrbuch BT").

— *Mikorey*, Max, Volltrunkenheit und Rauschtat gemäß § 330 a StGB, MonKrimPsych Band 27, S. 410 ff.

Miricka, August, Die Formen der Strafschuld und ihre gesetzliche Regelung, Leipzig 1903.

Mittasch, Helmut, Der Nachweis der Ursächlichkeit bei fehlerhaftem Risiko, DRWi 1943, S. 46 ff.

Mörder, Heinz, Die soziale Adäquanz im Strafrecht, Saarbrücker Dissertation 1960.

Mühlhaus, Hermann, Die Fahrlässigkeit in Rechtsprechung und Rechtslehre, Berlin 1967 („Fahrlässigkeit").

— Straßenverkehrsordnung, 3. Aufl., München 1972.

Müller, Max Ludwig, Die Bedeutung des Kausalzusammenhangs in Straf- und Schadensersatzrecht, Tübingen 1912.

Münzberg, Wolfgang, Verhalten und Erfolg als Grundlagen der Rechtswidrigkeit und Haftung, Frankfurt a. M. 1966 („Verhalten und Erfolg").

Nagler, Johannes, Der heutige Stand der Lehre von der Rechtswidrigkeit, Festschrift für *Karl Binding* II, S. 273 ff., Leipzig 1911.

Niederschriften über die Sitzungen der Großen Strafrechtskommission, 9. Band, 12. Band, Bonn 1959, 13. Band, Bonn 1960 („Niederschriften").

Niese, Werner, Finalität, Vorsatz und Fahrlässigkeit, Tübingen 1951.

— Streik und Strafrecht, Tübingen 1954 („Streik").

— Die moderne Strafrechtsdogmatik und das Zivilrecht, JZ 1956, S. 457 ff.

— Ein Beitrag zur Lehre vom ärztlichen Heileingriff, Festschrift für *Eberhard Schmidt*, S. 364 ff., Göttingen 1961.

Nipperdey, Hans Carl, Rechtswidrigkeit, Sozialadäquanz, Fahrlässigkeit, Schuld im Zivilrecht, NJW 1957, S. 1777 ff.

Noll, Peter, Übergesetzliche Rechtfertigungsgründe, im besonderen die Einwilligung des Verletzten, Basel 1955 („Übergesetzliche Rechtfertigungsgründe").

— Tatbestand und Rechtswidrigkeit: Die Wertabwägung als Prinzip der Rechtfertigung, ZStW 77, S. 1 ff.

Nowakowski, Friedrich, Zu Welzels Lehre von der Fahrlässigkeit, JZ 1958, S. 335 ff., 388 ff.

— Zur Lehre von der Rechtswidrigkeit, ZStW 63, S. 287 ff.

— Probleme der Strafrechtsdogmatik, Jur. Bl. 1972, S. 19 ff.

Oehler, Dietrich, Der materielle Gehalt der strafrechtlichen Rechts- und Pflichtnormen, Festschrift für *Wilhelm Sauer*, S. 262 ff., Berlin 1949.

— Das objektive Zweckmoment in der rechtswidrigen Handlung, Berlin 1959.

— Die erlaubte Gefahrsetzung und die Fahrlässigkeit, Festschrift für *Eberhard Schmidt*, S. 232 ff., Göttingen 1961.

Peters, Karl, Jugendstrafrecht, ZStW 66, S. 423 ff.

Potrykus, Gerhard, Kommentar zum Jugendgerichtsgesetz, 4. Aufl., Darmstadt, Nürnberg, Düsseldorf, Berlin, Frankfurt 1955 - 66.

Radbruch, Gustav, Die Lehre von der adäqaten Verursachung, Berlin 1902 („Adäquate Verursachung").

— Erfolgshaftung, Vergleichende Darstellung des deutschen und ausländischen Strafrechts AT, Band II, S. 227 ff., Berlin 1908.

— Über den Schuldbegriff, ZStW 24, S. 333 ff.

Rehberg, Jürg, Zur Lehre vom „Erlaubten Risiko", Zürich 1962.

Rehbinder, Manfred, Die öffentliche Aufgabe und rechtliche Verantwortlichkeit der Presse, Berlin 1962.

Remplein, Heinz, Psychologie der Persönlichkeit, 6. Aufl., München, Basel 1967.

Rittler, Theodor, Lehrbuch des österreichischen Strafrechts, Erster Band, 2. Aufl., Wien 1954.

Roeder, Hermann, Das Schuld- und Irrtumsproblem beim Vollrausch, Festschrift für *Theodor Rittler*, S. 211 ff., Aalen 1957.

— Die Einhaltung des sozialadäquaten Risikos und ihr systematischer Standort im Verbrechensaufbau, Berlin 1969 („Sozialadäquates Risiko").

— Der systematische Standort der „Wahrnehmung berechtigter Interessen" im Spiegel der Strafrechtsreform, Festschrift für *Ernst Heinitz*, S. 229 ff., 1972.

Rohlandt, W. v., Die Kausallehre des Strafrechts, Leipzig 1903.

Rost, Wolfgang, Die Rechtfertigungsgründe bei Fahrlässigkeitsdelikten, Münchener Dissertation 1965.

Roxin, Claus, Täterschaft und Tatherrschaft, 2. Aufl., Hamburg 1967.

— Zur Kritik der finalen Handlungslehre, ZStW 74, S. 515 ff.

— Pflichtwidrigkeit und Erfolg bei fahrlässigen Delikten, ZStW 74, S. 411 ff.

— Besprechung: *Ulsenheimer*, Klaus: Das Verhältnis zwischen Pflichtwidrigkeit und Erfolg bei den Fahrlässigkeitsdelikten, ZStW 78, S. 214 ff.

— Offene Tatbestände und Rechtspflichtmerkmale, 2. Aufl., Berlin 1970.

Rudolphi, Hans-Joachim, Vorhersehbarkeit und Schutzzweck der Norm in der strafrechtlichen Fahrlässigkeitslehre, JuS 1969, S. 549 ff.

Rümelin, Gustav, Der Zufall im Recht, Freiburg, Leipzig 1896.

Rüthers, Bernd, Rechtsprobleme des „tarifbezogenen" wilden Streiks, DB 1970, S. 2120 ff.

Salm, Karl, Das vollendete Verbrechen, Erster Teil, Zweiter Halbband, Berlin 1967.

Samson, Erich, Hypothetische Kausalverläufe im Strafrecht, Frankfurt a. M. 1972.

Sauer, Wilhelm, Allgemeine Strafrechtslehre, 3. Aufl., Berlin 1955.

Schaffstein, Friedrich, Putative Rechtfertigungsgründe und finale Handlungslehre, MDR 1951, S. 196 ff.

— Jugendstrafrecht, 3. Aufl., Stuttgart, Berlin, Köln, Mainz 1970.

— Soziale Adäquanz und Tatbestandslehre, ZStW 72, S. 369 ff.

Schmidhäuser, Eberhard, Der Unrechtstatbestand, Festschrift für *Karl Engisch*, S. 432 ff., Frankfurt 1969.

— Strafrecht. Allgemeiner Teil, Tübingen 1970 („Lehrbuch").

Schmidt, Eberhard, Die mittelbare Täterschaft, Festgabe für *Reinhard von Frank*, Band II, S. 106 ff., Tübingen 1930.

— Die militärische Straftat und ihr Täter, Berlin 1936.

— Das Reichsgericht und der „übergesetzliche Notstand", ZStW 49, S. 350 ff.

— Schlägermensur und Strafrecht, JZ 1954, S. 368 ff.

— Soziale Handlungslehre, Festschrift für *Karl Engisch*, S. 339 ff., Frankfurt 1969.

Schmidt, Eike, Wahrnehmung berechtigter Interessen ein Rechtfertigungsgrund?, JZ 1970, S. 8 ff.

Schönke, Adolf, *Schröder*, Horst, Strafgesetzbuch. Kommentar, 16. Aufl., München 1972.

Schrey, Robert, Der Gegenstand der Einwilligung des Verletzten, Breslau 1928.

Schröder, Horst, Der subjektive Tatbestand des § 330 a StGB, DRiZ 1958, S. 219 ff.

— Die Gefährdungsdelikte im Strafrecht, ZStW 81, S. 7 ff.

Schwander, Vital, Gefährliche Tat und Rechtswidrigkeit, ZStR 63, S. 281 ff.

Schweikert, Heinrich, Strafrechtliche Haftung für riskantes Verhalten, ZStW 70, S. 394 ff.

Schweikert, Heinrich, Die Wandlungen der Tatbestandslehre seit Beling, Karlsruhe 1957.

Schwinge, Erich, *Siebert*, Wolfgang, Das neue Untreuestrafrecht in strafrechtlicher und zivilrechtlicher Beleuchtung, Berlin 1933.

Seidel, Dietmar, Über die gesetzliche Regelung des Produktions-, Forschungs- und Entwicklungsrisikos, NJ 1967, S. 186 ff.

— Risiko in Produktion und Forschung, Berlin 1968 („Risiko").

— Zum Problem fehlerhafter Bauausführung aus strafrechtlicher Sicht, Arbeit und Arbeitsrecht 1970, S. 375 ff.

Sina, Peter, Die Dogmengeschichte des strafrechtlichen Begriffs „Rechtsgut", Basel 1962.

Speckardt, Karl-Heinz, und Kollektiv, Probleme der strafrechtlichen Verantwortlichkeit für Wirtschaftsstraftaten, Staat und Recht 1963, S. 1974 ff.

Spriestersbach, Horst, Neue Kritik der Lehre vom Tatbestand, Bonn 1960.

Stock, Ulrich, Entwicklung und Wesen der Amtsverbrechen, Leipzig 1932.

Stoll, Hans, Zum Rechtfertigungsgrund des verkehrsrichtigen Verhaltens, JZ 1958, S. 137 ff.

— Das Handeln auf eigene Gefahr. Eine rechtsvergleichende Untersuchung, Berlin, Tübingen 1961.

— Unrechtstypen bei Verletzung absoluter Rechte, AcP 162, S. 203 ff.

Stratenwerth, Günter, Arbeitsteilung und ärztliche Sorgfaltspflicht, Festschrift für *Eberhard Schmidt*, S. 383 ff., Göttingen 1961.

— Entwicklungstendenzen der neueren deutschen Strafrechtsdogmatik, Juristenjahrbuch 2, S. 195 ff.

— Das rechtstheoretische Problem der „Natur der Sache", Tübingen 1957.

— Handlungs- und Erfolgsunwert im Strafrecht, ZStR 79, S. 233 ff.

— Strafrecht, Allgemeiner Teil I, Die Straftat, Berlin, Bonn, München 1971 („Strafrecht AT I").

Stübel, Carl, Über gefährliche Handlungen, als für sich bestehende Verbrechen, ..., Neues Archiv des Criminalrechts, Achter Band, Halle 1826.

Tarnowski, Hans, Die systematische Bedeutung der adäquaten Kausalitätstheorie für den Aufbau des Verbrechensbegriffs, Berlin, Leipzig 1927.

Thon, August, Rechtsnorm und subjektives Recht, Weimar 1878.

Thyren, J. C. W., Bemerkungen zu den kriminalistischen Kausalitätstheorien, Abhandlungen aus dem Strafrechte und der Rechtsphilosophie I, Lund 1894.

Torp, Karl, Die Lehre von der rechtswidrigen Handlung in der nordischen Rechtswissenschaft, ZStW 23, S. 84 ff.

Traeger, Ludwig, Der Kausalbegriff in Straf- und Zivilrecht, Marburg 1904.

Ulsenheimer, Klaus, Das Verhältnis zwischen Pflichtwidrigkeit und Erfolg bei den Fahrlässigkeitsdelikten, Bonn 1965.

— Erfolgsrelevante und erfolgsneutrale Pflichtverletzungen im Rahmen der Fahrlässigkeitsdelikte, JZ 1969, S. 364 ff.

Viski, L., Rechtswidrigkeit bei Gefährdungsdelikten, Acta Juridica Academiae Scientarum Hungaricae, Band 10, S. 275 ff.

Volz, Manfred, Unrecht und Schuld abstrakter Gefährdungsdelikte, Göttingen 1968.

Weber, Hellmuth v., Zum Aufbau des Strafrechtssystems, Jena 1935.

Welzel, Hans, Studien zum Strafrechtssystem, ZStW 58, S. 491 ff.

— Naturalismus und Wertphilosophie im Strafrecht. Untersuchungen über die ideologischen Grundlagen der Strafrechtswissenschaft, Mannheim, Berlin, Leipzig 1935 („Naturalismus").

— Der Allgemeine Teil des deutschen Strafrechts, Berlin 1940.

— Über den substantiellen Begriff des Strafgesetzes, Festschrift für *Eduard Kohlrausch*, S. 101 ff., Berlin 1944.

— Das neue Bild des Strafrechtssystems. Eine Einführung in die finale Handlungslehre, 1. Aufl., Göttingen 1951, 2. Aufl., Göttingen 1952, 3. Aufl., Göttingen 1957, 4. Aufl., Göttingen 1961 („Neues Bild").

— Fahrlässigkeit und Verkehrsdelikte. Zur Dogmatik der fahrlässigen Delikte, Karlsruhe 1961 („Fahrlässigkeit").

— Vom Bleibenden und Vergänglichen in der Strafrechtswissenschaft, Marburg 1964 („Vom Bleibenden und Vergänglichen").

— Die Regelung von Vorsatz und Irrtum im Strafrecht als legislatorisches Problem, ZStW 67, S. 196 ff.

— Die deutsche strafrechtliche Dogmatik der letzten 100 Jahre und die finale Handlungslehre, JuS 1966, S. 421 ff.

— Ein unausrottbares Mißverständnis? Zur Interpretation der finalen Handlungslehre, NJW 1968, S. 425 ff.

— Das Deutsche Strafrecht, 1. Aufl., Berlin 1947, 6. Aufl., Berlin 1958, 7. Aufl., Berlin 1960, 10. Aufl., Berlin 1967, 11. Aufl., Berlin 1969 („Strafrecht").

Wessels, Johannes, Strafrecht, Allgemeiner Teil, 3. Aufl., Karlsruhe 1973.

Wiethölter, Rudolf, Der Rechtfertigungsgrund des verkehrsrichtigen Verhaltens, Karlsruhe 1960.

Wimmer, August, Das Zufallsproblem beim fahrlässigen Verletzungsdelikt, NJW 1958, S. 520 ff.

— Die Fahrlässigkeit beim Verletzungsdelikt, ZStW 70, S. 196 ff.

— Ambivalenz der verkehrsrichtigen Gefahrhandlung, ZStW 75, S. 420 ff.

Wolf, Ernst, Die Lehre von der Handlung, AcP 170, S. 181 ff.

Wolf, Ernst Amadeus, Kausalität von Tun und Unterlassen, Heidelberg 1965.

— Der Handlungsbegriff in der Lehre vom Verbrechen, Heidelberg 1964 („Handlungsbegriff").

Würtenberger, Thomas, Die geistige Situation der deutschen Strafrechtswissenschaft, Karlsruhe 1957 („Geistige Situation"), 2. Aufl., Karlsruhe 1959.

— Vom Rechtsstaatsgedanken in der Lehre der strafrechtlichen Rechtswidrigkeit, Festschrift für *Theodor Rittler*, S. 125 ff., Aalen 1957.

Zeuner, Albrecht, Bemerkung zum Problem der Rechtswidrigkeit aus zivilrechtlicher Sicht, JZ 1961, S. 41 ff.

Zipf, Heinz, Einwilligung und Risikoübernahme im Strafrecht, Neuwied, Berlin 1970 („Einwilligung").

— Rechtskonformes und sozialadäquates Verhalten im Strafrecht, ZStW 82, S. 633 ff.

Zitelmann, Ernst, Ausschluß der Widerrechtlichkeit, AcP 99, S. 1 ff.

Kolibri 360 GmbH
Ferdinand-Jühlke-Straße 7
99095 Erfurt, Deutschland
produktsicherheit@kolibri360.de

Druck:
CPI Druckdienstleistungen GmbH
im Auftrag der
Kolibri 360 GmbH
Ferdinand-Jühlke-Str. 7
99095 Erfurt